Behinderung im internationalen Diskurs

Kultur der Medizin

Geschichte – Theorie – Ethik

Herausgegeben von Andreas Frewer

Band 30
Editorische Mitbetreuung:
Andreas Frewer und Brigitte Lohff

Wissenschaftlicher Beirat:
Jan-Peter Beckmann (Philosophie, Medizinethik)
Nikola Biller-Andorno (Medizinethik, Anthropologie)
Andreas Frewer (Medizingeschichte, Medizinethik)
Brigitte Lohff (Medizingeschichte, Medizintheorie)
Volker Roelcke (Medizingeschichte, Anthropologie, Ethnologie)
Thomas Schlich (Wissenschaftstheorie, Medizingeschichte)
Alfred Simon (Medizinethik, Philosophie)

Marianne Hirschberg, Dr. phil., war wissenschaftliche Mitarbeiterin am Institut Mensch, Ethik und Wissenschaft (IMEW) und ist sozialwissenschaftliche Referentin an der Monitoringstelle zur UN-Behindertenrechtskonvention am Deutschen Institut für Menschenrechte in Berlin.

Marianne Hirschberg

Behinderung im internationalen Diskurs

Die flexible Klassifizierung
der Weltgesundheitsorganisation

Campus Verlag
Frankfurt/New York

Für Frank

Bibliografische Information der Deutschen Nationalbibliothek
Die Deutsche Nationalbibliothek verzeichnet diese Publikation in der Deutschen Nationalbibliografie;
detaillierte bibliografische Daten sind im Internet unter http://dnb.d-nb.de abrufbar.
ISBN 978-3-593-39027-7

Zugl.: Dissertation, Technische Universität Dortmund, 2008
Originaltitel der Dissertation: »Klassifizierung von Behinderung – Diskursanalytische Untersuchung der Internationalen Klassifikation von Funktionsfähigkeit, Behinderung und Gesundheit (ICF) der Weltgesundheitsorganisation«

Das Werk einschließlich aller seiner Teile ist urheberrechtlich geschützt. Jede Verwertung ist ohne Zustimmung des Verlags unzulässig. Das gilt insbesondere für Vervielfältigungen, Übersetzungen, Mikroverfilmungen und die Einspeicherung und Verarbeitung in elektronischen Systemen.
Copyright © 2009 Campus Verlag GmbH, Frankfurt/Main
Satz: Frank Weber, Hannover
Gedruckt auf säurefreiem und chlorfrei gebleichtem Papier.
Printed in Germany

Besuchen Sie uns im Internet: www.campus.de

Inhalt

Geleitwort 9

1 Einleitung 11

2 Klassifikationen von Krankheit und Behinderung 21
  2.1 Systematische Überlegungen 21
  2.2 Entwicklung von Klassifikationen 24
     2.2.1 Exemplarische Entwicklung vor der Neuzeit 24
     2.2.2 Entwicklung medizinischer Systematisierungen
          im Europa der Neuzeit 28
  2.3 Medizinische und verwandte Klassifikationen
      ab dem 19. Jahrhundert 32
     2.3.1 Die Internationale Nomenklatur von Todesursachen 33
     2.3.2 Übernahme der Internationalen Klassifikationen
          von Krankheiten durch die Weltgesundheitsorganisation ... 35
     2.3.3 Entwicklung einer Amerikanischen Klassifikation
          psychischer Störungen 39
     2.3.4 Die Familie Internationaler Klassifikationen
          der WHO 41
  2.4 Entstehungsgeschichte der International Classification of
      Functioning, Disability and Health (ICF) 44
     2.4.1 Die Internationale Klassifikation der Krankheiten (ICD) ... 45
     2.4.2 Die erste Internationale Klassifikation
          von Behinderung (ICIDH) 46
     2.4.3 Die Entwicklung von der ICIDH zur ICF 52
     2.4.4 Die zweite Internationale Klassifikation
          von Behinderung (ICF) 55

2.4.5 Wie wird klassifiziert? 57
2.5 Sozial- und gesundheitspolitische Funktionen
  von Klassifikationen 62
  2.5.1 Allgemeine Funktionen von Klassifikationen und
    anderen Beurteilungssystemen 62
  2.5.2 Behinderung und Leistungsanspruch 63
  2.5.3 Anwendung von WHO-Klassifikationen im Sozialsystem .. 68
  2.5.4 Bedeutung der ICF im Rechtswesen 69
2.6 Klassifikationen im Spannungsfeld zwischen sozialer Teilhabe
  und sozialer Ausgrenzung 70
  2.6.1 Stigmatisierungen als mögliche Folge von Klassifikationen 72
  2.6.2 Individuumsbezogene oder gesellschaftsbezogene
    Klassifizierung? 73
  2.6.3 Spannungsverhältnis zwischen der Begründung von
    Ansprüchen und Stigmatisierung 74
2.7 Einsatzgebiete und Implementation der ICF 75
  2.7.1 Vorgesehene Einsatzgebiete 76
  2.7.2 Exemplarische Darstellung des Implementationsstandes 77
2.8 Rezeption der ICF 89
  2.8.1 Sozialmedizinische Diskussion 89
  2.8.2 Sozialwissenschaftliche und behindertenpädagogische
    Diskussion 94
2.9 Fazit 100

3 Theoretische und methodische Grundlagen der Diskursanalyse 103
  3.1 Behinderung: ein voraussetzungsreicher und
    mehrdimensionaler Begriff 103
    3.1.1 Der Behinderungsbegriff im medizinischen Modell 106
    3.1.2 Der Behinderungsbegriff in den Disability Studies –
      das soziale Modell 112
    3.1.3 Verhältnis der Theorieansätze 122
  3.2 Theoretische Grundlagen 124
    3.2.1 Diskurs 128
    3.2.2 Macht und Subjekt 131

3.2.3 Normalität und Subjekt ... 139
3.3 Methodische Grundlagen ... 146
3.3.1 Diskursanalytische Begriffsbestimmungen ... 148
3.3.2 Modifizierungen diskursanalytischer Verfahren für die Klassifikationsanalyse ... 152
3.4 Fazit ... 155

4 Analyse der Hauptstrukturen der ICF ... 157
4.1 Untersuchung von Konzeption und Ausarbeitung der ICF-Komponenten ... 157
4.1.1 Körperfunktionen und -strukturen, Schädigungen ... 158
4.1.2 Aktivität und Partizipation, Aktivitätsbeeinträchtigungen und Partizipationseinschränkungen ... 165
4.1.3 Umweltfaktoren, Barrieren und Unterstützungsfaktoren .. 177
4.1.4 Personbezogene Faktoren ... 190
4.2 Untersuchung der qualitativen Bewertung inhaltlicher Schwerpunkte ... 195
4.2.1 Genetische Faktoren ... 195
4.2.2 Gesundheit ... 202
4.2.3 Positive Klassifizierung ... 207
4.2.4 Ethische Leitlinien ... 212
4.2.5 Veränderung von einem linearen zu einem interaktiven Verhältnis der Komponenten ... 218
4.2.6 Subjektives Wohlbefinden und Lebensqualität ... 225
4.2.7 Perspektive des befragten Menschen ... 229
4.3 Fazit der Strukturanalyse ... 234

5 Feinanalyse ... 244
5.1 Die sprachlichen Mittel der ICF ... 244
5.1.1 Textoberfläche ... 245
5.1.2 Sprachstil ... 249
5.1.3 Inhaltliche Referenzen ... 253
5.2 Geistige Behinderung in der ICF ... 258
5.2.1 Abbildung des Phänomens *geistige Behinderung* ... 259

5.2.2 Komplementäre Anwendung von ICF und ICD-10 270
5.3 Fazit der Feinanalyse 278

6 Gesamtanalyse 282
6.1 Diskursstranganalyse 282
6.2 Der biopsychosoziale Ansatz als konzeptioneller Hintergrund .. 289
6.3 Ergebnisse der Klassifikationsanalyse – Opposition oder Bandbreite von Behinderung und Normalität? 299

7 Quo vadis, ICF? Ergebnisse und Ausblick 309
7.1 Zusammenfassung der Ergebnisse 309
7.2 Auflösung oder Beibehaltung der Kategorie Behinderung? ... 314
7.3 Perspektiven für eine zukünftige Klassifikation von Behinderung 322
7.4 Forschungsperspektiven 329

Abbildungen 332
Tabellen 333
Register 335
Literatur 337

Geleitwort

Behinderung im internationalen Diskurs: Marianne Hirschberg analysiert, wie verschiedene Stränge fachwissenschaftlicher und politischer Diskurse über Behinderung in der Internationalen Klassifikation der Funktionsfähigkeit, Behinderung und Gesundheit (ICF) zusammengefasst sind. Dabei betreibt sie Diskursanalyse nicht als Selbstzweck. Leitfrage ist vielmehr: Was bewirkt das Klassifizieren für die Klassifizierten, wie formiert und verändert der Diskurs seinen Gegenstand? In der ICF ist die jahrzehntelange Diskussion über ein medizinisches und ein soziales Verständnis von Behinderung aufgehoben. Sie ist darum weltweit und auch in Deutschland als ein Fortschritt im Verständnis von Behinderung und als Chance für einen neuen Umgang mit ihr begrüßt worden. Die sorgfältige Analyse von Hirschberg zeigt, dass in dem Klassifikationswerk noch viele Kompromisse und Brüche enthalten sind und dass viel vom weiteren Gebrauch abhängen wird, den Wissenschaft und Politik von der ICF machen. Diese Nutzung der Klassifikation – und auch das wird angesprochen – steht noch ganz am Anfang.

Nicht zufällig im gleichen Jahrzehnt, in dem auch die ICF beschlossen wurde, sind die Grundlagen des deutschen Rechts für behinderte Menschen durch das SGB IX (2001), die Behindertengleichstellungsgesetze von Bund und Ländern (1999–2007) und das Allgemeine Gleichbehandlungsgesetz (2006) reformiert worden. Der darin zu Grunde gelegte Behinderungsbegriff soll sich auf die ICF beziehen. Wie das zu praktizieren ist, wissen Rechtsanwenderinnen und -anwender in Verwaltung, Sozialmedizin und Rechtsprechung vielfach bis heute nicht genau. Insbesondere die Annahme von Wechselwirkungen ist für an Kausalitäten orientierte Denkgewohnheiten unheimlich. Nur langsam geraten eingefahrene Praxen in Bewegung. Doch der Diskurs über die ICF kann auch in Recht und Medizin noch einiges verändern. Die Kenntnis seiner Quellen und die Erkenntnis der darin angelegten Spannungen und Widersprüche ist dafür nützlich.

Wer den Diskurs in seiner Bewegung analysiert, weiß auch, dass er fortschreitet. Ob der Begriff der Behinderung in der Abgrenzung zu einer konstruierten Normalität mit der ICF seine größte Entfaltung gefunden hat und im Weiteren in flexiblen Klassifikationen von Gesundheit, Befähigung und Kontext aufgehoben wird, wird die Zukunft zeigen. Dann wird vielleicht auch klarer sein, ob und wie sich Klassifikation und gesellschaftliche Normen mit dem Fortschreiten zu entfalteter Humanität und Selbstbestimmung vereinen lassen.

Prof. Dr. jur. Felix Welti

1 Einleitung

Die Verbesserung der Teilhabe behinderter Menschen am sozialen Leben ist das Ziel verschiedener Gesetze, die in Deutschland seit dem Jahr 2001 in Kraft getreten sind. 2001 wurde das Sozialgesetzbuch IX für Rehabilitation und Teilhabe (SGB IX) verabschiedet. Im Jahr 2002 folgte das Behindertengleichstellungsgesetz (BGG) des Bundes: Beide beziehen sich auf das Teilhabekonzept der *Internationalen Klassifikation der Funktionsfähigkeit, Behinderung und Gesundheit (ICF)*. Mit dieser Grundlegung ist die ICF sozialrechtlich in Deutschland implementiert. Im Allgemeinen Gleichstellungsgesetz (AGG) von 2006 wird Behinderung neben anderen Faktoren als Benachteiligungsgrund genannt. Ebenfalls im Jahr 2006, jedoch erst im Dezember, wurde die *Convention on the Rights of Persons with Disabilities* von der Generalversammlung der Vereinten Nationen (UN) angenommen, die Behinderung als Interaktionsprozess zwischen Menschen mit Beeinträchtigungen und der Umwelt auffasst. Die Bundesregierung hat die UN-Konvention unterzeichnet und ratifiziert; seit dem 26. März 2009 ist die Behindertenrechts-Konvention (UN-BRK) geltendes Recht in Deutschland.

Die *Internationale Klassifikation der Funktionsfähigkeit, Behinderung und Gesundheit (ICF)* wurde im Mai 2001 von der Vollversammlung der Weltgesundheitsorganisation (WHO) verabschiedet. Die ICF gehört zur Familie der medizinischen Klassifikationen der WHO, die als mit der UN zusammenarbeitende, jedoch unabhängige Organisation nicht an Weisungen einzelner Regierungen gebunden ist.[1] Es ist der Anspruch der WHO, mit ihren gesundheitsbezogenen internationalen Klassifikationen einen Rahmen zur Beurteilung von Gesundheit anzubieten.

Die ICF löst die *International Classification of Impairments, Disabilities and Handicaps (ICIDH)* ab. Eine entscheidende Neuerung besteht darin, dass sie den gesellschaftlichen Kontext durch die eigenständige Komponente der Umweltfaktoren stärker beachtet. Verschiedene Autoren sehen in der Re-

---

1 Vgl. http://www.un.org/aboutun/chart.htm, 05.08.09.

vision der ICIDH eine paradigmatische Wende in der Konzeptualisierung und Bewertung von Gesundheit (vgl. Üstün/Chatterji 1998: 79). Die Einbeziehung der Umwelt und der sozialen Lebenssituation eines Menschen mache jedoch eine Standardisierung schwierig und erfordere eine starke Beachtung des jeweiligen kulturellen Kontextes (vgl. ebd. 80f.). Es ist strittig, inwiefern von einer paradigmatischen Wende der Klassifizierung von Behinderung gesprochen werden kann. Die ICF wird besonders hinsichtlich ihres Einsatzbereichs diskutiert und in der Behindertenpädagogik unterschiedlich beurteilt (vgl. 2.8). Während Hollenweger Haskell – als Beraterin des Entwicklungsprozesses der ICF – dafür plädiert, »die ICIDH-2 Klassifikation als Rahmen für die Planung, Durchführung und Evaluation sonderpädagogischer Maßnahmen zu verwenden« (2001: 199), betrachtet Lindmeier die ICF nicht als geeignetes Instrument, die heilpädagogische Debatte um den Behinderungsbegriff voranzubringen (2002b: 3). Zudem spricht er sich für die Positionierung der Heilpädagogik im Erziehungs- statt im Gesundheits- und Rehabilitationssystem aus und konstatiert:

»Weiter reichende pädagogische Erwägungen, wie z.B. Überlegungen zur Notwendigkeit des Situationsansatzes in der Elementarbildung oder gar bildungstheoretische Überlegungen zum Kanon und zur Zielsetzung des schulischen Unterrichts (wie z.B. Mündigkeit, Selbst- und Mitbestimmung), lassen sich durch ein noch so ausdifferenziertes Theoriemodell der Rehabilitation weder erfassen noch legitimieren, denn der ›Dreh- und Angelpunkt‹ der Rehabilitation ist und bleibt der Gesundheitsschaden bzw. die Gesundheitsstörung [...].« (Lindmeier 2002b: 12f.)

Vermutlich wird sich diese Diskussion angesichts der vielfältigen Einsatzmöglichkeiten der ICF fortsetzen. Aufgrund der Debatte um das Behinderungsverständnis analysiert die vorliegende Studie, wie Behinderung in der ICF konzeptualisiert wird. Die Konstruktion von Behinderung wird im Kontext der gesellschaftlichen Beurteilung von Behinderung reflektiert.

Die ICF ist die aktuelle Klassifikation der WHO, mit der Behinderung beurteilt wird.[2] Als WHO-Klassifikation ist sie international gültig, da mit ihr auf der ganzen Welt der gleiche Behinderungsbegriff als Maßstab gesetzt wird: unabhängig von landes-, kultur- oder traditionsspezifischem Verständ-

---

2 Die ICF für Kinder und Jugendliche (ICF-CY) ist von der ICF abgeleitet. Die WHO hat diese Spezialklassifikation entwickelt, da sich Kinder und Jugendliche noch in der Entwicklung befinden und daher nicht die gleiche Klassifikation auf sie angewandt werden kann wie für Erwachsene (vgl. 2.8.2). Die vorliegende Untersuchung bezieht sich auf das Behinderungsverständnis der ICF und nicht auf das der ICF-CY.

nis von Behinderung.³ Sie ist die zweite behinderungsspezifische Klassifikation der WHO; die erste, die ICIDH, wurde 1980 verabschiedet und war 21 Jahre gültig. Wenn die ICF wiederum für einen ähnlichen Zeitraum gültig sein soll, muss ihre seit 1993 international erarbeitete Taxonomie über einen längeren Zeitraum anwendbar und belastbar sein. Deshalb ist es sinnvoll zu untersuchen, wie die WHO Behinderung durch die ICF als Gegenstand konstruiert, definiert und klassifiziert.

Eine theoretisch begründete Analyse der ICF und des darin verwendeten Behinderungsbegriffs ist besonders hinsichtlich ihrer praktischen Anwendung relevant: Sie ist ein Instrument, das zur Klassifizierung von Behinderung verwendet wird und mit dem Messinstrumente für Spezialgebiete wie beispielsweise für den Schlaganfall korreliert werden.⁴ Da auf der Basis von Klassifikationen wie der ICF Leistungen bewilligt werden,⁵ aber auch Stigmatisierungen mit ihnen einhergehen können, hat die ICF große Bedeutung für behinderte Menschen.

Der Behinderungsbegriff der ICF bildet die Grundlage für die sozialmedizinische und rehabilitationswissenschaftliche Bewertung von Behinderung. Unterschiedliche Fachleute vertreten dieses Behinderungsverständnis in ihrer praktischen Arbeit, wenn sie die Behinderung von Menschen begutachten. Hierdurch wird das Behinderungsverständnis der ICF aus der Fachwelt in die Öffentlichkeit transportiert, was auch die gesellschaftliche Auffassung von Behinderung prägt. Die vorliegende Studie untersucht, wie der Behinderungsbegriff in der ICF konzipiert ist und stellt damit einen neuen Beitrag zur wissenschaftlichen Diskussion über Behinderung dar.

Neben einer Abhandlung zum praktischen Einsatz der ICF bei Antragsverfahren zur Rehabilitation in der Gesetzlichen Krankenversicherung (Leistner/Beyer 2005) sowie der *Einführung in die ICF* von Michael Schuntermann (2005c), dem Leiter des deutschen Übersetzungsteams, liegt bisher nur eine

---

3 Die deutsche Übersetzung der ICF wurde 2004 unter der Leitung von Michael Schuntermann vom Verband deutscher Rentenversicherungsträger vollendet und 2006 als Buch veröffentlicht. Hierbei liegt die alleinige Verantwortung für die deutsche Übersetzung beim Deutschen Institut für Medizinische Dokumentation und Information (vgl. WHO 2005: ii). Da sich die englische Originalversion und die deutsche Version der ICF in der Begriffswahl unterscheiden, ist es möglich, dass sich die WHO von der deutschen Fassung absetzt.
4 Vgl. Ewert/Stucki (2007), http://www.strokecenter.org/trials/scales/ssqol.html, 05.08.09.
5 Die Anwendung der ICF ist in Deutschland in den Richtlinien über Leistungen zur medizinischen Rehabilitation des Gemeinsamen Bundesausschusses vom 16. März 2004 geregelt. Diese Richtlinien sind am 20. März 2008 in Kraft getreten.

theoretische Erörterung der ICF vor, in der die Verfasserin Potenziale und Probleme bei der Klassifizierung mit der ICF diskutiert (A. Meyer 2004). Hauptsächlich gibt es sozialmedizinische Beiträge, die Vor- und Nachteile der ICF hinsichtlich einer einfachen und gleichzeitig dem Gegenstand Behinderung angemessenen Anwendung diskutieren (vgl. ausführlich 2.8). Klassifikationen sind ein Gegenstand für die Diskursforschung, da sie eine strukturierende Funktion haben. Laut Keller sind »Klassifikationen [...] eine institutionell stabilisierte Form sozialer Typisierungsprozesse« (2004: 98), weil sie die Grundlage von Selbstbeschreibungen und Identitätspolitik gesellschaftlicher Gruppen sein können. Gleichzeitig haben Klassifikationen eine performative Funktion, indem sie eine Ordnung von Gruppen oder Dingen erst durch die Klassifizierung erschaffen. Sie erfordern die Anwendung von Untersuchungsverfahren beziehungsweise Tests, mit denen erhoben wird, welche Kriterien jemand erfüllt und welche nicht. Zur Funktionsweise solcher Verfahren formuliert Lemke zugespitzt: »in der Gegenwart sind es immer häufiger Tests, die uns sagen, wer wir wirklich sind, zu wem wir gehören und mit wem wir welche Eigenheiten teilen« (2004c: 119). Nach Bowker und Leigh Star ist es deshalb »easy to see classifications as properties of mind« und Bewertungsstandards »as ideal numbers or floating cultural inheritances« (2000: 39). Die Wirkung von Klassifikationen ist folglich nicht zu unterschätzen.

Da die Konzeption von Behinderung in der ICF für die theoretischen Grundlagen der Behindertenpädagogik, für die in Deutschland junge Disziplin der Disability Studies, die Sozial- und Rehabilitationswissenschaften als auch für die Sozial- und Rehabilitationsmedizin bedeutsam ist, handelt es sich hierbei um ein Querschnittsthema. Ebenso stellen die Definition – und generell das Verständnis – von Behinderung in der ICF die Basis für alle Anwendungen oder Diskussionen dieser Klassifikation dar; auch für Disziplinen, die sich mit Behinderung und dementsprechend mit der ICF nur als einem Teilgegenstand befassen wie die Gesundheitswissenschaften, die Rechtswissenschaften und auch die Rechtsprechung.

Die Konzeption des Behinderungsbegriffs in der ICF wird anhand von drei Hauptfragen untersucht. Diese beziehen sich auf die drei leitenden Themen, von denen die ersten beiden eng zusammenhängen und nur aus analytischer Perspektive getrennt betrachtet werden können: Behinderung, Normalität und der biopsychosoziale Ansatz der ICF.

1. Im Zentrum der Arbeit steht die Frage, wie Behinderung in der ICF konstruiert ist.

Wie wird Behinderung definiert und wogegen wird sie abgegrenzt? Welches ist der Maßstab für Behinderung?
Ist das Behinderungsverständnis in der ICF einheitlich? Gibt es unterschiedliche Nuancen und wenn ja, wie sind diese ausgeprägt?
2. Ausgehend davon, dass Behinderung gegen Normalität abgegrenzt wird, ist die Frage, wie Normalität in der ICF konstruiert wird.
Wird Normalität statistisch oder über ein Ideal begründet?
Wie werden die Begriffe Normalität und Norm verwendet, sind sie gleichbedeutend?
Liegt ein einheitliches Normalitätsverständnis vor, ist es inkonsistent oder mehrdeutig?

Als Weiterführung folgt aus dem ersten und zweiten Themenkomplex die Frage nach dem Verhältnis von Behinderung und Normalität in der ICF. Hierbei ist zu klären, inwiefern es sich um eine eindeutige Gegenüberstellung handelt, oder ob dieses Verhältnis in der ICF unterschiedlich eng ist, ob es Annäherungen aneinander gibt oder ob das Normalitätsverständnis Behinderung sogar einschließt.

Mit dem biopsychosozialen Ansatz versucht die ICF, das medizinische und das soziale Modell von Behinderung integrativ zu verbinden (vgl. ICF 20). Das medizinische Modell sieht Behinderung als individuelles Problem an, das durch eine Krankheit oder eine Gesundheitsstörung verursacht ist, und von Fachleuten behandelt werden muss. Hingegen betrachtet das soziale Modell Behinderung als sozialpolitische Aufgabe im Verhältnis von Gesellschaft und Individuum, wobei Vorbehalte gegenüber oder Hindernisse für Menschen mit Schädigungen als behindernd aufgefasst werden. Da der biopsychosoziale Ansatz die theoretische Grundlage der ICF darstellt, wird er anhand folgender Fragen analysiert:

3. Erfüllt die ICF ihren Anspruch, einen biopsychosozialen Ansatz von Behinderung zu verfolgen?
Wie sind das medizinische und das soziale Modell in der ICF gewichtet?
Welche Bedeutung hat der biopsychosoziale Ansatz in der ICF?
Inwiefern erfüllt die ICF als Gesamtwerk ihren Anspruch, einen biopsychosozialen Ansatz zu vertreten?

Zur Untersuchung des biopsychosozialen Ansatzes rekurriert die vorliegende Arbeit auf die theoretischen Konzepte, die dem medizinischen und dem sozialen Modell von Behinderung zugrunde liegen. Das medizinische

Modell lässt sich nicht einfach verorten, da es die vorherrschende Auffassung über Behinderung darstellt und als Diskurs besteht, ohne auf einen konkreten Theorieansatz zurückführbar zu sein (vgl. 3.1). Hingegen wurde das soziale Modell in Abgrenzung zum medizinischen Diskurs größtenteils von behinderten WissenschaftlerInnen entwickelt. Zu Beginn der sozialwissenschaftlichen Paradigmenbildung der Disability Studies wurde eine Schädigung als körperliche Beeinträchtigung und als Minderung der körperlichen Leistungsfähigkeit verstanden, mit Bezug auf die Minderung der individuellen Arbeitskraft später auf alle Schädigungen erweitert (vgl. Oliver 1990).

Die ICF hat als Klassifikation eine wichtige sozialpolitische Funktion, da über Klassifikationen Ansprüche auf Unterstützungsleistungen begründet werden (vgl. 2.5). Andererseits können Klassifikationen stigmatisierende Effekte haben. Klassifikationen stehen also in einem Spannungsfeld zwischen der Anerkennung von Ansprüchen und möglichen Stigmatisierungen (vgl. 2.6). Die vorliegende Studie analysiert, wie sich die ICF in diesem Spannungsfeld positioniert. Hiermit wird ihre gesellschaftliche Bedeutung konkretisiert und hervorgehoben, dass die ICF als Klassifikation sowohl Auswirkungen auf Individuum und Gesellschaft als Gesamtheit aller Individuen hat.

Der Untersuchung liegt die Hypothese zugrunde, dass das Behinderungsverständnis der ICF dem medizinischen Modell von Behinderung immer noch nahe steht – trotz ihres Anspruchs, einen biopsychosozialen Ansatz zu vertreten. Diese Hypothese stützt sich auf mehrere Faktoren:

- Klassifikationen von Krankheit und Behinderung haben sich historisch gesehen langsam entwickelt, wobei die Medizin immer die Definitionsmacht besaß (vgl. 2.2). Als erste behinderungsspezifische Klassifikation hat die ICIDH Behinderung als Krankheitsfolge und als individuelles Problem definiert (vgl. 2.3). Da die ICF eine Weiterentwicklung der ICIDH ist, ist zu vermuten, dass sie sich ebenfalls am medizinischen Modell orientiert.
- Bei der ICF handelt es sich erst um die zweite Klassifikation, die Behinderung als eigenständigen Gegenstand thematisiert und diesen nicht unter dem Begriff Krankheit – wie noch bis 1980 üblich – fasst. Auch hieraus lässt sich folgern, dass die relativ junge Behinderungsklassifikation noch durch eine medizinische Perspektive geprägt ist.
- Die Rentenversicherungsträger legen den Schwerpunkt auf die Klassifizierung der Ausführungs- und Leistungsfähigkeit, die »beide [...] für

die medizinische und berufliche Rehabilitation sowie für die sozialmedizinische Begutachtung wichtig [sind]« (Schuntermann 2003b: 55). Inwieweit diese Hypothese zutrifft, überprüft die vorliegende Untersuchung der ICF. Hierzu wird gezeigt, wie sich die WHO-Klassifikationen historisch entwickelt haben und dass es eine große Neuerung war, eine eigenständige Klassifikation von Behinderung zu erstellen (vgl. 2.4).

In der ICF ist ein Diskurs über die Klassifizierung von Behinderung geronnen, laut Bowker und Leigh Star haben Klassifikationen »material force in the world« (2000: 39). Ein Diskurs hat dominanten Einfluss auf die Behandlung von Sachverhalten, was sich auch an der praktischen Funktion der ICF und ihrer Anwendung verdeutlicht. Die Diskursanalyse der ICF rekurriert auf die diskurstheoretischen Ansätze von Michel Foucault und Jürgen Link, weil beide das Phänomen der Norm beziehungsweise Normalität erforscht haben. Da im wissenschaftlichen Diskurs und in der ICF Behinderung und Normalität in Beziehung zueinander stehen, sind somit der Normalitätsdiskurs und der Behinderungsdiskurs miteinander verwoben (vgl. Schildmann 2003). Link hat seinen normalismustheoretischen Ansatz unter Rückgriff auf Canguilhem und Foucault entwickelt, sich jedoch von Foucaults Normbegriff abgegrenzt und ihn weiterentwickelt.

Methodisch basiert die vorliegende Arbeit auf dem diskursanalytischen Ansatz des Duisburger Instituts für Sprach- und Sozialforschung sowie Rainer Kellers sozialwissenschaftlichem Ansatz (Jäger 2001b, Keller 2005). Beide beziehen sich auf Foucaults, der Duisburger Ansatz zudem auf Links Diskurstheorie. Keller erklärt diskursanalytische Forschung über ihren Gegenstand, »Aussagen, Praktiken und Dispositive als Manifestationen der strukturierten Prozessierung umstrittener gesellschaftlicher Wissensvorräte« (2004: 74). Die diskursanalytische Methode ist der Sprach- und Sozialforschung entlehnt und für die Analyse von Klassifikationen adaptiert und modifiziert. Sie ist somit für die Analyse eines Werks, der ICF, umgewidmet, in dem mehrere Diskurse geronnen sind. Da der Diskurs in der ICF nicht offen liegt, erfordert die Diskursanalyse der ICF, die in ihr enthaltenen Diskursstränge zu rekonstruieren.

Im Anschluss an die Einleitung legt das zweite Kapitel dar, wie sich die Klassifikationen von Krankheit und Behinderung historisch entwickelt haben sowie welche sozial- und gesellschaftspolitische Funktion ihnen zukommt. Von der Funktion von Klassifikationen wird abgeleitet, dass sie Implikationen für behinderte Menschen haben können. Die vorliegende Untersuchung überprüft, wie sich die ICF in diesem Spannungsfeld zwischen der Anerkennung von Ansprüchen und möglicher Stigmatisierungen positioniert. Abschließend erörtere ich Implementationsstand und Rezeption exemplarisch.

Da sich die ICF auf das medizinische und soziale Modell von Behinderung bezieht, zeigt das dritte Kapitel den theoretischen Hintergrund dieser Modelle auf. Im Anschluss wird die theoretische und methodische Vorgehensweise der Klassifikationsanalyse begründet, wobei die Bedeutungen von Diskurs, Macht, Normalität und Subjekt unter Rückgriff auf Foucaults und Links Theorieansätze herausgearbeitet werden. Ein besonderer Fokus liegt auf der normalismustheoretischen Unterscheidung verschiedener Subjektstrategien sowie auf dem Ansatz der Gouvernementalität, der expliziert, wie Selbst- und Fremdführung als Regierungstechniken des Subjekts kombiniert sind.

Als erster Schritt der diskurs- und normalismustheoretischen Klassifikationsanalyse untersucht das vierte Kapitel die Strukturen der ICF anhand von zwei Schwerpunkten. Zum einen prüft es, wie die Komponenten der ICF – Körperfunktionen und -strukturen, Aktivität und Partizipation sowie Umwelt- und Personbezogene Faktoren als Kontextfaktoren – konzipiert sind. Dabei kann gezeigt werden, dass die Reihenfolge ihres Auftretens in der ICF bereits darauf hinweist, in welchem Maß sie ausgearbeitet sind. Um die Konzeption von Behinderung und Normalität in der ICF detaillierter zu erfassen, wird analysiert, welche Themen in der ICF im Vorder- und welche im Hintergrund stehen.

In der Feinanalyse (Kapitel 5) werden die sprachlichen Mittel untersucht, die in der ICF eingesetzt sind. Diese Charakteristika unterstützen die inhaltlichen Ergebnisse. Nicht nur die Analyse der eingesetzten sprachlichen Mittel, sondern auch die Abbildung des Phänomens geistige Behinderung in der ICF verstärkt das Ergebnis, dass Normalität in der ICF unterschiedlich konstruiert wird.

Der letzte Schritt der Klassifikationsanalyse re-interpretiert die Ergebnisse aus Struktur- und Feinanalyse bezogen auf das Gesamtwerk der ICF (Kapitel 6). Nach einer Analyse der in der ICF enthaltenen Diskursstränge und -fragmente wird der biopsychosoziale Ansatz als konzeptioneller Hintergrund der ICF untersucht. Abschließend werden alle Ergebnisse hinsichtlich der Leitfrage nach dem Verständnis von Behinderung und Normalität gewendet und überprüft, in welchem Verhältnis diese zueinander stehen.

Das letzte Kapitel fasst die Untersuchungsergebnisse kurz zusammen. Nach einer knappen Erörterung der Funktion der Kategorie Behinderung wird skizziert, welche Prognosen sich aus den Analyseergebnissen für zukünftige Behinderungsklassifikationen ableiten lassen; ferner werden Ansatzpunkte für weitere Untersuchungen aufgezeigt.

Das Original der ICF und die deutsche Version unterscheiden sich. Trotz der Veröffentlichung der deutschen ICF-Version Ende Oktober 2006 wird in der vorliegenden Studie das englische Original zugrunde gelegt, da der Sprachgebrauch und daraus folgend die inhaltliche Aussage der deutschen Version (wenn auch minimal) von dem Original abweicht. Dies wird an der jeweiligen englischen und deutschen Formulierung, wie die Komponenten beurteilt werden sollen, deutlich:

»All three components classified in ICF (Body Functions and structures, Activities and Participation, and Environmental Factors) are quantified using the same generic scale. Having a problem may mean an impairment, limitation, restriction or barrier depending on the construct.« (ICF 22)

»Das Ausmaß eines Problems in allen drei Komponenten (Körperfunktionen und -strukturen, Aktivitäten und Partizipation [Teilhabe] sowie Umweltfaktoren) wird mit demselben allgemeinen Beurteilungsmerkmal beschrieben. Ein Problem kann hierbei, je nach betrachtetem Konstrukt, eine Schädigung eine Beeinträchtigung der Aktivität oder Partizipation [Teilhabe] oder eine Barriere bedeuten.« (WHO 2005: 26)

Im englischen Original werden die Komponenten klassifiziert, wobei positiv beziehungsweise neutral bezeichnete Begriffe verwendet werden, in der deutschen Version wird die Klassifizierung bereits sprachlich ausschließlich auf Behinderung (»das Ausmaß eines Problems«) bezogen. Hiermit entspricht die Formulierung des Originals dem allgemeinen Sprachduktus der ICF, positiv zu formulieren, bei gleichzeitiger negativer Klassifizierung – wobei GutachterInnen die positive Klassifizierung frei gestellt wird (vgl. ICF 223). Hingegen wird durch den Sprachduktus der deutschen Version hervorgehoben, dass prinzipiell negativ und somit ausschließlich die Komponenten von Behinderung, also Schädigungen, Aktivitätsbeeinträchtigungen, Partizipationsrestriktionen und Barrieren oder auch der (im Text nicht genannte) individuelle Bedarf von Unterstützungsfaktoren für ein Individuum klassifiziert werden und die im Original der ICF formulierte und sprachlich angedeutete Möglichkeit einer positiven Klassifizierung ausgeschlossen ist.

Auch die deutsche Übersetzung des Begriffs *health condition* (ICF 3) mit »Gesundheitsproblem« (WHO 2005: 3) für die mit der ICD klassifizierte Komponente, die ein Bestandteil des interaktiven Verhältnisses der Komponenten ist, weist auf eine sprachliche Engführung und eine bereits dem Begriff inhärente, negative Deutung hin (vgl. Abb. 6). Zwar wird *health condition* auch im Original mit Krankheiten, Störungen oder anderen die Gesundheit beeinträchtigenden Bedingungen[6] umschrieben, jedoch ist der Begriff selbst genuin neutral (vgl. 4.2.2). Aufgrund der notwendigen Unterscheidung von »health state« als Gesundheitszustand (ICF 212) übersetzt die vorliegende Analyse den Begriff *health condition* mit dem deutschen Begriff *Gesundheitsbedingungen*, da es sich um mehrere Faktoren handelt, die das Kontinuum Gesundheit beeinflussen. Zudem verdeutlicht der Begriff *Gesundheitsbedingungen*, dass es sich bei *health condition* um ein generisches Konzept handelt. Beide Beispiele resultieren nicht aus dem Transfer von einer in die andere Sprache, sondern enthalten unterschiedliche Konnotationen.

---

6 »Health condition is an umbrella term for disease (acute or chronic), disorder, injury or trauma. A health condition may also include other circumstances such as pregnancy, ageing, stress, congenital anomaly, or genetic predisposition. Health conditions are coded using ICD-10.« (ICF 212)

2 Klassifikationen von Krankheit und Behinderung

Für ein umfassendes Verständnis der Klassifikation von Behinderung ist es hilfreich, sich die Geschichte medizinischer Klassifikationen und ihre jeweilige Funktion zu vergegenwärtigen. Markant ist, dass Krankheiten und Behinderungen erst im 20. Jahrhundert unabhängig voneinander, vorher ausschließlich gemeinsam klassifiziert wurden. Deshalb kann historisch zwischen der eigenständigen Klassifizierung von Behinderung und der Beurteilung von Behinderungen innerhalb einer Systematik von Krankheiten unterschieden werden, in der Behinderungen verschiedener Art erwähnt werden, ohne jedoch besonders herausgehoben zu sein. Im Folgenden soll ein kurzer Überblick über verschiedene medizinische Klassifikationen, ihre Funktionen und ihre Implikationen gegeben werden, um ihre gesellschaftliche Bedeutung zu umreißen.

2.1 Systematische Überlegungen

Wie sind Klassifikationen entstanden und welche Funktionen haben sie? Um diese Fragen zu beantworten, ist es sinnvoll sich zu vergegenwärtigen, wodurch eine Klassifikation charakterisiert und wie sie von anderen Ordnungssystemen abzugrenzen ist. Zur Frage der Unterscheidung zwischen medizinischen Ordnungssystemen gibt es verschiedene Ansätze. Grundsätzlich wird eine Systematik (oder Systematisierung) als »eine planmäßige Ordnung und Darstellung« verstanden (Brockhaus 1983: 103). Dem gegenüber ist eine Klassifikation als spezielle Systematik aufzufassen, da sie wesentlich differenzierter aufgebaut ist und bestimmte Kriterien erfüllen muss. Gemäß der Terminologie in der medizinischen Dokumentation fassen Klassifikationen »Begriffe zusammen, die in mindestens einem klassenbildenden Merkmal übereinstimmen, wobei jedes Objekt genau einer Klasse zuzuordnen sein muss« (Zaiß et al. 2002: 66). Klassen müssen folgende Bedingungen erfüllen: Sie besitzen ein klares Bezugssystem, die Klassengrenzen sind über Klassifikationsmerkmale definiert, ihre Unterklassen schließen sich gegenseitig aus, weiterhin ist die Klasseneinteilung einer Oberklasse vollständig und »die Varianz der (zu erwartenden) Klassenbesetzungen« möglichst gering (Zaiß et al. 2002: 63). Diese Bedingungen für die Klassenbildung stimmen mit denjenigen Kriterien überein, die nach Werner[7] Klassifikationen von Krankheiten charakterisieren (vgl. 1994: 17):

- ein einheitliches Bezugssystem
- definierte Klassengrenzen
- gegenseitiger Ausschluss der Klassen

Betrachtet man die verschiedenen Ansätze, medizinisches Wissen über Krankheiten oder Krankheitsursachen zu ordnen, so wird deutlich, dass Klassifikationen ein umfangreicheres Wissen über die Medizin voraussetzen als Systematiken.

Abgesehen von Klassifikationen gibt es Konstruktionen, die im Sozialrecht angewandt werden. Dies sind die Konstruktionen *Minderung der Erwerbsfähigkeit* (MdE) und *Grad der Behinderung* (GdB). Nach ihnen wird der Schweregrad von Behinderungen eingeschätzt, woraufhin behinderte Menschen Unterstützungsleistungen erhalten. Diese Konstruktionen sind begrifflich nicht als Klassifikationen zu verstehen, da sie weder ihrem differenzierten Aufbau entsprechen noch die erforderlichen Kriterien erfüllen. Ebenso wenig sind sie theoretisch begründet, sie existieren ausschließlich als Instrument für die sozialmedizinische und -rechtliche Praxis.

Generell können Klassifikationen als Charakteristikum der Neuzeit[8] verstanden werden, mit denen der Anspruch verfolgt wird, empirisch beobachtete Phänomene der Welt zu ordnen und verwandte Phänomene in Klassen zu sortieren. Klassifikationen von Behinderung entstanden deutlich nach der Entwicklung von Klassifikationen oder Systematiken von Krankheiten, sie

---

7 Bernd Werner ist langjährig leitender Arzt des Medizinischen Dienstes der Krankenkassen Hamburg und Experte für die Anwendung der medizinischen Klassifikationen der WHO in Deutschland.

8 Es gab bereits frühe Ordnungsversuche, bei Aristoteles oder auch in außereuropäischen Kulturen, die jedoch noch nicht ebenso ausdifferenziert waren wie die auf empirischen Beobachtungen beruhenden Klassifikationen der Neuzeit. Daher bezeichnet die vorliegende Untersuchung sie als Systematiken. Nur Ordnungssysteme, die den genannten Kriterien entsprechen, werden als Klassifikationen gefasst (weiterführend zum Klassifikationsbegriff vgl. Simons 1992, Zaiß et al. 2002).

wurden erst in Abgrenzung zur Krankheitsklassifikationen entwickelt. Die erste international gültige Klassifikation von Krankheiten wurde 1893, die erste Klassifikation von Behinderungen 1980 erstellt.

Im Zusammenhang mit der späten Entwicklung von Klassifikationen von Behinderung ist zu beachten, dass sich der abstrakte, heutzutage gängige Begriff *Behinderung* erst im Laufe des 20. Jahrhunderts herausgebildet und allmählich etabliert hat.[9] Vorher wurden die Phänomene konkret als Blindheit, Gebrechen, Taubheit o.ä. bezeichnet. Welti erklärt diesen begrifflichen Wandel damit, »dass sowohl Erscheinungen und Regelungen wie auch ihre Wahrnehmung in Gesellschaft, Recht und anderen Wissenschaften – etwa Medizin und Sozialwissenschaften – fortwährend umgewälzt werden« (2005: 10). Vor der Neuzeit gab es keinen übergeordneten Begriff für die heute als Behinderung bezeichneten Phänomene (vgl. Neubert/Cloerkes 2001: 79). Das heutige Verständnis und der Gebrauch des Wortes Behinderung gehen auf die Zeit nach dem Ersten Weltkrieg zurück. Mit der Gründung des Selbsthilfebundes der Körperbehinderten (Otto-Perl-Bund) am 10. März 1919 in Berlin erscheint die Bezeichnung *Behinderter* erstmals neben *Krüppel* im öffentlichen Leben als Bezeichnung für körperlich beeinträchtigte Menschen (vgl. auch Biesalski 1926). Bis 1933 wurden die Bezeichnungen *Körperbehinderte* und *Krüppel* nebeneinander benutzt. Nach dem Ende der nationalsozialistischen Zeit setzte sich die begriffliche Neuorientierung fort, im Zuge derer sich der Begriff Behinderung durchsetzte (vgl. Welti 2005: 56f., Fuchs 2001). Wie Wember herausstellt, wurde der Behinderungs-Begriff nicht behindertenpädagogisch, sondern sozialrechtlich begründet (vgl. 2003: 17). Dies ist auch dadurch belegt, dass er im *Wörterbuch der Pädagogik* (Hehlmann 1960) und der *Annotierten Bibliographie der Zeitschrift für Heilpädagogik (1949–1976)* (Ziegenspeck 1978, 1979) noch nicht aufgeführt ist.

---

9 Die vorliegende Studie verwendet die Bezeichnung *behinderte Menschen* statt *Menschen mit Behinderung*, um den sozialen Prozess des Behindert Werdens und Behinderns im Adjektiv *behindert* auszudrücken. Dieser Begriff spezifiziert die Bedeutung einer Behinderung eindrücklicher als der derzeit häufig gebrauchte, »politisch korrekte« Begriff *Menschen mit Behinderung*. Eine Behinderung enthält beide Perspektiven, das Behindert Sein und das Behindert Werden, beide können gesellschaftlich verursacht sein.

2.2 Entwicklung von Klassifikationen

In der Vergangenheit gab es immer wieder Versuche, Phänomene – so auch Krankheiten und Behinderungen – nach einem System zu ordnen. Die Unterscheidung zwischen einer Systematik und einer Klassifikation wird deutlich anhand der historischen Entwicklung von Klassifikationen. Die Systematisierungen seit der Neuzeit sind am besten überliefert, da sie im Zuge der Entwicklung naturwissenschaftlicher Forschung stärker ausgearbeitet und dokumentiert wurden. Über frühere und Systematisierungen außereuropäischer Kulturen ist vergleichbar genaues Wissen nicht bekannt. Um das jahrhundertealte und kulturübergreifende Interesse an einer Systematisierung von Krankheitsphänomenen zu verdeutlichen, soll die Entwicklung von Systematisierungen exemplarisch an drei Modellen vor der Neuzeit aufgezeigt werden. Im Anschluss wird die Entwicklung medizinischer Systematisierungen in Europa seit der Neuzeit skizziert. Diese Systematisierungen wurden zunehmend ausdifferenziert, die Fachliteratur bezeichnet sie seit der ersten Krankheitssystematik (1731) des französischen Arztes Boissier Sauvages de Lacroix als Klassifikationen (vgl. Werner 1994: 7, siehe unten).

2.2.1 Exemplarische Entwicklung vor der Neuzeit

Systematisierungen sind kein ausschließlich europäisches Phänomen, sondern wurden in vielen Kulturen mit dem Ziel einer wirksamen Behandlung von Krankheiten entwickelt. Sowohl in den außereuropäischen Systematisierungen als auch in der klassischen griechischen Medizin stellen Behinderungen jedoch weder abstrakt noch in der Beschreibung ihrer Phänomene heraus oder bezeichnen sie separat, stattdessen wird in der Literatur allgemein der Begriff Krankheit verwendet. Bei der Systematisierung von Krankheiten sind in verschiedenen Kulturen erstaunliche Bemühungen zu verzeichnen. Ein Beispiel dafür ist die altindische Heilkunde. Hier ist nach Ackerknecht eine »wahre Besessenheit« zu Klassifikationen zu beobachten (1992: 30).

Die Ideen der klassischen hinduistischen Medizin entwickelten sich zwischen 700 und 200 v. Chr. (vgl. Ackerknecht 1992: 29ff.). Sie sind in drei Werken der traditionellen indischen Medizin überliefert: in den Büchern von Charaka (etwa 100 n. Chr.), von Susruta (etwa 500 n. Chr.) und von

Vaghbata (etwa 600 n. Chr.), die auf älteren, vermutlich vedischen, Schriften basieren. Die Medizin war sowohl durch wissenschaftliche als auch durch religiöse Elemente gekennzeichnet und richtete sich zudem nach astrologischen Konzepten, die eine große Rolle in der medizinischen Praxis spielten. Krankheiten wurden in der brahmanischen Lehre auch als Strafen für in einem früheren Leben begangene Sünden betrachtet.

Das für die klassische indische Medizin zentrale Buch von Susruta ist in mehrere Bereiche der Medizin nach Krankheiten sowie nach Krankheitsursachen unterteilt, die uns heutzutage fremdartig erscheinen mögen, jedoch ein Kennzeichen der damaligen Zeit und Kultur waren. Als Teilbereiche der Medizin werden genannt: die Entfernung von Fremdkörpern, Krankheiten oberhalb des Schlüsselbeins, Allgemein-Erkrankungen (Fieber, Hysterie, Lepra etc.), durch Dämonen hervorgerufene Krankheiten, Kinderpflege und Kinderheilkunde, Giftlehre, Verjüngungslehre und Aphrodisiaka (vgl. Ackerknecht 1992: 29ff.). Wie an den ersten beiden Teilbereichen verdeutlicht, ist die klassische indische Medizin in Bereiche eingeteilt, die sich gegenseitig nicht ausschließen. Soweit ersichtlich folgt diese Klassenbildung somit anderen Kriterien als denjenigen heutiger medizinischer Klassifikationen.

Folgende Systematisierung unterschied Krankheitsursachen in sieben Teilbereiche: 1. Fehler am Samen oder Ei, 2. unzweckmäßiges Verhalten der Mutter während der Schwangerschaft, das Taubheit, Blindheit oder Schwachsinn hervorrufen konnte, 3. idiopathische Krankheiten körperlicher oder seelischer Natur, 4. traumatische Erkrankungen, 5. Saisonkrankheiten, 6. durch Götter oder Dämone hervorgerufene Krankheiten und 7.»Spontankrankheiten (Krankheiten bedingt durch Alter, Hunger, Durst etc.)« (Ackerknecht 1992: 29ff.). Die hier aufgeführten Teilbereiche der Krankheitsursachen haben ebenfalls unklare Klassengrenzen, die unseren heutigen Maßstäben nicht entsprechen. Insgesamt unterscheidet Susruta 66 Krankheiten der Mundhöhle, fünf Krankheiten der Ohrläppchen etc. (vgl. Ackerknecht 1992: 30). Auch wenn die verschiedenen Untergruppen der Krankheiten in einschlägigen Werken zur Geschichte der Medizin nicht aufgeführt sind, lässt sich an der Differenzierung der Krankheiten erkennen, dass ein großes Interesse an Systematisierungen von Krankheiten und ihrer Behandlung bestand.

Ein weiteres Beispiel für ein frühes, überwiegend auf einer Systematik von Heilpflanzen beruhendes, Klassifikationssystem von Krankheiten ist die altmexikanische Medizin. Auch hier findet sich ein Zusammenspiel von religiösen, wissenschaftlichen und astrologischen Vorstellungen (vgl. Schneck

1997: 35f.). Ebenso wie in der alt-indischen Medizin war die Vorstellung verbreitet, dass Krankheiten Strafen für begangene Sünden seien. Nach Berichten des spanischen Eroberers Hernán Cortéz (1485–1547) war die aztekische Medizin hochentwickelt, weswegen »europäische Ärzte im neuen Land nicht benötigt« würden (Ackerknecht 1992: 25). Stattdessen sandte der spanische König seinen Leibarzt zum Studium nach Mexiko. Als herausragend beschreibt Ackerknecht die Kenntnis und Unterscheidung von 1.200 medizinischen Pflanzen als Arzneimittel, die in botanischen Gärten kultiviert wurden (vgl. Ackerknecht 1992: 25). Mit den Heilpflanzen wurden jeweils unterschiedliche Krankheiten behandelt, Wirkungsweise und Behandlungsform sorgsam dokumentiert. Ein Schwerpunkt der aztekischen Medizin lag dabei auf dem Gebiet der Narkotika. Auch wenn eine Systematisierung von Krankheiten in der gängigen Literatur nicht konkret dokumentiert ist, lässt sich doch von der Systematik der hohen Anzahl von Arzneipflanzen auf ein differenziertes Wissen von Krankheiten und ihr Behandlungswesen schließen.

Zum Schluss soll die Humoralpathologie – die hippokratische Vier-Säfte-Lehre[10] – dargestellt werden, die die Medizin in der antiken mediterranen und abendländischen Welt bis in die Neuzeit hinein beeinflusst hat. Zurückgehend auf den Naturphilosophen und Arzt Empedokles von Agrigent (504–433 v. Chr.) wurde die Vier-Säfte-Lehre in die hippokratischen Schriften[11] aufgenommen sowie durch Aristoteles (384–322 v. Chr.) und Galen (130–200 n. Chr.) weiterentwickelt. Die Vier-Säfte-Lehre wurde hiermit zur herrschenden medizinischen Theorie des Mittelalters und der nachfolgenden Jahrhunderte; zuerst im Mittelmeerraum, dann breitete sie sich in ganz Europa aus (vgl. Nutton 1993: 281ff.).

Im Gegensatz zur Heilkunde des alten Indien und Mexiko enthielt die hippokratische Lehre keine astrologischen und religiösen Vorstellungen, sondern ist eher als philosophische Lehre von Körper, Gesundheit und Krankheit zu verstehen. Die Grundlage der Humoralpathologie war das Konzept eines Gleichgewichts der Körpersäfte. Krankheiten wurden als physiologische Störung aufgefasst und galten als Anzeichen dafür, dass das Mischungsverhältnis der Körpersäfte nicht mehr im Gleichgewicht war (vgl. auch Eckart 2000: 51f.). Gesundheit wurde gleichgesetzt mit einem har-

---

10 Der Humoralismus beziehungsweise die Humoralpathologie, bezeichnet die Krankheitslehre der Säfte, der Begriff leitet sich vom griechischen Wort: chumos: Saft, ab.
11 Hippokrates lebte von ca. 460–375 vor Christus, er galt als berühmtester Arzt der Antike und gründete die Medizinschule von Kos. Die Schriften, die von ihm verfasst oder unter seinem Namen überliefert wurden, werden als Corpus Hippocraticum bezeichnet.

monischen Verhältnis der Körpersäfte, auf griechisch Eukrasie genannt, Krankheit dagegen mit einem disharmonischen Verhältnis, Dyskrasie. Indem eine Krankheit behandelt wurde, wurde das Gleichgewicht als wieder hergestellt betrachtet. Ein gesundheitliches Gleichgewicht war in der Vorstellung der Humoralpathologie nicht einfach zu erlangen, sondern hing von mehreren Faktoren ab: »The natural balance of health is always precarious, for it is constantly subject to potentially harmful influences from one's diet, life-style and environment« (Nutton 1993: 281).

Empedokles unterschied vier Grundelemente: Feuer, Luft, Wasser und Erde, die mit vier Körpersäften (und Organen) identifiziert wurden: Blut (Herz), gelbe Galle (Leber), schwarze Galle (Milz) und Phlegma/Schleim (Hirn). Diese Grundelemente waren durch ein Verhältnis von vier so genannten mentalen Eigenschaften gekennzeichnet: heiß, trocken, feucht und kalt (vgl. Tabelle 1). Das System der Humoralpathologie lässt sich an einem Beispiel erklären: Eine Krankheit der schwarzen Galle, der die Eigenschaften kalt und trocken zugeschrieben wurden, wurde durch Mittel der beiden ergänzenden »mentalen Eigenschaften« behandelt, um das innere Gleichgewicht der Körpersäfte wieder herzustellen (Ackerknecht 1992: 39).

Tabelle 1: Grundelemente in der Humoralpathologie

Grundelemente	Körpersäfte	Organe	Mentale Eigenschaften
Luft	Blut	Herz	heiß – feucht
Feuer	Gelbe Galle	Leber	heiß – trocken
Erde	Schwarze Galle	Milz	kalt – trocken
Wasser	Schleim	Hirn	kalt – feucht

Von den Körpersäften leiten sich die Bezeichnungen der vier Typen von Menschen ab, deren individuelle Gesamtpersönlichkeit durch einen Körpersaft geprägt sein sollte: Sanguiniker (Blut), Choleriker (gelbe Galle), Melancholiker (schwarze Galle) und Phlegmatiker (Schleim). Krankheiten wurden den vier Organen zugeschrieben und über deren Eigenschaften und die ihnen zugeordneten Körpersäfte behandelt. Die Vier-Säfte-Lehre begründete bis ins späte Mittelalter die Evakuationstechniken, durch die eine erhöhte Konzentration eines Körpersaftes verringert werden konnte: »Aderlassen, Schröpfen, Abführen, Erbrechen, Niesen, Schwitzen und Urinieren« (Ackerknecht 1992: 41).

Ein Ordnungssystem der Krankheiten zu erstellen, hatte weniger Bedeutung als die systematische Bestimmung von Krankheitsursachen, die auf die Lehre der Körpersäfte und der Grundelemente zurückgeführt wurden. Die Bedeutung des Humoralismus, »the basis for the Western tradition of medicine down to the nineteenth century« (Nutton 1993: 281) lässt sich daran erkennen, dass das Corpus Hippocraticum 1839 erneut von Emile Littré herausgegeben wurde, das die Gesamtausgabe der erhaltenen Schriften der hippokratischen Schule enthielt (vgl. Ackerknecht 1992: 40). Am bekanntesten ist die anatomische und physiologische Abhandlung *Von der Natur des Menschen*, in der die Vier-Säfte-Lehre ausführlich geschildert ist. Hier wie in älteren Quellen werden Behinderungen nicht eigenständig neben Krankheiten genannt. Angeborene und chronische Störungen werden jedoch als besonders schwerwiegend und schlechter behandelbar angesehen als akute Krankheiten (vgl. Nutton 1993: 290).

2.2.2 Entwicklung medizinischer Systematisierungen im Europa der Neuzeit

Seit der Aufklärung wurden medizinische Systematisierungsversuche von Krankheiten intensiviert, unterstützt durch Erfindungen und Entdeckungen in der Chemie und Physik sowie durch den philosophischen Empirismus. Der philosophische Empirismus trug zur Verwissenschaftlichung der Medizin bei durch eine theoretische Fundierung des Experiments, eine rational geplante Empirie und die induktive Methode. In der Medizin des 17. Jahrhunderts stand der Empirismus neben der nachreformatorischen Strömung des medizinischen Humanismus, der die antike hippokratische Lehre aufgriff, der Strömung der paracelsischen Medizin und ihrer alchemistischen Ausrichtung. Der philosophische Empirismus bildete jedoch die Grundlage, auf der die moderne, naturwissenschaftlich orientierte Medizin aufbaut. Hiermit wuchs sowohl das Interesse als auch das Bedürfnis nach einer Ordnung von Krankheiten, die über die humoralpathologische Lehre hinausging.

Die Entwicklung medizinischer Systematisierungen geht auf den Engländer Thomas Sydenham (1624–1689) zurück, der als Begründer der empirischen Neuorientierung der Medizin gilt. Seine empirische Krankheitsbeschreibung war der Ausgangspunkt für die Entwicklung der nosologischen Klassifikationen, deren Ziel es ist, Krankheiten als Einheiten genau zu beschreiben (vgl. Hess 1993: 23). Aufgrund seiner methodischen und nosographischen Beschreibungen der Londoner Epidemien wurde Sydenham auch als erfolgreichster Kliniker des 17. Jahrhunderts in Europa bezeichnet (vgl. Schneck 1997: 107).

Sydenham führte genaue Beobachtungen am Krankenbett durch und untersuchte die Kranken gründlich. Hierbei beachtete er nicht nur die Symptome der Krankheit, sondern auch die Umwelt der Kranken (wie Raumtemperatur und Luft im Krankenzimmer). Sein Ziel war es, Krankheitsbilder eng abzugrenzen und sie in ein umfassendes System zu bringen. Für ihn stand dabei nicht die Kategorisierung des Einzelfalls im Vordergrund, sondern die Ermittlung von Krankheitstypologien. Er dokumentierte seine Beobachtungen nicht in Form von Klassifikationstabellen, sondern konzentrierte sich auf die Beschreibung und den Vergleich von Krankheitsbildern wie zum Beispiel von Rheumatismus oder Gicht (vgl. Schneck 1997: 107). Während er sich in der Erforschung von Krankheitsphänomenen empirisch ausrichtete, blieb seine Krankheitsauffassung immer noch der traditionellen humoralpathologischen Konzeption verhaftet (vgl. Hess 1993: 40). Dies verdeutlicht, wie sich anhand der Entwicklung der klinischen Methode der Übergang von der humoralpathologischen zur naturwissenschaftlichen Medizin vollzogen hat.

Sydenham lehnte seine Systematisierung der akuten Erkrankungen an die Systematisierungsversuche der Botanik an. Diese Idee erwies sich jedoch später als hinderlich, da Krankheiten keine morphologisch weitgehend eindeutig beschreibbaren Entitäten wie Pflanzen sind, sondern komplexe und teilweise auch heterogene Störungen der körperlichen, mentalen oder seelischen Funktionen des Körpers.[12] Sein methodischer Ansatz regte jedoch sowohl zur exakten Beobachtung der Symptomatik als auch zur detaillierten Beschreibung von Krankheitsbildern an. Seitdem gilt er als Begründer der Medizin als Erfahrungs- und Handlungswissenschaft (vgl. Hess 1993: 291). Sydenhams Leistungen hinsichtlich der Beschreibung und Systematisierung von Krankheiten haben daher entscheidend zur Entwicklung von der Humoralpathologie zur naturwissenschaftlich orientierten Medizin beigetragen.

Die Systematisierungsversuche des medizinischen Wissens seit dem Beginn des 18. Jahrhunderts wurden mit dem Interesse durchgeführt, die Erkenntnisse über Krankheiten und die Vielfalt des theoretischen Wissens zu ordnen. Mit der Entwicklung der auf empirische Beobachtungen Bezug nehmenden diagnostischen Medizin ging eine Abkehr von der philosophisch geprägten Medizin einher (vgl. Hess 1993). Zeitgleich gab es neue naturwis-

---

12 Wie auch an den Revisionen von Klassifikationen nachvollziehbar ist (siehe unten), entstehen Erkenntnisse zu einer bestimmten Zeit und sind daher dem Stand des Wissens der Zeit geschuldet.

senschaftliche Entwicklungen: Die Entdeckung von Dampfkraft und Elektrizität, die Entwicklung von Mikroskop und Thermometer sowie die Entdeckung des Sauerstoffs in den 1770er Jahren (vgl. Schneck 1997: 123). Die physikalischen Erkenntnisse wurden für die experimentelle Erforschung des Blutes und des Nervensystems durch die Physiologenschule Claude Bernards (1813–1878) in Paris genutzt. Bernard griff hierbei Forschungen des Klinikers und Experimentalphysiologen Francois Magendie (1783–1855) auf, um die physiologischen Regulationsmechanismen zielgerichtet zu erforschen (vgl. Schneck 1997: 153f.) Für die Erklärung der durch wissenschaftliche Experimente gewonnenen physiologischen Erkenntnisse über die Entstehung und Heilung von Krankheiten war das Konzept der Humoralpathologie nicht mehr ausreichend. Es entsprach nicht der zunehmend naturwissenschaftlich-experimentell geprägten medizinischen Lehre der Beobachtungen und Untersuchungen von Kranken.

In der Tradition Sydenhams stehend führte der Niederländer Herrmann Boerhaave (1668–1738) den klinischen Unterricht am Krankenbett ein, damit Krankheitssymptome direkt beobachtet und Krankheitsbilder genau beschrieben werden konnten. Boerhaave galt als erfolgreichster medizinischer Lehrer der ersten Hälfte des 18. Jahrhunderts und verfolgte das Ziel einer allgemeinen, einheitlichen Pathologie (vgl. Schneck 1997: 125f.). Parallel zu den Bemühungen, eine Systematik von Krankheiten zu erstellen, erlebten Systematisierungsbemühungen auch in anderen Disziplinen einen Aufschwung. So begründete der schwedische Arzt und Botaniker Carl von Linné (1707–1778) die taxonomische Nomenklatur von Botanik und Zoologie. Er schuf dadurch ein Ordnungssystem für die Bezeichnung von Pflanzen und Tieren, dessen Grundzüge bis heute im Wesentlichen erhalten sind.

1731 veröffentlichte der Arzt Francois Boissier Sauvages de Lacroix in Avignon erstmals eine Krankheitssystematik, »Nouvelles classes des maladies«, die wegweisend für alle folgenden Klassifikationen des 18. Jahrhunderts war (Hess 1993: 42). Sie hatte zehn Klassen und war eng angelehnt an die botanische Nomenklatur (vgl. Ewert/Ewert 2000: 7). Die zehn Klassen waren drei Oberklassen zugeordnet: Akuten Krankheiten, Chronischen Krankheiten und Äußeren Affektionen (vgl. Abb. 1). Diese erste Klassifikation von Krankheiten enthielt keinen expliziten Hinweis auf Behinderungsarten wie zum Beispiel Blindheit und Gehörlosigkeit. Es ist zu vermuten, dass sie möglicherweise als Sinnes-Lähmungen aufgefasst wurden. Darauf gibt es jedoch keinen expliziten Hinweis. Epilepsie und Muskelspasmen wurden als Gattung, Geisteskrankheiten als Klasse der *Chronischen Krankheiten* bezeichnet. Sie wurden somit als Krankheit klassifiziert und nicht als Behinderung abgegrenzt und umschrieben. Da unter *Chronischen Krankheiten* auch verschiedene Arten von Schmerzen und Auszehrungen gefasst wurden, wird deutlich, dass diese Krankheits-Oberklasse nicht nur Gattungen umfasste, die heutzutage als Behinderungen bezeichnet werden.

Werner bezeichnet Sauvages' Krankheitssystematik als erste »auf Ätiologie und Pathogenese beruhende Einteilung« von Krankheiten (1994: 7).[13] Inwiefern diese Klassifikation zu der damaligen Zeit umstritten, einvernehmlich anerkannt war oder ob es Gegenentwürfe gab, lässt sich aus Hess' historischer Abhandlung nicht ableiten. Mit der weiteren Entwicklung von Klassifikationssystemen wurden jedoch auch kontroverse Diskussionen über Klassifikationen dokumentiert.

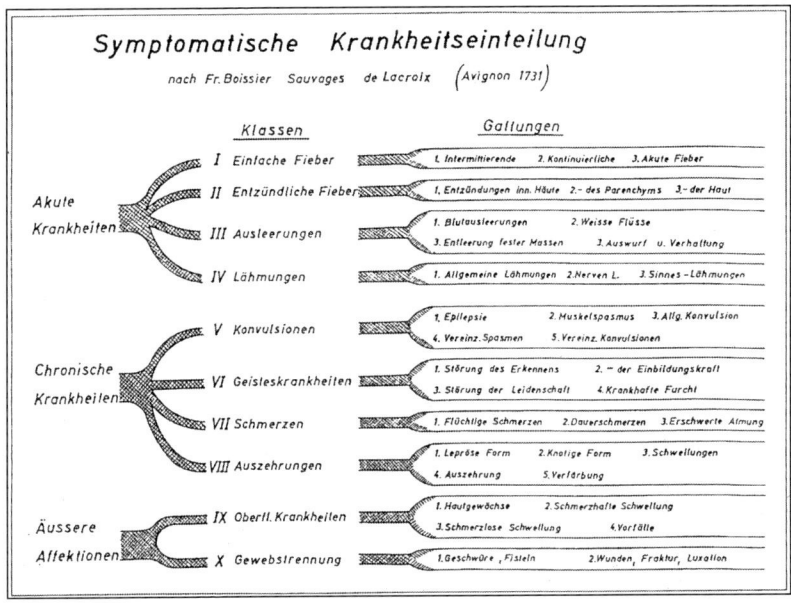

Abb. 1: *Symptomatische Krankheitseinteilung nach Boissier Sauvages, 1731*[14]

Sowohl in der Botanik als auch in der Medizin wurde wissenschaftlich diskutiert, wie Pflanzen und Krankheiten einheitlich zu systematisieren seien und welche Merkmale als Unterscheidungskriterien gelten sollten. Sauvages

---

13 Sauvages symptomatische Krankheitseinteilung ist das erste überlieferte nosologische Schema (vgl. Werner 1994: 8).
14 Abbildung: Quelle: Rothschuh, K.E., *Prinzipien der Medizin*, 1965 (nach: Werner 1994: 8). Wenn nicht anders angegeben, sind alle weiteren Graphiken selbst erstellt.

legitimierte seine nosologischen Klassifikationsversuche von Krankheiten mit dem Verweis auf Sydenham, der Krankheiten erstmalig empirisch erfasst hatte. Er versuchte aus den vorliegenden genauen Schilderungen einer Krankheit, Merkmale zu charakterisieren, die ihre spezifische Bestimmung ermöglichten. Hierzu beschrieb er die sichtbaren, äußeren Merkmale der Erkrankung, allerdings nicht die Phänomene in ihrem zeitlichen und räumlichen Erscheinen während der Erkrankung. Dementsprechend bestand eine systematische Nosologie damals eher aus einer Auflistung von Symptomen als aus einer Schilderung des chronologischen Verlaufs der Erkrankungen (vgl. Hess 1993: 43).

Die Systematik von Krankheiten und – wenn auch nicht explizit genannten – Behinderungen hat sich seit dem 18. Jahrhundert mit zunehmender wissenschaftlicher Erforschung weiterentwickelt. Bereits an den frühen Systematisierungen lässt sich erkennen, dass Bezeichnungen – wie die der *Chronischen Krankheiten* – flexibel und veränderbar sind. Neue Erkenntnisse über Krankheiten führten zu Revisionen der Klassifikationen und damit in der zweiten Hälfte des 20. Jahrhunderts zu der Unterscheidung zwischen Krankheit und Behinderung.

2.3 Medizinische und verwandte Klassifikationen ab dem 19. Jahrhundert

Nach der ersten anerkannten Krankheitssystematik von Sauvages wuchs das Interesse an einem systematischen Überblick über Krankheits- und Todesursachen. Im Zuge der Industrialisierung und der hohen Todesrate von Soldaten im Krieg entwickelte die englische Regierung ein Interesse an einer offiziellen Statistik. Hinsichtlich der Arbeitsfähigkeit der Bevölkerung wurde es auch in anderen europäischen Ländern wichtig, Daten über den Gesundheitszustand der Bevölkerung zu erheben und epidemiologische Forschung zu betreiben. Die Regierungen interessierten sich »aus ökonomischen, administrativen und bevölkerungspolitischen Gründen« für eine medizinische Statistik und trieben die Entwicklung einer internationalen[15] Klassifizierung von Todesursachen voran (Werner 1994: 7).

---

15 Mit dem Begriff *international* wurden die Mitgliedsstaaten des *Internationalen Statistischen Kongresses* bezeichnet. Dies waren die damaligen Weltmächte, die Kolonialmächte.

2.3.1 Die Internationale Nomenklatur von Todesursachen

Bereits 1837 hat der englische Gesundheitsstatistiker Farr begonnen, Krankheitsstatistiken aufzustellen und damit an die Erhebung von Todesfällen anzuschließen. Hierdurch wurde es möglich, die Rate von Erkrankungen verschiedener Berufsgruppen zu vergleichen, wie diejenigen von Armeeangehörigen, Arbeitern und Kleinbauern. Ziel war es, die ungefähre Dauer und Gefährlichkeit sowie die Häufigkeit von Krankheiten ermessen und Unterstützungsleistungen kalkulieren zu können (vgl. Hacking 1990: 48ff.). Hinzukommend wertete Farr Krankenhausakten aus, um Krankheiten systematisch beschreiben und die Häufigkeitsrate der Krankheiten statistisch erheben zu können. Während dieser Tätigkeit entwickelte Farr gemeinsam mit dem Mediziner Marc d'Espine (Genf) einen Vorschlag, wie Krankheiten zu systematisieren seien. Diesen stellte er dem zweiten Internationalen Statistischen Kongress in Paris 1855 als »Internationale Nomenklatur von Todesursachen« vor (Hacking 1990: 52ff.).

Mit seiner Statistik von Krankheiten trug Farr erheblich zur Entwicklung von Sozial- und Gesundheitsstatistiken bei. Die Faszination an den Möglichkeiten statistischer Erhebungen war hoch, sie wird an einem Ausschnitt aus Farrs Rede vor dem vierten Internationalen Statistischen Kongress in London deutlich:

»The statistical discoveries of one nation are the lights of all nations. Despite the accidents of conflagrations, the unstableness of winds, the uncertainties of life and the variations in men's minds and circumstances, on which fires, wrecks and deaths depend, they are subject to laws as invariable as gravitation and fluctuate to within certain limits, which the calculus of probabilities can determine beforehand.« (Farr am 16.07.1860, zitiert nach Hacking 1990: 115)

Die Arbeitsfassung von Farr und d'Espine (vgl. Werner 1994: 7) enthielt 139 Todesursachen geordnet in vier Hauptklassen:

1. epidemische Krankheiten
2. allgemeine Krankheiten
3. lokalisierte Krankheiten
4. Krankheiten, die durch Gewalteinwirkung entstanden.

An dieser Arbeitsfassung ist auffallend, dass die zweite Hauptklasse nicht trennscharf formuliert ist: Was unterscheidet eine allgemeine Krankheit von epidemischen oder lokalisierten Krankheiten? In der Sekundärliteratur werden die Klassen dieser ersten internationalen Nomenklatur von

Todesursachen nicht detailliert erklärt. Trotz mehrfacher Revisionen fand diese Systematik keine internationale Verbreitung. Dies war auch begründet durch die Uneinigkeit über ihre Zweckbestimmung zwischen Farr und d'Espine: Farr strebte die Nutzung der Nomenklatur für die Ausgestaltung des Gesundheitssystems, d'Espine für eine ätiologisch und epidemiologisch orientierte Forschung an (vgl. Ewert/Ewert 2000: 7). Deutlich wird, dass mit einer Klassifikation bereits im 19. Jahrhundert verschiedene Ziele verfolgt wurden. Über die Ziele früherer Systematisierungsversuche ist hingegen kaum etwas bekannt.

Nach d'Espines Tod 1860 wurde 1864 Farrs Vorschlag angenommen, jedoch noch ohne praktische Anwendung. Einige Zeit später wurde der Franzose Jacques Bertillon mit der Erstellung einer internationalen Statistik beauftragt, die er 1893 in Chicago beim Treffen des Internationalen Statistischen Instituts präsentierte. Dieses Institut war der Nachfolger des Internationalen Statistischen Kongresses. Mit Bertillons Internationaler Statistik lag 1893 die erste internationale Klassifikation von Todesursachen, die *International Classification of Causes of Death*, vor, die in vielen Ländern angewendet wurde und 168 Unterkategorien enthielt. 1899 verabschiedete das Internationale Statistische Institut Bertillons Schema offiziell als Klassifikation.

Die American Public Health Association schlug vor, Revisionen dieser Internationalen Klassifikation von Todesursachen in regelmäßigen zehnjährigen Abständen herauszugeben. Diese Revisionen werden mit der Kurzform der Klassifikation (ICD) und der Nummer der Revision (N=1, N+1, …) abgekürzt.

Tabelle 2: Übersicht über die ersten Klassifikationen von Krankheits- und Todesursachen

Zeitpunkt der Verabschiedung	Klassifikation	Zusätzliche Informationen
1899	International Classification of Causes of Death, ICD	Als erste internationale Statistik in vielen Ländern angewendet
1909	International Classification of Causes of Sickness and Death, ICD-2	
1920	International Classification of Causes of Sickness and Death, ICD-3	Mit Bertillons Tod übernahm die Hygienesektion des Völkerbundes 1922 die Verantwortung für die Pflege der Klassifikation
1929	International Classification of Causes of Sickness and Death, ICD-4	

| 1938 | International Classification of Causes of Sickness and Death, ICD-5 | |

Die Revisionen der ersten Statistik von Bertillon veränderten ihren Gegenstand von einer ausschließlichen Klassifikation von Todesursachen zu Klassifikationen von Todes- und Krankheitsursachen (vgl. Tabelle 2). Ebenso änderte sich die Herausgeberschaft: 1922 trug die Hygienesektion des Völkerbundes[16] die Verantwortung für die Herausgabe der Klassifikationen. Mit der Gründung der Vereinten Nationen (UN) 1946 beschloss der Völkerbund seine Auflösung, woraufhin ab 1948 die 1946 neu gegründete Weltgesundheitsorganisation (WHO) Erarbeitung und Veröffentlichung der Klassifikationen übernahm.

Mit fortlaufender Entwicklung der Klassifikationen und der in Verantwortung stehenden Institutionen änderte sich auch die Zielrichtung: Wurde die ICD 1893 noch als Todesursachen-Verzeichnis mit dem Zweck einer Mortalitätsstatistik entwickelt, bei dem das »Grundleiden« nach Codenummern verschlüsselt wurde, wurden von der WHO Krankheitsdiagnosen bei lebenden Menschen einbezogen und die ICD hierdurch um den Zweck der Morbiditätserfassung erweitert (Werner 1994: 15, Tabelle 3). Hinzukommend änderte sich die Terminologie: Während bis zur ICD-5 die Ursachen von *Sickness and Death* beurteilt wurden, klassifizierte man ab der ICD-6 *Diseases, Injuries and Causes of Death* klassifiziert.[17]

2.3.2 Übernahme der Internationalen Klassifikationen von Krankheiten durch die Weltgesundheitsorganisation

Auch die WHO unterschied Behinderungen bis 1980 noch nicht von Krankheiten, sondern konzentrierte sich auf die Weiterentwicklung der Klassifika-

---

16 Im Völkerbund (gegründet 1919) waren ursprünglich die 32 Siegermächte des Ersten Weltkrieges (außer den USA) und 13 neutrale Staaten Mitglied. Neue Staaten konnten durch Mehrheitsbeschluss aufgenommen werden, ebenso konnten Mitgliedsstaaten austreten.
17 Während die ICD-5 noch der englische Terminus *sickness* verwendet, enthält die ICD-6 den Begriff *disease* im Titel, der die naturwissenschaftliche, medizinische Bedeutung von Krankheiten bezeichnet. Der Begriff *sickness* lässt sich soziologisch einordnen: »the understanding of a disorder in its generic sense across a population in relation to macrosocial (economic, political, institutional) forces« (Kleinman 1998: 6). Der Begriff *disease* bezieht sich auf Fehlfunktionen biologischer oder psychosozialer Prozesse und ist als naturwissenschaftlicher Begriff anerkannt (vgl. Kleinman 1980). Dieser Wechsel der Fachbegriffe des englischen Originals lässt sich in der deutschen Fassung nicht nachvollziehen, da beide Begriffe als *Krankheit* übersetzt werden.

tion von Krankheiten, Verletzungen und Todesursachen sowie deren Ergänzungen. Die Klassifikationen von Krankheiten (ICD) sagen jedoch nichts über die individuelle oder gesellschaftliche Dimension von Behinderung aus, sondern führen teils unsystematisch Fehlbildungen oder Krankheiten auf, die Behinderungen zugrunde liegen können. So enthalten die Klassen der ICD-10 Kategorien, die mit Schädigungen, Beeinträchtigungen oder Behinderungen in Verbindung stehen, wie »Angeborene Fehlbildungen, Deformitäten und Chromosomenanomalien« (WHO 1999: 867).[18]

An der Übersicht der Klassifikationen (vgl. Tabelle 2 und 3) ist erkennbar, dass der Geltungsbereich der ICD erweitert und die Klassifikation zunehmend spezialisierter wurde. Diese komplexe Entwicklung verlangte eine stetige Ausarbeitung der Klassifikationen um Zusatzklassifikationen, adaptierte Versionen und Ergänzungen. Diese Entwicklung mündete in das Konzept der *Klassifikationsfamilie* (vgl. 2.3.4, Tabelle 4).

Tabelle 3: *Entwicklung der Krankheitsklassifikationen nach dem Zweiten Weltkrieg*

Verabschiedung	Klassifikation (ICD)	Informationen über die Version
1948	International Statistical Classification of Diseases, Injuries, and Causes of Death, ICD-6	Die ICD-6 wurde um eine Klassifikation der Krankheiten für Morbiditätsstatistiken erweitert. Deutscher Titel: Internationale Klassifikation der Krankheiten, Verletzungen und Todesursachen.
1955	International Statistical Classification of Diseases, Injuries, and Causes of Death, ICD-7	Die ICD-7 enthielt nur geringfügige Änderungen gegenüber der ICD-6.
1965	International Statistical Classification of Diseases, Injuries, and Causes of Death, ICD-8	Beginn von nationalen Adaptionen für besondere Zwecke: z.B. die ICD-8-A: spezifisch adaptierte Version der ICD für die USA oder die H-ICD-8-A: spezifische Version der ICD für Hospitäler in den USA

---

18 Vgl. die Zusatzklassifikationen zur ICD-9 und die Klassen Q 00-99, V 01-Y 98, Z 00-99 der ICD-10. Bereits bei der Entwicklung der ICD-6 wurde eine Inanspruchnahme des Gesundheitswesens berücksichtigt, die in der 9. Revision der ICD (im so genannten V-Kode) systematisch aufgenommen wurde. Diese Zusatzklassifikation beinhaltet so genannte Folgeerscheinungen der Krankheiten: diejenigen »Faktoren, die den Gesundheitszustand beeinflussen und zur Inanspruchnahme des Gesundheitswesens führen« (WHO 1995: 226).

1975	International Statistical Classification of Diseases, Injuries, and Causes of Death, ICD-9	Sie enthielt die Möglichkeit doppelter Kodierung: Ätiologie und Manifestation.
		Einführung von Zusatzklassifikationen: z.b. die V-Klassifikation der ICD-9 oder die zu Testzwecken veröffentlichte ICIDH.
		Weitere nationale Adaptionen: ICD-9-CM (Clinical Modification), eigenständige Publikation des Kapitels V der ICD über psychische Störungen in Deutschland.
1990 verabschiedet 1992 veröffentlicht	International Statistical Classification of Diseases and Related Health Problems, ICD-10	Deutscher Titel: Internationale statistische Klassifikation der Krankheiten und verwandter Gesundheitsprobleme.
		Beibehaltung der Grundstruktur der Klassifikation.
		Entwicklung des Konzepts einer Klassifikationsfamilie mit der ICD als Kernklassifikation.
		Ausbau der Klassifikationsfamilie der ICD durch: Nomenklaturen, Klassifikation von Behinderung, Methoden und Adaptionen für die Gebiete der Onkologie, Stomatologie, Dermatologie, Psychiatrie, Neurologie, Geburtshilfe, Gynäkologie, Orthopädie, Rheumatologie, Pädiatrie, Allgemeinmedizin.
		Einführung eines alphanumerischen Verschlüsselungssystems.

Auch wenn die ICD-10 die Beurteilung von Todesursachen nicht im Titel trägt, fungiert sie dennoch wie auch die ersten internationalen Klassifikationen als »Grundlage der international vergleichenden Todesursachenstatistik«, die Schopen als »längste Zeitreihenstatistik des Gesundheitswesens« bezeichnet (2003: A2001).

Eine elfte Version der ICD (ICD-11) ist geplant und befindet sich in der Entwicklung.[19] Diese Version soll 2014 von der WHO verabschiedet und darauf folgend in den Mitgliedsstaaten implementiert werden. Es ist das Ziel, die ICD-10 um die Klassifikation von neu aufgetretenen Gesund-

---

19 Vgl. http://www.who.int/classifications/network/en/ICD_11Rejkjavik.pdf, 06.08.09, http://www.who.int/classifications/icd/ICDRevision/en/index.html, 06.08.09, laut Ankündigung auf der homepage schließt sie sowohl genetische als auch seltene Krankheiten ein, vgl. www.orpha-net.de/?lng=EN, 06.08.09.

heitsproblemen zu erweitern.[20] Ebenso wie bereits die ICD-10 soll die ICD-11 mit der aktuellen Klassifikation von Behinderung, der ICF, und den anderen Klassifikationen der WHO kompatibel sein.

Alle Klassifikationen werden in den Sprachen der WHO[21] veröffentlicht, auf Deutsch werden sie vom Deutschen Institut für Medizinische Dokumentation und Information (DIMDI) publiziert.

Folgende Ergänzungen zur ICD wurden erstellt:

1. International Classification of Procedures in Medicine (ICPM)
Die ICPM wurde entwickelt, um medizinische Interventionen zu klassifizieren. Bereits 1978 offiziell verabschiedet (s.o.), erwies sie sich jedoch ab 1989 aufgrund der rapiden Entwicklung von Operationsmethoden als international nicht umsetzbar. Seitdem wurde die ICPM auf nationaler Ebene überarbeitet. In Deutschland wird sie seit 2004 unter dem Namen: *Internationale Klassifikation der Prozeduren in der Medizin, Amtlicher Operationenschlüssel*, SGB V (ICPM) (OPS), zur Verschlüsselung von Operationen und Prozeduren verwendet. Sie ist seit 2005 für den Gebrauch im Krankenhaus verpflichtend. Inzwischen wurde die ICPM von der WHO weiterentwickelt und heißt *Internationale Klassifikation gesundheitlicher Interventionen (ICHI)* (vgl. 2.3.4).[22]
2. Universal Medical Device Nomenclature System (UMDNS)
Die UMNDS wurde in den USA zum Zweck der Verschlüsselung von Medizinprodukten entwickelt und wird seit 1996 als Nomenklatur für Medizinprodukte vom DIMDI herausgegeben.
3. International Nomenclature of Diseases (IND)
Die IND ist 1970 durch den Council for International Organizations of Medical Sciences (CIOMS) mit dem Ziel erstellt worden, jedem Krankheitsbild einen anerkannten, eindeutigen Fachbegriff zuzuordnen. Diese Fachbegriffe werden in den anderen Klassifikationen zur Beschreibung genutzt.

---

20 Vgl. http://www.nordclass.uu.se/WHOFIC/papers/ICD_revproc_to_ICD-11_Ustun.pdf, 12.09.08.
21 Die Sprachen der WHO sind: Englisch, Französisch, Spanisch, Arabisch, Russisch und Chinesisch (Mandarin).
22 Für weitere Informationen vgl. http://www.who.int/classifications/ichi/en/, 06.08.09.

2.3.3 Entwicklung einer Amerikanischen Klassifikation psychischer Störungen

Parallel zu den international geltenden WHO-Klassifikationen der Krankheiten entwickelte die Amerikanische Psychiatrische Vereinigung (American Psychiatric Association, APA) in den USA eine Klassifikation psychischer Störungen: das *Diagnostic and Statistical Manual of Mental Disorders (DSM)*. Diese amerikanische Klassifikation wird im Folgenden kurz eingeführt, um auf die Problematik sich überschneidender Einsatzgebiete international geltender Klassifikationen hinzuweisen.

Die Entwicklung der amerikanischen Klassifikation psychischer Störungen geht zurück auf die Erhebung einer Kategorie für Schwachsinn durch die Volkszählung 1840 (vgl. Saß et al. 1996: IX). Nach mehreren Vorläuferversionen zur Diagnose psychischer Störungen publizierte die APA die erste Version des Diagnostischen und Statistischen Manuals psychischer Störungen (DSM) 1952. Seit 1994 ist die vierte Revision des DSM, das DSM-IV, in Kraft getreten, das auf Deutsch seit 1996 vorliegt und zunehmend angewendet wird. Im Vergleich zu den vorherigen Versionen des DSM enthält das DSM-IV einige bedeutsame Veränderungen und ist deshalb wesentlich umfangreicher (vgl. Saß et al. 1996: XIII).[23] Die beschreibenden Texte sind ausführlicher als die der vorherigen Versionen, weil genauere Erklärungen zu den Typen und Untertypen der Störungsbilder als notwendig erachtet wurden.

Da sich die Inhalte des DSM und des fünften Kapitels der ICD zu psychischen Störungen überschneiden, wird bereits seit der ersten Version des DSM versucht, die Kodierungsziffern der jeweils aktuellen Version der ICD und des DSM miteinander abzustimmen. Eine Koordination dieser beiden Klassifikationen ist besonders wichtig, weil das ursprünglich nur für die USA vorgesehene Manual psychischer Störungen (DSM) in einer wachsenden Zahl von Ländern benutzt wird.

Die ICD und das DSM unterscheiden sich in verschiedener Hinsicht. Vergleicht man sie, so ist das DSM-IV stärker an Bedürfnissen, Fragen und Zielen der Forschung orientiert. Dagegen legt die WHO mit der ICD mehr Gewicht auf eine kulturübergreifende Perspektive und internationale An-

---

23 Die Vorgängerversion des DSM-IV war das DSM-III-R, das 1987 als Revision des 1980 erschienenen DSM-III herausgegeben wurde. Das DSM-III-R stellt somit eine Zwischenversion dar, die aufgrund der starken Nachfrage bereits vor der nächsten vollständig überarbeiteten Version des DSM publiziert wurde.

wendbarkeit, auch in »Ländern der 3. Welt« (Saß et al. 1996: XIf). Weiterhin kodiert die WHO »die psychosozialen Auswirkungen von psychischen Störungen« mit einer gesonderten Klassifikation »differenzierter in Form von Behinderung, Einschränkung und Funktionsstörung«, der eigenständigen Klassifikation von Behinderung (Saß et al. 1996: XII).[24] An diesem Beispiel verdeutlicht sich die generelle Unterscheidung, welche die WHO trifft: Sie beurteilt psychische Störungen mit der Klassifikation von Krankheiten, deren Auswirkungen auf die Funktionsfähigkeit eines Menschen aber mit der Klassifikation von Behinderungen (vgl. ausführlich 5.2.2). Im Gegensatz hierzu beurteilt die APA sowohl psychische Störungen als auch deren psychosoziale Auswirkungen auf das Leben eines Menschen mit dem gleichen Instrument: dem DSM-IV.

Eine gleichartige Klassifizierungspraxis findet sich auch bei geistigen Behinderungen: Mit dem DSM-IV werden geistige Behinderungen in der gleichen Unterklasse (Achse II) wie Persönlichkeitsstörungen klassifiziert (vgl. APA 1996: 18f.). Dagegen sind geistige Behinderungen nicht Bestandteil der Krankheitsklassifikation der WHO, sondern der Klassifikation von Behinderung (zur gemeinsamen Nutzung von ICD und ICF vgl. 5.2.2). Hier wird deutlich, dass sich nicht nur das DSM-IV und die ICD überschneiden, sondern auch das DSM-IV und die Klassifikationen von Behinderung der WHO. Daher müssen GutachterInnen jeweils entscheiden, welches Klassifikationssystem, das DSM-IV oder die ICF, sie angewenden. Dies kann als allgemeines Problem parallel existierender internationaler Klassifikationen mit sich überschneidendem Einsatzbereich angesehen werden.

Die Entwicklung des DSM – wie auch anderer international gebräuchlicher Klassifikationen – ist von Kritik begleitet. Als genereller Nachteil einer weiten Verbreitung wird die geringe Berücksichtigung angesehen, die landesspezifische fachliche Gepflogenheiten und Erfahrungen erhalten, wenn Terminologie und konzeptionelle Grundlagen des DSM-IV übernommen werden (vgl. Saß et al. 1996: XIX). Des Weiteren bemängeln Saß et al., dass die hohe Anzahl verschlüsselbarer Diagnosen, diagnostischer Kriterien und Zusatzkodierungen des DSM-IV die Vergleichbarkeit empirischer Forschungsergebnisse einschränke (vgl. 1996: XX).

Diese auf das DSM-IV bezogene Kritik lässt sich auf alle international gültigen Klassifikationssysteme, also auch auf ICD und ICF, übertragen: Der

---

24 Bis 2001 war dies die *Internationale Klassifikation der Schädigungen, Beeinträchtigungen und Behinderungen (ICIDH)*, seitdem ist es die *Internationale Klassifikation der Funktionsfähigkeit, Behinderung und Gesundheit (ICF)*.

Vorteil einer gemeinsamen Sprache bringt den Nachteil der Reduzierung um kulturelles und landesspezifisches Expertenwissen mit sich.[25]

2.3.4 Die Familie Internationaler Klassifikationen der WHO

Angesichts der beträchtlichen Zahl ihrer Klassifikationen gewichtet die WHO diese hinsichtlich ihrer Bedeutung und ihres Einsatzgebiets. Die WHO-Klassifikationen, die in die *Klassifikationsfamilie der Vereinten Nationen der ökonomischen und sozialen Klassifikationen* aufgenommen sind, werden mit dem Namen *Family of International Classifications* der WHO bezeichnet.[26] Diese Familie ist in drei Haupttypen unterteilt: Unter dem Begriff Referenzklassifikationen werden die drei Hauptklassifikationen zusammengefasst, die anderen werden abgeleitete und Bezugsklassifikationen genannt (vgl. Tabelle 4).

Die *Referenz-/Hauptklassifikationen (Reference Classifications)* sind die Klassifikationen, die gemäß der WHO die wichtigsten Komponenten des Gesundheitssystems »death, disease, functioning, disability, health and health interventions« enthalten (WHO 2004: 7). Sie bestehen auf internationaler Ebene und werden von der Versammlung aller Mitgliedsstaaten der WHO verabschiedet.

Die *Abgeleiteten Klassifikationen (Derived Classifications)* beruhen auf den Hauptklassifikationen, da sie entweder deren Struktur und Kategorien enthalten und auf ein Spezialgebiet transferieren oder verschiedene Items mehrerer Referenzklassifikationen miteinander korrelieren. Meistens sind sie auf den Einsatz auf nationaler oder übernationaler (»supranationaler«) Ebene zugeschnitten (WHO 2004: 7).

Die *Bezugsklassifikationen (Related Classifications)* beziehen sich zum Teil auf die Hauptklassifikationen oder sind ihnen auf einer bestimmten Struk-

---

25 Um dieser Problematik zu begegnen, hat die WHO in Kooperation mit den National Institutes of Health (NIH) der Vereinigten Staaten die interkulturelle Anwendbarkeit einer Behinderungs-Klassifikation untersucht und eine Vorstudie zur ICF durchgeführt, »to provide an evidence base for disability assessment and classification« (Hyman 2001: ix). Ziel dieser Cross-Cultural Applicability Research (CAR) Study war es, »to demonstrate the possibility of resolving the apparent contradiction between ensuring cultural applicability of disability assessment items and the universality of the disability construct and the classifications that follow from it. The focus of this study has been to search for deeper similarities rather than to emphasise differences.« (Üstün et al. 2001: 19).
26 Vgl. http://www.who.int/classifications/en/WHOFICFamily.pdf, 10.08.09.

turebene beigeordnet. Meistens stellt ein inhaltlicher Strukturaspekt die Verbindung zu einer oder mehreren Referenzklassifikationen dar, der in den Bezugsklassifikationen wesentlich umfangreicher in seinem eigenen Kontext ausgeführt ist. Dieser Zusammenhang lässt sich beispielsweise an dem Bezug der *ISO 9999 Klassifikation und Terminologie Technischer Hilfsmittel für Menschen mit Behinderung* als Referenzklassifikation zur ICF feststellen.

Tabelle 4: Übersicht über die Familie Internationaler Klassifikationen

Referenz-/Hauptklassifikationen	Zusatzinformation zur Klassifikation
International Classification of Diseases (ICD)	
International Classification of Functioning, Disability and Health (ICF)	
International Classification of Health Interventions (ICHI)	Vorgesehen für die Staaten, die kein Klassifikationssystem der Interventionen haben und für deren Gesundheitssystem die Vorläuferversion, die ICPM, nicht passend ist (vgl. 2.3.2)
Abgeleitete Klassifikationen	
International Classification of Diseases for Oncology, 3rd Edition (ICD-O-3)	Abgeleitet von der ICD
The ICD-10 Classification of Mental and Behavioural Disorders	Abgeleitet von der ICD, eigenständig veröffentlichtes Kapitel zu psychischen Störungen
Application of the International Classification of Diseases to Dentistry and Stomatology, 3rd Edition (ICD-DA)	Abgeleitet von der ICD
Application of the International Classification of Diseases to Neurology (ICD-10-NA)	Abgeleitet von der ICD
Bezugsklassifikationen	
International Classification of Primary Care (ICPC)	Bezogen auf die ICD und die ICF
International Classification of External Causes of Injury (ICECI)	Bezogen auf die ICD
ISO 9999 Technical aids for persons with disabilities – Classification and Terminology	Bezogen auf die ICF
The Anatomical, Therapeutic, Chemical (ATC) classification system with Defined Daily Doses (DDDs)	Bezogen auf die ICD

Betrachtet man die Familie der Klassifikationen genauer, wird deutlich, dass die ICD und die ICF die beiden Kernklassifikationen sind (vgl. Abb. 2). Die Klassifikation der gesundheitsbezogenen Interventionen (ICHI) ergänzt diese beiden. Alle weiteren Klassifikationsformen beziehen sich auf die Hauptkategorien der ICD und der ICF: Krankheit und Behinderung.
Die ICD-10 und die ICF sollen miteinander kompatibel sein (vgl. ICF 4). Aus diesem Grund ist das Kodierungssystem der ICF so aufgebaut, dass es dem der ICD-10 entspricht. Während mit der ICD-10 Krankheiten, verwandte Gesundheitsprobleme und Sterblichkeit diagnostiziert werden, stellt die WHO mit der ICF genauere Informationen über Funktionsfähigkeiten und Behinderungen bereit:

»The information on mortality (provided by ICD-10) and on health outcomes (provided by ICF) may be combined in summary measures of population health for monitoring the health of populations and its distribution, and also for assessing the contributions of different causes for mortality and morbidity.« (ICF 4)

Anders ausgedrückt werden mit der ICD-10 die Gesundheitsgefährdung und das Risikopotenzial einer Erkrankung klassifiziert, wohingegen mit der ICF das Ausmaß einer Behinderung festgestellt wird. Darauf aufbauend soll die ICF in der sozialmedizinischen Praxis dazu dienen, den Rehabilitationsbedarf eines Menschen zu bestimmen. Insofern ergänzen sich beide Klassifikationen.

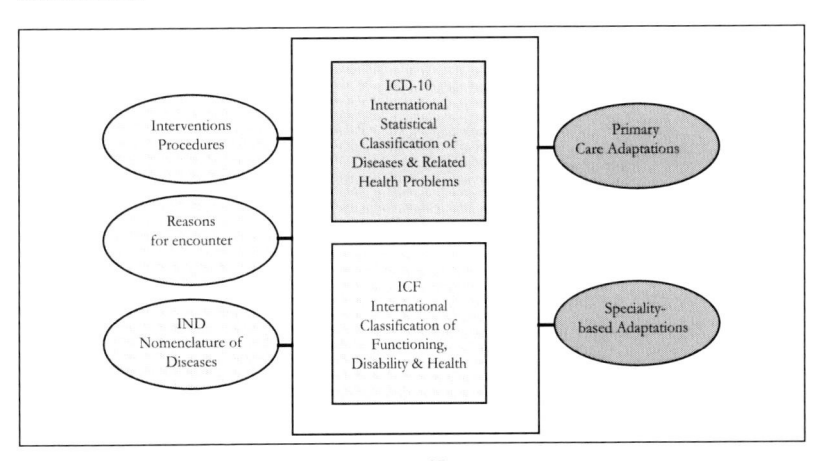

Abb. 2: Familie der WHO-Klassifikationen[27]

---

[27] Das Schaubild (eigene Graphik) folgt einer WHO-Darstellung, die bis zum 23.05.04 unter folgender Adresse zu finden war: http://www.who.int/classification/.

Während die ICD bereits eine lange Entwicklungsgeschichte hat und weithin angewandt wird, beziehen sich nur wenige Klassifikationen auf die ICF. Darüber hinaus sind keine Klassifikationen von ihr abgeleitet, was jedoch auch dadurch begründet ist, dass Klassifikationen von Behinderung erst seit 1980 – und damit seit einem wesentlich kürzeren Zeitraum – bestehen als Klassifikationen von Krankheiten (vgl. Tabelle 3). Insofern kann die geringere Anzahl von der ICF abgeleiteter oder sich auf sie beziehender Klassifikationen auf ihre kürzere Bestandsdauer zurückgeführt werden.

2.4 Entstehungsgeschichte der International Classification of Functioning, Disability and Health (ICF)

Allen internationalen Klassifikationen der WHO liegt die Gesundheitsdefinition zugrunde, die mit Gründung der WHO aufgestellt wurde: »Health is a state of complete physical, mental and social well-being and not merely the absence of disease or infirmity« (WHO 1946: 100). Gemäß dieser Definition geht Gesundheit über die Abwesenheit von Krankheiten hinaus, da sie als umfassendes Wohlbefinden eines Menschen verstanden wird. Jedoch wird in der Definition nur Krankheit als Kategorie erwähnt, Behinderung hingegen nicht, auch nicht durch eine spätere Ergänzung der Definition. Krankheiten oder Gebrechen – wie es in der Definition heißt – haben für die WHO als Weltgesundheitsorganisation grundlegende Bedeutung. 1986 wurde die als idealistisch kritisierte Gesundheitsdefinition durch die *Erklärung von Ottawa* konkretisiert:

»Um ein umfassendes körperliches, seelisches und soziales Wohlbefinden zu erlangen, ist es notwendig, dass sowohl einzelne als auch Gruppen ihre Bedürfnisse befriedigen, ihre Wünsche und Hoffnungen wahrnehmen und verwirklichen sowie ihre Umwelt meistern und verändern können. In diesem Sinne ist Gesundheit als ein wesentlicher Bestandteil des alltäglichen Lebens zu verstehen und nicht als vorrangiges Lebensziel. Gesundheit steht für ein positives Konzept, das in gleicher Weise die Bedeutung sozialer und individueller Ressourcen für die Gesundheit betont wie die körperlichen Fähigkeiten.« (WHO 1986: 1)

Durch die *Erklärung von Ottawa* wird die Gesundheitsdefinition der WHO um psychische und soziale Dimensionen der Lebensbedürfnisse erweitert. Es wird ersichtlich, dass Gesundheit nicht nur medizinische Aspekte enthält, sondern neben organischen, psychischen und sozialen Dimensionen auch lebensweltliche Bezüge aufweist. Die positiven Konnotationen von Gesundheit werden in der Erklärung von Ottawa hervorgehoben; es wird jedoch nicht herausgestellt, wogegen Gesundheit abgegrenzt wird.

2.4.1 Die Internationale Klassifikation der Krankheiten (ICD)

Die ICD-10 hat einen umfassenden Anwendungsbereich. Alle Spezialklassifikationen basieren gleichermaßen auf dem Krankheitsmodell der ICD-10: Danach folgt auf die Ursache einer Krankheit (Ätiologie) die Entwicklung eines krankhaften Geschehens (Pathogenese), woraufhin die Krankheit offenbar wird (Manifestation) (vgl. Leistner/Beyer 2005: 32).

| Ätiologie | ⟶ | Pathogenese | ⟶ | Manifestationen |

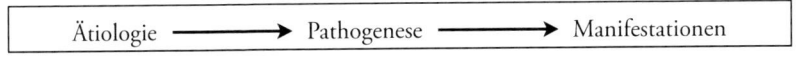

Abb. 3: Medizinisches Krankheitsmodell

Dieses Ursache-Wirkungs-Modell beschreibt die Entwicklung von Krankheiten und wird auf heilbare, akute Krankheiten angewendet (vgl. Abb. 3). Für chronische Krankheiten und die Folgen von Krankheiten greift das Modell jedoch zu kurz, da es die Lebenssituation von Menschen mit chronischen Erkrankungen und längerfristige Auswirkungen einer Krankheit auf das Leben eines Menschen nicht abbilden kann (vgl. auch Halbertsma 1995: 131). Dies wird damit begründet, dass in dem medizinischen Modell nur die Manifestation einer Krankheit erfasst wird, nicht aber ihre Chronifizierung. Daher reicht die ICD-10 nicht aus, um chronische Krankheiten festzustellen.[28] Zum einen ist bei einer chronischen Krankheit zu beachten, dass sie nicht unbedingt akut ist, jedoch zumeist längerfristige Folgen hat. Zum anderen kann aus einer chronischen Krankheit eine Behinderung entstehen. Chronische Krankheiten formen sich unterschiedlich aus und müssen entsprechend klassifiziert werden. Dies wird auch daran deutlich, dass einige chronische Krankheiten, beispielsweise eine chronische Nebenhöhlenentzündung, heutzutage als Krankheit gelten und mit der ICD-10 beurteilt,

---

28 Chronische Krankheiten treten nicht nur vorübergehend auf, sondern dauern lange an, länger als ein halbes Jahr (vgl. Mattern 2007: 195). Diese zeitliche Vorgabe ist ebenfalls in der rechtlichen Definition von Behinderung enthalten (vgl. Paragraph 2 Absatz 1 SGB IX). Mattern beschreibt chronische Krankheiten als »mehr oder weniger behandlungsbedürftig und in unterschiedlichem Maße behandelbar. Nach derzeitigem Kenntnisstand sind sie meistens unheilbar, sie können lebensbedrohlich sein und unter Umständen die Lebenserwartung verkürzen« (Mattern 2007: 195).

andere hingegen als Behinderung angesehen und mit der ICF klassifiziert werden, wie etwa chronische Rückenschmerzen und ihre Folgen, beispielsweise rheumatoide Arthritis (vgl. Fransen et al. 2002).

2.4.2 Die erste Internationale Klassifikation von Behinderung (ICIDH)

Aufgrund der erkannten Schwierigkeit, Behinderungen nicht adäquat mit einer medizinischen Klassifikation beschreiben und beurteilen zu können (vgl. Sander 1978), entwickelte die WHO in den 1970er Jahren eine eigenständige Klassifikation von Behinderung. Im Gegensatz zu Krankheiten sind Behinderungen nicht heilbar, sondern werden im Laufe des Lebens erworben oder sind angeboren.[29] Insbesondere die Reflexion über Behinderungen, die durch Gewaltanwendung von außen (Kriegs- oder Unfallfolge) verursacht worden sind, führte zu der Erkenntnis, dass Krankheit und Behinderung unterschieden werden müssen. Aufgrund der hohen Anzahl von Behinderungen, die im Verlauf des Lebens erworben werden, wurde das Rehabilitationswesen ausgebaut. Hierbei war es das Ziel, die Arbeitsfähigkeit eines Menschen wiederherzustellen. Aus diesem Grund hatten Rehabilitationsfachleute großes Interesse an einer eigenständigen Klassifikation von Behinderung.

Anfang der 1970er Jahre entwickelte das Centre for the Classification of Diseases der WHO in Paris einen umfassenden Ansatz, nach dem Schädigungen und deren Folgen für den persönlichen und den sozialen Lebensbereich getrennt voneinander klassifiziert werden sollten (vgl. Wörpel 1988: 28). Behinderung wurde hierbei als Phänomen verstanden, das aus einer Krankheit resultiert (vgl. Fougeyrollas 1995: 146). 1973 beauftragte die

---

29 Die Mehrzahl aller Behinderungen wird während des Lebens erworben. Für das Basisrisiko einer »Geburt eines Kindes mit angeborener Störung« auf die Gesamtzahl der Geburten eines Jahrgangs gibt es verschiedene Angaben: Schmidtke (1998: 42) beziffert dies auf 5 Prozent, Henn/Meese (2007: 74) auf 3–4 Prozent und Schindele (1990: 86) auf 3 Prozent. Dieses Basisrisiko sei jedoch ein »ziemlich willkürlich gegriffener Wert«, da er auch gut operier- und korrigierbare angeborene Schädigungen beinhalte, wie zum Beispiel eine angeborene Lippenspalte (Henn/Meese 2007: 74). Zudem ist zwischen pränatal, perinatal und postnatal entstandenen Schädigungen zu unterscheiden. Während der Schwangerschaft (pränatal) können verschiedene Faktoren das Kind betreffen, unter anderem genetische, aber auch Ernährungsweise, Krankheiten oder Unfälle der Mutter. Auch der Geburtsvorgang (perinatal) kann traumatisch sein und ein Prozess, in dem Schädigungen entstehen können. Die meisten Behinderungen sind jedoch durch Unfälle, Krankheiten oder andere Faktoren im Leben (postnatal) verursacht.

WHO den britischen Epidemiologen Philip Wood damit, den Pariser Ansatz mit den Prinzipien der WHO-Klassifikationen zu verknüpfen und zu diesem Zweck die Krankheitsfolgen zu definieren sowie ihre Terminologie zu systematisieren (vgl. WHO 1995: 228f.). Nach einer 1974 begonnenen Erprobungs- und Diskussionsphase legte Wood die von ihm entwickelte Klassifikation auf der Internationalen Konferenz für die 9. Revision der ICD 1975 vor. Im Rahmen der Konferenz wurde beschlossen, diese neuartige Klassifikation zu Versuchszwecken herauszugeben. 1976 wurde sie schließlich von der 29. Versammlung der WHO (World Health Assembly, WHA) als ergänzender, nicht integrierter Teil zur ICD-9 angenommen. 1980 veröffentlichte die WHO das Handbuch der ersten Klassifikation von Behinderung, der *International Classification of Impairments, Disabilities and Handicaps (ICIDH)*.

Anlass für die Entwicklung der ICIDH war die Erkenntnis, dass

»die ›Internationale Klassifikation der Krankheiten, Verletzungen und Todesursachen (ICD)‹ bei chronischen Krankheiten und Schädigungen nur eine begrenzte Hilfe darstellt, da wegen des ihr zugrunde liegenden Denkmodells keine ausreichend differenzierten und komplexen [...] Diagnosen gebildet werden können« (Steinke 1995: 1).

Mit dieser eigenständigen Klassifikation von Behinderung unterschied die WHO erstmalig Krankheit und Behinderung. Die deutsche ICIDH-Version heißt offiziell: »Internationale Klassifikation der Schädigungen, Fähigkeitsstörungen und Beeinträchtigungen« (vgl. WHO 1995). In dieser Arbeit wird jedoch der in der Fachdebatte bekannte Titel »Internationale Klassifikation der Schädigungen, Beeinträchtigungen und Behinderungen« des Bundesministeriums für Arbeit und Sozialordnung von 1983 verwendet, da dieser die englische Originalbezeichnung genauer wiedergibt (BMAS 1983: 5).

Die ICIDH wurde mit dem Ziel entwickelt, Behinderung in einer internationalen Systematik einheitlich zu beschreiben und zu klassifizieren. Des Weiteren sollten auf ihrer Grundlage Interventionsmaßnahmen zur persönlichen Gesundheitsversorgung erstellt werden können (vgl. Schuntermann 1996: 7). Während die ICIDH in Frankreich bereits frühzeitig als Standardklassifikation »bei Entscheidungen zu Sozialleistungen« eingeführt wurde, fand sie in Deutschland nur fakultativ und partiell Anwendung (WHO 1995: 215). So wurden in der BRD 1981 lediglich die Abschnitte Classification of Disabilities und Classification of Handicaps als Interviewbögen für das Rehabilitationszentrum in Köln übersetzt und aufbereitet. Zwar wurde das Gesamtwerk der ICIDH noch für die DDR übersetzt, jedoch erst 1989 mit der Öffnung der Grenze zwischen den beiden deutschen Staaten veröffentlicht (vgl. Schuntermann 2005a: 96). Für West-Deutschland ist diese Zurückhaltung bei der Implementierung der ICIDH darauf zurückzuführen, dass dort bereits eigene Rehabilitationskonzepte vorhanden und im Gebrauch waren. Erst mit der zweiten, gesamtdeutschen Veröffentlichung der ICIDH 1995 wurde sie in Deutschland zur »Begutachtung der Arbeitsfähigkeit« herangezogen (WHO 1995: 215). Sie wurde vorrangig bei der Begutachtung zur Feststellung der Pflegebedürftigkeit, bei der Rehabilitationsplanung und in der sozialmedizinischen Begutachtung des Medizinischen Dienstes der Krankenkassen zu Anträgen auf Rehabilitationsleistungen eingesetzt (vgl. Nüchtern 2001: 543).

Die ICIDH stellte eine Grundlage dar, um mögliche Folgen einer Krankheit oder Gesundheitsstörung mittels eines dreidimensionalen Konzepts zu beschreiben (vgl. WHO 1995: 246). Mit ihr wurden Folgen von Krankheiten oder angeborenen Leiden klassifiziert: Schädigungen, individuelle Beeinträchtigungen und soziale Behinderungen.

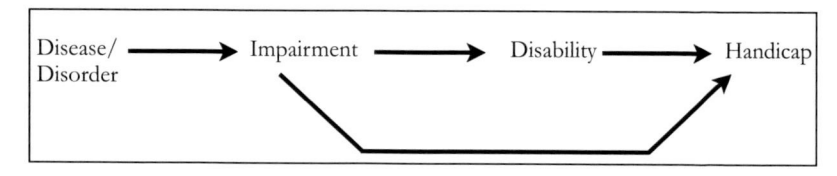

Disease/Disorder ⟶ Impairment ⟶ Disability ⟶ Handicap

Abb. 4: Konzeptualisierung von Behinderung in der ICIDH

Die drei Dimensionen dieses Konzepts bauen aufeinander auf und umfassen die körperlich-biologische, die individuelle und die gesellschaftliche Dimension. Sie sind folgendermaßen miteinander verknüpft: Bei länger andauernder Störung entsteht aus einer Krankheit eine *Schädigung* (Impairment). Auf diese Schädigung kann eine *Beeinträchtigung* (Disability) der Person folgen, woraus sich wiederum eine *Behinderung* (Handicap) entwickeln kann. Diese kann jedoch auch direkt auf eine Schädigung zurückzuführen sein (vgl. Abb. 4). Die WHO hat diese Dimensionen jeweils in Bezug auf eine Norm oder auf das, was als normal aufgefasst wird, definiert:

Eine *Schädigung* stellt
»einen beliebigen Verlust oder eine Normabweichung in der psychischen, physiologischen oder anatomischen Struktur oder Funktion dar« (WHO 1995: 243).

Der Begriff der *Beeinträchtigung* umfasst
»jede Einschränkung oder jede[n] Verlust der Fähigkeit (als Folge einer Schädigung),

Aktivitäten in der Art und Weise oder in dem Umfang auszuführen, die für einen Menschen als normal angesehen« wird (WHO 1995: 244).

Der Terminus *Behinderung* bezeichnet eine
»sich aus einer Schädigung oder […] [Beeinträchtigung] ergebende Benachteiligung des betroffenen Menschen, die die Erfüllung einer Rolle einschränkt oder verhindert, die (abhängig von Geschlecht, Lebensalter sowie sozialen und kulturellen Faktoren) für diesen Menschen normal ist« (WHO 1995: 245).

Der Grad der Abweichung wird in Bezug zur jeweiligen Norm gemessen, wobei der Begriff der Norm statistisch oder idealtypisch gefasst sein kann. Während die Definition einer Schädigung eine *Normabweichung* als Orientierungsmaßstab beinhaltet, beziehen sich die Definitionen einer Beeinträchtigung und einer Behinderung auf *normale* Fähigkeiten oder Verhaltensweisen.

Auch wenn die WHO konstatiert, dass »die meisten [Menschen] eine gewisse Normabweichung aufweisen« (WHO 1995: 251), wird die Konstruktion oder die Bedeutung von Normen nicht erörtert. Die Termini *Norm* oder *normal* werden in der ICIDH sowohl für quantitative Phänomene als auch für Schwellenphänomene verwendet, deren Abweichungsgrad nicht eindeutig festlegbar ist.[30] An der Definition der gesellschaftlichen Dimension wird deutlich, dass Behinderung grundsätzlich im reflexiven Verhältnis zwischen Individuum und Gesellschaft zu beurteilen ist.

Mit Beginn der 1990er Jahre begann der Revisionsprozess der ICIDH, der im Vorwort der ersten gesamtdeutschen Auflage der ICIDH angekündigt wurde. Bei der Revision sollte ein Schwerpunkt gelegt werden auf »die Klärung der Rolle und der Wechselbeziehungen von Umweltfaktoren im Rahmen der Definition und Entwicklung der verschiedenen, von der ICIDH angesprochenen Aspekte […] – insbesondere, aber nicht ausschließlich bei der [Behinderung]« (WHO 1995: 216f.).

Diese geplante Veränderung der ICIDH berücksichtigte auch die Kritik internationaler Behindertenverbände: »The classification is presented from the perspective of the physician« (Halbertsma et al. 2000: 148). Aus der Perspektive behinderter Menschen sei nicht die medizinische Perspektive ausschlaggebend, sondern »their problems originate much more from their environment, in a physical as well as in a psychological sense« (Halbertsma et al. 2000: 148). Hiermit betonen Organisationen behinderter Menschen, wie bedeutsam sowohl die (natürliche und technische) Umwelt als auch das so-

---

30 Zur Vertiefung der Termini Norm und normal vgl. 3.2.3.

ziale Umfeld für ihre Entfaltungsmöglichkeiten oder aber ihre Einschränkungen sind.[31] Die gesellschaftliche Dimension von Behinderung wurde vielfach als schwach ausgearbeitet beurteilt (vgl. Johnston/Pollard 2001: 1270f., Fougeyrollas et al. 1989). Unter anderem kritisierte Fougeyrollas,[32] dass sie zu wenig berücksichtigt und von der individuellen Dimension schwer abgrenzbar sei:

»the priority problems of ICIDH as being related to conceptual segmentation, particularly between disability and handicap, the poverty of the handicap section; the description of handicap dimensions in terms of disabilities; the fact that the ICIDH model graphic diagram did not include the environmental factors and thus handicap was still considered or understood in a medical perspective as an individual characteristic« (1995: 147).

Die ICIDH beinhalte gravierende Probleme, die dazu führten, dass selbst Behinderung (als gesellschaftliche Dimension) in der ICIDH aus medizinischer Perspektive und damit vorrangig als individuelles Merkmal betrachtet werde. Fougeyrollas schlug daher vor, die handicap-Komponente als situationsbezogenes Ergebnis eines Interaktionsprozesses zwischen zwei Begründungskomplexen zu verstehen: zum einen dem Komplex von Schädigungen und individuellen Beeinträchtigungen, die durch Traumata und Krankheiten begründet seien und zum anderen dem Komplex von soziokulturellen und Umweltfaktoren, die die Lebenssituation eines Menschen behindern oder erleichtern könnten (vgl. Fougeyrollas 1995: 147). Mit seiner Kritik und Verbesserungsvorschlägen war Fougeyrollas einer der Vordenker der Revision der ICIDH.

Darüber hinaus wurde das Krankheitsfolgenmodell der ICIDH kritisiert: Die kausale Konzeption sei zu einseitig, um das komplexe Phänomen Behinderung zu beschreiben. Zwar könnten körperliche Schäden zu sozialen Stigmatisierungsprozessen und zur Einschränkung der Leistungsfähigkeit führen, jedoch müssten der soziale Kontext, die ökonomischen und die »Klassen- und Herrschaftsverhältnisse« einbezogen werden (Jantzen 1992: 17). Der Behindertenpädagoge Wolfgang Jantzen veranschaulicht seine Thesen am Beispiel der Blindheit, wobei aus der Sehschädigung nicht zwangsläufig

---

31 Der englische Begriff *environment* beinhaltet Konnotationen, die in der deutschen Sprache jeweils als spezielle Aspekte – natürliche, technische und soziale Umwelt – expliziert werden.

32 Patrick Fougeyrollas arbeitet für das Quebec Committee and Canadian Society for the ICIDH (QCICIDH), eine Organisation, die aktiver Kooperationspartner der WHO bei der Entwicklung von ICIDH und ICF war.

eine eingeschränkte Leistungsfähigkeit folgen müsse, sondern dies nur der Fall sei, »wenn die sozialen und familiären Prozesse die durch den Ausfall der optischen Analyse und Synthese nicht gegebenen Aneignungsmöglichkeiten der Welt nicht auszugleichen vermögen« (Jantzen 1992: 17). Jantzen fokussiert hiermit auf die gesellschaftlichen Bedingungen, um Behinderung zu beurteilen. Zudem würden die Komponenten nur in einer Richtung – aufbauend auf Krankheiten und Schädigungen – aufeinander folgen, nicht in beide Richtungen (vgl. Abb. 4). Dies entspräche nicht der Realität, weil Behinderungen (handicap) ebenfalls Schädigungen (impairment) verursachen könnten, was durch das lineare Modell der ICIDH nicht abgebildet würde. So kann beispielsweise Stress Kieferschmerzen, Nackenverspannungen oder Magenbeschwerden auslösen, die zu chronischen körperlichen Beschwerden werden können.

In das neue Vorwort der ICIDH wurden viele der international formulierten Kritikpunkte aufgenommen (vgl. WHO 1995). Folgende Desiderata sollten im Revisionsprozess für eine Neufassung der Klassifikation beachtet werden (vgl. WHO 1995: 216ff.):

- Klärung der Rolle von Umweltfaktoren, speziell – aber nicht nur – bezogen auf die gesellschaftliche Dimension von Behinderung
- Verständnis der gesellschaftlichen Dimension als Klassifikation von Situationen und nicht von Personen
- Klärung des Überlappungsproblems von Beeinträchtigung und Behinderung (der individuellen und gesellschaftlichen Dimension) sowie der Überlappung von Schädigung und Beeinträchtigung (körperlicher und individueller Dimension)
- Ein komplexes Modell von Behinderung statt eines kausalen Modells einer »Einbahnstraße« (WHO 1995: 218)
- Berücksichtigung von NutzerInnen der Klassifikation, die nicht in Gesundheitsberufen tätig sind, durch alphabetische Register aller Komponenten
- Anwendbarkeit auf bestimmte Bevölkerungsgruppen, wie zum Beispiel auf Kinder
- Verbesserung der Schweregrad-Skalierung
- Eine anschauliche Darstellung, wie externe Faktoren die Komponenten der Klassifikation beeinflussen: Besondere Beachtung soll die Wechselwirkung zwischen sozialen und natürlichen Umweltfaktoren mit individuellen Faktoren erfahren

- Gleichzeitig: Eine hohe Beachtung »sowohl individueller Merkmale als auch natürlicher und sozialer Faktoren«, ohne ein zusätzliches »Klassifikationssystem« zu bilden (WHO 1995: 219)
- Die besondere Beachtung der kulturellen Bedeutung sozialer und natürlicher Umweltfaktoren
- Besondere Berücksichtigung des Bereichs geistiger Gesundheit und ihrer Verbindung zu Schädigungen und Beeinträchtigungen
- Berücksichtigung des fortgeschrittenen Erkenntnisstandes »im Hinblick auf grundlegende biologische Mechanismen« (WHO 1995: 219f.)
- Korrektur nicht mehr mit der ICD-10 übereinstimmender Definitionen
- Entwicklung eines übergeordneten Begriffs, um die drei Dimensionen: Schädigung, Beeinträchtigung und Behinderung zusammenzufassen
- Berücksichtigung der Positionen von internationalen nichtstaatlichen Organisationen, auch Behindertenorganisationen

An den aufgeführten Aspekten wird sichtbar, dass die Umweltfaktoren einerseits als wichtige Faktoren berücksichtigt werden, andererseits jedoch kein zusätzliches Klassifikationssystem bilden sollen. Derartig ambivalente Aussagen weisen auf unterschiedliche Schwerpunktsetzungen bei der Revision der ICIDH hin. Inwieweit diese Desiderata bei der Erstellung der ICF beachtet worden sind, verdeutlicht sich anhand der Klassifikationsanalyse.

2.4.3 Die Entwicklung von der ICIDH zur ICF

Aufgrund der konzeptionellen Mängel der ICIDH begann Mitte der 90er Jahre der internationale Revisionsprozess, als dessen Ergebnis die WHO im Mai 2001 die zweite behinderungsspezifische Klassifikation, die International Classification of Functioning, Disability and Health (ICF), verabschiedete.

Nachdem die WHO 1993 beschlossen hatte, die ICIDH zu revidieren, übernahmen verschiedene WHO-Kooperationszentren die Überarbeitung der ICIDH (vgl. ICF 246ff.). Hierbei überarbeitete das französische Kooperationszentrum sowohl die Schädigungskomponente als auch die Bereiche der Sprachfähigkeit und der Sinneswahrnehmungen (vgl. ICF 247). Das niederländische Kooperationszentrum erstellte ein Konzept zur Revision der Beeinträchtigungskomponente sowie des Bereichs der Bewegungsfähigkeit, und das nordamerikanische Kooperationszentrum entwickelte Vorschläge zur Revision der gesellschaftlichen Komponente. Hinzukommend wurden zwei Projektgruppen mit zusätzlichen Themengebieten gegründet (vgl. ICF

247): Die erste Projektgruppe wurde von Cille Kennedy aus dem Office of Disability, Aging and Long-Term Care Policy des Gesundheits- und Sozialdepartments in Washington geleitet. Die zweite Projektgruppe befasste sich mit der Anwendung der ICF auf den Gesundheitszustand von Kindern und Jugendlichen. Sie wurde gegründet, da für diese Altersgruppe nicht die gleiche Klassifikation angewandt werden kann wie für Erwachsene, deren Organismus bereits vollständig entwickelt ist. Weder die körperliche Entwicklung noch die Lebenssituation von Kindern und Jugendlichen sind mit denjenigen von Erwachsenen zu vergleichen. Rune Simeonsson, Erziehungswissenschaftlerin der University of North Carolina, war die Vorsitzende dieser Projektgruppe.

Ein erster Entwurf, ICIDH-2-Alpha, wurde auf einem Arbeitstreffen zur Revision der ICIDH 1996 in Genf zu Versuchszwecken herausgegeben. Von diesem Zeitpunkt an arbeiteten die Kooperationszentren und Arbeitsgruppen nicht mehr ausschließlich an ihrem eigenen Themenschwerpunkt, sondern mit dem Gesamtentwurf. Dieser wurde bis Februar 1997 von den involvierten Institutionen diskutiert und daraufhin im April 1997 auf der ICIDH-Revisionskonferenz als Beta-1-Entwurf vorgelegt. In diesen Entwurf waren die bis dahin entwickelten Vorschläge bereits eingearbeitet. Daran anschließend wurde der ICIDH-2-Beta-1-Entwurf, mit dem Titel *International Classification of Impairments, Activities and Participation; a manual of dimensions of disablement and functioning*, im Juni 1997 zu Feldversuchen freigegeben. Das Ziel dieser breit angelegten Praxis-Tests bestand darin, die Operationalisierbarkeit der verwendeten Termini zu erproben und möglichst konsensuell zu etablieren (vgl. ICF 248).

Im Titel des ICIDH-2-Beta-1-Entwurfs sind ebenso wie in der ICIDH die drei Dimensionen von Behinderung genannt: Schädigungen als körperliche, Aktivitäten als individuelle und Partizipation als gesellschaftliche Dimension.[33] Auffällig ist, dass die erste Dimension negativ, die zweite und dritte hingegen positiv bezeichnet sind. Diese Diskrepanz ermöglicht Vermutungen über den Entscheidungsprozess, welche Termini verwendet werden sollten. Gleichzeitig schließt der Titel bereits die Gegenüberstellung von zwei Oberbegriffen ein: Behinderung und Funktionsfähigkeit. Des Weiteren

---

33 In diesem Werk wird der Begriff *Partizipation* zur Bezeichnung der ICF-Komponente verwendet, der Begriff *Teilhabe* wird sowohl in allgemein gesellschaftspolitischem als auch in einem engeren sozialrechtlichen Sinn gebraucht (vgl. 2.5). Dagegen wird in der deutschen ICF-Version der englische Begriff *participation* als »Partizipation (Teilhabe)« übersetzt, um die sozialrechtliche Bedeutung explizit einzuschließen und gleichzeitig dem Sprachverständnis aller deutschsprachigen Länder zu entsprechen (WHO 2005: v und vi).

enthielt der Beta-1-Entwurf im Vergleich zur ICIDH einige Änderungen, und zwar sollten inzwischen fünf (statt wie bisher drei) Komponenten klassifiziert werden: Schädigungen der Körperfunktionen und der Körperstrukturen, Aktivitäten, Partizipation sowie zusätzlich eine neue Komponente: die Umweltfaktoren (vgl. Halbertsma et al. 2000: 144). Mit diesem Revisionsentwurf unterschied die WHO zwischen zwei verschiedenen Schädigungsbereichen des Körpers; ebenso wurden Umweltfaktoren als neue, eigenständige Komponente in die Klassifikation aufgenommen. Um diese neue Komponente und ihren Bezug zu den anderen Komponenten genau auszuarbeiten, wurde nachträglich eine dritte Projektgruppe gegründet, die den Komplex der Umweltfaktoren erarbeitete, der in der ICF gegenüber der ICIDH als neue Komponente enthalten ist. Diese Projektgruppe wurde von Rachel Hurst, Vertreterin der Behindertenorganisation *Disabled Peoples' International* (DPI), geleitet. Mit dieser Projektgruppe nahm die WHO die Perspektive von behinderten Menschen auf, da sie Umweltfaktoren als Einschränkung oder Erweiterung gesellschaftlicher Partizipation direkt in ihrem täglichen Leben erfahren.

Nach der Auswertung der Feldversuche mit dem ICIDH-2-Beta-1-Entwurf wurden die Ergebnisse in diesen Entwurf integriert, der daraufhin im April 1999 als ICIDH-2-Beta-2-Entwurf auf der inzwischen jährlich stattfindenden Revisionskonferenz diskutiert wurde. Wiederum wurden Feldversuche in allen WHO-Mitgliedsstaaten zur Überprüfung des Beta-2-Entwurfs durchgeführt und schließlich die vorletzte Fassung der ICIDH-2 (the prefinal draft) im November 2000 auf einer Revisionskonferenz präsentiert. Alle Empfehlungen dieser Konferenz wurden eingearbeitet, der Entwurf dem Exekutivrat der WHO im Januar 2001 vorgelegt und die endgültige Fassung der ICIDH-2 von der 54. Weltgesundheitsversammlung im Mai 2001 verabschiedet. Die neue revidierte Fassung der ICIDH erhielt als zweite WHO-Klassifikation von Behinderung einen neuen Titel, der in der Diskussion im Revisionsprozess entstanden war: Mit der Verabschiedung hieß sie offiziell *International Classification of Functioning, Disability and Health* (*ICF*) (vgl. WHA 2001).

Im Vergleich zu dem Titel des ICIDH-2-Beta-1-Entwurfs werden im Titel nun nicht mehr die Bezeichnungen Impairments, Activities und Participation aufgeführt; allerdings enthält der Titel der ICF weiterhin eine Gegenüberstellung (s.o.). Diese unterscheidet sich von der des Beta-1-Entwurfs durch den Behinderungsbegriff: Im Beta-1-Entwurf wurde der englische

Begriff *disablement*, in der ICF der Begriff *disability* gewählt.[34] Während *disablement* in der offiziellen deutschen Fassung der ICIDH als »Behinderung« und *disability* als »Fähigkeitsstörung« gleichgesetzt wurden (WHO 1995: 220, 213), wird *disability* in der deutschen Version der ICF als Behinderung übersetzt (vgl. WHO 2005). Dieser Begriffswechsel lässt auf einen regen Diskussionsprozess über die Wahl eines Oberbegriffs für die drei Dimensionen von Behinderung schließen, in dem der Begriff *disability* durchgesetzt wurde (vgl. WHO 1995: 220). Hinzugekommen ist noch ein weiterer Begriff im Titel der ICF: health, Gesundheit. Aus welchen Gründen dieser Begriff gewählt wurde und welche Bedeutung diesem neuen Oberbegriff zukommt, ist weder in der Mängelliste der ICIDH noch in den veröffentlichten Entwürfen des Revisionsprozesses dargelegt.[35]

Die ICF wurde kooperativ von WissenschaftlerInnen unterschiedlicher Disziplinen und von Fachleuten aus der Praxis erarbeitet: hauptsächlich von verschiedenen medizinischen Fachrichtungen, jedoch auch von Rehabilitationsfachleuten, Versicherungsträgern und VertreterInnen von Behindertenorganisationen.

2.4.4 Die zweite Internationale Klassifikation von Behinderung (ICF)

Im Gegensatz zur ICIDH ist die ICF keine Klassifikation, welche die Konsequenzen von Krankheiten abbildet. Sie wird als Klassifikation von Gesundheitskomponenten bezeichnet, über die eine Person verfügt. Dies wird folgendermaßen ausgedrückt: »›Components of health‹ identifies the constituents of health, whereas ›consequences‹ focuses on the impacts of diseases or other health conditions that may follow as a result« (ICF 4). Der Schwerpunkt liegt auf der Interaktion zwischen Kontextfaktoren und Gesundheitsbedingungen eines Menschen, aus der seine Funktionsfähigkeit oder Behinderung resultiert (vgl. ICF 8). Die ICF richtet sich prinzipiell an alle Menschen, nicht ausschließlich an behinderte Menschen (vgl. ICF 7). Das Verständnis als Klassifikation von Gesundheitskomponenten drückt

---

34 Rachel Hurst, Vertreterin der Organisation Disabled Peoples International, erklärt, dass mit dem Begriff *disablement* der Prozess bezeichnet wird, der einen Menschen behindert (vgl. 2000: 1085). Dagegen werde der Begriff *disability* mit Bezugnahme auf eine konkrete Person verwendet.
35 Da die WHO nur Akteneinsicht in Protokolle oder interne Dokumente gewährt, die älter als 20 Jahre sind, sind jüngere Dokumente nur einsehbar, wenn sie im Internet veröffentlicht sind.

sich auch in der Verwendung neutraler beziehungsweise positiver Termini aus, was die ICF wiederum von der ICIDH unterscheidet. Während die drei Bezugssysteme der ICIDH negative Bezeichnungen hatten, sind die Bezugssysteme der ICF positiv *und* negativ formuliert (vgl. Abb. 5). Der Titel der ICF enthält drei Oberbegriffe, von denen der letzte, Gesundheit, kaum erläutert wird (vgl. 4.2.2).[36] Der Begriff Gesundheit wird in der ICF weder definiert noch erklärt, sondern nur im Titel oder als Teil von Begriffen wie »components of health« oder »health states and health domains« erwähnt (ICF 4, 212). Es ist davon auszugehen, dass die WHO mit dem Begriff Gesundheit auf ihre allgemeine Aufgabenstellung hinweist. Gesundheit fungierte somit als Ziel und als Referenzpunkt aller Klassifikationen der WHO. Das Ziel der Gesundheitsförderung und -erhaltung wird bereits in der Gesundheitsdefinition der WHO von 1946 angedeutet und durch die *Ottawa-Charta zur Gesundheitsförderung* von 1986 verstärkt. Mit der Ottawa-Charta hat die WHO dazu aufgerufen, »das Ziel ›Gesundheit für alle‹ bis zum Jahr 2000 und darüber hinaus« anzustreben (WHO 1986: 1).

ICIDH	ICF
	Funktionsfähigkeit
	Körperfunktionen und -strukturen
	Aktivität
	Partizipation
	Behinderung
	Schädigung
Schädigung	Aktivitätsbeeinträchtigung
Beeinträchtigung	Partizipationseinschränkung
Behinderung	*Gesundheit*
	Kontextfaktoren
	Umweltfaktoren
	Personbezogene Faktoren

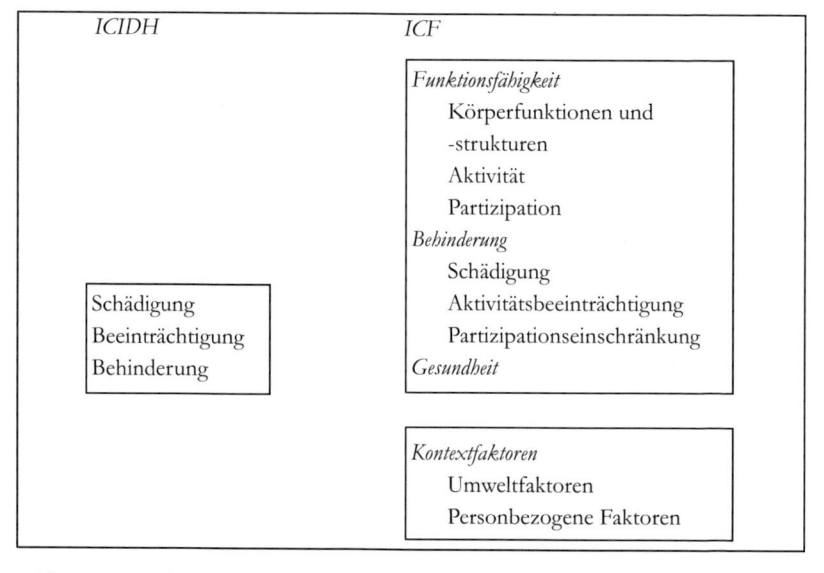

Abb. 5: Gegenüberstellung von ICIDH und ICF

Ebenso wie die ICIDH enthält die ICF drei Dimensionen von Behinderung: die körperliche, die individuelle und die gesellschaftliche. Jedoch sind diese

---
36 Die Bedeutung des Gesundheitsbegriffs wird in der Klassifikationsanalyse untersucht.

– im Gegensatz zu den Bezugssystemen der ICIDH: Schädigung, Beeinträchtigung und Behinderung – in der ICF unter zwei Oberbegriffen zusammengefasst (vgl. Abb. 5). Der Oberbegriff Funktionsfähigkeit umfasst die Komponenten: Körperfunktionen und -strukturen, Aktivität und Partizipation eines Menschen. Dem gegenüber sind unter dem Oberbegriff Behinderung die Komponenten: Schädigungen[37], Aktivitätsbeeinträchtigungen und Partizipationseinschränkungen eingeschlossen. Diese positiv und negativ beschriebenen Dimensionen werden durch die Kontextfaktoren ergänzt, die in Umweltfaktoren und Personbezogene Faktoren unterteilt sind. Da die ICF den gesellschaftlichen Kontext stärker einbezieht als die ICIDH, wird die Aufnahme von Kontext- beziehungsweise Umweltfaktoren positiv herausgestellt: »Die verfügbaren Partizipationschancen im Sinn der Kontextfaktoren der ICIDH-2 sind somit ein Teil unserer heutigen sozialen und technologischen Wirklichkeit« (Greve et al. 2000: 250). Zu den Kontextfaktoren gehören unter anderem soziale Gegebenheiten und technische Hilfsmittel, die die Partizipationschancen eines Menschen erhöhen (vgl. Halbertsma et al. 2000, Grimby/Smedby 2001, Kirby 2002). Unter dem Begriff der Umweltfaktoren werden Faktoren der sozialen und natürlichen Umwelt klassifiziert: entweder als Hindernis oder als Unterstützungsfaktor.[38] Mit dem Begriff der Personbezogenen Faktoren werden Eigenschaften gefasst, welche die individuelle Lebenssituation einer Person betreffen. Sie werden in der ICF derzeit noch nicht klassifiziert (vgl. ICF 17).

2.4.5   Wie wird klassifiziert?

Klassifiziert wird mit der ICF – wie mit der ICIDH – negativ. Dementsprechend werden nur die Kategorien der Behinderungskomponenten beurteilt, aber nicht die der Funktionsfähigkeit.

---

37 Die körperliche Komponente *Schädigung* schließt in der ICF Geist und Psyche ein, wie an der Definition der Körperfunktionen und ihren Klassifikationskategorien ersichtlich ist (vgl. ICF 12f., 47ff., ICF 213). Auch die rechtliche Definition von Behinderung des SGB IX betrachtet die »körperliche Funktion, geistige Fähigkeit und seelische Gesundheit« im Verhältnis zur Teilhabe an der Gesellschaft (Paragraph 2 Absatz 1 SGB IX, vgl. 2.5). Ebenso wird in der vorliegenden Arbeit ein umfassender Begriff der körperlichen Dimension von Behinderung verwendet und zu den beiden anderen Dimensionen von Behinderung in Beziehung gesetzt.
38 Der Begriff *environment* umfasst auf Englisch auch das soziale Umfeld. Im vorliegenden Buch ist diese Bedeutung auch im deutschen Begriff *Umweltfaktoren* einbezogen.

Die Komponenten der ICF sind in Hauptkategorien und mehrere Unterkategorien unterteilt, die mit den Buchstaben: *b*, *s* und *e* für *body functions*, *structures* und *environmental factors* und *d* für *domains within the component of Activity and Participation* kodiert werden (ICF 219). Da Aktivität und Partizipation eine gemeinsame Kategorienliste haben, können sie gemeinsam oder getrennt, abgekürzt durch die Buchstaben *a* und *p*, klassifiziert werden. Alle Komponenten der ICF sind in dieser Form strukturiert (vgl. Tabelle 5).

Tabelle 5: Systematik von Komponenten, Kategorien und Unterkategorien

Komponenten	(Ober)-Kategorien	Unterkategorien der 2. Klassifikationsebene	Unterkategorien der 3. und ggf. 4. Klassifikationsebene
Body functions (b)	Global mental functions (b 1)	Orientation functions (b 114)	Orientation to person (b 1142)
			Orientation to self (b 11420)
Body Structures (s)	Structures of the nervous system (s 1)	Structure of brain (s 110)	Structures of cortical lobes (s 1100)
			Frontal lobe (s 11000)
Activity and Participation (d)	Mobility (d 4)	Changing basic body position (d 410)	Lying down (d 4100)
Environmental Factors (e)	Services, systems and policies (e 5)	Transportation services, systems and policies (e 540)	Transportation systems (e 5401)

Alle Teilkomponenten von Behinderung, Schädigung, Aktivitätsbeeinträchtigung und Partizipationseinschränkung, sowie Barrieren und Unterstützungsfaktoren als Varianten der Umweltfaktoren werden mit dem ersten Beurteilungsmerkmal klassifiziert (vgl. Tabelle 6): »All components are qualified using the same generic scale. Having a problem may mean an impairment, limitation, restriction or barrier [...]« (ICF 222f.). Hierbei fungiert die Buchstabenkombination xxx als Platzhalter für die kodierte Kategorie.

Tabelle 6: Erstes Beurteilungsmerkmal (Ausmaß oder Größe)

ICF-Code	Bedeutung des Beurteilungsmerkmals	Ausmaß (sprachlich)	Ausmaß (%)
xxx.0	nicht vorhanden	ohne, kein, unerheblich	0–4 %

xxx.1	leichte Ausprägung	schwach, gering	5–24 %
xxx.2	mäßige Ausprägung	mittelmäßig, ziemlich	25–49 %
xxx.3	erhebliche Ausprägung	hoch, schwer, äußerst	50–95 %
xxx.4	vollständige Ausprägung	komplett, total	96–100 %
xxx.8	nicht spezifiziert		
xxx.9	nicht anwendbar		

Die Beurteilungsskala ist prozentual von 0–100 Prozent gestaffelt, wobei die Spannweite des Beurteilungsmerkmals 3 *erhebliche Ausprägung* einer Behinderung am größten ist: 50–95 Prozent. Das Beurteilungsmerkmal 3 bezeichnet sowohl nahezu eine *mäßige Einschränkung* (49 Prozent) als auch eine *vollständige Ausprägung* des Problems (96 Prozent). Das Beurteilungsmerkmal 0 beziffert *kein Problem* (0–4 Prozent) beziehungsweise vollständige Funktionsfähigkeit, das Beurteilungsmerkmal 4 kennzeichnet eine *vollständige Ausprägung* des Problems beziehungsweise Behinderung (96–100 Prozent). Wie anhand der Einteilung des Ausmaßes erkennbar, umfassen die Beurteilungsmerkmale 1 bis 3 zunehmend umfangreicher gefasste Klassifizierungsbereiche. Hingegen werden mit den Beurteilungsmerkmalen 0 und 4 nur geringe Prozentsätze kodiert, so dass die Beurteilungsskala verschiedene Verhältnisse der Schweregrade abbildet.[39] Möglicherweise enthält das Beurteilungsmerkmal 3 den größten Prozentbereich, da er die Behinderungen bezeichnet, die zwar bereits als schwerwiegend, jedoch noch nicht als vollständig zu beurteilen sind. Damit würde sich die Einteilung der Prozentränge nach den realen sozialen Bedingungen richten.

Die Beurteilungsskalen sind ebenfalls Bestandteil einer Checkliste, welche die WHO zur Anwendung der ICF entwickelt hat.[40] Die Checkliste dient der individuellen Klassifizierung in der praktischen klinischen Arbeit, im Gesundheitsbereich oder in der Sozialarbeit (vgl. WHO 2001b, 2003). In einer früheren Version der Checkliste hat die WHO darauf hingewiesen, dass weitere Checklisten erhältlich wären, und zwar eine für die Selbst-

---

39 Nenad Kostanjsek – Mitglied des WHO-Teams für Classification, Assessment, Surveys and Terminology (CAS) – erläuterte, dass die Beurteilungsmerkmale 0 und 4 so eng gefasst seien, »to prevent measurement errors in the next higher or lower categories« (Schriftliche Auskunft, 06.02.06).
40 Um die Klassifizierung der beeinträchtigten Komponenten zu erleichtern und die anfallende Datenmenge zu verringern, ist in der Checkliste nur eine reduzierte Anzahl der Klassifikationsebenen der ICF enthalten (vgl. WHO 2001b: 1, 2003: 1, vgl. http://www.who.int/classifications/icf/training/icfchecklist.pdf, 05.08.09).

einschätzung und eine für Vertrauenspersonen (vgl. WHO 2001a: 14).[41] Mit der klinischen Checkliste werden der Gesundheitszustand eines Menschen und persönliche Daten erhoben – vergleichbar mit einem diagnostischen Fragebogen beim Arztbesuch. Sie kann in qualitativen und quantitativen Studien angewandt werden ebenso wie fachspezifische Erhebungsinstrumente, die auf der ICF basieren. In der Checkliste wird auch nach kontextuellen Informationen gefragt, die frei ausformuliert und nicht mit den Beurteilungsskalen klassifiziert werden (vgl. WHO 2001b: 7, 2003: 8).

Die sprachlichen Formulierungen der Beurteilungsmerkmale verweisen auf die Schwierigkeit, vorliegende Probleme beziehungsweise Behinderungen zu klassifizieren. Die Beurteilungsmerkmale 8 und 9 kodieren Probleme, die als *nicht spezifizierbar* oder für welche die übrigen Beurteilungsmerkmale als *nicht anwendbar* gelten. Die Kodierungsskala ist somit nach dem gleichen Schema aufgebaut wie die Unterkategorien, deren letzte Differenzierung ebenfalls als *nicht spezifizierbar/nicht anwendbar* definiert ist. Beispielsweise kodiert b 21028 eine Unspezifizierte Qualität der Sehfähigkeit. Hieran wird ersichtlich, dass mit der ICF auch die Behinderungsformen erfasst werden, die ohne derartige Auffangkategorien aus der Klassifizierung der ICF herausfallen würden beziehungsweise mit der ICF nicht abgebildet werden könnten. Die Auffangkategorien stellen ein eindeutiges Merkmal von Klassifikationen dar, auch wenn Simons sie als »billige Art, Adäquatheit zu erreichen« kritisiert (1992: 24). Da die Beurteilungsmerkmale 8 und 9 ebenso in der ICD-10 vertreten sind, kodieren beide Klassifikationen einheitlich.

Die WHO versteht Funktionsfähigkeit und Behinderung als Interaktion zwischen verschiedenen Komponenten (vgl. Abb. 6). Die Abbildung soll darstellen, dass alle Komponenten miteinander interagieren können (vgl. ICF 18f.). Dennoch gibt es keinen direkten Interaktions- beziehungsweise Wirkungspfeil von der Komponente der Gesundheitsbedingungen zu den beiden Kontextfaktoren: den Umwelt- und Personbezogenen Faktoren. Wie die WHO betont, begreift sie Funktionsfähigkeit und folglich auch Behinderung als komplexe Beziehung zwischen Gesundheitsbedingungen und Kontextfaktoren: »In this diagram, an individual's functioning in a specific domain is an interaction or complex relationship between the health condition and contextual factors« (ICF 19). Angesichts dieser Erklärung der

---

41 Wann und ob diese speziellen Checklisten erhältlich sind, lässt sich nicht erschließen, da dieser Hinweis in den nachfolgenden Versionen der klinischen Checkliste fehlt (vgl. WHO2001b, 2003). Bisher liegen nur die Langversion der ICF und die Kurzversion (für die Klinik) vor (vgl. http://www.who.int/classifications/icf/site/icftemplate.cfm?myurl=order.html&mytitle=Ordering%20ICF, 04.08.09).

WHO sind Gesundheitsbedingungen und Kontextfaktoren als feststehende Komponenten zu begreifen, die den Rahmen des Verständnisses von Behinderung bilden.

```
                    Gesundheitsbedingungen
                  (Störungen oder Krankheiten)
                              ↕
   ┌──────────────┐           ↕           ┌──────────────┐
   │Körperfunktionen│ ←——→  Aktivität  ←——→ │ Partizipation │
   │und -strukturen │                      │              │
   └──────────────┘                        └──────────────┘
              ↕                ↕                ↕
           ┌────────────┐       ┌────────────┐
           │ Umwelt/-feld│       │Personbezogene│
           │  Faktoren  │       │  Faktoren  │
           └────────────┘       └────────────┘
```

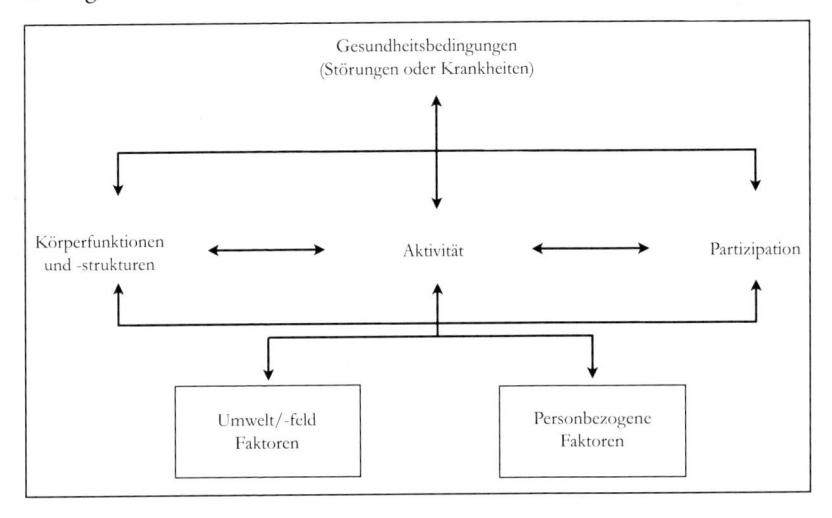

Abb. 6: Interaktionen zwischen den Komponenten der ICF[42]

Krankheiten beziehungsweise Gesundheitsbedingungen stellen auch eine Komponente des interaktiven Verhältnisses dar.[43] Sie werden nicht mehr – wie in der ICIDH – als einzige Ursache für eine Schädigung beziehungsweise in kausaler Folge auch für Behinderung beurteilt (vgl. Abb. 4). Den Unterschied zwischen Krankheit und Behinderung hebt Chamie bereits für das Verhältnis zwischen ICD-10 und ICIDH hervor: »Disablement, by definition, is not an illness. Using the World Health Organization global definitions of health it is possible to be both healthy and disabled« (1995: 323). Chamies Interpretation der Gesundheitsdefinition der WHO zielt darauf ab, Behinderungen und Krankheiten zu unterscheiden.

Fasst man die Unterschiede und Gemeinsamkeiten von ICIDH und ICF zusammen, so hat sich das Verständnis von Behinderung von einer linearen zu einem interaktiven Ansatz verändert. Des Weiteren enthält die ICF Kontextfaktoren als eigenständige Komponenten, wobei besonders die Umweltfaktoren bedeutsam sind, da sie als Barrieren oder Unterstützungsfaktoren klassifiziert werden. Die WHO hat mit der ICF die Struktur der ICIDH

---

42 Das englische Original liegt der Übersetzung zugrunde (vgl. ICF 18).
43 Da Krankheiten mit der ICD diagnostiziert werden, werden beide WHO-Hauptklassifikationen zueinander in Beziehung gesetzt.

aufgenommen und weiterentwickelt, da die drei Dimensionen der ICIDH und der Bezug zu Gesundheitsbedingungen beziehungsweise Krankheiten beibehalten worden sind.

2.5 Sozial- und gesundheitspolitische Funktionen von Klassifikationen

Während Systematisierungen vor dem 19. Jahrhundert die Funktion hatten, Krankheitsphänomene zu ordnen, werden die zunehmend untergliederten Klassifikationen seit dem 19. Jahrhundert auch als Grundlage für die Verteilung von Unterstützungs- und Gesundheitsleistungen herangezogen. So diente beispielsweise die Erstellung der ersten Todes- und Krankheitsraten in England 1837 als Basis für die Zahlung von Versicherungsleistungen (vgl. Hacking 1990: 53f.). Die Notwendigkeit der Erfassung und Systematisierung von Todesursachen und Krankheiten wurde erstmalig auf dem ersten internationalen Statistischen Kongress in Brüssel 1853 erörtert. Daher werden im Folgenden sozial- und gesundheitspolitische Funktionen von Klassifikationen und sozialrechtlichen Konstruktionen diskutiert.

2.5.1 Allgemeine Funktionen von Klassifikationen und anderen Beurteilungssystemen

Mit Klassifikationen werden Gesundheit und Funktionsfähigkeit eines Individuums überprüft und beurteilt. Beeinträchtigungen der Teilhabe werden erfasst und sollen über Hilfen ausgeglichen werden. Eine grundlegende Funktion von Klassifikationen beziehungsweise rechtlichen Beurteilungssystemen ist daher die Allokation von Gesundheitsleistungen.

Mit Klassifikationen wird eine Feststellung bestimmter Krankheiten und Beeinträchtigungen vorgenommen und somit der Zugang zu Unterstützungsleistungen eröffnet. Klassifikationen schaffen also eine Grundlage für selektive Förderungssysteme, mit denen Personen mit Beeinträchtigungen unterstützt werden. Bei festgestelltem Hilfebedarf werden finanzielle Mittel oder Ressourcen zugewiesen. Dies können Versicherungsleistungen, elementare und schulische Förderungsmaßnahmen sowie berufliche und soziale Rehabilitationsmaßnahmen, Assistenz oder Begleitung als personelle und materielle, zum Beispiel technische Leistungen sein (vgl. ausführlich Bobbert 2005: 159f., Baudisch 2004: 29). Des Weiteren fungieren Klassifikationen als gemeinsame Kommunikationsbasis für Akteure aus unterschiedlichen Bereichen, indem sie einen einheitlichen Sprachgebrauch für die Beschreibung von körperlichen Beeinträchtigungen vorgeben. Hierdurch wird behandelnden Fachleuten unterschiedlicher Disziplinen ermöglicht, sich über ein gemeinsames System zu verständigen. Hinzukommend dienen Klassifikationen als Orientierungsgrundlage, um Unterstützungssysteme zu strukturieren oder Ausbildungen in der Rehabilitation zu organisieren. Ebenso haben Klassifikationen eine Leitfunktion für Gesetzesinitiativen und sozialpolitische Entwicklungen. Sie haben jedoch auch die Funktion, Unterschiede zwischen mehr oder weniger Hilfsbedürftigen zu definieren und somit »willkürliche« Grenzen zwischen diesen Gruppen institutionell zu stabilisieren (Maschke/Powell 2003: 81). Hierdurch wird festgelegt, welche Ausgangssituation als normal, welche als leicht beeinträchtigt (damit anteilig unterstützungsbedürftig) und welche als schwer beeinträchtigt (daher stark unterstützungsbedürftig) angesehen wird. Auf der Basis des klassifizierten Hilfebedarfs wird entschieden, wer berechtigt ist, Unterstützungsleistungen zu erhalten.

2.5.2 Behinderung und Leistungsanspruch

Neben medizinischen Klassifikationen gibt es Festlegungen, die speziell im Sozialrecht angewandt werden. Diese Festlegungen sind keine Klassifikationen, sondern werden als Konstruktionen bezeichnet, da sie weder theoretisch hergeleitet noch ihre Beurteilungsskalen transparent begründet sind.[44] Die Konstruktionen *Minderung der Erwerbsfähigkeit (MdE)* und *Grad der Behinderung (GdB)* werden eingesetzt, um als Maßstab zur rechtlich geregelten Vergabe von Sozialleistungen und Nachteilsausgleichen zu dienen. Auf ihrer Basis erfolgt die Verteilung von Entschädigungs- und Unterstützungsleistungen. Man muss also unterscheiden zwischen medizinischen Klassifikationssystemen und sozialrechtlichen Konstruktionen, da sie unterschiedliche Einsatzbereiche im Sozialsystem haben. Gemeinsam ist ihnen jedoch, dass auf ihrer Grundlage entschieden wird, welcher Grad welcher Funktionseinschränkung oder Teilhabeeinschränkung vorliegt und auf welche Hilfsmaßnahmen der oder die Betroffene Anspruch hat.

---

44 Für diesen Hinweis danke ich Rechtsanwältin Constanze Zander-Böhm.

Die Zuteilung von allgemeinen Sozialleistungen wurde im preußischen Staat unter Reichskanzler Otto von Bismarck zur Versorgung der Bevölkerung etabliert (vgl. die zeitliche Nähe zu den ersten internationalen Klassifikationen). Die Einführung einer Sozialversicherungsgesetzgebung in Deutschland geschah unter anderem, um (neben der Sozialistengesetzgebung) den Einfluss der Sozialdemokratie auf die Arbeiter zu verringern (vgl. Gimbel 1989: 59f.). 1881 trat das Krankenversicherungsgesetz, 1884 das Unfallversicherungsgesetz und 1889 das Alters- und Invalidenversicherungsgesetz in Kraft, wobei letztere auch für den Arbeitsschutz relevant sind. Der Staat verfolgt mit diesen Gesetzen den Gedanken der Vorsorge, um besondere Risikolagen aufzufangen. Dies wird auch heutzutage noch deutlich, unter anderem am Beispiel der Impfung: In Deutschland besteht staatliche Impfpflicht (über das Reichsimpfgesetz von 1874), ebenso sorgt der Staat für Ausgleichszahlungen bei auftretenden Impfschäden.

Die Konstruktion *Minderung der Erwerbsfähigkeit (MdE)* entwickelte sich historisch von der Militärversorgung zum Sozialen Entschädigungsrecht: Die erste MdE-Tabelle wurde 1871 aufgestellt (vgl. Göpfert 2000). Dementsprechend ist die Konstruktion MdE bereits vor der ersten Klassifikation von Todesursachen entstanden und war somit zum Zeitpunkt von deren Verabschiedung (1899) bereits rechtskräftig. Die Entstehung der Behindertenhilfe ist also an das Kriegsopferrecht gebunden.[45] 1916 erschienen die für die Feststellung der MdE relevanten *Anhaltspunkte für die militärärztliche Beurteilung der Frage der Dienstbeschädigung oder Kriegsbeschädigung bei den häufigsten psychischen und nervösen Erkrankungen der Heeresangehörigen (AHP)*, die heutzutage noch grundlegende Bedeutung haben (Schillings/Wendler 2005: 5, siehe unten).[46] Die MdE-Tabellen sind also – circa 50 Jahre nach ihrer ersten Aufstellung (1871) – in die *Anhaltspunkte* aufgenommen und dadurch manifestiert wurden.

Die Konstruktion MdE wird heutzutage nur noch im Sozialen Entschädigungsrecht angewandt bei der Ermittlung von Gründen für den Bezug von

---

45 Kriegsbeschädigte erhalten Ausgleichsleistungen als Kriegsopferrecht nach den Vorschriften des Bundesversorgungsgesetzes. Diese Ausgleichsleistungen werden über die Konstruktion MdE festgestellt.
46 Die Angaben über die Erscheinung der Anhaltspunkte sind uneinheitlich: Nach Göpfert wurden sie erstmalig 1921 vom Reichsarbeitsministerium herausgegeben, gemäß dem Reichsversorgungsgesetz vom 12. Mai 1920 vorgesehen für die Beurteilung der MdE (vgl. 2000: 42).

Renten wegen Berufs- oder Erwerbsunfähigkeit[47] sowie für den Bezug von Rehabilitationsmaßnahmen beziehungsweise Rehabilitationshilfsmitteln. Das Soziale Entschädigungsrecht[48] umfasst Impfschäden, Kriegsopferfürsorge und Opfer von Gewalttaten. Dafür sind auch das gesetzliche Unfallversicherungsrecht und das Rentenrecht der Berufsgenossenschaften zuständig. So müssen die Berufsgenossenschaften bei Arbeitsunfällen und Berufskrankheiten Rente an die betroffene Person zahlen. Praktisch lässt sich die Bemessung der MdE an folgendem sehr einfachen Beispiel verdeutlichen: Wenn eine Person einseitig erblindet, wird dieser Verlust mit einem vergleichsweise geringen Regelsatz bemessen. Hingegen wird der Verlust des Augenlichts auf einem Auge höher bewertet, wenn die Person bereits vorher schon auf dem anderen Auge blind war.

Auch wenn in den *Anhaltspunkten für die ärztliche Gutachtertätigkeit (AHP)* gemeinsame, so genannte GdB/MdE-Tabellen bestehen, wurden diese nur für die Bestimmung des GdB und nur noch in Ausnahmefällen ergänzend zur Feststellung der MdE benutzt.[49] Die MdE werden auf der Basis einer Individualbegutachtung festgesetzt, zu der verschiedene Rententabellen, so genannte *Knochentaxen*, als Maßstab herangezogen werden.[50] Diese *Knochentaxen* beziehen sich auf einzelne Diagnosen und dienen damit einer groben Einordnung der MdE. Im Gegensatz zum GdB beziehen sie sich nicht auf antizipierte Sachverständigengutachten.

Die Konstruktion *Grad der Behinderung (GdB)* wird im Schwerbehindertenrecht (Teil 2 des SGB IX) angewandt, um den Schweregrad der Behinderung eines Menschen festzustellen. Seit 1986 wird im Schwerbehindertenrecht nicht mehr die Bezeichnung *Minderung der Erwerbsfähigkeit*

---

47 Problematisch ist, dass die MdE nur auf die Erwerbsarbeit bezogen wird und nicht auf Reproduktions- oder Hausarbeit (zur Diskussion der MdE hinsichtlich der Geschlechterdimension vgl. Schildmann 2000b: 357).
48 Das Soziale Entschädigungsrecht umfasst die folgenden Einzelgesetze: Bundesversorgungs-, Soldatenversorgungs-, Zivildienst-, das Unterstützungsabschluss-, das Unterhaltsbeihilfe-, das Häftlingshilfe- und das Opferentschädigungsgesetz, das strafrechtliche und das verwaltungsrechtliche Rehabilitierungsgesetz sowie das Infektionsschutzgesetz, das auch bei Impfschäden angewendet wird.
49 Die Bezeichnung GdB/MdE-Tabelle entspricht der früheren Verwendung, sie beherrscht allerdings immer noch den aktuellen Sprachgebrauch.
50 Der Begriff *Knochentaxe* bezeichnet Erfahrungswerte zur Einschätzung der Minderung der Erwerbsfähigkeit (vgl. Mehrhoff/Muhr 1999, Schönberger et al. 2003, Bereiter-Hahn/Mehrtens 2003). Sprachlich lässt sich der Begriff von dem Verb Taxieren herleiten: Eingeschätzt oder taxiert wird die verminderte Erwerbsfähigkeit (vgl. Didlaukat 2005).

verwendet, sondern die Bezeichnung *Grad der Behinderung*.[51] Mit dieser Änderung wurde auch der Behinderungsbegriff in Paragraph 3 des Schwerbehindertengesetzes eingeführt. Vorher wurde der Behinderungsbegriff nicht ausdrücklich im Gesetzestext definiert. Mit dem Schwerbehindertengesetz wird das Ziel verfolgt, schwerbehinderte Menschen in Arbeit, Beruf und Gesellschaft einzugliedern.

Die GdB-Tabellen enthalten nur medizinische Diagnosen, deren Festlegung sich an den *Anhaltspunkten für die ärztliche Gutachtertätigkeit im Sozialen Entschädigungsrecht und nach dem Schwerbehindertenrecht (AHP)* orientierte.[52] Diese medizinischen Diagnosen bestehen nicht aus ICD-Kategorien; auf welchen medizinischen Klassifikationssystemen sie basieren, wird nicht angegeben. Die GdB-Sätze werden als »Anhaltswerte« bezeichnet, die als antizipierte Sachverständigengutachten gelten (BMGS 2004: 37).[53] Das bedeutet, dass sowohl die ICD als auch speziell die ICF parallel neben den *Anhaltspunkten* bestehen, ohne in diesen aufgegriffen zu werden. Es kann als grundlegendes Problem der *Anhaltspunkte* angesehen werden, dass sie als Beurteilungsgrundlage nicht die international geltenden Klassifikationen verwenden, sondern sich auf antizipierte Anhaltswerte stützen. Dies ist umso gravierender, da die AHP-Tabellen (GdB-Tabellen in den *Anhaltspunkten*) nicht parlamentarisch legitimiert worden sind. Aus diesem Grund mahnt das Bundessozialgericht »den Erlass einer Ermächtigungsgrundlage« an, um den »Anhaltspunkten die nötige demokratische Legitimation zu geben« (Welti 2002: 55). Mit Wirkung zum 1. Januar 2009 ist jedoch die so genannte Versorgungsmedizin-Verordnung in Kraft getreten, die die bisherigen Anhaltspunkte für die ärztliche Gutachtertätigkeit im sozialen Entschädigungsrecht und nach dem Schwerbehindertenrecht (AHP) ersetzt

---

51 Früher wurde auch die Konstruktion MdE im Schwerbehindertenrecht angewandt. Im Zusammenhang mit der Überarbeitung des Schwerbehindertengesetzes wurde dies geändert, so dass die MdE seitdem nur noch im Sozialen Entschädigungsrecht verwendet wird. Stattdessen wurde die Konstruktion GdB entwickelt und hiermit nicht nur das Einsatzgebiet, sondern auch die Terminologie der Konstruktionen unterschieden (vgl. Gesetz zur Änderung des Schwerbehindertengesetzes vom 24.07.1986).
52 Vgl. Kossens 2002, Praxiskommentar zum SGB IX Paragraph 69 Absatz 1, S. 318.
53 Als GdB-Sätze werden die einzelnen Festlegungen des *Grades der Behinderung* bezeichnet, die den jeweiligen Schädigungen zugeordnet werden. Exemplarisch lässt sich ein GdB-Satz an folgendem Beispiel verdeutlichen: Dem Verlust einer ganzen Hand wird der Grad der Behinderung (GdB) 50 von 100 zugeschrieben (vgl. BMGS 2004: 119). Bei der Festlegung der GdB-Sätze wird jeweils von einer Zehnerpotenz gesprochen, die kleiner als Hundert ist, jedoch ohne Prozentangabe als *X von Hundert* bezeichnet wird.

und verrechtlicht. Die parlamentarische Legitimation ist durch das zugrundeliegende Änderungsgesetz zum BVG geschaffen.[54] Im Gegensatz zur MdE, bei der die Frage nach der Erwerbsfähigkeit eines Menschen – also ein bestimmter Bereich des gesellschaftlichen Lebens – beurteilt wird, steht bei der Feststellung des GdB die Teilhabe eines Menschen an allen Lebenslagen im Mittelpunkt. Der GdB ist die Grundlage für den Nachteilsausgleich behinderter Menschen (vgl. BMGS 2004: 19). Er wird in Zehnerschritten auf einer Skala von 0 bis 100 gemessen. Ab einem Grad der Behinderung von 50 (von Hundert) wird dieser Sachverhalt sozialrechtlich als *Schwere Behinderung* bezeichnet, was entscheidend für das Maß des Nachteilsausgleichs als auch etwaiger weiterer Sozialleistungen ist.

Da Teilhabe eine soziale Kategorie ist, stellt sich die Frage, warum sie als GdB auf der Grundlage von medizinischen Diagnosen beurteilt wird. Diese ausschließlich medizinische Bemessungsgrundlage kritisiert auch der Sozialrechtler Felix Welti, der die AHP als ungeeignet bezeichnete, »den gesetzlichen Ansatzpunkt einer Quantifizierung von Teilhabestörungen umzusetzen« (2005: 107). Sie entspreche »bereits nicht mehr dem final ausgerichteten Schwerbehindertenrecht und erst recht nicht dem final teilhabeorientierten SGB IX« (Welti 2005: 107). Diese Kritik trifft auch auf die Neuregelung, die Versorgungsmedizin-Verordnung, zu. Das Zuerkennungsverfahren wird durch die Anwendung der GdB-Tabellen jedoch »nicht nur in erheblichem Maße standardisiert«, sondern es wird auch davon ausgegangen, »dass das Ausmaß der sozialen Teilhabe eines Menschen durch Rückgriff auf eine medizinische Diagnose hinreichend genau zu bestimmen sei« (Felkendorff 2003: 33). Darüber hinaus kritisiert der Soziologe Bendel, dass trotz der Zehner-Schritte des GdB der Dualismus zwischen Behinderung und Nichtbehinderung weiterhin bestehe. Die auch durch die Feststellung einer graduellen Abstufung von Behinderung mit dem GdB verdeutlichte Relationalität von Behinderung würde medizinisch wie soziologisch ausgeblendet (Bendel 2000).

---

54 Mit der Versorgungsmedizinverordnung wurde einer Forderung der Rechtsprechung nach einer Verrechtlichung der AHP durch das BMAS entsprochen. Die zugrundeliegende Verordnungsermächtigung wurde durch das Änderungsgesetz zum Bundesversorgungsgesetz (Paragraph 39 Absatz 17 BVG) vom 13.12.2007 (BGBl. I 2904) geschaffen. Zur Versorgungsmedizinverordnung vgl. Bundesgesetzblatt Teil I Nr. 57 vom 15. Dezember 2008 und seinen Anlageband, der die versorgungsmedizinischen Grundsätze enthält. Diese entsprechen den Anhaltspunkten bis auf geringfügige Änderungen.

2.5.3 Anwendung von WHO-Klassifikationen im Sozialsystem

Als Klassifikationen werden im Sozialsystem hauptsächlich die ICD, seit einiger Zeit auch die ICIDH beziehungsweise inzwischen die ICF herangezogen. Beide dienen als Grundlage für die gesetzliche Krankenversicherung (GKV), die ICF speziell für die Antragsverfahren auf Rehabilitation in der GKV (vgl. Leistner/Beyer 2005; http://www.aok-gesundheitspartner.de/bundesverband/reha/icf/, 08.08.09). Während die ICD als medizinische Klassifikation von Krankheiten in umfangreicherem Maße genutzt wird, verwendet man die ICF als begriffliches und konzeptionelles Bezugssystem für die sozialmedizinische Beurteilung in der GKV (vgl. Leistner/Beyer 2005: 228ff.). Adaptionen beziehungsweise anlassbezogene Arbeitsauszüge der ICF stehen dem Medizinischen Dienst der Krankenkassen (MDK) seit Anfang 2005 zur Verfügung (vgl. Leistner/Beyer 2005: 229).

Die exemplarisch geschilderte Anwendung der ICF verdeutlicht, dass die ICF in einem anderen Gebiet ihren Einsatz findet als die rechtlichen Konstruktionen MdE und GdB, die beide ausschließlich auf medizinischen Diagnosen basieren. Einige Anwälte ziehen zur genaueren Ermittlung von Rechtsansprüchen ergänzend zu den GdB-Tabellen den DSM-IV, die ICD-10 oder die ICF heran, wenn die Diagnostik eines auf der Grundlage der Versorgungsmedizin-Verordnung überprüften Falles unzureichend ist.[55]

Stellt man die Einsatzbereiche der unterschiedlichen Beurteilungssysteme[56] einander gegenüber, so wird eine Behinderung sozialmedizinisch mit der ICF für die gesetzliche Krankenversicherung beurteilt. Daraufhin werden einem behinderten Menschen Rehabilitationsleistungen zugemessen, die von der gesetzlichen Krankenversicherung bezahlt werden. Wenn dagegen die GdB-Tabelle der Versorgungsmedizin-Verordnung angewandt und ein behinderter Mensch mit einem bestimmten Grad der Behinderung eingestuft wird, so erhält er Nachteilsausgleiche nach Paragraph 69 Absatz 5 SGB IX, beispielsweise die Erstattung der Benutzungskosten im öffentlichen Personenverkehr.

Wie an den Einsatzbereichen der ICF und des GdB verdeutlicht, berechtigen unterschiedliche Beurteilungssysteme zu Ansprüchen in verschiedenen Systemen und gegenüber jeweils anderen Institutionen.

---

55 Vgl. das Urteil des Bayrischen Landessozialgerichts: Bayr. LSG Urteil – 05.11.2002 – L 15 VS 19/99, S. 3.

56 Unter dem Begriff Beurteilungssysteme werden sowohl Klassifikationen (ICF und ICD) wie Konstruktionen (GdB und MdE) verstanden.

2.5.4 Bedeutung der ICF im Rechtswesen

Zur Erfassung der rechtlichen Bedeutung der ICF ist zunächst zu klären, wo die Begriffe der ICF ins Recht eingeflossen sind. Hierbei sind sowohl das seit 2001 bestehende Sozialgesetzbuch IX als auch das Behindertengleichstellungsgesetz (BGG) zu nennen, das 2002 in Kraft getreten ist.

Das SGB IX wurde 2001 als neuer Rahmen für die sozialrechtlichen Leistungen zur Rehabilitation und Teilhabe der Rehabilitationsträger sowie für die Leistungen der Integrationsämter geschaffen (vgl. Welti 2005). Zu den sozialrechtlichen Leistungen der Rehabilitationsträger gehören Leistungen der Renten-, Unfall- und Krankenversicherung, zur Arbeitsförderung, zur sozialen Entschädigung, der Kinder- und Jugendhilfe und der Sozialhilfe. In das Sozialgesetzbuch IX ist die Teilhabe als Leitgedanke aufgenommen worden, sein Titel lautet: SGB IX – Rehabilitation und Teilhabe. Der Gesetzgeber greift über den Teilhabebegriff das Verständnis der ICF auf, wie an der rechtlichen Definition von Behinderung deutlich wird:

»Menschen sind behindert, wenn ihre körperliche Funktion, geistige Fähigkeit oder seelische Gesundheit mit hoher Wahrscheinlichkeit länger als sechs Monate von dem für das Lebensalter typischen Zustand abweichend ist und daher ihre Teilhabe am Leben in der Gesellschaft beeinträchtigt ist. Sie sind von Behinderung bedroht, wenn die Beeinträchtigung zu erwarten ist.« (Paragraph 2 Absatz 1 SGB IX)

Gemäß dieser Definition wird Behinderung als beeinträchtigte Teilhabe verstanden. Auch im Handkommentar zum SGB IX wird die Beeinträchtigung der Teilhabe auf die ICF zurückgeführt und als Wechselwirkung zwischen »Gesundheitsstatus, Funktions- und Strukturstatus sowie Aktivitätsstatus einer Person und ihrer Umweltfaktoren« charakterisiert (Welti 2002: 53). Hierbei wird explizit die Einschränkung der selbstbestimmten Daseinsentfaltung einer Person als ausschlaggebender Faktor für die Teilhabebeeinträchtigung genannt. Die ICF stellt somit das theoretische Referenzsystem des SGB IX dar. Mit der Bezugnahme auf das Verständnis der ICF wird die Teilhabe als Leitgedanke begründet. Angesichts dieses rechtlichen Bezugs auf den Teilhabebegriff der ICF stellt sich die Frage, ob die ICF statt der *Versorgungsmedizin-Verordnung* für die Bestimmung des GdB zugrunde gelegt werden sollte. Bisher gibt es für eine Änderung der derzeitigen Verwaltungspraxis jedoch keinen Hinweis.

Das Behindertengleichstellungsgesetz (BGG) bezieht sich ebenfalls auf die Definition von Behinderung des SGB IX und berücksichtigt somit gleichermaßen das umfassende Verständnis von Behinderung und Teilhabe der

ICF. Der Behinderungsbegriff bezeichnet die eingeschränkte Teilhabe eines Menschen am Leben in der Gesellschaft. Er ist nicht mehr auf vermeintliche oder tatsächliche, ausschließlich individuelle Defizite, sondern auf die eingeschränkte gesellschaftliche Lebenssituation eines Menschen ausgerichtet (vgl. BAS 2002: 10). Die Definition von Behinderung aus Paragraph 2 Absatz 1 Satz 1 des SGB IX ist wortgleich in Paragraph 3 des BGG enthalten. Mit dem BGG sollen Selbstbestimmung und gleichberechtigte gesellschaftliche Teilhabe von behinderten Menschen ermöglicht sowie Barrierefreiheit hergestellt werden. Durch das BGG ist das Recht auf Teilhabe am Leben in der Gesellschaft für behinderte Menschen nicht nur im Sozialrecht grundlegend enthalten, sondern auch im öffentlichen Recht, das weitere Rechtsgebiete betrifft, wie u. a. das Arbeits-, Verwaltungs-, Bau-, Schul- und Hochschulrecht (vgl. BAS 2002: 10). Das BGG ist in allen Bundesländern als Landesgleichstellungsgesetz eingeführt.[57] Der Anspruch auf Teilhabe und Integration wird sogar im Titel einiger Landesgleichstellungsgesetzen geführt.

2.6 Klassifikationen im Spannungsfeld zwischen sozialer Teilhabe und sozialer Ausgrenzung

Ansprüche auf Leistungszuweisung gegenüber der (Solidar)-Gemeinschaft beruhen auf dem Grundsatz, dass alle Mitglieder einer Gemeinschaft die gleichen Teilhabemöglichkeiten haben sollen (vgl. ausführlicher Kaufmann 1997).[58] Ist ein Mitglied nun eingeschränkt in seiner Teilhabemöglichkeit, hat es Anspruch auf Schutz beziehungsweise Zuwendungsleistungen. Mittels Klassifizierung seiner Beeinträchtigung wird festgestellt, ob ein Individuum einen entsprechenden Anspruch hat. Folglich haben Klassifikationen die Funktion, diesen Anspruch anhand von vereinheitlichten Kriterien zu begründen. Dies ist eine bedeutsame Grundlage unseres Solidarsystems. Das Solidarsystem beinhaltet die Zuweisung von Leistungen auf der Grund-

---

[57] Während im Land Berlin bereits im Mai 1999 das *Gesetz über die Gleichberechtigung von Menschen mit und ohne Behinderung – Landesgleichberechtigungsgesetz* in Kraft trat, beschloss der Niedersächsische Landtag ein Gesetz zur Gleichstellung von Menschen mit Behinderung erst im November 2007 (vgl. http://www.wob11.de/landesgleichstellungsgesetz. html, 07.08.09, http://de.wikipedia.org/wiki/Landesgleichstellungsgesetz, 07.08.09, http://www.einfach-fuer-alle.de/artikel/bitv/lgg/, 07.08.09).
[58] Da die ICF Teilhabemöglichkeit und Teilhabe nicht unterscheidet, wird im weiteren Verlauf dieser Arbeit der Begriff Teilhabe verwendet.

lage eines festgestellten Bedarfs. Dieser wird »juristisch gesprochen« *negativ* festgestellt: So hat beispielsweise jemand, der seit Geburt vollblind ist, aufgrund dieser Schädigung einen Anspruch auf Blindengeld.[59] Menschen mit einem Ausweis, der den Grad ihrer Behinderung bescheinigt, erhalten Vergünstigungen, beispielsweise im öffentlichen Nahverkehr, bei kulturellen Veranstaltungen, bei Behörden, Bildungsträgern, in der Gesundheitsversorgung etc.

Klassifikationen[60] beziehungsweise generell Beurteilungssysteme enthalten jedoch auch problematische Aspekte, die ebenfalls durch ihre Identifizierungsfunktion begründet sind: Sie bilden gleichsam die Kehrseite der eben geschilderten positiven Auswirkungen der Feststellungsfunktion. Mit Klassifikationen ist daher die Schwierigkeit verbunden, dass mit ihnen einerseits Ansprüche gegenüber der Solidargemeinschaft – der Gesamtheit aller SteuerzahlerInnen eines Staates – begründet werden, und sie andererseits zu Etikettierungen[61], Stigmatisierungen und Diskriminierungen[62] beitragen können.

Bei einer Stigmatisierung wird ein Merkmal in den Vordergrund gestellt, negativ konnotiert und als typisches oder einziges Kennzeichen eines Menschen erachtet.[63] Während Goffman Stigma zwar als relationalen Begriff fasst, bezeichnet er damit dennoch eine Eigenschaft eines Menschen, »die zutiefst diskreditierend ist« (1994: 11). Im Gegensatz dazu setzt sich Hohmeier von Goffmans Definition ab und verwendet den Begriff nicht »für ein Merkmal selbst, sondern für die negative Definition des Merkmals beziehungsweise dessen Zuschreibung« (1975: 7). Dementsprechend sind stigmatisierte Menschen diejenigen »Personen oder Gruppen, denen ein bestimmtes – meist negatives – Merkmal oder mehrere Merkmale zugeschrieben werden« (ebd.).

---

59 Die derzeit in einigen Bundesländern geplante oder bereits durchgeführte Abschaffung des Blindengeldes kann in vorliegendem Werk nicht näher diskutiert werden.

60 In diesem Teilkapitel (2.6) sind die rechtlichen Konstruktionen unter dem Begriff der Klassifikationen einbezogen.

61 Wird ein Phänomen als abweichend benannt oder öffentlich gekennzeichnet, so ist dies eine Etikettierung, die langfristige Folgen für die soziale Identität eines Menschen haben kann. Mit Klassifikationen werden Behinderungen negativ beurteilt und dadurch mit einem Etikett, einem »Label«, versehen (zu Etikettierungen vgl. Sack/Lindenberg 2001: 177).

62 Der Begriff Diskriminierung bezeichnet die Benachteiligung von Personen oder Gruppen aufgrund von Merkmalen, hier Behinderung (vgl. Allgemeines Gleichstellungsgesetz 2006).

63 Vgl. Goffman 1994 (englische Originalausgabe 1963), zur Weiterentwicklung und Kritik (vgl. Hohmeier 1975, Boatca/Lamnek 2004).

Um das Spannungsfeld aufzuzeigen, in dem Klassifikationen stehen, werden im Folgenden ihre Implikationen skizziert. Inwiefern dieses Spannungsverhältnis aufgelöst oder verändert werden kann, wird abschließend allgemein für Klassifikationen diskutiert. Diese Problematik muss jedoch für die jeweilige Klassifikationssystematik konkretisiert werden, was durch die Analyse der ICF erfolgt.

2.6.1 Stigmatisierungen als mögliche Folge von Klassifikationen

Klassifikationen bergen die Gefahr, dass auf ihrer Basis Menschen diskriminiert werden können. Durch die Konstatierung von Differenzen entsteht ein Ausgrenzungsrisiko, das Etikettierungen, Stigmatisierungen und Diskriminierungen nach sich ziehen kann. Hinzukommend enthält die Festschreibung von Differenzen als Etikettierung das Risiko, dass der betreffende Mensch langfristig negative Konnotationen der Etikettierung in sein Selbstbild übernimmt. Da mit Klassifikationen eine Behinderung als Merkmal eines Individuums identifiziert und festgeschrieben wird, können Klassifikationen Stigmatisierungen fördern. Eine Klassifikation beschreibt nicht, wie ein Körper beschaffen ist und welche Tätigkeiten jemand ausüben kann, sondern beurteilt, was fehlt oder was jemand nicht kann. Einmal klassifiziert, wird das negativ beurteilte Merkmal zum Stigma, das aus mehreren Merkmalen und Eigenschaften eines Menschen hervorgehoben wird. Dies geschieht, wenn jemand als »der Blinde« bezeichnet und nicht durch mehrere Eigenschaften: intelligent, schön, blind und humorvoll beschrieben wird (Hohmeier 1975: 13). Wenn ein Stigma dieser Art als unveränderbares Urteil aufgefasst wird, kann dies eine dauerhafte Etikettierung mit der Möglichkeit langfristiger Konsequenzen für die soziale Identität des Menschen nach sich ziehen. Eine institutionelle Festschreibung mittels einer Klassifikation bildet also eine Grundlage für Stigmatisierungsprozesse und kann diese Prozesse unterstützen.

Es besteht ein struktureller Zusammenhang zwischen Stigmatisierungen und niedrigem sozialen Status, da Stigmatisierungen dann entstehen, wenn eine Diskrepanz vorliegt zwischen der Macht der Instanz, von der die Stigmatisierung ausgeht, und der Möglichkeit der Stigmatisierten, dieser durch ihre eigene Definitionsmacht zu begegnen (vgl. Boatca/Lamnek 2004: 169). Je größer der Machtunterschied ist, desto eher werden Stigmata durchgesetzt. Das bedeutet, dass Menschen, die nur über geringe ökonomische und politische Macht verfügen, eher Stigmatisierungen ausgesetzt sind und seltener Stigmatisierungen initiieren können. Ebenso entstehen Stigmatisierungen leicht in Verbindung mit Armut, Alter, Geschlecht und Ethnie, mit denen auch »soziale Unwerturteile« einhergehen (Peters 1995: 30, in: Boatca/Lamnek 2004: 170, vgl. Goffman 1994: 158). Der Zusammenhang zwischen geringem sozial-ökonomischen Status und Stigmatisierungen wird auch durch eine Studie belegt, nach der die Förderschule hoch frequentiert ist von Kindern von Sozialhilfeempfängern und Arbeitslosen (vgl. Wocken 2000 in Boatca/Lamnek 2004: 169).[64] Hierbei wird die Diagnose des individuellen Förderbedarfs durch die Institution Förderschule gestellt und festgeschrieben. Diese Diagnose begründet den Besuch der Förderschule, wodurch die SchülerInnen als SonderschülerInnen stigmatisiert werden.

Des Weiteren entstehen diskriminierende Benachteiligungen als Folge von Klassifizierungen, wenn der Anspruch auf Entschädigung oder Vergünstigung eingeschränkt wird beziehungsweise wenn mit Klassifikationen keine Ansprüche gegenüber der Gemeinschaft durchgesetzt werden können, so dass das Individuum in seiner Teilnahme am gesellschaftlichen Leben ohne Zuwendung von Leistungen eingeschränkt wird. Hat dementsprechend das Individuum einen zu gering klassifizierten *Grad der Behinderung* und kann keine Leistungsansprüche gegenüber der Gemeinschaft begründen, so wird es ausgegrenzt, da seine Teilhabe eingeschränkt wird.

2.6.2 Individuumsbezogene oder gesellschaftsbezogene Klassifizierung?

Auch wenn die ICF wesentlich differenzierter als die ausschließlich medizinisch orientierten Konstruktionen aufgebaut ist, beziehen sich beide, die Klassifikation von Behinderung (ICF) und die rechtlichen Konstruktionen (MdE, GdB), jeweils auf ein Individuum und stellen Behinderung als Merkmal dieses Menschen fest (vgl. 2.5). Sie sind mit dem Ziel entwickelt worden, Ansprüche zu objektivieren, individuelle Beeinträchtigungen zu beurteilen und hierdurch eine Grundlage für die Herstellung gleicher Chancen auf Teilhabe darzustellen. Da diese Beurteilungssysteme jedoch etikettierende, stigmatisierende und diskriminierende Implikationen für einen behinderten Menschen haben können, stellt sich die Frage, ob es eine Alternative zu einer

---

64 Zur sozialen Lage von behinderten Menschen und ihrer Stigmatisierung vgl. ausführlich von Ferber 1977.

individuumsbezogenen Feststellung von Beeinträchtigungen und damit verbundenen Zuweisung von Unterstützungsleistungen gibt. Die Alternative zur Klassifizierung der individuellen Behinderung besteht in der Klassifizierung der Umwelt, in der ein Mensch lebt. Dies konkretisiert sich an der Unterscheidung, ob der behinderte Körper eines Individuums oder die gesellschaftliche Umwelt als behindernde Barriere für behinderte Menschen ausschlaggebend klassifiziert werden. Am Beispiel veranschaulicht: Wird der Grad einer individuellen Sehbehinderung festgestellt? Oder wird erfasst, wo Barrieren für seheingeschränkte Menschen bestehen und wo Unterstützungsleistungen im öffentlichen und privaten Bereich für seheingeschränkte Menschen fehlen? Mögliche Unterstützungsleistungen sind beispielsweise Wahlschablonen, Punktschrift-Wegweiser in Behörden, Computer mit Braille-Zeile und weitere. Dieses Beispiel veranschaulicht, dass die gesellschaftliche Umwelt die individuelle Lebenssituation eines behinderten Menschen entscheidend prägt und somit ebenfalls beachtet und klassifiziert werden müsste. Dementsprechend handelt es sich nicht um zwei einander ausschließende Möglichkeiten, entweder die individuelle Behinderung oder die behindernde Umwelt zu klassifizieren, sondern um eine Ergänzung. Beide Komponenten – die individuellen, körperlichen, geistigen oder seelischen Beeinträchtigungen und die soziale und materielle Umwelt – sind ausschlaggebend für das Leben und die Lebensqualität behinderter Menschen. Daher sind nicht Klassifikationen per se problematisch, sondern die potenzielle Stigmatisierung, die eine ausschließlich individuumszentrierte Klassifizierung enthält. Auf die Klassifizierung der individuellen Behinderung kann jedoch nicht verzichtet werden, da der konkrete Anspruch auf Unterstützungsleistungen individuell ermittelt wird.

2.6.3 Spannungsverhältnis zwischen der Begründung von Ansprüchen und Stigmatisierung

Betrachtet man die skizzierten Widersprüche zwischen Nutzen und Schaden von Klassifikationen so lässt sich nun die Frage beantworten, ob das Spannungsverhältnis zwischen Stigmatisierung und der Begründung von Ansprüchen durch Klassifikationen bestehen bleibt, entschärft oder aufgelöst werden kann. Es ist zu vermuten, dass es nur schwer aufzulösen ist, da eine individuelle Anspruchsbegründung notwendigerweise eine Beurteilung der individuellen Behinderung verlangt.

Das Ausgrenzungsrisiko ließe sich jedoch entschärfen, wenn gesellschaftliche und Umweltbedingungen, die behinderte Menschen einschränken, klassifiziert würden. Hierdurch könnte sich langfristig die Vorstellung durchsetzen, dass Beeinträchtigungen oder Benachteiligungen durch Gesellschaft und Umwelt für behinderte und somit für potenziell alle Gesellschaftsmitglieder einschränkend sind. Die Entfernung von gesellschaftlich existenten wie zum Beispiel infrastrukturellen Hindernissen kommt vielen Gesellschaftsmitgliedern zugute: nicht nur den sichtbar behinderten Menschen oder denjenigen mit anerkanntem Behinderungsstatus. Dementsprechend liegt das Defizit nicht ausschließlich beim behinderten Menschen, sondern auch bei der behindernden Umwelt. Dementsprechend müssten öffentliche und private Institutionen verpflichtet werden können, Einschränkungen und Barrieren aufzuheben (und diese nicht nur mit einem Verweis auf ökonomische Zwänge zu reduzieren). Strukturelle und soziale Ausgrenzungen würden durch diese Perspektive verringert.

Klassifikationssysteme sollten also auch zur Bewertung der Umwelt behinderter Menschen verwendet werden – als Ergänzung zur individuumszentrierten Klassifizierung. Das bedeutet, dass Klassifikationssysteme daran gemessen werden müssen, wie gut sie sich zur Unterstützung behinderter Menschen eignen. Ob die ICF dazu geeignet ist, wird durch die vorliegende Untersuchung geprüft.

2.7 Einsatzgebiete und Implementation der ICF

Wie die ICF in den Mitgliedsstaaten bisher umgesetzt und angewendet wird, soll im Folgenden schlaglichtartig gezeigt werden. Seit dem Revisionsprozess der ICIDH und mit Entwicklung des Konzepts der *Family of International Classifications* treffen sich die Kooperationszentren der WHO einmal pro Jahr.[65] Auf diesen Anwenderkonferenzen wird diskutiert, wie die Haupt-Klassifikationen: ICD und ICF sowie ihre Bezugsklassifikationen weltweit genutzt werden können, inwiefern sie ergänzt und überarbeitet und wie sie weiterentwickelt werden sollen (vgl. WHO-FIC Strategy and Work Plan 2006–2007, Functioning and disability – Report of FDRG for 2007–

---

65 Die vorliegende Studie rezipiert hauptsächlich den Implementationsstand der ICF im Zeitraum bis Oktober 2008.

2008).⁶⁶ Leitendes Ziel ist die Verbesserung von Gesundheit durch Entwicklung, Erhaltung und Verbreitung von Klassifikationen und unterstützender Produkte.

2.7.1 Vorgesehene Einsatzgebiete

Die WHO hat die ICF entwickelt, um sie ebenso wie die ICDIH als statistisches, forschungsbezogenes, klinisches und sozialpolitisches Instrument einzusetzen (vgl. im Folgenden ICF 3ff.). In der Einleitung der ICF wird besonders ihre Bedeutung für statistische Erhebungen hervorgehoben, da sie bei der Erstellung von Datenbanken für Bevölkerungsstudien, bei Umfragen oder Management-Informationssystemen eingesetzt werden kann. Ferner sieht die WHO vor, sie als Forschungsinstrument zu nutzen, um Behinderung sowie chronische Gesundheitszustände, die nicht eindeutig als Krankheit oder Behinderung einzuordnen sind, beurteilen zu können.

Im klinischen Bereich kann sie dazu verwendet werden, Arbeitsfähigkeit und Rehabilitationsbedarf einzuschätzen, Behandlungen an die individuellen Umwelt- und Lebensbedingungen anzupassen sowie Rehabilitationsmaßnahmen auszuwerten. In der deutschen ICF-Version wird die Klassifikation daher als »Instrument in der gesundheitlichen Versorgung« bezeichnet (WHO 2005: 7).

Da die ICF als gesundheitsorientierte Klassifikation geplant wurde, kann sie in angrenzenden Bereichen des Gesundheitssektors, wie etwa von den Sozialversicherungsträgern, angewendet werden. Sie beeinflusst damit indirekt auch die Entwicklung in der Sozialpolitik (vgl. ICF 5). Schließlich hat die WHO beabsichtigt, die ICF (wie auch schon die ICIDH) als Instrument für die Curriculumsentwicklung in gesundheitlichen Ausbildungsberufen einzusetzen und mit der ICF eine Sensibilisierung über Behinderung und Funktionsfähigkeit anzuregen sowie einen Anstoß zu sozialem Engagement zu geben (vgl. ICF 5). Die in der ICF vorgesehenen Einsatzmöglichkeiten müssen bei der Implementation in den WHO-Mitgliedsstaaten beachtet und an die jeweilige gesundheits- oder sozialpolitische Lage angepasst werden.

Im Vergleich zur ICIDH hat die WHO das Anwendungsspektrum der ICF um mehrere Bereiche erweitert und zwar um die Bereiche Versicherungen, Sozialhilfe, Arbeit, Ausbildung, Wirtschaft und Sozialpolitik (vgl. ICF

---

66 https://crs.sanita.fvg.it/WHO/Documents/WHOFIC2007_A005_Strategy_and_Work plan.pdf, bis 30.12.08 verfügbar, 05.08.09.

6). Zudem ist die ICF in die nationalen Rechtssysteme eingeführt worden und dient als Grundlage für infrastrukturelle Veränderungen.

Da die ICF als eine der sozialen Klassifikationen und als Referenz-Klassifikation der »Standard Rules on the Equalization of Opportunities for Persons with Disabilities« der UN anerkannt worden ist, bezeichnet die WHO sie als ein geeignetes Instrument zur Umsetzung internationaler Aufträge (ICF 5f.). Dies beziehe sich ausdrücklich auch auf die Umsetzung der Menschenrechte und der nationalen Gesetzgebung (vgl. ICF 6). Auch die UN-Konvention über die Rechte behinderter Menschen 2006 greift das Verständnis der ICF von Behinderung auf, indem eine Behinderung prozessual als Wechselwirkung zwischen Individuum und Umwelt formuliert wird (vgl. UN-BRK 2006).

Darüber hinaus erachtet die WHO die ICF als wichtiges Instrument für folgende Anwendungsgebiete: Für den Einsatz in sozialen Versorgungseinrichtungen, zur Evaluation in Institutionen der Gesundheitsversorgung und für Reihenuntersuchungen auf lokaler, nationaler und internationaler Ebene (vgl. ICF 6). Des Weiteren biete die ICF einen konzeptionellen Informationsrahmen für Bereiche, die über die direkte Gesundheitsversorgung hinausgehen. Dies betrifft die persönliche Gesundheitsversorgung einschließlich Prävention und Gesundheitsförderung, die Verbesserung der Teilhabe durch den Abbau gesellschaftlicher Hindernisse sowie die Versorgung durch soziale und technische Unterstützung. Die WHO empfiehlt, die ICF als Instrument für Studien im Gesundheits- und Versorgungssystems sowohl bei Evaluation als auch bei Erstellung von Richtlinien und Empfehlungen einzusetzen (vgl. ICF 6).

2.7.2 Exemplarische Darstellung des Implementationsstandes

Verabschiedet im Mai 2001 ist die ICF bereits grundlegend implementiert; sie wird inzwischen mit unterschiedlichen Schwerpunkten weiterentwickelt. Als Hauptklassifikation der WHO neben der ICD werden zum einen ihre Komponenten überarbeitet, zum anderen wird sie verstärkt auf den gemeinsamen Gebrauch mit der ICD ausgerichtet. Diese Schwerpunktsetzungen sowie der internationale Stand der Implementation werden im Folgenden exemplarisch anhand ausgewählter Forschungsgruppen und Länder geschildert.⁶⁷ Da der aktuelle Stand nur schlaglichtartig wiedergegeben werden kann, beschränkt sich diese Darstellung zum Schluss auf eine Zwischeneinschätzung.

Wie die Definition des internationalen WHO-FIC Implementationskommittees veranschaulicht, hat der Begriff Implementation unterschiedliche Bedeutungen. Die Leiterin des niederländischen WHO-Kooperationszentrums, Marijke De Kleijn-de Vrankrijker, erklärt, was als *Implementation der ICF* verstanden werden soll:

»ICF implementation means use and application of the ICF in practice; it includes translation into other languages, instruments developed based on ICF as well as existing instruments mapped to the ICF (originally not based on ICF); regularity of use and application may vary by circumstances from ad hoc (as a one-off survey, a research or pilot project) up to regular use such as in legislation, censuses, running population based surveys, clinical settings and disability certification.« (Kleijn-de Vrankrijker 2005: 1)

Mit ihrer Verabschiedung im Mai 2001 ist die ICF in den offiziellen WHO-Sprachen – Englisch, Französisch, Spanisch, Russisch, Chinesisch, Arabisch – veröffentlicht worden (vgl. ICF 256f.). Inzwischen liegt die ICF in zahlreichen Sprachen vor.⁶⁸ Besonders schwierig ist die Vermittlung der ICF in verschiedenen Sprach- aber auch Kultursystemen sowie unterschiedlichen Regionen, wie besonders in lateinamerikanischen Ländern festgestellt wird (vgl. Soliz/Torres 2008). Dieser Schwierigkeit wird neben dem Einsatz von Trainings- und Ausbildungsmaterialien⁶⁹ mit einer *ICF illustration library*

---

67 Für einen allgemeinen Überblick zur Anwendung der ICF vgl. http://www.who. int/classifications/icf/appareas/en/index.html, 05.08.09.

68 Kurz nach der Veröffentlichung haben die Niederlande die ICF 2002 (2. Auflage 2008) publiziert, Mexiko und im mittel- und lateinamerikanischen Raum 2003, Brasilien 2003, Ungarn 2004, Lettland 2004 und Thailand 2005 (vgl. WHO-FIC 2005, Soliz/Torres 2008, Misins 2004, Laurenti/Buchalla 2004, Kleijn-de Vrankrijker/Napel 2007). Die letztgenannte Version stellt den englischen und thailändischen Text einander gegenüber, was die Kommunikation für internationale Projekte erleichtert (vgl. WHO-FIC 2005: 13).

69 Zur Erklärung und Verbreitung der ICF soll ein Internet-Informationsportal oder eine vernetzte Datenbank mit Powerpoint-Präsentationen zur ICF angeboten werden (vgl. Hough/Greenberg 2006, Sykes/Buchalla 2007). Zudem werden landes- und fachspezifische Schulungen angeboten, wie unter anderem für die Verwendung der ICF in der Physiotherapie (vgl. Sykes 2007) und für die Berufsgruppen wie Sozialarbeiter, Ergotherapie und Pflegefachkräfte (vgl. Okawa 2008). Mit zunehmender Implementation der ICF in den WHO-Mitgliedsstaaten wird versucht, dem Bedarf zu begegnen, die Komplexität von Funktionsfähigkeit und Behinderung zu verstehen. Daher wird ein grundlegender Lehrplan für ICF-Trainingskurse entwickelt, der mehrere Module für verschiedene Einsatz-

begegnet, die das japanische Kooperationszentrum im Internet veröffentlicht hat, um die verschiedenen ICF-Kategorien zu veranschaulichen. Im Gegensatz zur ICD hat Japan die ICF nicht übersetzt, da »the huge volume may have prevented us from using it as basic language« (ICF-FIC 2005: 9). Aufgrund der umfangreichen Struktur der ICF wird bevorzugt, den ICF-Browser[70] zusammen mit der *illustration library* als veranschaulichendes Instrument zu benutzen. Die *illustration library*[71] stellt die Kategorie der Umweltfaktoren *Products and technology for communication* (e 125) durch ihre Definition und eine Graphik dar (vgl. Abb. 7).

Abb. 7: Graphische Darstellung der Umweltfaktoren e 125[72]

Die *illustration library* soll dazu dienen, das komplexe Verständnis der ICF-Kategorien zu erleichtern. Aufgrund ihrer einfachen Struktur soll sie in möglichst vielen Sprachen zugänglich gemacht werden (vgl. Takahashi et al. 2005).

---

gebiete enthält (vgl. Buchalla/Sykes 2008). Besonders aufgrund regionaler Unterschiede wie in Indien oder in Lateinamerika seien Einführungsmaterialien und Lehrgänge erforderlich, um die ICF sinnvoll anwenden und verbreiten zu können (vgl. Goyal 2008, Soliz/Torres 2008).

70 Der ICF Browser ist ein elektronisches Nachschlagewerk für die ICF, das im Internet frei erhältlich ist (vgl. http://www.who.int/substance_abuse/terminology/icd_10/en/, 05.08.09).

71 Die *ICF illustration library* ist ein frei zugängliches Programm in englischer, spanischer und japanischer Sprache, in dem alle Hauptkategorien und die meisten Unterkategorien der ICF durch Piktogramme veranschaulicht sind (vgl. http://www.icfillustration.com, 05.08.09).

72 Eigene Darstellung nach der ICF illustration library für e 125.

Die Weiterentwicklung und Aktualisierung der ICF-Komponenten wird von bestimmten Kooperationszentren verschiedener Länder oder Regionen vorangetrieben, wobei die internationale Kooperation im Folgenden exemplarisch aufgezeigt wird.

Die Körperfunktionen und -strukturen bilden den Kern der so genannten Core Sets: schädigungs-, krankheits- oder behinderungsbezogener Zusammenstellungen relevanter Kategorien.[73] Die Studien zu den Core Sets werden federführend vom deutschsprachigen Kooperationszentrum erstellt (vgl. Schopen/Weber 2007).[74] Dieses entwickelt zusammen mit dem CAS-Team der WHO, wie die Personbezogenen Faktoren klassifiziert werden können. Aufgrund der Besonderheit, persönliche, biographische Informationen zu beurteilen, werden für die Klassifikation dieser Komponente eigene ethische Richtlinien erstellt, die bei der Klassifizierung beachtet werden sollen (vgl. ausführlich 4.1.4, Geyh et al. 2007). Neben dem deutschen gibt es vier weitere Ansätze zur Kategorisierung der Personbezogenen Faktoren, die sich alle auf die Definition der ICF gründen, jedoch in der Struktur der Teilbereiche

---

73 Eine Übersicht über alle bisher entwickelten Core Sets, von Core Sets für Personen mit Rückenmarksverletzungen bis zu Core Sets für chronische Erkrankungen, wie unter anderem rheumatoide Arthritis, Low back pain oder Depressionen, ist auf der Website der deutschsprachigen Kooperationszentrums zu finden (vgl. http://www.icf-research-branch. org, 21.07.09). Die Core Sets werden aus der Perspektive verschiedener Berufsgruppen (Medizin, Psychologie, Pflege, Ergo- und Physiotherapie sowie Sozialarbeit) validiert, zusätzlich wird die Patientenperspektive einbezogen, wie von Schlaganfallpatienten (vgl. Cietza at al. 2008, Sabariego et al. 2008). Gerold Stuckis Arbeitsgruppe am Institut für Physikalische Medizin der Universität München hat – als Außenstelle des deutschen WHO-Kooperationszentrum (angesiedelt am Deutschen Institut für Medizinische Dokumentation und Implementation, DIMDI) – für etliche chronische Gesundheitsprobleme Core Sets erstellt, begonnen mit Core Sets für Schlaganfall, Depression, Brustkrebs, chronische Bronchitis, Asthma, Fettleibigkeit, Diabetes mellitus, ischämische Herzkrankheit, rheumatische Arthritis, Osteoporose, Osteoarthritis und ausgedehnte Schmerzerkrankungen (»chronic widespread pain«, Cieza et al. 2004: 9).
74 Das deutsche WHO-Kooperationszentrum für die Familie der Internationalen Klassifikationen wurde im Juni 2003 gegründet und ist Teil des deutschen Instituts für medizinische Dokumentation und Information (DIMDI) (vgl. Schopen 2005: 1). Um die Implementation der ICF in Deutschland zu beschleunigen, gründete das Deutsche Zentrum für Klassifikationen im Gesundheitswesen (DZMK) eine Arbeitsgruppe, die seit Oktober 2004 regelmäßig tagt. Das DIMDI befasst sich zudem seit 1993 mit der Entwicklung eines elektronischen Verwaltungs- und Publikationsinstruments für Klassifikationen, das vorrangig auf Englisch und Französisch, nachrangig in allen anderen WHO-Sprachen benutzt werden kann. Dieses lässt sich für alle WHO-Klassifikationen nutzen (vgl. Schopen et al. 2004: 4, Schopen/Weber 2007: 3), parallel hierzu werden im italienischen Kooperationszentrum Open Source Plattformen für die ICF entwickelt (vgl. Daffara et al. 2008).

variieren (vgl. 4.1.4, 4.2.1, zur Übersicht vgl. Geyh et al. 2008 und für den japanischen Ansatz Ueda et al. 2008).

Die Konstruktion der Komponenten Aktivität und Partizipation, ihre Kategorisierung und Kodierung werden intensiv erforscht, was auf ihre geringe Unterscheidung in der ICF zurückzuführen ist. Hierbei sei es jeweils begründbar, die Komponenten getrennt oder gemeinsam zu klassifizieren; das Forschungsdesiderat läge primär in ihrer theoretischen Präzisierung (vgl. Madden/Sykes 2008). In den Niederlanden wird eine Pilotstudie durchgeführt, wie die ICF-Komponenten Aktivität und Partizipation unterschieden werden können. Zwar hätten viele internationale Experten der ICIDH und der ICF zu dem damaligen Zeitpunkt einer gemeinsamen Kategorienliste von Aktivität und Partizipation zugestimmt, dennoch würde in der alltäglichen Praxis eine eindeutige Unterscheidung und damit auch getrennte Kategorienlisten benötigt, so argumentieren die Vertreter des niederländischen ICF-Kooperationszentrums (vgl. Napel et al. 2005: 19). Die eigenständige Bedeutung der jeweiligen Komponenten und ihrer Definitionen könne nur durch eine Überprüfung im realen Lebenskontext verstanden werden. Ziel sei es zu beantworten, ob separate Kategorienlisten für Aktivität und Partizipation sinnvoll seien und ob es möglich sei, sie zu erstellen. Hiermit soll gleichzeitig überprüft werden, ob die derzeitige gemeinsame Liste erneuert werden müsse (vgl. Napel et al. 2005: 20). Des Weiteren werden die Beurteilungsmerkmale auf der Grundlage von Bevölkerungsstudien überprüft und vollständige und beschränkte Unabhängigkeit als ergänzende Kriterien für Aktivität vorgeschlagen (vgl. Ueda et al. 2007, Okawa et al. 2007). Vom chilenischen Gesundheitsministerium wird vorgeschlagen, ein Assessmentinstrument für die Ausführungsfähigkeit von behinderten Menschen in der Kommune zu entwickeln (vgl. Garcia et al. 2008).

Parallel zur Diskussion getrennter Klassifikationslisten für Aktivität und Partizipation werden Instrumente zur Operationalisierung bestimmter Aktivitätsbeeinträchtigungen und Partizipationseinschränkungen entwickelt, so unter anderem der IMPACT in den Niederlanden, der MAP in Irland und der PAR-PRO in Nordamerika. Der IMPACT (ICF Measure of Participation and ACTivities) bezieht sich auf die Konsequenzen von Verkehrsunfällen, die lange Folgen für den betreffenden Menschen aber auch die niederländische Gesellschaft hinsichtlich finanzieller Kosten haben (vgl. Perenboom 2006: 8). Mit dem PAR-PRO werden die Möglichkeiten erfasst, am alltäglichen häuslichen und gesellschaftlichen Leben zu partizipieren (vgl. Ostir et al. 2006). Die Bedeutung von Aktivität und Partizipation für die Planung von Dienstleistungen wird durch ein Instrument, den MAP, A Maeasure of Activity and Participation, erhoben, das vom irischen Department of Health and Children entwickelt wurde (vgl. O'Donovan/Doyle 2007). Wie diese Instrumente zeigen, sind die Komponenten Aktivität und Partizipation besonders bedeutsam für die Lebensgestaltung, zu der jeweils die relevanten Umweltfaktoren hinzugezogen werden.

Bei den Umweltfaktoren liegt der Fokus auf ihrer Beziehung zur Klassifikation standardisierter Unterstützungsprodukte, der ISO 9999 (vgl. auch 5.1.3). Ziel ist es, den Kategorien der Umweltfaktoren Unterstützungsprodukte zuzuordnen. Eine Synopse beider Klassifikationen soll 2010 publiziert werden.[75] Außerdem wird die Komponente auf Überschneidungen, Lücken und Kohärenz überprüft (vgl. Madden/Stucki 2007: 4). Hierbei wird auf die Ergebnisse der Konferenz des nordamerikanischen Kooperationszentrums: *Living in our environment: The Promise of ICF* rekurriert.[76] Auf dieser Tagung wurden die Anwendungsmöglichkeiten der Umweltfaktoren sowie ihrer relationalen Bedeutung diskutiert und Schwierigkeiten bei der präzisen Zuordnung der Kategorien auf die alltägliche Lebenssituation von Menschen mit körperlichen, sprachlichen und geistigen Behinderungen festgestellt (zur Systematisierung verschiedener Operationalisierungsansätze vgl. Reinhardt/ Miller 2007).

Im Zuge der Entwicklung einer elften Klassifikation von Krankheiten und verwandten Gesundheitsproblemen werden verschiedene Risikofaktoren erforscht, die kombiniert mit der ICD und der ICF erfasst werden sollen (vgl. Sykes/Madden 2007). Entstanden aus der statistischen Todesursachenerhebung wird die ICD nicht nur zur Klassifizierung von Krankheiten, sondern auch zur Erfassung von Sterblichkeits- und Erkrankungsrisiken eingesetzt (vgl. auch Weber et al. 2007, Anderson/Miniño 2007). Die ICF wird in diesem Zusammenhang als statistisches Messinstrument verwendet, mit dem die mit der ICD überlappenden Bereiche erfasst werden können. In besonderem Maße wird erforscht, wie chronische Erkrankungen mit längerfristigen Folgen, neurologische Krankheiten (wie beispielsweise Parkinson, Alzheimer oder Migräne) sowie Phänomene, für die besondere Risikofaktoren eine Bedeutung haben, mit ICD und ICF abgebildet und beurteilt werden können (vgl. Pisoni et al. 2007, Muò et al. 2005, Leonardi et al.

---

75 Vgl. http://www.rivm.nl/who-fic/in/ISO9999withICFreferences.pdf, 21.07.09

76 Vgl. die Homepage des Canadian Institute for Health Information (CIHI), http://secure.cihi.ca/cihiweb/dispPage.jsp?cw_page=home_e, 06.08.09, und den Bericht über die Kon¬ferenz, die vom 5.-7. Juni 2006 in Vancouver stattfand, http://secure.cihi.ca/cihiweb/en/downloads/ICF_Conference_Program.pdf, verfügbar bis 31.12.08.

2005b). Des Weiteren werden Core Sets für HIV/Aids entwickelt, die sich auch mit der Lebensqualität von Menschen mit HIV befassen (vgl. Buchalla/ Cavalheiro 2007).

Die Forschungsprojekte zu den ICF-Komponenten aber auch zur Kombination von ICF und ICD zeigen, dass die ICF ein weit gefasstes Einsatzgebiet hat. Die Funktion der ICF wird beim komplementären Gebrauch mit der ICD als »using the ICF to improve the ICD: a focus on risk factors« bezeichnet (Sykes/Madden 2007: 1, Madden/Stucki 2007: 3). Um die Faktoren, die den Gesundheitszustand beeinflussen, fundiert beurteilen zu können, werden relevante Kategorien der ICF herangezogen.[77] Mit den ICF-Kategorien – besonders denjenigen von Aktivität/Partizipation, den Umweltfaktoren und zukünftig den Personbezogenen Faktoren – soll die Klassifikation von Krankheiten und verwandten Gesundheitsproblemen ergänzt werden. Ziel ist es, eine »Health Risk Factors Classification« in der zukünftigen ICD-11 zu erstellen und hierfür ICD und ICF abzugleichen (Sykes/Madden 2007: 6). Die Kodierungsmöglichkeiten aller Komponenten werden kontinuierlich weiterentwickelt, um sie zu präzisieren – wie besonders Aktivität und Partizipation – und ihre Benutzerfreundlichkeit zu verbessern (vgl. Caulfeild et al. 2008).

Die Implementation der ICF in Europa wird auch durch ein Forschungsprojekt vorangetrieben, das vom Disability Italian Network (DIN) organisiert und durchgeführt wird. Dabei werden die Erfahrungen und gewonnenen Erkenntnisse der Jahre 2004–2005 des »ICF in Italy Project« in mehreren Trainingseinheiten an ein europäisches Konsortium von 16 Partnern aus zehn europäischen Staaten weitergegeben (vgl. Leonardi et al. 2004 und 2005a).[78] Das durch die EU für die Jahre 2005 bis 2007 finanzierte Forschungsprojekt »Measuring Health and Disability in Europe: supporting policy development (MHADIE)« verfolgt das Ziel, »to develop a framework to influence and support new European policy guidelines on health and disability through statistical, clinical and experimental research«, wobei die ICF als universal gültige Rahmenrichtlinie und internationaler Standard verwendet wird (Leonardi et al. 2005a: 1). Grundlage ist die im »ICF in Italy Project« auf einem multidisziplinären Hintergrund erarbeitete Methodologie, anhand derer ein einheitliches Verständnis der ICF und eine gemeinsame

---

77 Vgl. 2.3.2 sowie die Z-Klasse der ICD, WHO 1999: 1239ff.
78 Zu den 16 Partnern des Konsortium gehören neben der WHO die EFNA (European Federation of Neurological Associations) und zehn europäische Länder. Dieses europäische Konsortium wird von Dr. Matilde Leonardi vom italienischen neurologischen Institut C. Besta koordiniert.

Kodierungsstrategie entwickelt wurden (Leonardi et al. 2008). Das Projekt beruft sich auf Artikel 31 der UN-Behindertenrechtskonvention (UN-BRK), Statistiken zur Unterstützung der Rechte von behinderten Menschen zu erheben (vgl. Leonardi et al. 2008).

Das an der Universität Uppsala angesiedelte nordische Zentrum für Klassifikationen im Gesundheitswesen, das gleichzeitig das WHO-Kooperationszentrum für die Internationale Klassifikationsfamilie in den nordeuropäischen Ländern ist, hat bereits 2001 eine nordeuropäische Arbeitsgruppe gegründet, die sich ausschließlich mit der ICF befasst. Diese ICF-Referenzgruppe begleitet den Implementationsprozess der ICF in Norwegen, Schweden, Finnland, Dänemark und Island seit ihrer offiziellen Verabschiedung im Mai 2001. Schwerpunkte der aktuellen Arbeit sind zum einen die Beurteilungsfaktoren der ICF, mit denen Behinderung klassifiziert wird, und zum anderen die Einführung der ICF in Sozialversicherungssysteme (vgl. Virtanen/Bränd Persson 2004: 5). Die Referenzgruppe hat einen Fragebogen erstellt, mit dem der Gebrauch von Beurteilungsfaktoren und Messinstrumenten für die ICF weltweit erfasst und ausgewertet werden kann. Wie beim Projekt »ICF in Italy« soll eine Beurteilungsmethodologie für die ICF entwickelt werden (vgl. Ojala/Bränd Persson/Virtanen 2005, Bränd Persson/Virtanen 2006: 5).

Ebenso wie in den USA und Kanada ist die Implementation in Australien sehr weit vorangeschritten.[79] In Australien wird die ICF vielseitig eingesetzt: für Bevölkerungsstatistik und -erhebungen (ähnlich wie die ICIDH seit 1981), für administrative Datensammlungen,[80] zur Erstellung nationaler

---

79 Vgl. den Bericht über die 13. Konferenz des nordamerikanischen Kooperationszentrums *Sharing Knowledge Through The ICF*, die vom 5.–7. Juni 2007 in New York stattfand (vgl. Hough/Caulfeild 2007) sowie den Bericht des australischen Kooperationszentrums, als welches das *Australian Institute for Health and Welfare* fungiert und mit seinem Engagement das Ziel »Better information and statistics for better health and wellbeing« verfolgt (Australian Institute for Health and Welfare 2007: 1).

80 Diese Datensammlungen werden von den Gesundheitsdiensten für behinderte Erwachsene erstellt, um den medizinischen Entschädigungsbedarf oder den konkreten Assistenzbedarf zu ermitteln (vgl. Madden et al. 2005: 4). Das australische Institut für Gesundheit und Wohlfahrt hat bereits eine administrative Datensammlung über Kinder mit Behinderung in Australien 2003 herausgegeben (vgl. AIHW 2004, AIHW 2006b), die nächste Datensammlung fußt auf der ICF für Kinder und Jugendliche (ICF-CY). Die Entwicklung der ICF-CY wurde vom »National Center on Birth Defects and Developmental Disabilities of the Centers for Disease Control, USA« unterstützt (Simeonsson et al. 2005: 2). Mit ihr sollen Körperfunktionen und -strukturen, Behinderung und Gesundheit für Menschen bis zum Alter von 20 Jahren dokumentiert werden (vgl. Simeonsson et al. 2005: 1). Da die ICF-CY von der ICF abgeleitet ist, entspricht ihr struktureller Aufbau

Datenstandardisierungen wie unter anderem im *National Health Data Dictionary*[81], zu Forschungszwecken und in klinischer Anwendung (vgl. Madden et al. 2005, AIHW 2007: 7). Darüber hinaus hat das Australian Institute of Health and Welfare (AIHW) 2003 einen Anwendungsleitfaden für die ICF herausgegeben. Das AIHW unterstützt zudem die Verbreitung und Anwendung der ICF in regionalen Organisationen wie der »Australasian Faculty of Rehabilitation Medicine« (AIHW 2007: 7).

Das *Australian Survey of Disability, Ageing and Carers (SDAC)* bezieht sich bei der Erstellung von Bevölkerungsstatistiken auf ICD und ICF. Diese Studie ist mit dem Ziel entwickelt worden, umfassende Informationen über Behinderung in unterschiedlichen Bevölkerungsgruppen Australiens zu erhalten (vgl. AIHW 2006b: 12ff., Madden et al. 2005: 6). Im größeren Maßstab ist die ICF seit 2006 in die australische Volkszählung, *The Australian 2006 Census*, integriert, in der behinderungsbezogene Fragen nach dem Assistenzbedarf eines Menschen in den Fragebogen der Volkszählung aufgenommen sind (vgl. AIHW 2006b, Madden et al. 2005: 7). Um die Verarbeitung und die Erfassung großer Datenmengen zu erleichtern, hat das AIHW (unter Verwendung der ICF) das Online-Werkzeug METeOR entwickelt, in dem die »national health data dictionaries« sowie Statistiken und Veröffentlichungen über Gesundheit und Funktionsfähigkeit zusammengefasst sind (AIHW 2007).[82] Eine Mitarbeiterin des australischen Gesundheits- und Wohlfahrtsinstituts, Catherine Sykes, erklärt METeOR als »website, supported by a database, which provides for the development, recording, progression, publication and maintenance of national metadata standards« (Sykes 2005: 1). Zur Erfassung von behinderungsbezogenen Daten, die im METeOR gesammelt werden, wird das *Functioning and Related Health Outcomes Module (FROHM)* benutzt (vgl. AIHW 2006a, Sykes et al. 2005: 3). Dieses Modul soll dazu eingesetzt werden »to collect quantified summary information on the level of functioning of an individual« (Sykes et. al 2005: 3).

---

demjenigen der ICF (vgl. 2.3.4, Simeonsson 2007). Jedoch seien gegenüber der ICF die Inklusions- und Exklusionskriterien verändert worden, »to facilitate use by parents, health care workers, teachers and others involved directly or indirectly in services for children« (Simeonsson et al. 2005: 2).

81 Das *National Health Data Dictionary* wird ebenso wie das *National Community Services Data Dictionary* vom Australian Institute of Health and Welfare herausgegeben. Beide Nachschlagewerke beziehen sich auf das Kategoriensystem der ICF.

82 Die Abkürzung METeOR setzt sich aus folgenden Akronymen zusammen: MET – metadata, e – electronic, O – online, R – registry (vgl. Sykes 2005, http://www.meteor.aihw.gov.au, 05.08.09).

Sykes et al. heben hervor, dass mehrere Quellen herangezogen werden, um Informationen über den Zustand eines Menschen zu erhalten: sowohl die Person selbst sowie deren Pflegepersonal, KlinikerInnen und die üblichen Beurteilungsfachkräfte werden befragt (vgl. Sykes et al. 2005: 3). Die VerfasserInnen geben zwei Gründe an, warum das australische Gesundheits- und Wohlfahrtsinstitut die ICF durch die genannten Instrumente vergleichsweise umfassend implementiert hat. Zum einen sei erkannt worden, dass Informationen über Krankheiten nicht ausreichten und durch Informationen über menschliche Funktionsfähigkeit ergänzt werden müssten, um die Ergebnisse von Gesundheitsinterventionen adäquat auszuwerten und Unterstützungsleistungen auf die individuelle Situation eines Menschen abzustimmen (vgl. Sykes 2005). Zudem läge mit der ICF ein sinnvolles Gesamtkonzept von Funktionsfähigkeit und Behinderung vor, das zusammen mit den darauf aufbauenden Instrumenten ein einheitliches System bilde. Ohne dieses einheitliche System würden Kliniker, Gesundheitsdienstleister und andere Fachleute jeweils ihre eigenen Perspektiven verfolgen und Beurteilungsinstrumente verwenden, die nebeneinander existierten und nicht aufeinander abgestimmt seien (vgl. Sykes 2005). Diese Einschätzungen über einen sinnvollen Einsatz der ICF treffen nicht nur auf Australien, sondern generell auf alle Länder zu.

Viele Staaten haben die ICF in ihr Rechtssystem oder in das sozialmedizinische Versorgungssystem implementiert und arbeiten mit ihr in verschiedenen Projekten (vgl. Placek 2005: 5).[83] So wird in Italien erforscht, wie die ICF im Wohlfahrtssystem zur Erfassung des Leistungsanspruchs genutzt werden kann, da eine individuelle Behinderung bisher nur die körperliche und nicht auch die individuelle und gesellschaftliche Dimension beachtet wurden (vgl. Francescutti et al. 2008). Mexiko verwendet den auf der ICF basierenden WHO-DAS-II-Fragebogen für Volkszählungen, um geschlechtsbezogene Daten über Behinderung zu erhalten und die verschiedenen Komponenten von Behinderung zu unterscheiden (vgl. Lozano/ Soliz 2005). Japan setzt die ICF zum einen beim Management und in der Sozialarbeit ein und hat sie zum anderen in die nationale Sozial- und Rehabilitationsgesetzgebung eingeführt (vgl. Kensaku 2005, Okawa et al. 2005). Desgleichen ist die ICF Anfang Januar 2005 in Frankreich über das »Loi pour l'égalité des droits et des chances, la participation et la citoyenneté des personnes handicapées« in die Gesetzgebung eingeflossen, womit das seit

---

83 Zu diesen Ländern gehören unter anderem Armenien, Georgien, Griechenland, Italien, Rumänien, die Schweiz, die Türkei und Ungarn.

1975 bestehende Gesetz für behinderte Menschen revidiert wurde (Schneider 2005: 6, Barral 2004: 2). Das französische WHO-Kooperationszentrum stellt zudem Berufsschulen (Medizin, Pflege, Sozialarbeit und Behindertenpädagogik), Organisationen für behinderte Menschen, erziehungswissenschaftlichen Fakultäten der Universitäten und dem Forschungsnetzwerk über Behinderung Informationsmaterial über die ICF zur Verfügung (vgl. Barral 2004). Um den weltweiten Implementationsprozess der ICF zu unterstützen, hat Frankreich ein Netzwerk französischsprachiger Länder gegründet, die in der Forschung zur ICF zusammenarbeiten (vgl. Pavillon/ Maudinet 2008).

In Deutschland ist die ICF mit dem neuen SGB IX und dem Gleichstellungsgesetz ins Rechtssystem implementiert worden (vgl. 2.5.4). Die Gesetze beziehen sich auf den Teilhabebegriff der ICF. Der Behinderungsbegriff des SGB IX ist durch die Bezugnahme auf einen alterstypischen Funktionszustand zum einen enger, zum anderen durch die Einbeziehung der von Behinderung bedrohten Menschen weiter gefasst als der der ICF (vgl. Paragraph 2 Absatz 1 SGB IX). Die Hauptakteure bei der Implementation der ICF sind in Deutschland zum einen die Sozialgesetzgebung, zum anderen die Rentenversicherer und die Rehabilitationsinstitutionen (vgl. VDR 2003). Dies kennzeichnet die Stoßrichtung der Implementation in Deutschland.

Zum Einsatz der ICF für Statistiken und Volkszählungen hat das WHO-FIC-Implementationskommittee geplant, die ICF in das »UN Census program 2010« sowie in weitere weltweite, kontinentale und landesweite Programme für Behinderungsstatistiken zu implementieren (Kleijn-de Vrankrijker 2005: 17).[84] Des Weiteren soll die ICF in verschiedenen UN-Organisationen eingesetzt werden. Auch die Anpassung von bisherigen Beurteilungsinstrumenten (meist aus dem Rehabilitationswesen) an die ICF werde erforscht und vorangetrieben (vgl. Kostanjsek/Üstün 2005b).[85] Doch

---

84 Dazu gehört unter anderem das WHO/UNESCAP-Projekt zur Behinderungsstatistik (vgl. Kostanjsek/Üstün 2005a) oder auch das MHADIE (vgl. Leonardi et al. 2005a). In Bevölkerungsstudien können sowohl die ICF-Checkliste als auch der *WHO Disability Assessment Schedule II* benutzt werden, letzterer ist allgemeiner formuliert als die Checkliste. Er dient der standardisierten kulturübergreifenden Erfassung des Gesundheitsstatus von Individuen oder Gruppen im Verhältnis zu Bevölkerungen (vgl. http://www.who.int/classifications/icf/whodasii/en/index.html, 06.08.09). Zur Operationalisierung der ICF wird ein standardisiertes Manual entwickelt, das besonders die klinische Anwendung erleichtern soll (vgl. Bufka et al. 2007).
85 Hierbei werden die ICF und bisherige Beurteilungsinstrumente – WHO Disability Assessment Schedule (WHO DAS II), WHO Quality of Life Measure (WHOQOL), SF 12, SF 36, Barthel Index (BI), Functional Independence Measure (FIM), Activities of Daily Li-

der Implementationsprozess der ICF hat im Vergleich zu dem der ICD erst begonnen, wie einige Teilnehmende der 11. jährlichen Konferenz des nordamerikanischen Kooperationszentrums in Rochester (Minnesota) im Juni 2005 mahnten: »we are at ICF-1, not ICF-10, so let's give ourselves a break« (Placek 2005: 15).[86] Mit dieser Äußerung wird darauf hingewiesen, dass die ICF erst als Ursprungsklassifikation, die ICD jedoch bereits als 10. Revision vorhanden ist (vgl. 2.3.2). In ähnlicher Weise wurde zur Vorsicht aufgerufen: »Be aware of relevant political issues, and recognize the political aspects of ICF implementations« (Placek 2005: 15). Diese warnenden Stimmen bestätigen das Bild, das Diane Caulfeild und Marijke de Kleijn-de Vrankrijker gebrauchen, um die »roadmap« für Strategien und Visionen der Implementation zu beschreiben (2004: 19). Sie erklären, die Entwicklung der ICF sei eher mit einem Kreisel als mit einer gradlinigen Straße zu vergleichen (vgl. Caulfield/Kleijn-de Vrankrijker 2004: 19). Das Bild des Kreisels verdeutlicht den iterativen Prozess, der nach Verabschiedung der ICF verfolgt wird: Seit Bekanntmachung der ICF wird sie zunehmend in verschiedenen Feldern eingesetzt, ihre Anwendbarkeit diskutiert und wiederum publik gemacht, die Erfahrungen im weiteren Implementationsprozess aufgenommen und diskutiert (vgl. zum Überblick Kleijn-de Vrankrijker/Shuto 2008). Ein Endpunkt besteht nicht, sondern dieser Prozess verläuft zunehmend komplexer – bis die ICF nicht mehr in derzeitiger Form anwendbar ist, nicht mehr aktualisiert werden kann und erneuert werden muss. Doch auch dies wäre nur ein weiterer Schritt im Verstehensprozess von Behinderung und Funktionsfähigkeit: Behinderung als Ergebnis der individuellen Lebenssituation zwischen Gesundheitsbedingungen und sozialem Kontext zu klassifizieren.

---

ving (Katz) und London Handicap Scale (LHS) – miteinander abgeglichen und kompatibel gemacht, indem die jeweiligen Kategorien der Beurteilungsinstrumente mit der ICF abgeglichen und zugeordnet werden. Ebenso werden die relevanten Kategorien der ICF mit denen der International Classification of Nursing Practice (ICNP) abgeglichen, vgl. Coenen et al. 2008.

86 Paul Placek, der Leiter des nordamerikanischen Kooperationszentrums, das am National Center for Health Statistics in Hyattsville angesiedelt ist, hat diese Äußerungen im Bericht über diese nordamerikanische Konferenz für die WHO-FIC-Konferenz aller WHO-Kooperationszentren in Tokyo im Oktober 2005 dokumentiert.

2.8 Rezeption der ICF

Seit ihrer Verabschiedung durch die WHO im Mai 2001 wird die ICF einerseits als sinnvolles und notwendiges Klassifikationsinstrument geschätzt, ihre inhaltliche Ausrichtung und ihre Anwendbarkeit andererseits kritisch hinterfragt. Während die ICF kurz nach ihrer Verabschiedung wesentlich stärker diskutiert wurde, ist es zunehmend üblich geworden, aus sie als Standardwerk zu verweisen oder sie als solches zu nutzen. Um die heterogene Rezeption der ICF exemplarisch abzubilden, werden im Folgenden die Hauptlinien der sozialmedizinischen und sozialwissenschaftlichen Rezeption skizziert.[87] Der Schwerpunkt liegt darauf, wie die Konzeption der ICF und die Anwendbarkeit der ICF beurteilt werden. Innerhalb der sozialwissenschaftlichen Debatte wird hauptsächlich die behindertenpädagogische Resonanz rezipiert, jedoch auch Stellungnahmen der Disability Studies einbezogen.[88] Vorrangig wird die deutschsprachige Rezeption der ICF berücksichtigt, jedoch durch ausgewählte internationale Stimmen ergänzt.

2.8.1 Sozialmedizinische Diskussion

Innerhalb der Rehabilitationsmedizin wird inzwischen kein Buch herausgeben und keine Studie veröffentlicht, in denen nicht auf die ICF verwiesen wird. Auch wenn sich eine Studie nicht direkt auf die ICF bezieht, werden die ICF-Kategorien zur Dokumentation genutzt (vgl. Frieboes et al. 2005). Ebenso gibt es Veröffentlichungen, die sich konkret mit der Anwendung der ICF als rehabilitationsbezogener Klassifikation und speziell mit ihrer Bedeutung befassen, Arbeitsfähigkeit beziehungsweise generell die Teilhabe am Berufs- oder gesellschaftlichen Leben wiederzuerlangen (vgl. Alles 2007, Dawson et al. 2007, Post et al. 2006, BAR 2006, Leistner/Beyer 2005, Rentsch/Bucher 2005, Heerkens et al. 2004). In der Sozialmedizin sind Konzeption und Anwendung der ICF eng miteinander verbunden; die Konzeption der

---

87 Die Rezeption der ICF im deutschsprachigen Raum vollständig abzubilden, ist aufgrund der exponentiell zunehmenden Anzahl von Publikationen nicht möglich. Zum aktuellen Überblick vergleiche die Datenbank Rehadat: http://www.rehadat.de/rehadat/Reha.KHS?SORT=L13&State=340&Db=2&SUC=ICF&Dok=0&OptDisp=false&Index=-1 &Reset=0, 21.07.09.

88 Obwohl dies nicht den traditionellen Disziplingrenzen entspricht, werden verschiedene wissenschaftliche Perspektiven unter der Bezeichnung *sozialwissenschaftlich* zusammengefasst, um den grundlegenden Unterschied zur medizinischen Perspektive herauszustellen.

ICF wird nicht unabhängig, sondern meist hinsichtlich ihres potenziellen Einsatzes diskutiert.

Seit der Vorab-Veröffentlichung der ICIDH-2 wurde die ICF in der Sozial-, speziell in der Rehabilitationsmedizin zur Kenntnis genommen und als kompliziert beziehungsweise sehr umfangreich kritisiert (vgl. Rentsch et al. 2001, Grundmann et al. 2005: 338f.). Seither wird in einer großen Anzahl eigener Studien und Veröffentlichungen auf sie verwiesen (vgl. Stucki et al. 2003, umfassend: Rentsch/Bucher 2005, speziell in der Ergotherapie: Bollinger Herzka 2005).[89] Tenor ist, dass die ICF einerseits nützlich sei, weil man mit ihr verschiedene Kategorien aufnehmen und miteinander korrelieren könne, es anderseits sehr aufwändig sei, sie anzuwenden. Es sei zwar einfacher und übersichtlicher, die ICIDH oder die ICD zur medizinischen Begutachtung einer chronischen Erkrankung oder der Folgen eines Unfalls zu benutzen, jedoch würden weder ICD noch das sequenzielle Modell der ICIDH die Lebenssituation mit einer Behinderung adäquat abbilden (vgl. Körner 2005: 230). Die Frage: »Warum neben der ICD noch eine Klassifikation, die ICF?« greift Schuntermann in seiner *Einführung in die ICF* auf (2005c: 12). Er beantwortet sie damit, dass »über die mit [...] [Krankheiten] einhergehenden funktionalen Probleme, das heißt über die negativen Auswirkungen von Krankheiten auf das Leben eines Betroffenen gesprochen« wird, was mit der ICD nicht möglich ist (Schuntermann 2005: 12). Da die ICF (als offizielle Nachfolgerin der ICIDH) zum Einsatz in der Rehabilitation von der WHO vorgesehen ist, wird sie als grundlegende Klassifikation akzeptiert und gemeinsam mit der ICD angewendet (vgl. unter anderem Gutenbrunner et al. 2005). Um ihren Gebrauch zu vereinfachen, werden so genannte Core Sets als kurze Sammlungen von Kategorien entwickelt (vgl. ausführlich 2.7.2, Üstün et al. 2004, Weigl et al. 2004, Kirschneck/ Ewert 2005). Diese werden gegenüber dem Hauptwerk bevorzugt verwendet. Stuckis Arbeitsgruppe hat die ersten Core Sets bereits zeitnah zur Veröffentlichung der ICF erarbeitet, andere – für die Neurorehabilitation, psychische Störungen oder sonstige chronische Erkrankungen – folgten (vgl.

---

89 Eine Übersicht über die internationale Literatur zur ICF bieten Bruyere et al. und nennen ausgewählte Einsatzmöglichkeiten: in unterschiedlichen Berufsfelder (»nursing, occupational therapy, speech-language pathology, audiology«), spezielle Funktionsstörungen betreffend (»chronic health conditions, neuromusculoskeletal conditions, cognitive disorders, mental disorders, sensory disorders and primary and secondary conditions in children«), den Vergleich mit anderen Klassifikationssystemen, den Implementationsstand der ICF in den USA und den ausgewählter Regierungen sowie zukünftige Einsatzmöglichkeiten der ICF (Bruyere et al. 2005: 1).

2.7.2, Ewert et al. 2003, Rentsch 2001, Grundmann 2005, Linden/Baron 2005). Ob hiermit der in der ICF enthaltene Vorschlag einer Minimalliste aufgegriffen (ICF 253), oder nur Kategorien zusammengestellt wurden, die auf bestimmte Erkrankungen zutreffen, ist nicht eindeutig. In verschiedenen Veröffentlichungen wird die Tendenz deutlich: Die ICF wird als Bereicherung für die Begutachtung in der Rehabilitation verstanden, jedoch nicht als Gesamtwerk angewandt, sondern in krankheitsspezifischen Kurzfassungen (Core Sets). Insgesamt habe das Rehabilitationswesen durch die ICF innerhalb der Medizin eine wesentlich stärkere Bedeutung erhalten (vgl. Stucki et al. 2003).

Während der Einsatz der ICF hauptsächlich für die Rehabilitation diskutiert wird, heben Zaudig und Frieboes ihre kurative Bedeutung hervor. Frieboes betont, »kurative Krankenhausbehandlung [...] [sei] etwas anderes als eine stationäre Rehabilitationsbehandlung (vgl. Frieboes 2005: 371). Kurative und rehabilitative Behandlung ließen sich häufig nicht trennen, rehabilitative Behandlung dürfe ausdrücklich in der kurativen Behandlung vorkommen (vgl. Zaudig 2005: 366f., Frieboes 2005: 371ff.). Zaudig argumentiert, dass die ICF fälschlicherweise oft nur auf die Rehabilitation bezogen und nicht beachtet würde, dass sie auch kurative Bedeutung habe. Dies sei insbesondere der Fall für die Psychiatrie, da psychische Erkrankungen dort ebenfalls »bio-psycho-sozial fundiert« würden (Zaudig 2005: 365). Der biopsychosoziale Ansatz sei der Verhaltensmedizin entlehnt und entspräche dem Modell der Verhaltenstherapie und Psychosomatik (vgl. Zaudig 2005: 365, auch 3.1.1). Dementsprechend sei die ICF ein nützliches Konzept zur Anwendung in der Psychiatrie, auch wenn die WHO nicht auf den psychosomatischen Ansatz des biopsychosozialen Modells rekurriert (vgl. 3.1.1).

Im Gegensatz zu den häufig hervorgehobenen Vorteilen der ICF kritisiert Seidel, dass die ICF nicht unmittelbar als Erfassungsinstrument in der Rehabilitationsmedizin einzusetzen sei (vgl. Seidel 2005: 89). Hierzu seien (Seidel 2005: 89) »Assessment-Instrumente und -verfahren erforderlich, die auf spezielle fach-, disziplin- und bereichsbezogene Erfordernisse angepasst werden können«. Diese Auffassung wird von mehreren Rehabilitationsfachleuten geteilt (vgl. Grundmann et al. 2005: 338, Leistner/Matthesius 2005: 165ff., Viol 2005: 228ff., Schuntermann 2005b: 26), weswegen bereits bestehende Assessment-Instrumente mit den Kategorien der ICF koordiniert und ihnen zugewiesen werden (vgl. Cieza et al. 2002, Geyh et al. 2004).[90]

---
90 Dies sind hauptsächlich Assessment-Instrumente wie der Katz-Index (ADL) (vgl. Katz et al. 1970), der Barthel-Index (vgl. Mahoney/Barthel 1965) oder der FIM (Functional inde-

Skandinavische Wissenschaftler stellen dagegen heraus, dass es vielfältige Beurteilungsmöglichkeiten auf der Basis der ICF gäbe (vgl. Ojala et al. 2005, Talo et al. 2004, auch CAS 2002a). Hierzu gehörten sowohl die Beurteilungsskalen der ICF als auch die bereits erwähnten Core Sets sowie fachspezifische Assessment-Instrumente (vgl. Ojala et al. 2005: 4f.). Speziell für die Komponenten Aktivität und Partizipation erklären niederländische Wissenschaftler, dass sie – nach der Entwicklung einer klaren Unterscheidung – von Mitarbeitenden des Gesundheitswesens angewendet werden könnten (vgl. Napel et al. 2005: 19).

Konzeptionell wird vorwiegend die enge Verknüpfung von Aktivität und Partizipation in der ICF diskutiert. Gemäß Zaudig et al. könne Partizipation nicht eigenständig klassifiziert und kodiert werden, da sie nicht operationalisiert sei (vgl. 2005: 145). Die Verfasser beziehen sich auf Aspekte der Nordenfeltschen philosophischen Handlungstheorie, nach der Aktivität als Handlung verstanden werden könne und daher konzeptionell fassbar sei (vgl. Nordenfelt 2003).[91] Partizipation sei zwar in der ICF als Einbezogensein in eine Lebenssituation definiert, jedoch müsse Partizipation für die Kuration und Rehabilitation psychischer Krankheiten als subjektive Erfahrung verstanden werden. Diese Erfahrung sei jedoch im Partizipationskonzept der ICF nicht enthalten, da die Lebensbereiche nicht operationalisiert, sondern nur beschrieben seien (vgl. Zaudig et al. 2005: 146). Die gemeinsame Kategorienliste von Aktivität und Partizipation wird hiermit nicht in Bezug auf beide Komponenten, sondern ausschließlich hinsichtlich der Partizipations-Komponente kritisiert. Schuntermann betont noch einmal, dass die Nordenfeltsche Handlungstheorie mit dem Begriff der Handlungskompetenz und damit auch mit dem des Empowerment verbunden werden könne. Zwar basiere das »Aktivitätskonzept der ICF in Ansätzen auf der [Nordenfeltschen] Handlungstheorie«, es werde jedoch in der ICF nicht explizit auf sie Bezug genommen (Schuntermann 2005b: 17).

Mit der Frage von subjektiver und objektiver Wahrnehmung der Partizipation haben sich auch australische Wissenschaftler befasst, die nach der Überprüfung mehrerer bestehender Beurteilungsinstrumente zwei verschiedene Maßeinheiten in das australische *National Community Service Data Dictionary* aufgenommen haben. Die Maßeinheit der objektiven Perspektive

---

pendence measure) (vgl. IVAR 1997).
91 Der Medizintheoretiker Lennart Nordenfelt fasst Aktivität und Partizipation in der Kategorie Aktion zusammen und unterscheidet als Beurteilungsmerkmale: »Capacity« und »Opportunity«, statt wie in der Originalversion der ICF *Capacity* und *Performance* (Nordenfelt 2003: 1075).

»participation extent« bilde gemäß der ICF und ausgewählter Instrumente das Ausmaß der Partizipation eines Individuums in Lebenssituationen in seiner gewohnten Umgebung ab, während die Maßeinheit der subjektiven Perspektive »participation – satisfaction with« den Zufriedenheitsgrad einer Person mit ihrer Partizipation in Bezug auf ihre gegenwärtigen Lebensziele messe (Bricknell/Madden 2002: 7). Durch letztere Maßeinheit seien Zufriedenheit, Auswahl, Möglichkeit und Wichtigkeit der Partizipation einbezogen, die als wichtige Ergänzung zum objektiven Ausmaß der Partizipation angesehen werden.

In skandinavischen Veröffentlichungen wird bedauert, dass Aktivität und Partizipation zusammengelegt seien, weil beide Komponenten gleichermaßen wichtig und mit den Beurteilungsmerkmalen der ICF klassifizierbar seien (vgl. Wågø Aas/Thorsen 2005: 32f., Talo/Ojala 2005: 15). Aktivität und Partizipation klar zu unterscheiden, wird auch von Perenboom/Chorus befürwortet, die den Perceived Handicap Questionnaire (PHQ) und den London Handicap Scale (LHS) als Instrumente verwenden, »to get an unambiguous picture to distinguish bween activity and participation« (2003: 577). Sie wiesen der Partizipationskomponente Kategorien von elf statistischen Erhebungsinstrumenten zu und belegten somit, dass sich die gemeinsame Aktivitäts- und Partizipationsliste der ICF zur Messung von Partizipation in Kopplung mit bereits bestehenden Instrumenten sinnvoll einsetzen ließe. Mehrere andere Studien beziehen sich entweder ausschließlich auf Aktivitätsbeeinträchtigungen (vgl. Sato et al. 2006) oder Partizipationseinschränkungen (vgl. Brakel et al. 2006, Gray et al. 2006, Noreau et al. 2004) beziehungsweise spezifisch auf die eingeschränkte Ausführung sozialer Rollen als Konsequenz von rheumatoider Arthritis (vgl. Geuskens et al. 2007). Die Konzentration der Studien auf jeweils eine Komponente weist auf die unterschiedliche Funktion von Aktivität und Partizipation hin, wobei letztere zur individuellen Umwelt in Beziehung gesetzt wird.

Ferner wird die Frage nach der positiven Klassifizierbarkeit von Komponenten mit der ICF diskutiert, wobei Schuntermann hervorhebt, dass mit der ICF »das positive und negative Funktions- und Strukturbild (Organismus), Aktivitäts- und Partizipationsbild einschließlich der relevanten Umweltfaktoren (im Sinne von Barrieren und Unterstützungsfaktoren) beschrieben werden« könne (2005b: 26). Diese Möglichkeiten einer positiven Klassifizierung sind nur vorgesehen, aber nicht in Form von Beurteilungsskalen ausgeführt. Daher kann bisher nur von der noch nicht realisierten Idee einer gleichermaßen positiv wie negativ anwendbaren Klassifikation ausgegangen werden, was in skandinavischen Veröffentlichungen kritisch beurteilt wird (vgl. Wågø Aas/Thorsen 2005: 15). In der Praxis ist die Idee einer positiven Klassifizierung der Körperfunktionen und -strukturen, Aktivität oder Partizipation noch nicht ausgeführt, wobei diese Idee in Ansätzen weiterverfolgt wird (vgl. Talo/Ojala 2005: 15).

2.8.2 Sozialwissenschaftliche und behindertenpädagogische Diskussion

Die ICF hat sich nicht nur in der Sozialmedizin, sondern auch in den Sozialwissenschaften etabliert. Ebenso wie in der sozialmedizinischen Diskussion wird die ICF in den Sozialwissenschaften als aktuelle Klassifikation von Behinderung rezipiert. Hierbei steht das relationale Verhältnis der Komponenten im Mittelpunkt, besonderes Gewicht wird auf die Partizipation und die Bedeutung der Umweltfaktoren für die individuelle Teilhabe gelegt (vgl. auch Franz/Beck 2007, Wacker et al. 2005, Wansing 2005b, Wacker 2005, Schulze 2004).

Die ICF wird unter verschiedenen Schwerpunkten rezipiert: sowohl hinsichtlich der Teilhabe am Erwerbsleben beziehungsweise in der beruflichen Rehabilitation (vgl. Zelfel 2007, DRV 2007, DRV 2006, Kuijer et al. 2005) als auch am gesellschaftlichen Leben für Erwachsene oder für behinderte Kinder und Jugendliche in der Benachteiligungsforschung (vgl. Wansing 2005a, Kriwy 2004). In behindertenpädagogischen Arbeitsfeldern werden die Konzepte der ICF als Grundlage von Förderdiagnostik und Förderplanung genutzt; hierzu wird zudem eine *ICF-Checkliste für interdisziplinäre Frühförderung* erprobt, die als hilfreich erachtet wird, sofern alle beteiligten Fachkräfte ihre Erkenntnisse austauschen und dokumentieren (vgl. Richiger-Näf 2008a: 81, Kraus de Camargo 2007: 160, Kaffka-Backmann et al. 2007: 172). Diese spezielle ICF-Checkliste für interdisziplinäre Frühförderung beruht auf der ICF für Kinder und Jugendliche (ICF-CY), auf die sich ebenfalls die Debatte über den Einsatz der ICF im schweizerischen Bildungswesen beziehungsweise in sozialpädiatrischen Zentren bezieht (vgl. ausführlich Hollenweger 2008, Kunz/Felkendorff 2008, Hollenweger 2007, Häußler 2007, Hollenweger 2006a).[92] Die schweizerische Debatte befasst sich auch

---

92 Generell scheint die ICF in der Schweiz behindertenpädagogisch stärker wahrgenommen und diskutiert zu werden als in Deutschland oder Österreich, was vermutlich auf die Forschung der Wissenschaftlerin und WHO-Beraterin Judith Hollenweger und ihre Beteiligung am europäischen MHADIE-Projekt zurückzuführen ist (vgl. 2.7.2, Richiger-Näf 2008b). Dies lässt sich auch an dem Verfahren des *Schulischen Standortgesprächs* erkennen,

mit der Frage, ob und wie persönliches Empowerment von Jugendlichen mit schweren Belastungen mit der ICF beurteilt werden kann (vgl. Kretschmer/ Kleinehanding 2007). In der durchgeführten Studie wird die ICF jedoch nicht auf den Einzelnen, sondern auf das Verhalten der Gruppe angewandt. Besonders positiv wird herausgestellt, dass dadurch die Gefahr individuellen »Abklassifizierens« vermieden würde (Kretschmer/ Kleinehanding 2007: 16). Manser postuliert jedoch, dass die ICF sich nur dann in der Heilpädagogik durchsetzen würde, »wenn sich die ICF-Lösungen deutlich [...] in Qualität und Ökonomie von anderen Anwendungstechniken und -instrumenten abhöben« (2005: 53).

Einige AutorInnen verweisen nur auf die ICF, ohne sie konzeptionell zu nutzen oder praktisch anzuwenden (vgl. Cloerkes 2001: 5, Zieger 2001: 149f., Fornefeld 2002: 47f., H. Meyer 2003: 16, Schulze 2004: 253, Fischer 2004: 110, Lindmeier 2004: 516). Andere Autoren stellen ihre neutrale Sprache sowie ihren interdimensionalen Ansatz positiv heraus und heben die Umweltfaktoren als wichtige Ergänzung hervor (vgl. Schäfers 2009, Doose 2003, Schmetz 2004: 116, Lelgemann 2003: 91, Weisser 2005a: 30f.). Kritisch gegenüber der ICF äußert sich Theunissen in einer Replik auf Schäfers' Position dahingehend, dass die ICF und auch ihre Rezeption im ICF-Praxisleitfaden der Bundesarbeitsgemeinschaft Rehabilitiation »behinderte Menschen [...] an bestehende Verhältnisse anzupassen versucht« (2009). Die interaktive, multidimensionale Konzeption von Behinderung wird als positive Entwicklung beurteilt, da Behinderung nun nicht mehr – wie noch in der ICIDH – als kausale Folge einer Schädigung aufgefasst werde (vgl. Oortland 2005: 18, Schuck 2004: 355, Funke-Johannsen 2003: 76). Zudem sei die ICF nicht mehr auf die Person selbst, sondern auf die Situation einer Person ausgerichtet (vgl. Schuppener 2005: 280). Die WHO habe mit der ICF das medizinische Modell von Behinderung verlassen und durch ein systemisches Modell ersetzt (vgl. Schuck 2004: 355).

Die ICF wird jedoch nicht nur als erneuerte und erweiterte Klassifikation von Behinderung gewürdigt, mit ihr sind auch Erwartungen an eine größere Bedeutung der Teilhabe behinderter Menschen verbunden (vgl. Wansing 2005a). Aufgrund der interaktiven Konstellation der Komponenten – besonders von Aktivität, Partizipation und der Umweltfaktoren – erhofft sich der Blindenpädagoge Nater eine Verbesserung der Rehabilitationspraxis »bei

---

das zur Erstellung eines gemeinsamen Förderplans für Kinder mit sonderpädagogischem Förderbedarf entwickelt wurde und auf der ICF basiert (vgl. Hollenweger/Lienhard 2007, Ducommun 2008:165).

altersbedingter Sehschädigung«, wodurch eine verstärkte Teilhabe sehgeschädigter Menschen erlangt werden könne (2005: 68). Eine ähnliche Perspektive vertritt Braun, wenn er die »soziale Teilhabe am Leben der Gesellschaft« als Leitmotiv der ICF bezeichnet (2005: 15). Im Hinblick auf die berufliche Teilhabe hebt Stöpel hervor, dass – im Gegensatz zum SGB IX – mit der ICF nicht nur Erwerbsarbeit, sondern auch unbezahlte Tätigkeiten als Teilhabe kodiert werden (vgl. 2005: 18f.). Aufgrund der Bedeutung der Partizipation als sozialem beziehungsweise integrativem Ziel ruft Erhard Fischer dazu auf, dass sich die »Heil- und Rehabilitationspädagogik […] stärker als bisher auch als eine ›Partizipationswissenschaft‹ begreift« (2003: 319). Betrachtet man die hier exemplarisch aufgeführte Resonanz auf die ICF, so bilden Partizipation beziehungsweise Teilhabe einen Schwerpunkt in der Diskussion.

Obgleich die ICF generell als Weiterentwicklung der ICIDH begrüßt wird, wird sie auch kritisch reflektiert und teilweise als unzureichend beurteilt. So gesteht Biewer der ICF zwar zu, Anregungen für die heilpädagogische Diskussion zu bieten, konzeptionell stünde sie allerdings hinter ihrem zuvor gesetzten Anspruch zurück, argumentiert er mit Verweis unter anderem auf die Begriffssystematik der ICF (2002: 294f.). Neben der veränderten Funktion des Begriffs *disability* kritisiert er die Kombination von Aktivität und Partizipation als »nicht ganz einsichtig«, und die Kontextfaktoren bezeichnet er als ungenügend ausgearbeitet (Biewer 2002: 297). Auch wenn in der ICF Behinderung nicht als Merkmal einer Person, sondern einer »(Handlungs)-situation« gefasst würde, sei die ICF nicht eindeutig handlungstheoretisch fundiert (Lindmeier 2005: 54). Hiermit begrüßt Lindmeier zwar einerseits das gewandelte Behinderungsverständnis der WHO, beanstandet andererseits, dass die ICF nur unzureichend theoretisch begründet sei. Ebenso erklärt Almut Meyer, die ICF sei »ein wichtiger Schritt auf dem richtigen Weg« (2004: 90). Die postulierte Konzeption der ICF, alle Komponenten negativ und positiv beschreiben zu können, träfe nur auf die Klassifizierungsmöglichkeit der Umweltfaktoren zu (vgl. A. Meyer 2004: 29). Diese Einschätzung deckt sich mit der formulierten Hypothese, dass die Klassifikation der ICF ihren konzeptionellen Anspruch nicht erfüllt und die neutrale Formulierung der Komponenten in einer semantischen Ausformung ihrer Konzeption verbleibt (vgl. Hirschberg 2003b: 177f.). Zudem werden die Umweltfaktoren nicht positiv klassifiziert, sondern der individuelle Bedarf an Unterstützungsfaktoren wird als Zusatz (mit einem »+« gekennzeichnet) festgehalten (vgl. 4.1.3). Während also zum einen die Ausführung der Konzeption als reduziert bezeichnet wird, argumentiert Fischer, dass auch das biopsychosoziale, mehrdimensionale Modell der ICF unausgegoren sei, da die medizinische Aus-gangsbasis in den »übergeordneten Begriffen ›health condition‹ (Gesundheitsproblem) oder ›functioning‹ (Funktionsfähigkeit)« deutlich würde (2003: 320, vgl. auch Hirschberg 2003a: 58). Diese medizinische Orientierung werde auch dadurch unterstützt, dass in der ICF eine (geistige) Behinderung von der gesellschaftlichen Ebene auf die Ebene der individuellen Schädigung reduziert werde (vgl. Jantzen 2000: 167, umfassender 5.1.2). Damit liegt der Fokus auf dem Individuum, wohingegen die gesellschaftlichen Bedingungen aufgrund der kurzen Kategorienliste der Umweltfaktoren und der unscharfen Trennung von Aktivität und Partizipation weniger Gewicht in der ICF erhielten (vgl. Biewer 2002: 297). Durch die gemeinsame Kategorienliste von Aktivität und Partizipation würden zwei unterschiedliche Ausrichtungen vermischt:

»WHO's explanations are very ambiguous […] The ICIDH-2 measures the same conceptual domain twice, leaving one to believe that human activities are personal characteristics and making participation a disguised measure of the environment.« (Fougeyrollas/Beauregard 2001: 186)

Die kanadischen SozialwissenschaftlerInnen Fougeyrollas/Beauregard kritisieren, dass der »Overlap« zwischen individueller und gesellschaftlicher Dimension der ICIDH auch durch die ICF nicht aufgehoben sei (2001: 186, 4.1.2). Dass eine gemeinsame Kodierung und Klassifizierung von Aktivität und Partizipation die reale Lebenssituation nicht adäquat abbilden könne, veranschaulicht Altman sowohl am Vorgang professioneller Klassifizierung als auch an der Beurteilung der individuellen Lebenssituation:

»The exaggerated specificity of the classification scheme offered by the ICIDH-2, while impressive in its completeness, is also misleading. There is no assurance that professionals will identify the activity ability or participation in a uniform way or that the subject will demonstrate uniform ability or participation over time, depending on the trajectory of the condition associated with the body function and structure deficits. Self reporting of body function and structure, activities and participation is equally at risk for subjective interpretation, and self-reporting would also suffer from the burden of questions necessary to identify the detailed aspects of the classification scheme.« (2001: 117f.)

Hiermit zieht Altman eine Nutzbarkeit dieser Komponenten in der vorliegenden Konzeption in Zweifel, was weitergehende Arbeit an der Trennschärfe der Komponenten erforderlich mache.

Nach Fougeyrollas/Beauregard bestünde ein weiteres Argument gegen die Synthese von medizinischem und sozialem Modell darin, dass es eine

Synthese Vertretern beider Modelle ermögliche, jeweils nur die Komponenten zu verwenden, die zu ihrem Modell passten: »Far from being integrated, the three domains can be used independently, and the body and activity ones will be well accepted by biomedical, compensation, and program eligibility gatekeepers« (2001: 186). Da nicht alle Komponenten verpflichtend angewendet werden müssten, um den Status von Funktionsfähigkeit und Behinderung zu dokumentieren, ermögliche es die ICF, individuelle Berufsunfähigkeit, geringe Bildbarkeit oder die Unfähigkeit, öffentliche Verkehrsmittel zu benutzen, als intrinsische Charakteristika einer Person zu betrachten (vgl. Fougeyrollas/Beauregard 2001: 186). Diese Kritik bezeichnet einen Nachteil der dem ICF-Benutzer frei gestellten Wahl der Komponenten.

Die Resonanz auf die ICF hinsichtlich ihrer behindertenpädagogischen Anwendung ist zum einen befürwortend zum anderen ablehnend. Straßmeier diskutiert die Frage, ob die Pädagogik generell »einen Klassifikationsbegriff« bräuchte (2000: 57). Er beantwortet sie ablehnend für »den realen pädagogischen Bezug«, allerdings befürwortend für die fachliche Verständigung bei der »Gutachtenerstellung«, »als anthropologisches Fundament« und »zur Reflexion des eigenen handlungsleitenden Menschenbildes« beim Umgang mit behinderten Menschen (Straßmeier 2000: 57). Hierbei bezieht er sich noch nicht auf die ICF, sondern auf die Definition der AAMR von 1992, in der es heißt, dass »mental retardation refers to substantial limitations in present functioning. […]« (Luckasson et al. 1992: 1, in: Straßmeier 2000: 55).[93]

Im Gegensatz zu anderen Kategorisierungsschemata von Behinderung in der Sonderpädagogik habe die ICF den Vorteil, dass sie nicht eindimensional nur auf eine Behinderungsart ausgerichtet, sondern mehrdimensional aufgebaut sei. Hierdurch würden alle Komponenten einer Behinderung gleichermaßen beachtet (vgl. Hollenweger 2005a: 152f.).[94] Dies sei besonders wichtig bei interdisziplinärer oder institutionsübergreifender Zusammenarbeit, die bisher durch die Verwendung unterschiedlicher Kategorisierungssysteme erschwert worden sei. Hollenweger erklärt jedoch nicht, mit welchen Kategorisierungsschemata sie die ICF vergleicht.

---

93 Die American Association on Mental Retardation (AAMR) veröffentlichte 1992 eine Definition, in der sie *geistige Behinderung* über mehrere Bestimmungsmerkmale erklärt.

94 Judith Hollenweger arbeitet zum Themenbereich *Schule als Kontext für Entwicklung* am Departement Forschung und Entwicklung an der Pädagogischen Hochschule Zürich. Sie beriet die WHO im Entwicklungsprozess und derzeit weiterhin bei der Implementation der ICF (unter anderem auch als Vertreterin von Rehabilitation International (RI), einer internationalen Nicht-Regierungsorganisation).

Eine Untersuchung an Schweizer Sonderschulen habe zudem ergeben, dass das Verständnis von in der Sonderpädagogik häufig gebrauchten Begriffen wie »Wahrnehmungsstörungen« sehr unterschiedlich sei (Hollenweger 2005a: 162).[95] Im Gegensatz zu diesem Begriff »Wahrnehmungsstörung« habe die ICF den Vorteil, die konkreten Schwierigkeiten bei der Wahrnehmung differenzierter zu klassifizieren. Hollenweger verspricht sich von einem flächendeckenden Einsatz der ICF eine umfassendere, genauere und objektivere Beschreibung von Behinderungen, was sie mit einer an Schweizer Hochschulen durchgeführten Studie belegt (vgl. 2005b). In dieser Analyse wurden alle Studierenden nach erlebten Einschränkungen – gemäß der Komponenten von Behinderung der ICF – im Studium gefragt. Derartig komplexe Ergebnisse könnten mit der ICF aufgrund ihrer interdimensionalen Konzeption gut erfasst werden (vgl. Hollenweger 2005a: 161).

Das Modell der ICF lasse sich auch auf die Sprachheilpädagogik übertragen und könne als »Grundlage eines mehrdimensionalen Modells der Entwicklung sprachlicher Funktionsfähigkeit« angewendet werden, um die Bedeutung von sprachlicher Funktionsfähigkeit zu bestimmen (Lüdtke/ Bahr 2002: 237). Im fachwissenschaftlichen Diskurs würde dieser Begriff unterschiedlich aufgefasst, wodurch eine sehr breite Interpretationsspanne entstanden sei. Lüdtke/Bahr verwenden die ICF als Modell, um kriteriengeleitete Qualitätsstandards für die sprachheilpädagogische Förderung zu entwickeln (vgl. 2002: 239). Hierbei konzentrieren sie sich auf die Komponenten: Körperfunktionen und -strukturen, Aktivität und Partizipation, weniger auf die Umweltfaktoren.

Im Gegensatz zur positiven Beurteilung der ICF kritisiert Wüllenweber, dass die ICF aufgrund ihrer vielfältigen Komponenten in der Praxis schwer zu handhaben sei (vgl. 2004b: 51f.). Zweifel an der rehabilitationspädagogischen Bedeutung der ICF äußert auch Baudisch, da er die enge Beziehung, die in der ICF zwischen Behinderung und Gesundheit bestünde, nicht nachvollziehen könne (vgl. 2004: 20). Darüber hinaus sei die »gravierende Rolle der sozialen Verhältnisse, den Sachverhalt des Behindertwerdens durch soziale Benachteiligungen nicht konsequent« in der ICF herausgearbeitet worden (Baudisch 2004: 18). Auch Lindmeier beurteilt die ICF als eine Klassifikation, die »für die bessere Einschätzung des Rehabilitationsbedarfs entwickelt worden ist« (2002a: 3) und nicht für »den Erziehungs- und Bil-

---

95 In der Schweiz wurde der sonderpädagogische Bereich in großem Maß über die Invalidenversicherung (eine seit 1960 landesweit obligatorische Sozialversicherung) finanziert, was im 21. Jahrhundert geändert werden soll (vgl. Liesen et at. 2007: 2).

dungsbedarf eines Kindes, Jugendlichen oder Erwachsenen« (2002a: 15).[96] Während die Rehabilitation den »Gesundheitsschaden beziehungsweise die Gesundheitsstörung« fokussiere, habe die Heilpädagogik hingegen die Aufgabe, »Erziehung und Bildung trotz Behinderung und Benachteiligung zu ermöglichen« (Lindmeier 2002a: 16). Eine heilpädagogische Verwendung der ICF ginge nicht vom Erziehungs- und Bildungsbedarf, sondern von der »pädagogischen Rehabilitations- oder Hilfebedürftigkeit« aus, die grundlegend mit einer Gesundheitsstörung in Verbindung stehe (Lindmeier 2002a: 15). Die Heilpädagogik würde sich damit über Rehabilitation und nicht über Bildung und Erziehung legitimieren, wodurch sie ihre Bestimmung verfehle. Daher lehnt Lindmeier den Einsatz der ICF in genuin behindertenpädagogischen Bereichen ab.

Es lässt sich zusammenfassen, dass die Entwicklung der ICF als Fortschritt verstanden wird, insbesondere angesichts der medizinisch-rehabilitativen Tradition der behindertenspezifischen Klassifikationen. Die Konzeption der ICF wird positiv beurteilt, jedoch ihre Anwendung heterogen bewertet: positiv, skeptisch oder sogar ablehnend. Insgesamt ist Schuppener zuzustimmen, die konstatiert, dass mit der ICF eine Entwicklung vom defizit- zum ressourcenorientierten Grundverständnis von Behinderung begonnen hat (vgl. 2005: 278).

2.9 Fazit

Abschließend lässt sich die Entwicklung von Klassifikationen unterteilen in die Phase, in der der Schwerpunkt auf der Systematisierung von Krankheiten lag, und in die Phase, in der Behinderungen unabhängig klassifiziert werden. Letzterer Zeitraum ist, wie die historische Rückschau gezeigt hat, wesentlich kürzer: Erst seit etwa 30 Jahren wird Behinderung von Krankheit unterschieden und als eigenständiges Phänomen erfasst und beurteilt. Auch wenn Behinderung – im Vergleich zu Krankheit – ein jüngeres und in seiner vollständigen Bedeutung noch unbekannteres Phänomen ist, zeichnen sich dessen Dimensionen jedoch zunehmend klarer ab.

Das Bestreben, Krankheitsphänomene zu unterscheiden und zu systematisieren, ist nicht nur charakteristisch für verschiedene Kulturen, son-

---

96 Christian Lindmeier lehrt allgemeine Sonderpädagogik und Geistigbehindertenpädagogik an der Universität Landau.

dern kennzeichnet die Entwicklung von Klassifikationen in Europa, die mit naturwissenschaftlicher Forschung in Beziehung steht. Seit der Erstellung der ersten Krankheitsstatistiken im 19. Jahrhundert waren verschiedene Interessen mit der Klassifizierung von Krankheiten verbunden. Hierzu gehörte sowohl die Erfassung von Todes- und Krankheitsraten sowie von deren Ursachen als auch die Prognostizierbarkeit von Versicherungs- und Entschädigungsansprüchen. Die Krankheitsklassifikationen und ihre Revisionen wurden zunehmend differenzierter aufgebaut, bis die zu klassifizierenden Phänomene sich nicht mehr in einer Klassifikation erfassen ließen. Daher wurde die Klassifikation von Krankheiten (ICD) der Weltgesundheitsorganisation zum Konzept der Klassifikationsfamilie ausgebaut, zu der seit 1980 grundlegend eine Klassifikation von Behinderung gehört.

Neben der international gültigen WHO-Klassifikation von Behinderung haben die aus der Kriegsopferfürsorge entstandenen Konstruktionen (MdE, GdB) eine wichtige Funktion im Sozialsystem. Die Bedeutung von Beurteilungssystemen stellt die Grundlage zur Verteilung von Unterstützungsleistungen dar, die jedoch mit einer Stigmatisierungs- und Etikettierungsproblematik einhergeht. Da diese Problematik eng mit der individuumsorientierten Klassifizierung verbunden ist, wäre es eine Ergänzung, auch das Ausmaß gesellschaftlicher Barrieren als Einschränkung für behinderte Menschen zu klassifizieren.

Resümiert man die Entwicklung behinderungsspezifischer Klassifikationen der WHO, so hat sich das Modell von Behinderung verändert. Im Vergleich zum linear verlaufenden Modell der ICIDH unterscheidet sich das Modell der ICF in der Anzahl der Komponenten und in ihrem Verhältnis zueinander. Neben den mit der ICD klassifizierten Gesundheitsbedingungen und den aus der ICIDH übernommenen körperlichen, individuellen und gesellschaftlichen Dimensionen wurden in die ICF Umweltfaktoren und Personbezogene Faktoren als eigenständige Komponenten integriert, wobei alle Komponenten in Beziehung zueinander gesetzt werden können. Der Bezug zur Krankheitsklassifikation ICD besteht also weiterhin: sowohl in der ICIDH als auch in der ICF. Der Aufbau der ICF erfordert eine detailliertere Betrachtung der Phänomene, die klassifiziert werden sollen. Dies wird aus sozialmedizinischer Perspektive als aufwändig, jedoch gleichzeitig als notwendig kritisiert, aus sozialwissenschaftlicher Perspektive als umfassender und daher dem Phänomen Behinderung angemessener beurteilt.

Der Entwicklungsprozess von der linear aufgebauten ICIDH zur interdimensionalen ICF wurde von der WHO organisiert, weltweit haben nationale Kooperationszentren der WHO verschiedene Bereiche der Klassifikation ausgearbeitet. Innerhalb dieser vernetzten Arbeitsstruktur haben sich unterschiedliche Fachkompetenzen herausgebildet, die – sozusagen als institutionelle Entsprechung der Synthese des medizinischen und sozialen Modells im biopsychosozialen Ansatz der ICF – entweder eher die individuelle oder die gesellschaftliche Bedeutung von Behinderung als relevant erachten. Der Versuch, beide Modelle in der ICF zu vereinen, erfordert hingegen eine gleichzeitige Beachtung aller Dimensionen von Behinderung und daher eine stärkere interdisziplinäre Zusammenarbeit.

Ebenso heterogen wie die Rezeption ist auch die bisherige und die geplante Implementation der ICF: von der rehabilitationsmedizinischen Klassifizierung und der statistischen Erfassung von Behinderung über die juristische Verwendung zur Fundierung der Teilhabe behinderter Menschen bis zum Einsatz in behindertenpädagogischen Arbeitsfeldern. Diese vielfältige Nutzung der ICF lässt sich darauf zurückzuführen, dass Behinderung ein Querschnittsthema verschiedener Disziplinen ist. Je nach vertretener Disziplin wird Behinderung in einem anderen Bedeutungskontext verstanden. Um das Verständnis von Behinderung zu konkretisieren, werden im folgenden Kapitel die theoretischen Ansätze diskutiert, die den konzeptionellen Hintergrund der ICF bilden.

3 Theoretische und methodische Grundlagen der Diskursanalyse

Dieses Kapitel stellt die theoretischen und methodischen Grundlagen der ICF-Analyse dar. Im Zentrum steht der Begriff Behinderung, dessen Dimensionen und Interpretationen in verschiedenen Kontexten ausgeleuchtet werden. Des Weiteren wird geklärt, was unter Diskursen verstanden wird und welche diskurstheoretischen und -analytischen Ansätze dieser Arbeit zugrunde gelegt sind. Es wird begründet, weshalb sich die diskurstheoretischen Ansätze dazu eignen, die ICF als Klassifikation von Behinderung theoretisch zu reflektieren und als Basis für die Analyse der ICF zu dienen. Daran anschließend wird ausgeführt, welche diskursanalytischen Ansätze zur Untersuchung der ICF herangezogen und welche Modifikationen dazu vorgenommen werden. Die diskursanalytischen Methoden bauen auf den diskurstheoretischen Ansätzen auf und eignen sich daher, um die theoretischen Grundlagen analytisch umzusetzen.

3.1 Behinderung: ein voraussetzungsreicher und mehrdimensionaler Begriff

Seit der erstmaligen Verwendung des Begriffs *Behinderte* 1919 als Bezeichnung für körperlich beeinträchtigte Menschen (vgl. 2.1, Biesalski 1926) wurden die Begriffe Behinderung beziehungsweise Behinderter unterschiedlich definiert (vgl. unter anderem Bach 1976, Schildmann 1983, Jantzen 1987, Cloerkes 1988, Bleidick 1999, Schildmann 2000a, Sander 2002 sowie 3.1.1 und 3.1.2). Das vorliegende Werk versteht den Begriff Behinderung als Zusammenspiel von Behindertsein und Behindertwerden. Hierzu führte Schildmann bereits 1983 aus: »Der Prozess der Behinderung, das heißt des Behinderns beziehungsweise des Behindert-Werdens, schlägt also bei der einen der beiden beteiligten Gruppen um in die Lebensqualität des Behindertseins« (1983: 40).

Diese Definition greift zum einen die biologische Dimension auf, mit der Behinderung als körperliche, seelische oder geistige Manifestation betrachtet wird.[97] Dies wird mit der ICF als Schädigung und gegebenenfalls auch als Aktivitätsbeeinträchtigung gefasst. Zum anderen verweist dieses Zusammenspiel gleichzeitig auf die gesellschaftliche Dimension, da Menschen behindernde Bedingungen oder Benachteiligungen als Behinderung erfahren. Diese Bedingungen werden mit der ICF als Partizipationseinschränkung aufgrund von gesellschaftlichen Barrieren beziehungsweise benachteiligenden Umweltfaktoren bezeichnet.

Schildmann bezieht sich auf Jantzens Charakterisierung von Behinderung, der Behinderung in seiner bereits 1973 aufgestellten Arbeitsdefinition als Produkt des Verhältnisses zwischen individuellen Merkmalen und gesellschaftlichen Vorstellungen darlegt:

»Behinderung kann nicht als naturwüchsig entstandenes Phänomen betrachtet werden. Sie wird sichtbar und damit erst als Behinderung existent, wenn Merkmale und Merkmalskomplexe eines Individuums aufgrund sozialer Interaktion und Kommunikation in Bezug gesetzt werden zu gesellschaftlichen Minimalvorstellungen über individuelle und soziale Fähigkeiten. Indem festgestellt wird, dass ein Individuum aufgrund seiner Merkmalsausprägung diesen Vorstellungen nicht entspricht, wird Behinderung offensichtlich, sie existiert als sozialer Gegenstand erst von diesem Augenblick an.« (zit. nach Jantzen 1992: 18)

Mit dieser Erklärung weist Jantzen auf die untrennbare Beziehung biologischer, psychischer und sozialer Prozesse hin. Sofern individuelle Merkmale die gesellschaftlichen Erwartungen dessen, was als normal oder als Mindestmaß angesehen wird, nicht erfüllen, werden sie als Behinderung aufgefasst (vgl. ausführlich Jantzen 1974: 19ff.). Ob eine Behinderung von anderen als solche wahrgenommen wird, ist also grundsätzlich abhängig vom jeweiligen gesellschaftlichen Kontext. Jantzen spitzt diese Perspektive dahingehend zu, Behinderung primär als sozialen Gegenstand zu begreifen, der erst dann entstehe, wenn individuelle Merkmale gesellschaftlichen Minimalvorstellungen nicht entsprächen (vgl. Jantzen 1974).

Schildmann betont den interaktiven Prozess von Behindertsein und Behindertwerden unter Bezugnahme auf gesellschaftliche Normalitätsvorstel-

---

97 Die ICIDH unterscheidet drei Dimensionen von Behinderung: die körperliche/biologische (impairment), die individuelle (disability) und die gesellschaftliche (handicap), (vgl. Abb. 5).

lungen von Leistung und Gesundheit (vgl. 1983, 2000a, 2002). Im Rahmen ihrer normalismustheoretischen Forschungstätigkeit untersucht sie, wie sich diese Abhängigkeit konkretisiert: Eine Behinderung werde von den jeweils herrschenden gesellschaftlichen Normalitäten abgeleitet, die sich besonders auf den Feldern Leistung, Gesundheit und Intelligenz ausdrücken (vgl. Schildmann 2000a: 92, ausführlicher vgl. 3.2.2).[98]

Im Folgenden werden zwei konträre Modelle von Behinderung, das medizinische und das soziale Modell,[99] dargestellt, um die unterschiedlichen Dimensionen von Behinderung aufzuzeigen. Hierdurch wird der theoretische Hintergrund erklärt, auf den sich die ICF bezieht (vgl. ICF 20). Da das medizinische Modell innerhalb der Disability Studies auch *individuelles Modell* genannt wird, werden beide Begriffe gleichbedeutend gebraucht. Die erste Bezeichnung verdeutlicht die Herkunft des medizinischen Modells: Es entstand in der Medizin, wurde jedoch mit der Entstehung der Humanwissenschaften von diesen übernommen und traditionell von ihnen vertreten. Dagegen betont die zweite Bezeichnung, dass das Individuum im Zentrum steht und der gesellschaftlichen Umwelt weniger Bedeutung zugemessen wird. Die Disability Studies definieren Behinderung in Abgrenzung zum medizinischen Modell, wobei sich zwei Strömungen unterscheiden lassen: eine sozial- und eine kulturwissenschaftliche (vgl. u. a. Oliver 1990, Morris 1991, Mitchell/Snyder 1997, Thomson 1997, Thomas 2002a). Die sozialwissenschaftlichen Ansätze stützen sich hauptsächlich auf das soziale Modell, die kulturwissenschaftlichen Ansätze beziehen sich dagegen eher auf das »minority group model« oder das Menschenrechtsmodell (Williams 2001: 125). In allen Modellen wird Behinderung konstruiert und mit einer bestimmten Bedeutung versehen; aufgrund seines langen Bestehens hat das medizinische Modell eine hohe Wirkungsmacht.

Definitionen haben unterschiedliche Funktionen: Sie konkretisieren Bedeutungen von Begriffen und vereinfachen die Verständigung. Anhand von Definitionen lassen sich Begriffe und ihre Bedeutungen unterscheiden. Hierbei bestimmt die Perspektive, aus der ein Begriff definiert wird, die Deutung des Begriffs entscheidend. Dies lässt sich auch an den verschiedenen Definitionen von Behinderung erkennen: Behindertenpädagogische, soziologische, medizinische, sozial- und kulturwissenschaftliche Disziplinen vertreten je-

---

98 Ulrike Schildmann hat Jürgen Links Normalismustheorie für die Behindertenpädagogik differenziert und fruchtbar gemacht (vgl. unter anderem Schildmann 2000a, 2001, 2002, 2004a).

99 Im Folgenden wird der Begriff *Modell* verwendet und die Konkretisierung *von Behinderung* weggelassen.

weils ihre eigenen Perspektiven, aus denen sie Behinderung betrachten und in deren Kontext sie Behinderung definieren. Eine Definition beruht also auf Voraussetzungen, die beachtet werden müssen, wenn man Begriffe diskutiert.

Zudem können Definitionen als Instrument verwendet werden, um unterschiedliche Interessen oder Ziele zu verfolgen. Definitionen bieten einen Einblick, »into the nature of the ›powers-that-be‹ who make and then use definitions to build, maintain, and advance their position in society« (Gregory 1997: 487). Gregory bezieht sich auf die Diskussion um die Modelle von Behinderung, im englischsprachigen Raum konkretisiert an der Kontroverse zwischen dem medizinischen und dem sozialen Modell von Behinderung. Er weist darauf hin, dass derjenige, der den Behinderungsbegriff definiert, mit der eigenen Perspektive Vorteile durchsetzen kann. Dieses Merkmal von Definitionen, ihre Bedeutung als Machtinstrument, ist mit den Interessen verschiedener Akteure verbunden: derjenigen, die Behinderung definieren; derjenigen, die von der Ausrichtung der Definition profitieren und schließlich behinderte Menschen selbst. Die weitere Diskussion der Behinderungsbegriffe und die Diskursanalyse der ICF greift dieses Merkmal von Definitionen als Machtinstrument auf, um die Definitionen von Behinderung nicht auf ein theoretisches Konstrukt zu reduzieren.

3.1.1 Der Behinderungsbegriff im medizinischen Modell

Angesichts dessen, dass das medizinische Modell bis in die 1970er Jahre die einzige und bis in die 1980er Jahre die offizielle und gewöhnliche Sicht auf Behinderung darstellte, lassen sich nur wenige AutorInnen finden, die das medizinische Modell primär vorstellen und noch nicht kritisieren (vgl. Sander 1985: 21). Die medizinische, individualisierende Perspektive wurde jedoch nicht nur als üblich angesehen, sondern sie war auch sicher verankert: »By the beginning of the twentieth century, the individual approach to disability – which sees its diagnosis and solution in medical knowledge – was securely entrenched« (Barnes et al. 1999: 21).

Kritische Aussagen zu finden, stellt dagegen eine geringere Schwierigkeit dar, da sich alternative Modelle, so konkret das soziale Modell, erst in Abgrenzung zu diesem allgemein üblichen, »übermächtigen« Modell gebildet haben (siehe unten). Das medizinische Modell ist nicht theoretisch begründet, da es bereits seit der Aufklärung die medizinische Entwicklung bestimmt und somit eine lange praktische Bedeutung hat (vgl. BZgA 2003: 9).[100] Das medizinische Modell westlicher Prägung stellt innerhalb der Medizin die dominante Perspektive auf Krankheiten dar, im Gegensatz zu anderen Ansätzen wie beispielsweise Antonovskys salutogenetischem Ansatz oder asiatischen Medizintraditionen (vgl. BZgA 2003: 8, Antonovsky 1997, s.u.). Da Krankheiten und Behinderungen erst in der zweiten Hälfte des 20. Jahrhunderts offiziell unterschieden wurden, besteht eine lange Tradition, Behinderung auf der Basis des medizinischen Modells zu beurteilen. In der Medizin wird der Krankheitsbegriff dem Gesundheitsbegriff gegenübergestellt beziehungsweise *krank sein* mit *nicht gesund sein* gleichgesetzt.[101] So charakterisiert die Bundeszentrale für gesundheitliche Aufklärung das Verständnis von Gesundheit als »das richtige Funktionieren aller Körperteile« und Kranksein als »die messbare Fehlfunktion bestimmter Körperteile« (BZgA 2003: 11). Eine Krankheit werde entweder durch interne Prozesse »wie z.b. den Alterungsprozess oder Fehler in den Selbstregulierungsprozessen« oder durch externe Prozesse »wie das Eindringen von Krankheitserregern in den Körper« verursacht (BZgA 2003: 11). Diese Definitionen der Bundeszentrale für gesundheitliche Aufklärung machen deutlich, dass Gesundheit die Norm beziehungsweise das anzustrebende Ideal darstellt, Kranksein das fehlerhafte Funktionieren und Krankheiten das Resultat fehlerhafter Prozesse.[102]

Um das interdisziplinäre Themenfeld *Krankheit, Gesundheit* und *Behinderung* präzise beurteilen zu können, werden die wissenschaftlichen Disziplinen dieser Arbeitsgebiete kurz hinsichtlich ihrer Grundannahmen verglichen. Während die Humanmedizin und ihre angrenzenden Fachgebiete als *Krankheits*wissenschaften Entstehung, Behandlung und Heilung von Krankheiten erforschen und sich dabei auf das biomedizinische Paradigma stützen, gründen sich die seit Anfang der 1990er Jahre verbreiteten und in Deutschland interdisziplinär ausgerichteten *Gesundheits*wissenschaften auf

---

100 Vgl. auch Foucault, Michel: *Die Geburt der Klinik. Eine Archäologie des ärztlichen Blicks* (im französischen Original Presses Universitaires de France 1963, auf deutsch München 1973a).
101 Zur genaueren Betrachtung vgl. die WHO-Definition von Gesundheit (2.4), in der Gesundheit zwar über die Abwesenheit von Krankheit hinausgeht und gleichzeitig als Wohlbefinden definiert wird, jedoch das Fehlen einer Krankheit als notwendige Bedingung verstanden wird.
102 Gross/Löffler erklären sogar, dass die Begriffe normal und gesund zwar nicht genau identisch seien, aber »aus Vereinfachungsgründen gemeinsam behandel[t...]« werden könnten (1997: 68).

ein bio-öko-psycho-soziales Modell (vgl. Hurrelmann/Laaser 1992, Niehaus 1996: 245f.).[103] Die Krankheitswissenschaften stellten Fragen nach der »Pathogenese, derweil die Gesundheitswissenschaften [...] nach der Salutogenese« (Niehaus 1996: 249). Das salutogenetische Grundkonzept orientiert sich an der Gesundheit beziehungsweise am Wohlbefinden des einzelnen Menschen, Gesundheitsförderung wird als Arbeit an der eigenen Identität verstanden (vgl. Keupp 2006). Im Gegensatz zu einer möglicherweise erwarteten *Behinderungs*wissenschaft – so Niehaus – haben sich seit 1992 die an Sozialmedizin und -politik angelehnten *Rehabilitations*wissenschaften gebildet, die Behinderung mit den Schwerpunkten Entstehung, Prävention und Assessment untersuchen und sich an dem Ansatz der WHO, einem biopsychosozialen Modell, orientieren (vgl. VDR 1992, BAR 1994, 1999, Schuntermann 1993, Niehaus 1996: 245). Schuntermann begründet die Frage, warum diese Forschungsrichtung als Rehabilitationswissenschaften und nicht Rehabilitationsmedizin bezeichnet sei, mit der Interdisziplinarität der Rehabilitationsforschung in Deutschland (vgl. 1993: 165). Federführend nennt er hierbei Medizin sowie Psychologie, Pädagogik und Gesundheitswissenschaften. Im Anschluss an die WHO und deren damalige Behinderungsklassifikation, die ICIDH, befassten sich die Rehabilitationswissenschaften

»in Forschung, Lehre und Praxis (1) mit den nachteiligen (körperlichen, geistigen, seelischen) Folgezuständen und -prozessen von Disabilities und Handicaps (2), mit deren Ursachen, Entstehungszusammenhängen und Einflußgrößen, Verläufen und Prognosen und (3) mit deren Prävention, (Früh-)erkennung, Diagnostik und Behandlung (Versorgung)« (Schuntermann 1993: 166).

Mit der Schwerpunktsetzung auf Rehabilitations- statt Behinderungswissenschaften wird die Ausrichtung, wie Behinderung erforscht werden soll, bereits gewichtet. Beide Disziplinen, die Gesundheits- und die Rehabilitationswissenschaften stehen in engem Bezug zu den medizinischen Teilgebieten der Sozialmedizin und Medizinsoziologie.

Die Rehabilitationswissenschaften beziehen sich allerdings nicht auf den wissenschaftstheoretischen Ansatz eines »bio-psycho-sozialen Modells«, der von Thure von Uexküll und Wolfgang Wesiack als Grundlage der Medizin entwickelt wurde und besonders in der Psychosomatik angewendet wird (Uexküll/Wesiack 1996: 13, Engel 1996). Uexküll/Wesiack begründen ihren Ansatz mit den Defiziten des biomechanischen Konzepts der Medizin und fordern, die psychischen und psychosozialen Aspekte von Krankheiten

---

103 Mathilde Niehaus leitet den Lehrstuhl Arbeit und berufliche Rehabilitation an der Universität Köln.

stärker zu berücksichtigen. Gesundheit und Krankheit seien nicht »als Probleme von Organen, sondern von Menschen als bio-psycho-soziale Wesen« zu verstehen (Uexküll 1996: 1). Im Arzt-Patient-Verhältnis ginge es dementsprechend darum zu erfassen, wie sich ein Patient mit einer Krankheit fühle und in welcher Lebenssituation er diese Krankheit erlebe (vgl. Uexküll/ Wesiack 1996: 9). Menschliche Beziehungen werden als ausschlaggebender Faktor betrachtet, die im Zusammenhang mit einer Krankheit stehen. Der Gewinn für die Medizin bestehe besonders in einer »Überwindung des Leib-Seele-Dualismus durch bio-psycho-soziale Denkmodelle, die sich in der Praxis überprüfen und weiter entwickeln lassen« (Uexküll/Wesiack 1996: 50). Mit diesem Ansatz wird nicht eine eigenständige Disziplin, sondern eine Veränderung der medizinischen Konzeption angestrebt. Dieser der Psychosomatik zugeordnete Ansatz (vgl. Uexküll et al. 1996) bezieht sich im Ursprung ausschließlich auf Krankheiten und nicht auf Behinderungen; das Ziel der Rehabilitationsmedizin wird im gleichen Sammelband nicht nur als »Wiederherstellung der Leistungsfähigkeit (beziehungsweise Erhaltung der Restleistungsfähigkeit), sondern auch in der Wiederherstellung und Erhaltung der Beziehungsfähigkeit« verstanden (Adler 1996: 488). Rehabilitation von Beeinträchtigungen und Behinderungen wird demgemäß aus biopsychosozialer Sicht im psychosomatischen Rahmen anders aufgefasst als in den oben skizzierten Rehabilitationswissenschaften.

Alle genannten Disziplinen – Humanmedizin, Gesundheitswissenschaften, Rehabilitationswissenschaften und die psychosomatische Fundierung der Medizin – verbindet, dass sie auf das Individuum ausgerichtet sind, das den Ansatzpunkt für krankheits- beziehungsweise behinderungsverhindernde und gesundheitsfördernde Maßnahmen bildet. Wie an den Modellen zu erkennen ist, bezieht sich nur die Humanmedizin auf ein ausschließlich biomedizinisches Modell. Dagegen vertreten die Modelle von Gesundheits- und Rehabilitationswissenschaft die medizinische Perspektive (durch die Abkürzung »bio« in der Bezeichnung ihrer Modelle) nur neben anderen Komponenten. Betrachtet man Zielrichtung und Modelle dieser beiden Disziplinen genau, so lassen sich Überschneidungen zwischen den Modellen erkennen, da beide biologische, psychische und soziale Komponenten benennen. Das Modell der Gesundheitswissenschaften gründet sich zusätzlich auf ökologische Komponenten. Niehaus konstatiert jedoch, dass die Gesundheitswissenschaften sich nicht mit Behinderung, sondern mit den »Bedingungen zur Erhaltung der Gesundheit und der Vermeidung von Krankheit« befassten (Niehaus 1996: 249). Auch für die Rehabilitationswissenschaften ist festzuhalten, dass sie sich auf Prävention und Versorgung der nachteiligen Folgezustände und -prozesse von Krankheiten, angeborenen Leiden und Schädigungen konzentrieren (vgl. Gerdes/Weis 2000: 42ff., Schuntermann 1993: 166). Hiermit nehmen die Rehabilitationswissenschaften Bezug auf die drei Dimensionen der ICIDH, wobei sie die individuelle Beeinträchtigung (Disability) und die gesellschaftliche Behinderung (Handicap) als nachteilige Folgen von Krankheiten oder Schädigungen bezeichnen. Nach Gerdes/Weis besteht das Ziel der Rehabilitation darin, die rehabilitationsrelevanten Probleme des Rehabilitanden zu verringern (vgl. Gerdes/Weis 2000: 42).[104] Das Modell der Psychosomatik versucht hingegen, die medizinische Perspektive zu erneuern und um ein anderes, ein biopsychosoziales, Menschenbild zu ergänzen. Es konzentriert sich gleichermaßen auf das Individuum und bezieht dessen psychosoziale Empfindungen und Beziehungen ein.

Da sich die Krankheitswissenschaften am stärksten auf das medizinische Modell stützen, wird im Folgenden vertieft, welche Komponenten es enthält und welche Konnotationen mit ihm verbunden sind. Nach Aussage des Mediziners und Humangenetikers[105] Gerhard Wolff umfasst die medizinische Perspektive auf Behinderung hauptsächlich die »vier Bereiche: Ätiologie, Symptomatik, Therapie und Prävention« (2004: 27).[106] Diese Bereiche bauen aufeinander auf und zielen auf eine »Verhinderung von behinderungsassoziierten Komplikationen oder Erkrankungen« (Wolff 2004: 27). Im Gegensatz zu psychologischen, sozialen oder gesellschaftlichen Perspektiven konzentriert sich die Medizin auf die organischen Aspekte einer Behinderung, sie kooperiert jedoch auch mit anderen Disziplinen, um einen umfassenderen Eindruck einer Behinderung zu erhalten (vgl. Wolff 2004: 26). Als problematisch beurteilt Wolff Assoziationen, die mit der medizinischen Sichtweise verbunden werden: So werde befürchtet, dass behinderte Menschen sich durch das Präventions- und Therapieangebot ändern sollten und dass nicht nur die Behinderung, sondern auch der behinderte Mensch

---

104 Der Theorieansatz der Rehabilitation wurde stark durch die ICIDH und die ICF geprägt; er enthält noch weitere Faktoren wie den Bewältigungsprozess, das Gesundheitsverhalten und persönliche Ressourcen eines Menschen (vgl. Gerdes/Weis 2000: 48).
105 Nach Auskunft von Sigrid Graumann, die die Rezeption von Behinderung in der Medizin umfassend kennt, haben sich nur wenige Mediziner mit Behinderung als Gegenstand befasst (Auskunft am 06.07.07). Neben Gerhard Wolff ist dies Wolfram Henn, der Behinderung zu genetischen Dispositionen in Beziehung setzt (vgl. speziell: Henn, Wolfram: *Warum Frauen nicht schwach, Schwarze nicht dumm und Behinderte nicht arm dran sind. Der Mythos von den guten Genen*, Freiburg 2004).
106 Ebenso wie das medizinische Krankheitsmodell gründet sich auch die medizinische Perspektive auf Behinderung auf die Ätiologie, die Lehre der Ursachen (vgl. 3.1.1).

durch Medizin und genetische Diagnostik verhindert werden solle. Diese Assoziationen würden durch einen paternalistischen Habitus begünstigt (vgl. Wolff 2004: 30). Wolffs Versuch, die Position der Medizin einzuschätzen, weist zum einen auf die historische Gewachsenheit der biomedizinischen Perspektive hin, primär die organische Situation eines Menschen zu fokussieren. Zum anderen wird deutlich, dass ihm die Beschränkung dieser Sichtweise bewusst ist.

Auch in der Heilpädagogik hat das medizinische Modell durch das personorientierte Paradigma eine lange Tradition, wie an folgenden Bewertungen deutlich wird: Behinderung und soziale Benachteiligung würden »als persönliches, weitgehend unabänderliches Schicksal hingenommen« oder »der Defekt [...] [sei] kausalätiologisch in der Person lokalisiert« (Bleidick 1985: 254). Diese medizinische Orientierung lässt sich auch an Stuttes Definition der Heilpädagogik ablesen: »Heilpädagogik ist angewandte Kinderpsychiatrie, bedeutet: von biologischen und psychologischen Einsichten durchdrungene Pädagogik für behinderte und psychisch auffällige Kinder« (Stutte 1960: 1074). Der Autor leitet die Heilpädagogik als Profession von der Psychiatrie ab und weist ihr hierdurch die Funktion einer angewandten Humanwissenschaft zu. Dennoch spiegelt dieses Zitat eine für die damalige Zeit fortschrittliche Ansicht wider, da medizinische, psychologische und pädagogische Aspekte in einen Zusammenhang gestellt werden. Nach Sander ist die Heilpädagogik jedoch dadurch gekennzeichnet, dass sie Behinderung immer noch auf sichtbare Merkmale reduziert (vgl. 1985: 16) oder auf eine körperliche oder geistige Schädigung zurückführt (vgl. 2002: 104). Diese Beurteilung von Behinderung charakterisiert laut der Juristin Ani Satz und der Philosophin Anita Silvers auch das medizinische Modell von Behinderung: »From the medical point of view, people are disabled when they are less functionally proficient than is commonplace for humans, and when their dysfunction is associated with a biological anomaly« (2000: 173). Den Autorinnen zufolge wird eine Behinderung über eine Verknüpfung von zwei Merkmalen definiert: zum einen über eine geringere Leistungsfähigkeit als üblicherweise erwartet, und zum zweiten über eine Funktionsstörung, die als biologische Anomalie angesehen wird. Diese Auffassung wird von weiteren Wissenschaftlern geteilt, die davon ausgehen, dass der abweichende, geschädigte Körper das Zentrum des medizinischen Modells bildet: »The focus is on bodily ›abnormality‹, disorder or deficiency, and the way in which this in turn ›causes‹ some degree of ›disability‹ or functional limitation.« (Barnes et al. 1999: 21)

Das Hauptanliegen des medizinischen Modells ist es, die Abweichung festzustellen und dann in geeigneter Form zu behandeln: »The basic medical concern is to diagnose the bodily or intellectual ›abnormality‹ and advise on appropriate treatment« (Barnes et al. 1999: 21). Die Behandlung zielt darauf ab, die Abweichung beziehungsweise Fehlfunktion zu verringern oder sogar aufzuheben und hierdurch möglicherweise die Behinderung vollständig zu beseitigen (vgl. Satz/Silvers 2000: 173). Dieses technisch anmutende Verständnis, Behinderungen zu entfernen oder wenigstens die körperliche Schädigung zu vermindern, kennzeichnet das medizinische Modell. Diese Perspektive spiegelt die genuin medizinische Sichtweise auf heilbare Krankheiten wider. Auch wenn Krankheiten und Behinderungen unterschiedliche Phänomene sind, wird das medizinische Modell von Krankheiten auf Behinderungen übertragen. Daher ist es nahe liegend, dass der Fokus auf der medizinisch diagnostizierbaren Schädigung liegt. Die britische Wissenschaftlerin Carol Thomas spitzt dies sogar noch zu, indem sie erklärt, dass im medizinischen Modell eine Behinderung auf eine Schädigung reduziert wird: »In this ›medical model‹ perspective, disability continues to be equated with the impairment itself – ›the disability‹ is the impairment« (Thomas 2002a: 40). Die von Thomas beschriebene Tendenz der Medizin, Behinderungen auf Schädigungen zu reduzieren, verdeutlicht, dass die Medizin Behinderungen in vergleichbarer Form betrachtet wie Krankheiten.

Kurz resümiert ähnelt das medizinische Behinderungsmodell dem Krankheitsmodell. Die Gesundheitswissenschaften, Rehabilitationswissenschaften und die Psychosomatik haben sich von der Medizin als Ursprungswissenschaft abgegrenzt und das genuin medizinische Modell nicht übernommen, sondern die medizinische Perspektive nur als Teilkomponente aufgenommen. Auch Wolffs Hinweis auf die Notwendigkeit einer Kooperation mit anderen Disziplinen signalisiert, dass das medizinische Modell von Behinderung ergänzt werden muss.

3.1.2 Der Behinderungsbegriff in den Disability Studies – das soziale Modell

Das soziale Modell von Behinderung wurde von Behindertenorganisationen Ende der 1970er Jahre in Großbritannien als Alternative zum medizinischen Modell entwickelt. Im Gegensatz zum medizinischen Modell wird Behinderung im sozialen Modell nicht als Leiden oder Störung eines Menschen, sondern als Problem betrachtet, das durch die gesellschaftlichen Verhältnisse beziehungsweise die Umwelt entsteht. Die britische Wissenschaftlerin Carol Thomas formuliert, weshalb Behinderung als soziale Kategorie verstanden wird:

»The inability of people with impairments to undertake social activities is a consequence of the erection of barriers by the non-disabled majority. These social barriers – both physical and attitudinal – limit activity and constrain the lives of people with impairment.« (Thomas 2002a: 38)

Gesellschaftliche Barrieren, sowohl natürliche Hindernisse, aber auch Einstellungen gegenüber behinderten Menschen seien verantwortlich dafür, dass Menschen mit Schädigungen ausgeschlossen würden. Da sich die Kategorie Behinderung auf eine Form sozialer Unterdrückung bezieht, müsse diese aufgehoben werden.[107]

Während britische WissenschaftlerInnen das soziale Modell von Behinderung durch soziologische und besonders marxistische Theorien begründet haben (vgl. Finkelstein 1980, Oliver 1990, Morris 1991, Campbell/Oliver 1996), sind alternative Ansätze zu Behinderung in den USA anfänglich in den Sozialwissenschaften, seit den 1990er Jahren hauptsächlich in den Kulturwissenschaften diskutiert worden (vgl. Zola 1982, 1993, Stone 1985, Mitchell/Snyder 1997).[108] Als Gründungsväter des sozialen Modells

---

107 Vgl. auch das grundlegende Werk von Michael Oliver: *The Politics of Disablement* (London 1990).

108 Einen Überblick über die britischen, amerikanischen und international vertretenen Disability Studies bieten folgende Sammelwerke: *Exploring the Divide. Illness and Disability* von Barnes/Mercer (Leeds 1996*), The Body and Physical Difference* von Mitchell/Snyder (University of Michigan 1997), *The Disability Reader. Social Science Perspectives* by Shakespeare (London 1998*), The Disability Studies Reader* von Davis (London 1997), *Disability, Difference, Discrimination. Perspectives on Justice in Bioethics and Public Policy* von Silvers et al. (Lanham 1998), *Disability Discourse* von Corker/French (Buckingham 1999), *Handbook of Disability Studies* von Albrecht et al. (Thousand Oaks 2001), *Disability Studies Today* von Barnes et al. (Cambridge 2002), *disability/postmodernity. Embodying Disability Theory* Corker/Shakespeare (London 2002), *Disability Studies. Enabling the Humanities* von Snyder et al. (New York 2002), *Disability Studies in Deutschland. Behinderung neu denken* von Hermes/Köbsell (Kassel 2003), *Kulturwissenschaftliche Perspektiven der Disability Studies* von Waldschmidt (Kassel 2003), *Disabling Barriers – Enabling Environments* von Swain et al. (London 2004), *Nichts über uns – ohne uns! Disability Studies als neuer Ansatz emanzipatorischer und interdisziplinärer Forschung über Behinderung* von Hermes/Rohrmann (Neu-Ulm 2006), *Cultural Locations of Disability* von Snyder/Mitchell (Chicago 2006), *Disability Rights and Wrongs* von Shakespeare (London 2006), *Disability Studies, Kultursoziologie und Soziologie der Behinderung. Erkundungen in einem neuen Forschungsfeld* von Waldschmidt/Schneider (Bielefeld 2007).

und der britischen Disability Studies gelten unter anderem der Sozialwissenschaftler Michael Oliver und der in Südafrika aufgewachsene Psychologe Vic Finkelstein sowie der Aktivist der Behindertenbewegung Paul Hunt[109]; die amerikanischen Disability Studies wurden durch den 1994 verstorbenen Medizinsoziologen Irving Kenneth Zola begründet.[110] Hervorgegangen sind die Disability Studies sowohl in Großbritannien als auch in den USA aus den politischen Behindertenbewegungen, die bereits Anfang der 1970er Jahren das Recht auf gleiche Teilhabe und Selbstbestimmung einforderten.[111] Zu den konkreten Zielen der Bewegungen gehören das Recht, selbst über Wohn- und Lebensformen zu entscheiden, sowie die Möglichkeit, für den eigenen Lebensunterhalt zu sorgen – gegen den Ausschluss vom ersten Arbeitsmarkt und die hiermit verbundene Armut. Diese Bewegung und die daraus entstandenen interdisziplinären Disability Studies werden mit der Frauen- und Menschenrechtsbewegung verglichen sowie den später entstandenen Gender- und Postcolonial Studies (vgl. Degener 2003b: 450). Als vergleichbare Merkmale sind Machtlosigkeit und Diskriminierung hervorzuheben, die das Verhältnis Farbiger gegenüber Weißen, Frauen gegenüber Männern, Homosexueller gegenüber Heterosexuellen und Behinderter gegenüber Nicht-Behinderten kennzeichnen (vgl. Shakespeare 1993 und auch das Allgemeine Gleichstellungsgesetz 2006). Die Verbesserung der Lebenssituation behinderter Menschen wird – speziell in Kanada und den USA, ebenso

---

109 Der von Paul Hunt herausgegebene Sammelband: *Stigma. The Experience of Disability* (London 1966) enthält Texte, in denen behinderte Menschen ihre Erfahrungen mit gesellschaftlicher Unterdrückung und Stigmatisierung schildern. Dieses Werk trug entscheidend zur Formierung der britischen Behindertenbewegung und deren politischem Engagement bei.

110 Zur Entwicklung der britischen Disability Studies vgl. besonders Shakespeare 2003: 427ff., zu der der amerikanischen Disability Studies vgl. Davis' Artikel mit dem bezeichnenden Titel: »Crips Strike Back. The Rise of Disability Studies« (2002: 33ff.), zur allgemeinen Entwicklung vgl. Cornelia Rengglis historischen Überblick über die Disability Studies, in dem sie auch die junge deutschsprachige Rezeption und Verbreitung schildert (2004: 15ff.).

111 International hat sich *Disabled Peoples' International (DPI)* als Nichtregierungsorganisation (NGO) der Behinderten-Bewegung 1980 auf dem Weltkongress von *Rehabilitation International (RI)* gegründet, als dieser von nicht-behinderten Vertretern bestimmte Verband den Vorschlag ablehnte, dass 50 Prozent der Delegierten eines Landes behindert sein sollten. Daraufhin gründeten die behinderten Teilnehmenden eine eigene Nichtregierungsorganisation: DPI (vgl. http://www.nordclass.uu.se/verksam/icf_aarhus/aarhus_sonja_calais.pdf, 06.08.09). Die Ursprünge und die Entwicklung der deutschen Selbstbestimmt-Leben-Bewegung sind in Swantje Köbsells detailliertem Aufsatz (2006) nachzulesen sowie bei Miles-Paul 1992: 115ff.

auch in europäischen Staaten wie unter anderem Großbritannien, Schweden oder Deutschland – mit der Forderung nach gleichen Bürgerrechten und Chancengleichheit begründet, wobei Silvers betont, dass behinderte Menschen im Vergleich zu nicht behinderten Menschen dieses Ziel nur durch ein höheres Maß an Unterstützung erreichen (vgl. 1998: 126ff.).

Seit den 1990er Jahren sind die Disability Studies in mehreren Ländern fest an einzelnen Universitäten in Forschung und Lehre verankert: begonnen im englischsprachigen Raum, frühzeitig auch in Skandinavien und anderen Ländern verschiedener Kontinente. In Deutschland etablieren sich die Disability Studies seit Anfang des 21. Jahrhunderts an den Hochschulen, wobei sowohl sozial- als auch kulturwissenschaftliche Perspektiven vertreten werden (vgl. unter anderem Degener 2006, 2003a, 2003b; Waldschmidt/ Schneider 2007; Waldschmidt 2005, 2003; Tervooren 2003, 2002; Köbsell/ Strahl 2003).[112]

Die Disability Studies beziehen sich meist auf Michel Foucaults Theorie, speziell auf seine Untersuchungen zur Bedeutung von Normen beziehungsweise Normalität in der Medizin (vgl. Dederich 2004: 182, Raab 2003: 137). Ebenso wie auf Foucaults Forschungsarbeiten rekurrieren die Disability Studies auch auf die Werke des Sozialpsychologen Erving Goffman. Der britische Ansatz der Disability Studies und hiermit das soziale Modell von Behinderung gründen sich im Ursprung auf die marxistische Analyse der gesellschaftlichen Produktionsverhältnisse (vgl. Turner 2001: 255f., Williams 2001: 129, Thomas 2004b: 22). Seit der Entstehung des industriellen Kapitalismus wurde der *Standardkörper* erforderlich für die Fließbandproduktion der Fabriken, abweichende Körper wurden dagegen in Wohlfahrtseinrichtungen verwiesen (vgl. Thomas 2002a: 46f.). Behinderung ist dementsprechend im zeitlichen, räumlichen und ökonomischen Kontext zu beurteilen. Der historisch-materialistische Hintergrund wird auch daran deutlich, dass das soziale Modell von Behinderung als »social oppression theory« verstanden wird (ausführlich Oliver 1996: 30ff.).

Auch wenn sich die britischen und US-amerikanischen Ansätze voneinander unterscheiden, wird hervorgehoben, dass mit ihnen das gemeinsame Ziel verfolgt wird, Behinderung als soziale Unterdrückung zu begreifen:

»What is called the ›social model‹ in the United Kingdom and the ›minority group model‹ in the United States has been the guiding framework of disability theorists

---

112 Inzwischen rekurrieren auch Behinderten- und Integrationspädagogik auf die Forschung der Disability Studies (vgl. exemplarisch Dederich 2007, 2004, Schönwiese 2005).

since the 1970s, pushing with increasing strength for disability seen as a form of social oppression, and the appropriate response is one of civil rights rather than medical or social care.« (Williams 2001: 125)

Gegen eine Nivellierung der Unterschiede spricht sich hingegen Finkelstein aus, der vor einer Vermischung des sozialen Modells »with a legalistic rights model« warnt (2004: 16). Er erklärt die Verschiedenheit der Modelle anhand des theoretischen Hintergrunds und der damit verbundenen Perspektive: Während das britische soziale Modell aus einer tendenziell marxistischen Perspektive entwickelt wurde, werden in den USA eher sozialkonstruktivistische, pragmatistische Ansätze verfolgt.[113] Behinderung wird im sozialen Modell als gesellschaftlich verursachte, soziale Ausgrenzung begriffen, dagegen im »minority group model« als Merkmal einer gesellschaftlichen Minderheit, die bestimmte Rechte beansprucht. Vielfach wird dem sozialen Modell eine unmissverständliche Klarheit zugesprochen, durch die die britische Behindertenbewegung eine radikale Schlagkraft entwickeln konnte (vgl. Shakespeare 2003: 430f.). Williams charakterisiert beide Modelle unter Rückgriff auf Erklärungen ihrer Hauptvertreter; für das soziale Modell bezieht er sich auf Michael Oliver:

»If disability is seen as a personal tragedy, disabled people are treated as the victims of circumstance. If disability is defined as social oppression, disabled people can be seen as the collective victims of an uncaring, discriminatory society (Oliver 1990).« (Williams 2001: 134)

Im Gegensatz zu Olivers Definition von Behinderung werden im Minderheitsgruppenmodell andere Akzente gesetzt:

»disabled men and women have been subjected to the same forms of prejudice, discrimination and segregation imposed upon other oppressed groups which are differentiated from the remainder of the population on the basis of characteristics such as race or ethnicity, gender and aging.« (Hahn 1997: 174, in: Williams 2001: 134)

Während Oliver das Behinderungsverständnis als Bezugspunkt seiner Erklärung wählt, bezieht sich Hahn unmittelbar – ohne Klärung des Behinderungsbegriffs – auf die Lebenssituation behinderter Männer und Frauen und vergleicht diese mit der anderer unterdrückter Gruppen.[114] Oliver stellt das

---

113 Wie der Pragmatismus die amerikanischen Disability Studies geprägt hat, führt Albrecht mit Bezug auf die Bedeutung sozialer Praxen und die des symbolischen Interaktionismus aus (vgl. 2002: 18ff.).
114 Die Ähnlichkeit beider Zitate bezüglich der Unterdrückung ist nicht verwunderlich, da Williams mit Harlan Hahn einen der wenigen Autoren der amerikanischen Disability

soziale Modell der medizinischen Perspektive gegenüber, in der eine Behinderung als individuelles Merkmal und damit als Problem (Tragödie) eines Individuums verstanden wird (vgl. 3.1.1). An Williams' Auswahl der Stellungnahmen wird deutlich, dass er beide Modelle ähnlich interpretiert, obgleich sich das soziale Modell auf die Analyse der ökonomischen Verhältnisse und ihrer Auswirkungen auf Sozialstrukturen gründet, das Minderheitsgruppenmodell hingegen auf Konzeptionen ziviler und konstitutioneller Rechte (vgl. Oliver 1990: 43ff., Thomas 2004b: 22, Williams 2001: 135).

Beide Modelle ähneln sich in ihrer Ablehnung gegenüber dem medizinischen Modell, unterscheiden sich jedoch hinsichtlich ihrer theoretischen Fundierung und der Begründung, wie Behinderungen entstehen. Die Disability Studies heben hervor, dass Behinderung nicht der persönliche »Besitz« eines Menschen mit einer Schädigung sei:

»Nearly all work in disability studies explicitly rejects conventional medical, administrative, welfare or other ›property definitions‹ of disability (definitions in which disability is seen as the property of the person with an impairment)« (Williams 2001: 124).

Auch wenn in den amerikanischen Disability Studies von Modellen gesprochen wird, gibt es keine eindeutig abgrenzbaren Modelle, sondern verschiedene Ansätze, die sich vom medizinischen Modell abgrenzen.[115] Über diese kurze Charakterisierung hinausgehend wird im Folgenden ausschließlich das soziale Modell ausführlicher dargestellt, da dieses für die Analyse der ICF bedeutsam ist. In der ICF wird auf das soziale Modell rekurriert: Mit dem biopsychosozialen Ansatz der ICF sollen die gegensätzlichen Perspektiven dieses und des medizinischen Modells in einer Synthese vereint werden (vgl. 6.2). Um das Fundament dieses Ansatzes zu ergründen, liegt der Fokus auf den beiden Modellen, aus denen der biopsychosoziale Ansatz gebildet ist. Daher kann auf weitere alternative Ansätze gegenüber dem medizinischen Modell nicht eingegangen werden.

Im sozialen Modell wird zwischen der individuellen, körperlich oder geistig manifestierten Schädigung (impairment) und der gesellschaftlich verursachten Behinderung (disability) unterschieden, erstmalig durch die *Union of the Physically Impaired against Segregation (UPIAS)*. Diese Organisation

---

Studies zitiert, dessen Ansatz sich auch auf marxistische Theorien bezieht.
115 Vgl. die Stellungnahmen zu einem sozialkonstruktivistischen, kulturellen oder einem Menschenrechtsmodell von Behinderung, unter anderem Davis 2002: 41, Quinn/Degener 2002: 10, Degener 2003b: 465, Waldschmidt 2006: 90ff.

definierte bereits Mitte der 1970er Jahre, was Schädigung und Behinderung bedeuten:

»*Impairment:* lacking part or all of a limb, or having a defective limb, organ or mechanism of the body: and
Disability: disadvantage or restriction of activity caused by a contemporary social organisation which takes no or little account of people who have [...] impairments and thus excludes them from the mainstream of social activities.« (UPIAS 1976: 14)

Hat sich diese frühe Definition noch ausschließlich auf physische Schädigungen bezogen, so ist sie 1986 von der internationalen Organisation Disabled Peoples' International (DPI) erweitert worden:

»*Impairment* is the functional limitation within the individual caused by physical, mental or sensory impairment; disability is the loss or limitation of opportunities to take part in the normal life of the community on an equal level with others because of physical or social barriers.« (DPI 1986, in: Oliver 1998: 1447)

Beide Definitionen stellen heraus, dass Behinderung (disability) gesellschaftlich verursacht ist und daher die gesellschaftliche Teilhabe und die Lebensmöglichkeiten von Menschen mit Schädigungen eingeschränkt sind. Behinderung wird gleichermaßen als ein Produkt der Beziehungen zwischen denjenigen Menschen angesehen, die gesellschaftlich an ihrer Schädigung erkannt und denjenigen, die als physisch, sensorisch und kognitiv normal beziehungsweise gewöhnlich charakterisiert werden (vgl. Thomas/ Corker 2002: 18). Demgemäß ist Behinderung unabdingbar mit den sozialen Lebensbedingungen behinderter Menschen verbunden und folglich veränderbar: Behinderung ist eine dynamische Kategorie. Eine Schädigung wird hingegen als individuelles, biologisches Merkmal betrachtet, das jedoch in einem engen Verhältnis zu Behinderung steht. Dies wird daran deutlich, dass Behinderung, als durch die Gesellschaft verursacht, nur Menschen mit Schädigungen und nicht alle Menschen betrifft. Dementsprechend stehen Schädigung und Behinderung in einem untrennbaren Verhältnis zueinander, sie sind relationale Kategorien. Finkelstein betont bereits 1980 die Verbindung beider Kategorien, legt jedoch den Schwerpunkt auf die gesellschaftliche Dimension von Behinderung, die verändert werden kann und soll: »If society is disabling us [...] therefore it is society that has to change« (Finkelstein 2001: 1).

Oliver hebt hervor, dass das soziale Modell keine Theorie von Behinderung sei, sondern ein praxisorientiertes Prinzip, mit dem begründet werden kann, dass soziale und politische Veränderungen notwendig sind (vgl. 2004:

11). Um die Funktion des sozialen Modells zu verdeutlichen, verwendet er die Metapher des Hammers,[116] mit dem Gerechtigkeit erreicht werden kann: »Finally, I have tried to demonstrate, that we do have a hammer in the Disability Movement and that, if properly used, the social model of disability could become the hammer of justice and freedom for disabled people ›all over this land‹« (Oliver 2004: 12).

Eine Behinderung als Erfahrung beeinträchtigter Lebensaktivität aufgrund sozialer Hindernisse zu interpretieren, bildet das Fundament für die britische *Selbstbestimmt-Leben-Bewegung*.

Im Gegensatz zur Entstehung des sozialen Modells vor ca. 35 Jahren steht inzwischen nicht mehr ausschließlich die gesellschaftliche Dimension von Behinderung im Vordergrund, sondern es wird zunehmend auch die Bedeutung des Körpers erkannt und erforscht: Schädigungen und ihre Auswirkungen, die psychischen und emotionalen Dimensionen von Behinderung (vgl. Shakespeare 2003: 431, Thomas 2002b: 68ff., 2004b: 25). In der Diskussion über die Bedeutung des Körpers unterscheiden sich sozialwissenschaftliche und kulturwissenschaftliche Perspektiven: ob der Körper als sozial produziert oder als konstruktivistisch konstruiert verstanden wird. Der Körper ist auch in der kulturwissenschaftlichen Diskussion der Disability Studies in den USA relevant (vgl. besonders Thomson 1997, Mitchell/ Snyder 1999). So wirft die amerikanische Forscherin Sharon Snyder im Interview mit der deutschen Wissenschaftlerin Anja Tervooren die Frage auf, wie sie anderen Menschen, die Behinderung gemäß der medizinischen Perspektive ausschließlich als persönliche Tragödie oder individuelles Leiden begreifen, ihr Leben erklären kann (vgl. Tervooren 2002: 119). Diese identitätsbezogene Frage zielt auf die Diskriminierung ab, die behinderte Menschen erfahren, und weist darauf hin, dass in den Disability Studies – wie in den Cultural Studies, den Gender Studies und den Queer Studies – die binäre Logik von *normal versus abweichend* überwunden werden soll. In den Disability Studies soll die Gegenüberstellung: *behindert versus nicht-behindert* aufgelöst werden. Behinderung wird als Identitätskategorie diskutiert, was auch Shakespeare kritisch gegenüber der Theorie des sozialen Modells vertritt (vgl. 2006).

Die Kritik, das soziale Modell würde die Bedeutung von Schädigungen ignorieren, lässt sich jedoch hinsichtlich der Definition von UPIAS nicht

---

116 In Anlehnung an den Freiheitssong von Pete Seeger und Lee Hays: *If I had a hammer* (1949).

halten (vgl. auch Thomas 2004a: 581). Dennoch ist der britischen Wissenschaftlerin Jenny Morris zuzustimmen, die darlegt, dass im sozialen Modell die gesellschaftliche Unterdrückung behinderter Menschen fokussiert würde und die Erfahrungen des eigenen behinderten Körpers weniger Bedeutung hätten: »However, there is a tendency within the social model of disability to deny the experiences of our own bodies, insisting that our physical differences and restrictions are entirely socially created« (Morris 1991: 10). Diese Position wird besonders von denjenigen Wissenschaftlerinnen vertreten, die erklären, dass die persönliche Dimension ihrer Behinderung nicht von der gesellschaftlichen Dimension getrennt werden kann (vgl. Morris 1991, Thomas 1999, speziell 65–120).[117] Diese Trennung entspräche der traditionellen patriarchalischen Trennung zwischen dem Privaten und dem Politischen, wie Morris in Erinnerung an den Slogan der Frauenbewegung: »The personal is political« aufzeigt (Morris 1991: 9). Die persönliche Lebenssituation und damit auch die Erfahrung des Körpers nicht zu thematisieren, ignoriere die eigene Identität. Der Zusammenhang zwischen der persönlichen und der politischen Dimension werde wiederum deutlich, wenn sich einzelne Menschen zu einer Bewegung zusammenschlössen und dadurch eine gemeinsame »Wir«-Identität entstünde (vgl. auch French/Swain 2004: 38). Dabei sei es wichtig, dass das Leben mit einer Behinderung keine persönliche Tragödie, sondern – wie mehrere behinderte InterviewpartnerInnen schildern – die Schädigung Teil ihrer nicht negativ empfundenen Identität sei (vgl. French/Swain 2004: 35ff.).

Wie anhand des Zusammenhangs von persönlicher und politischer Dimension zu erkennen ist, widerspricht eine Diskussion der eigenen Körpererfahrungen und hiermit der Kategorie *Impairment* nicht dem sozialen Modell. Auch wenn Oliver herausstellt, dass die gesellschaftliche Verursachung von Behinderung verändert werden kann und dies daher der Schwerpunkt des sozialen Modells und der Behindertenbewegung sein soll, muss die Bedeutung der Schädigung im sozialen Modell sozialwissenschaftlich diskutiert und analysiert werden. Ansonsten bliebe es den medizinischen Wissenschaften überlassen, die Bedeutung von Schädigungen zu interpretieren, wodurch eine dualistische Trennung entstünde: Schädigungen würden als natürlich beziehungsweise biologisch, Behinderungen als sozial verursacht

---

117 Einen guten Überblick über die feministische Kritik am sozialen Modell bietet Carol Thomas' Aufsatz »The ›Disabled‹ Body« (2002b), in dem sie – selbst eine materialistische Perspektive einnehmend – primär die Sichtweise britischer sozialwissenschaftlicher Wissenschaftlerinnen darstellt und diese in Bezug zu poststrukturalistischen, feministischen Positionen setzt.

verstanden. Die Bedeutung des Körpers nicht zu beachten und den Körper damit als »pre-social« zu begreifen, entspräche der traditionellen kartesianischen Spaltung zwischen Körper und Geist (vgl. Hughes/Paterson 1997: 329). Daher schlagen diese WissenschaftlerInnen – ebenso wie Carol Thomas – vor, eine Soziologie der Schädigung zu entwickeln (vgl. Thomas 2001). Wie Paul Abberley aus sozialwissenschaftlicher Perspektive hervorhebt, wird ignoriert, dass nicht nur Behinderungen, sondern auch Schädigungen durch Arbeits- oder Verkehrsunfälle, Operationsfehler, Mangelernährung, fehlende oder schlechte Wasserversorgung, Armut oder Kriege gesellschaftlich verursacht sind (vgl. Abberley 1987: 5ff.). Folglich ist die Kategorie *Impairment* sowohl biologisch als auch sozial begründet, so dass entgegen Olivers Impetus, das Gewicht auf die Kategorie *Disability* zu legen, beide Kategorien bedeutsam sind und zusammengehören.

Das soziale Modell als politisches Instrument würdigend, hält Thomas es für notwendig, von diesem Ausgangspunkt *Impairment* und *Disability* soziologisch zu konzeptualisieren und eine Theorie ihres Verhältnisses zu entwickeln (vgl. 2004b: 25f.).Grundsätzlich müsse eine historisch-materialistische Ontologie von Schädigungen entwickelt werden, die weder biologisch noch kulturell reduktionistisch sei und den Körper nicht als rein linguistisch konstruierte Differenz verstehe: »What is required is a theoretical framework that recognises the social influences in the science of biology and the irreducibly biological foundations of the social« (Thomas 2004b: 25). Behinderungen entstünden erst auf der Basis von vorhandenen Schädigungen als soziobiologischer Substanz – wie bereits an früherer Stelle als untrennbare Verbindung zwischen beiden Kategorien dargelegt (vgl. Thomas 2004b: 25). Thomas schlägt vor, die psycho-emotionalen Dimensionen von Behinderung einzubeziehen, da Behinderung nicht nur durch externe soziale Barrieren, sondern auch durch interne psycho-emotionale Faktoren produziert werden könne. Diese Faktoren resultierten aus abwertenden Verhaltensweisen gegenüber Menschen mit Schädigungen, die sich aufgrund dessen als weniger wertvoll oder unattraktiv wahrgenommen fühlten (vgl. Thomas 2004b: 25). Eine Behinderung könne sowohl gesellschaftlich, durch physische oder soziale Hindernisse wie beispielsweise Vorurteile gegenüber behinderten Menschen, als auch durch die Auswirkungen einer Schädigung entstehen. Hiermit bezieht sich Thomas auf die UPIAS-Definition, grenzt sich jedoch von Olivers Interpretation ab, indem sie hervorhebt, dass die Verursachung von Aktivitätsbeeinträchtigungen durch vorliegende Schädigungen in der Definition nicht ausgeschlossen ist:

»The UPIAS social relational approach does not assert that all disadvantages or restrictions of activity experienced by people with impairment constitute ›disability‹. That some restrictions of activity may be caused by impairments is not ruled out – it is just that these are not ›disabilities‹ according to this definitional approach. I will use the term ›impairment effects‹ when referring to those restrictions of activity which are directly caused by illness or impairment« (Thomas 2001: 52).

Ebenso wie Thomas sprechen sich verschiedene WissenschaftlerInnen dafür aus, das soziale Modell aufgrund seiner Verdienste zu honorieren, es jedoch zu erweitern, um Behinderung umfassender zu beschreiben. So schlagen unter anderem Shakespeare/Watson vor, »to retain the social model within a more nuanced worldview drawing on feminist and postmodernist accounts« (1997: 299). Hierbei wird erwogen, zwischen der wissenschaftlichen Diskussion der Disability Studies und der Bezugnahme auf das soziale Modell durch die Behindertenbewegung zu unterscheiden, da sich dieses Modell für die Bewegung als erfolgreich erwiesen habe.

Behinderung ist seit der Entstehung der Behindertenbewegung und ihrer wissenschaftlichen Fundierung durch die Disability Studies international in vielfältiger Form diskutiert worden, vor allem mit Bezug auf Theorien, die sich mit Differenz befassen, wie feministische und poststrukturalistische Theorien oder auch sozialkonstruktivistische Ansätze. Da es sich bei den Disability Studies um eine vergleichsweise junge Wissenschaft handelt, besitzt sie »the potential to be open to radical new approaches that suggest both a revaluation of existing concepts and a reordering of binary hierarchies, such as ability/disability, health/disease, normal/abnormal« (Price/Shildrick 1998: 224). Diese von den feministischen Wissenschaftlerinnen Janet Price und Margret Shildrick formulierte Aufgabe kann als übergeordnetes Ziel verstanden werden, das sowohl für die Union of the Physically Impaired against Separation (UPIAS) und das soziale Modell, aber auch für die Disability Studies weltweit richtungsweisend ist.

3.1.3 Verhältnis der Theorieansätze

Resümiert man die bisher skizzierten Begriffsbestimmungen, so erweitern die den Krankheitswissenschaften nahe stehenden Gesundheitswissenschaften, Rehabilitationswissenschaften und die Psychosomatik das medizinische Modell. In ihnen sind nicht nur biologische, sondern auch psychische und soziale beziehungsweise psychosoziale – und im Fall der Gesundheitswissenschaften sogar auch ökologische – Komponenten enthalten. Entscheidend ist aber, dass bei allen Disziplinen der Fokus auf dem Individuum liegt. Dementsprechend wird – gemäß des aus dem medizinischen Modell von Krankheiten entstandenen medizinischen Modells von Behinderung – in diesen Disziplinen Behinderung als persönliches Problem verstanden. Allerdings konzentriert sich nur die Medizin auf die organischen Aspekte einer Behinderung, die (gemäß des medizinischen Modells) durch biologische Anomalien, Schädigungen oder geringe Funktionstüchtigkeit gekennzeichnet sei.

Die Disability Studies haben sich mit dem sozialen Modell (und auch mit dem Menschenrechtsmodell) von dem medizinischen, das Individuum fokussierenden Modell abgesetzt. Sie haben sich sogar in eindeutiger Abgrenzung als Gegenbewegung entwickelt. Die klare Trennung zwischen *Impairment* und *Disability*, die in der Definition der UPIAS sichtbar ist, sowie die Schwerpunktsetzung, Behinderung als gesellschaftliche Unterdrückung zu begreifen (vgl. Oliver 1990), weisen auf ein anderes Verständnis von Behinderung hin. Der Behinderungsbegriff des sozialen Modells hat einen relationalen Charakter, da Behinderung als Form gesellschaftlicher Ausgrenzung im Zusammenhang mit den sozialen Beziehungen und Begegnungen von Menschen mit und ohne Schädigungen zu betrachten sei (vgl. Thomas 2004a: 578ff. mit Bezug zu Finkelsteins Erläuterung der UPIAS-Definition, Finkelstein 1980: 3ff.). Insofern wird Behinderung als gesellschaftliche Unterdrückung oder als Verhinderung von Aktivitäten von Menschen mit Schädigungen verstanden, wobei das Verhältnis und die soziale Beziehung von Menschen zueinander entscheidend sind. Verbessert sich die gesellschaftliche Begegnung oder werden die real vorhandenen Hindernisse für behinderte Menschen abgebaut, würde Behinderung als gesellschaftliche Einschränkung behinderter Menschen verringert. Allerdings wird nicht geleugnet, dass auch Schädigungen einschränkende Effekte haben, die als »impairment effects« konzeptionell in einer Theorie der Kategorie *Impairment* erarbeitet werden (Thomas 2004a: 581, vgl. auch 2004b: 22ff., 2007).

Das soziale Modell definiert die Kategorie *Impairment* (ähnlich wie das medizinische Modell) als individuelles Merkmal, jedoch sowohl als biologisch oder als gesellschaftlich verursacht. Der Körper und die individuelle Lebenssituation haben – besonders durch die feministische Forschung – eine stärkere Bedeutung erhalten. Bezüglich der Behinderungskategorie vertritt das soziale Modell eine vollständig andere Auffassung, da das medizinische Modell *Behinderung* ebenso wie die Schädigung als individuelle Kategorie, das sozialen Modell hingegen als gesellschaftliche Kategorie definiert. Insofern berühren sich medizinisches und soziales Modell ausschließlich hinsichtlich der Kategorie der Schädigung. In den Modellen kommen unterschiedliche Interessen zum Ausdruck, was auf die machtvolle Funktion von Definitionen hinweist. Wie sich zeigt, führt es zu einem anderen Ergebnis, wenn unterschiedliche Gruppen (MedizinerInnen oder behinderte SozialwissenschaftlerInnen) den Begriff Behinderung definieren. Die Definition des Behinderungsbegriffs hängt sowohl mit der Profession als auch mit der eigenen Erfahrung einer Behinderung zusammen. Die Begriffsbestimmungen von Behinderung sind daher bedeutsam für diejenigen, deren Behinderung unterschiedlich beurteilt wird: als individuelles Merkmal, als Resultat eines interaktiven Verhältnisses von Individuum und Gesellschaft, als gesellschaftliche Einschränkung oder als Verbindung verschiedener Perspektiven. Für behinderte Menschen ist es entscheidend, welche Bedeutung und welches Machtpotenzial die jeweilige Behinderungsdefinition innehat. Das Machtpotenzial einer Definition hängt jedoch davon ab, welche Bedeutung ihr aus wissenschaftlicher Perspektive zugeschrieben und in welchem Ausmaß und welchem Feld sie für die Lebenssituation behinderter Menschen angewendet wird. Diese Perspektive auf Behinderungsdefinitionen und -modelle ist auch auf die ICF zu beziehen. Deshalb wird untersucht, welches Behinderungsverständnis in Verbindung mit implizit oder auch explizit enthaltenen Normalitätsvorstellungen in der ICF vorliegt (vgl. Kapitel 4–6).

3.2 Theoretische Grundlagen

Das Handbuch *Sozialwissenschaftliche Diskursanalyse* unterscheidet zwischen vier Verwendungstraditionen des Diskursbegriffs.[118] Auf den Diskursbegriff wird in der im angelsächsischen Raum verbreiteten (eher als Konversationsanalyse zu bezeichnenden) *discourse analysis* rekurriert, in der von Habermas erarbeiteten *Diskursethik*, in der als *cultural turn* oder *interpretative turn* bekannten *kulturalistischen Diskursanalyse* und in der seit den 60er Jahren in Frankreich entstandenen, seitdem ergänzten und weiterentwickelten

---

[118] Zwischen diesen vier Verwendungstraditionen bestehen seit Mitte der 70er Jahre Verbindungslinien (vgl. Keller et al. 2001: 13ff.).

Diskurstheorie (vgl. Keller et al. 2001: 10ff., auch Keller 2004: 20ff.).[119] Für diese vier Traditionslinien stellt Keller folgende Gemeinsamkeit heraus: »Die Begriffsverwendung richtet sich immer auf die Analyse von Sprachgebrauch beziehungsweise von mündlichen oder schriftlichen Texten und untersucht diese im Hinblick auf (formale) Regelstrukturen oder inhaltliche Strukturierungen.« (Keller et al. 2001: 9)

In der Begriffsverwendung lassen sich zwei Perspektiven unterscheiden: eine, in der reale Kommunikationsprozesse beziehungsweise sprachliche Interaktionen untersucht werden, und eine, deren Schwerpunkt auf der »von einzelnen Äußerungen abstrahierenden Analyse großer, durch die ForscherInnen zusammengestellter Textkorpora« liegt (Keller et al. 2001: 9). Als Diskurse werden also sowohl mündliche als auch schriftliche Erzeugnisse unterschiedlicher Länge verstanden.

Um die Analyse der ICF theoretisch zu fundieren, rekurriert diese Arbeit auf den diskurs- und machttheoretischen Ansatz Michel Foucaults und auf den normalismustheoretischen Ansatz Jürgen Links, da in der ICF Diskursstränge über Behinderung enthalten sind. Dass diese Diskursstränge weitreichende Auswirkungen haben, unterstreicht auch der Direktor der nationalen Rehabilitionsabteilung Irlands, Donal McAnaney, der den ethischen Rahmen der ICF als nicht ausreichend kritisiert und die ICF als »very powerful classification« einschätzt (McAnaney 2005: 13). Hierbei bezieht er sich auf die vielfältigen Anwendungsmöglichkeiten und Ziele der ICF sowie darauf, dass die ICF unter anderem institutionell und disziplinübergreifend einsetzbar sein soll und ein übergeordnetes Begriffssystem als »gemeinsame Sprache« zur Beschreibung von Behinderung bereitstellt (ICF 5f.). Inwiefern die ICF ein machtvolles Instrument ist und welche Charakteristika sie als solches kennzeichnen, wird in Kapitel 4–6 diskursanalytisch untersucht.

---

119 Während die *discourse analysis* unmittelbare mündliche oder schriftliche Konversationsprozesse oder -sequenzen analysiert, baut die *Diskursethik* auf der Sprechakttheorie auf und dient dazu, Verfahrens- und Orientierungsprinzipien in Diskussionsprozessen anzuwenden und hierdurch zur Klärung von Streitfragen beizutragen (vgl. Keller et al. 2001: 11). Die jüngere *kulturalistische Diskursanalyse* hat ihre Ursprünge unter anderem im amerikanischen Pragmatismus des frühen 20. Jahrhunderts und nimmt eher eine Perspektive als kulturwissenschaftlicher Textualismus ein, als dass sie konkret mit dem Diskursbegriff operiert (vgl. Keller et al. 2001: 12f.). Dagegen ist der Diskursbegriff in der *Diskurstheorie* besonders durch Foucaults Schriften *Die Archäologie des Wissens* (1973b) und *Die Ordnung des Diskurses* (1974) fundiert worden und hat einen hohen sozialwissenschaftlichen Stellenwert.

Zunächst zum Ansatz von Foucault: Laut Keller liegt bei Foucaults diskurstheoretischem Ansatz der Schwerpunkt auf der Analyse der Verbindung von »übersubjektiven Wissensordnungen und diskursiven Praktiken« (Keller et al. 2001: 12, vgl. Foucault 1973b, 1974). Dieser Ansatz erforscht die Regeln, wie Diskurse produziert und kontrolliert, wie gesellschaftliche Wissensbestände erhalten und verändert werden und wie ein Mensch als Subjekt institutionell und diskursiv konstituiert wird (vgl. Keller et al. 2001: 12).[120] Diskurse werden als produktiv verstanden, sie üben Macht aus; Wissensordnungen und Macht sind im Diskurs verbunden (vgl. Bublitz et al. 1999: 11f.).[121] Da Wissensordnungen nicht als direkte Abbildung der Wirklichkeit aufgefasst werden können, sondern durch Diskurse erzeugt werden, richtet sich

»das Erkenntnisinteresse [...] auf die symbolische und strukturelle Dimension von Diskursen, auf die Praxis der Diskursproduktion und auf diskursive Machtkämpfe, die keineswegs nur der sozialen Integration und Konsensfindung [... dienen], sondern vielmehr auch der Mobilisierung kollektiven Handelns, der Definition von Normalität und Abweichung, der Transformation bestehender Wissens- und Moralsysteme.« (Keller et al. 2001:12)

Demgemäß sind Diskurse gesellschaftlich produzierte Aussagenkomplexe, die Normalität – und insofern auch Behinderung – definieren. Durch einen Diskurs wird ein Wissenssystem verankert, das verschiedene, gesellschaftlich und subjektiv relevante Funktionen enthält. Der Begriff Diskurs bezeichnet bei Foucault nicht ausschließlich das Sprechen von, zu oder über einen Gegenstand, sondern »das gesamte Ensemble der Wissensproduktion wie Institutionen, Regelungen, Verfahren der Wissenserstellung, Ein- und Ausschlüsse von Wissen oder [auch] autoritatives Sprechen« (Bock von Wülfingen 2007: 14).

---

120 Diskurse sind »als Praktiken zu behandeln, die systematisch die Gegenstände bilden, von denen sie sprechen« (Foucault 1973b: 74).
121 Foucault bezeichnet die Verbindung von »Wissen und Macht« als *Analyseraster* (1992: 33). Diese Begriffe haben eine methodologische Funktion; es gibt nicht *ein* Wissen oder *eine* Macht, das oder die ausschließlich agiert. Das Wort Wissen hat die Funktion, »alle Erkenntnisverfahren und -wirkungen zu bezeichnen, die in einem bestimmten Moment und in einem bestimmten Gebiet akzeptabel« seien, der Begriff Macht die Funktion, »viele einzelne, definierbare und definierte Mechanismen« zu umfassen, »die in der Lage scheinen, Verhalten oder Diskurse zu induzieren« (Foucault 1992: 32).

Nur wenige Theorieansätze[122] verweisen ausgehend von dem Zusammenhang zwischen Diskurs und Macht auf die gegenseitige Abhängigkeit von Normalität und Abweichung, die für die ICF als behinderungsspezifische Klassifikation konstitutiv ist. Bezogen auf diese Abhängigkeit trifft die ICF kategoriale Unterscheidungen, sie fällt »über Personen und Gruppen ›qualitative‹ Urteile der Andersartigkeit« (Neckel 2003: 163). Diese Funktion ist Klassifikationen inhärent, wobei mit der Kategorie Normalität ein Maßstab gesetzt wird, der unklare Konnotationen beinhaltet. In Auseinandersetzung mit Foucault befasst sich der Literaturwissenschaftler Jürgen Link damit, wie Normalität produziert wird (vgl. Link 1999). Foucaults wie auch Links Theorieansätze werden vermehrt als Grundlage genutzt, um Behinderung als gesellschaftliches Phänomen theoretisch zu reflektieren (vgl. unter anderem Schildmann 2000a, 2001, 2002, 2004a, 2004b, 2005; Weinmann 2001, 2003; Lingenauber 2003, Tremain 2005, Naue 2005, 2006).[123]

Jürgen Link hat seine Normalismustheorie unter Rückgriff auf Foucaults Diskurstheorie entwickelt, aber dessen Normbegriff kritisiert und weiterentwickelt. Links Ansatz wird auch als Grundlage für vielfältige literaturwissenschaftliche, politologische und medizinsoziologische Untersuchungen verwandt (vgl. Gerhard et al. 2001), da er – ebenso wie Foucault – die Opposition von pathologisch und nicht-pathologisch beziehungsweise *normal*

---

122 Die Bandbreite der Theorieansätze, die sich mit Normalität befassen, untersucht Ute Weinmann unter dem Titel »Normalität im wissenschaftlichen Diskurs verschiedener Fachdisziplinen« (2001). Hier sollen zwei Forschungsgruppen kurz erwähnt werden, die insbesondere Normalitätsräume und -grenzen erforschen: Die Braunschweiger Forschungsgruppe um Herbert Mehrtens und Werner Sohn, die unter der Gegenüberstellung von *Normalität und Abweichung* Normalisierung als Kontrolltechnik begreift (1999), was besonders relevant für die Beurteilung von Behinderung als verminderter Leistungsfähigkeit ist; und diejenige um den Bochumer Philosophen Bernhard Waldenfels, der über eine Phänomenologie des *Fremden* einen Zugang zur Normalitätsproblematik entwickelt (1997, 1998), wodurch Normalisierung als Bewältigungsstrategie des Fremden verstanden werden kann und auf die Identitätsbindung des *Normalen* hingewiesen wird. Ute Weinmann stellt so die behindertenpädagogische Diskussion über Normalität in einen größeren interdisziplinären Zusammenhang und verdeutlicht, dass Normalität eine disziplinübergreifende Strategie ist.
123 Die Rezeption von Foucaults Werk ist besonders an den Aufsätzen des von Tremain herausgegebenen Sammelbands *Foucault and the Government of Disability* (2005) erkennbar, in denen anhand der Foucaultschen Theorie Wissensstrukturen, *abweichende* Körper und Normalitätsdiskurse analysiert werden. Zur Diskussion des Verhältnisses von Behinderung und Norm vgl. auch Ursula Naues Aufsatz »Biopolitik der Behinderung: Die Macht der Norm und des ›Normalen‹« (2005) oder ihre auf Foucaults Gouvernementalitätsansatz rekurrierende Untersuchung »Governing Disability in Austria: Reflections of a Changing Political Field« (2006).

analysiert (vgl. Foucault 1969, 1973a, 1977, 1983, Link 1999, speziell 126ff.). Sowohl Foucault als auch Link binden die Bedeutung des Menschen als Subjekt an die Macht von Normalitäten beziehungsweise Normen, zu denen sich der Mensch als Subjekt verhält. Betrachtet man den menschlichen Körper, so fungiert Behinderung als Merkmal, mit dem ein Mensch beschrieben wird. An Bezeichnungen wie »jemand ist sehbehindert/stark körperbehindert/nur leicht entwicklungsverzögert/geistig behindert« ist festzustellen, dass die Kategorie *Behinderung* selbst hierarchisch unterteilt ist. Aufbauend auf Schildmanns Ansatz wird in dieser Arbeit davon ausgegangen, dass Behinderung in einem »binären Anordnungsverhältnis« zu Normalität steht (Schildmann 2004a: 19). Hierbei bildet die dynamische Kategorie Normalität eine »gesellschaftliche Macht- und Diskursstrategie, die sich im 19. Jahrhundert etablierte« (Schildmann 2004a: 19). Daher wird normalismustheoretisch analysiert, wie Behinderung und Normalität in der ICF konstruiert werden.

3.2.1 Diskurs

Betrachtet man Foucaults Aussagen zum Begriff Diskurs genau, so fällt auf, dass der Begriff nicht statisch ist, sondern von ihm fortlaufend weiterentwickelt wurde.[124] In Abgrenzung zu dem in den 1960er Jahren in Frankreich vorherrschenden sprachlinguistischen Verständnis des Diskursbegriffes formuliert Foucault als eine erste Begriffsdefinition in der *Archäologie des Wissens*, ein Diskurs lasse sich als »Menge von Aussagen« bestimmen, »die einem gleichen Formationssystem« angehörten (Foucault 1973b: 156). Hiermit fragt er nach den historischen Existenzbedingungen von Aussagen und nicht nach ihren allgemeinen Möglichkeitsbedingungen im System Sprache (vgl. auch Lorey 1999: 88). Diese Begriffsbestimmung bildet den Hintergrund für die weitere theoretische Auseinandersetzung, wird jedoch ergänzt und erweitert.

Während Foucault in der *Archäologie des Wissens* versucht, eine neue Forschungsmethode »jenseits von Hermeneutik und Strukturalismus« (Dreyfus/Rabinow) zu entwickeln, deren Schwerpunkt die diskursive Ordnung an

---

124 Thomas Lemke hat Foucaults theoretische Entwicklung von der *Archäologie des Wissens* zur *Genealogie* ausführlich mit Bezugnahme auf die Originalquellen dargelegt und die Problematik der archäologischen Methodik erörtert (1997: 38ff.). Die vorliegende Arbeit konzentriert sich auf eine Übersicht, wie sich der Diskursbegriff in Foucaults Werk verändert.

sich darstellen soll, beabsichtigt er in der *Ordnung des Diskurses*, die Beziehungen zwischen Diskurs und Macht zu konzeptionalisieren (vgl. Lemke 1997: 50). In der *Ordnung des Diskurses* bezieht er in stärkerem Maße soziale Praktiken ein, die er vorher, im Rahmen der archäologischen Methode, noch als außerdiskursiv angesehen hat (vgl. auch Lemke 1997: 51). Seiner als Antrittsrede am Collège de France formulierten Untersuchung stellt er die Hypothese voraus:

»Ich setze voraus, dass in jeder Gesellschaft die Produktion des Diskurses zugleich kontrolliert, selektiert, organisiert und kanalisiert wird – und zwar durch gewisse Prozeduren, deren Aufgabe es ist, die Kräfte und Gefahren des Diskurses zu bändigen, sein unberechenbar Ereignishaftes zu bannen, seine schwere und bedrohliche Materialität zu umgehen.« (Foucault 1974: 10f.)

Wie diese Hypothese verdeutlicht, nimmt Foucault in der *Ordnung des Diskurses* im Gegensatz zur *Archäologie des Wissens* begrenzende und einschränkende Strategien des Diskurses auf, vertritt hierdurch jedoch eine restriktive Konzeption des Diskurses.[125] Diskursen wird eine ausschließlich negative Funktion zugesprochen, was Foucault in einem späteren Interview als »inadäquat« bezeichnet, da er diesen Text in einer »Übergangssituation geschrieben habe« (Foucault 1978: 104).[126] Statt wie in der *Ordnung des Diskurses* »die Verhältnisse der Macht zum Diskurs als negative Mechanismen von Verknappung« darzustellen (Foucault 1978: 105), betont er in seiner im Anschluss entwickelten Methode der *Genealogie* vor allem produktive Machtaspekte des Diskurses (zur Genealogie vgl. Foucault 1987).[127] Kurz zusammengefasst untersucht Foucaults Genealogie,

»auf welche konstitutive Weise Subjektivitäten macht- und diskursabhängig sind und welche Techniken, Institutionen und Normen Effekte von Inklusion/Exklu-

---

125 Die restriktive Konzeption lässt sich daran erkennen, wie der Diskurs und seine Wirkungsweisen beschrieben sind: »Ausschließungssysteme treffen den Diskurs« (Foucault 1974: 16), »Prozeduren, mit denen die Diskurse ihre eigene Kontrolle ausüben« (1974: 17), der Zugang zum Diskurs wird reglementiert, so dass verhindert wird, dass »jedermann Zugang zu den Diskursen hat« (1974: 26).
126 Foucault erklärt, diese Perspektive gern »über Bord werfen« zu wollen (Foucault 1978: 105), da er bis dahin die »traditionelle Konzeption der Macht als eines im wesentlichen juridischen Mechanismus« akzeptiert habe und sie inzwischen für unzureichend hielte (Foucault 1978: 104).
127 Zur Genealogie vgl. ausführlich Martin Saars Aufsatz »Genealogie und Subjektivität«, der drei Dimensionen der Genealogie in Foucaults Werk ausmacht: ihre Funktion als historisches Verfahren, Geschichte zu schreiben, ihre Funktion als Raum für Wertfragen und ihre spezifische Darstellungsform, die die Situation des Subjekts problematisiert (vgl. 2003: 157ff.).

sion, Erkennbarkeit/Unsichtbarkeit, Wertschätzung/Verworfenheit produzieren.« (Lehmann-Rommel 2004: 265) Dementsprechend handelt es sich um eine Korrespondenz von Diskurs und Macht, die eine substanzielle Funktion für Subjektivitäten besitzt. Macht ist in sprachlichen Erzeugnissen immer schon enthalten, Machtpraktiken wirken durch Diskurse beziehungsweise sind in ihnen aufzuspüren. Für die Analyse der ICF ist besonders hervorzuheben, dass Foucault in dem Aufsatz *Nietzsche, die Genealogie, die Historie* zum ersten Mal von dem Leib als Objekt von Machtpraktiken spricht (vgl. Foucault 1987). Foucault bezeichnet den Leib als »Ort der Herkunft«, an dem das »Stigma der vergangenen Ereignisse« zu finden sei (Foucault 1987: 75). Demgemäß sind Ereignisse dem Leib eingeschrieben, der Leib ist durch das Auftreten von Ereignissen gekennzeichnet. Die Aufgabe der Genealogie sei es nun, herauszuarbeiten, »wie der Leib von der Geschichte durchdrungen ist und wie die Geschichte am Leib nagt« (Foucault 1987: 75). An Foucaults Erklärung zum Zusammenhang von Diskurs und Macht wird deutlich, dass Machtpraktiken produktiv und weder ausschließlich positiv noch negativ sind:

»Eben weil sich Macht und Wissen im Diskurs ineinander fügen, ist dieser als eine Serie diskontinuierlicher Segmente zu betrachten, deren taktische Funktion weder einheitlich noch stabil ist. Genauer: die Welt des Diskurses ist nicht zweigeteilt zwischen dem zugelassenen und dem ausgeschlossenen Diskurs. Sie ist als eine Vielfältigkeit von Elementen, die in verschiedenartigen Strategien ihre Rolle spielen können, zu rekonstruieren. [...] Es handelt sich um ein komplexes und wechselhaftes Spiel, in dem der Diskurs gleichzeitig Machtinstrument und -effekt sein kann, aber auch Hindernis, Gegenlager, Widerstandspunkt und Ausgangspunkt für eine entgegengesetzte Strategie. Der Diskurs befördert und produziert Macht; er verstärkt sie, aber er unterminiert sie auch [...]« (Foucault 1983: 122)

Diese Kombination von Diskurs und Macht greift auch Link auf: Unter Diskursen seien »institutionalisierte, geregelte Redeweisen« zu verstehen, die an Handlungen gebunden seien und von denen »Machtwirkungen« ausgingen (Link 1986: 71). In Bezug auf den Gegenstand der vorliegenden Untersuchung ist herauszustellen, dass der Diskurs über den Behinderungsbegriff kein Spezialdiskurs ist, da Behinderung nicht nur wissenschaftlich erörtert wird. Es handelt sich vielmehr um einen Diskurs, den Link als *Interdiskurs* charakterisiert, da Behinderung in unterschiedlichen Disziplinen und in Alltagsdiskursen zum Gegenstand wird (vgl. Link 1999: 50, vgl. 3.3.1). Die ICF selbst ist kein Diskurs, sondern sie enthält als Textkorpus verschiedene Diskursstränge sowie -fragmente zu Behinderung.

Link führt aus, dass ein Diskurs in der Foucaultschen Tradition »im strengen Sinne als materielles Produktionsinstrument aufgefasst werden [müsse], mit dem auf geregelte Weise (soziale) Gegenstände (wie z.b. ›Wahnsinn‹, ›Sex‹, ›Normalität‹ usw.) wie auch die ihnen entsprechenden Subjektivitäten produziert werden« (Link 1995: 744). An anderer Stelle verwendet er das Bild von Stahlteilen, um die Bedeutung »diskurstragender Kategorien« zu verdeutlichen (Link 1999: 15). Dies seien Kategorien,

»durch deren ›Entfernung‹ – wenn man sie sozusagen aus dem betreffenden Diskurs ›herauszöge‹ wie die Stahlteile aus einer Betonkonstruktion – der betreffende Diskurs nicht länger ›halten‹ könnte und in sich zusammenbräche wie ein Kartenhaus.« (Link 1999: 15)

In Analogie zu Links Metapher von Stahlteilen wird in der vorliegenden Untersuchung aufgezeigt, dass Normalität eine diskurstragende Kategorie der in der ICF enthaltenen Diskursstränge darstellt. Während Behinderung der genuine Gegenstand der ICF ist und daher durchgängig thematisiert wird, wird Normalität explizit nur an wenigen Stellen in der ICF erwähnt. Dennoch würde die ICF ohne die diskurstragende Kategorie Normalität »in sich zusammenfallen«, da Behinderung und Normalität einander bedingende Kategorien sind (vgl. 3.1). Dies ist auch daran erkennbar, dass Behinderung in der ICF gegen Normalität abgegrenzt wird. Wie hier verdeutlicht, sind Diskurse machtvolle Aussageformationen, weil sie sich auf die Lebenswirklichkeit von Menschen auswirken können. Durch welche Merkmale der Machtbegriff gemäß Foucaults Analytik charakterisiert ist, wird im Folgenden ausgeführt.

3.2.2 Macht und Subjekt

Grundsätzlich unterscheidet sich Macht von Herrschaft als einer starren und unflexiblen Machtform, welche die Gesellschaft in Herrschende und Beherrschte teilt (vgl. Foucault 1985: 11). Foucault begreift Macht als »Vielfältigkeit von Kraftverhältnissen, die ein Gebiet bevölkern und organisieren; das Spiel, das in unaufhörlichen Kämpfen und Auseinandersetzungen die Kraftverhältnisse verwandelt, verstärkt, verkehrt; die Stützen, die diese Kraftverhältnisse aneinander finden, indem sie sich zu Systemen verketten – oder die Verschiebungen und Widersprüche, die sie gegeneinander isolieren; und schließlich die Strategien, in denen sie zur Wirkung gelangen und deren große Linien und institutionelle Kristallisierungen sich in den Staatsapparaten, in der Gesetzgebung und in den gesellschaftlichen Hegemonien verkörpern.« (Foucault 1983: 113f.)

Reflektiert man diese Definition, so ist Macht kein Eigentum einer Person, einer bestimmten Gruppe, einer Institution oder des Staates, ebenso wenig kann Macht akkumuliert, weitergegeben oder getauscht werden. Macht ist eher als Feld von Taktiken und Strategien zu beschreiben, in dem sich diese zwischen unzähligen Punkten, ungleichen und flexiblen Beziehungen vollziehen (vgl. Foucault 1983: 115). Nach Foucault gibt es keinen machtfreien Raum, also keinen Ort, an dem keine Kraftverhältnisse existieren oder keine Machtbeziehungen verlaufen. Dementsprechend sind Widerstandsformen als Taktiken, die sich gegen andere Machtstrategien richten, in Foucaults Machtkonzeption einbezogen. Macht schließt somit auch Freiheit ein, Freiheit ist sogar als deren Voraussetzung zu verstehen, da »Macht [...] nur über freie Subjekte ausgeübt werden kann« (Foucault 1982/2005: 257). Sofern es keine Handlungsmöglichkeiten mehr gibt, werde nicht Macht, sondern Gewalt oder Herrschaft ausgeübt.

Ebenso wie den Diskursbegriff definiert Foucault auch den Machtbegriff nicht einheitlich, sondern er analysiert mehrere Machtformen und unterscheidet diese theoretisch. Demgemäß enthält Foucaults Werk verschiedene Machtbegriffe: die Macht des Souveräns, der seinen Staat lenkt; die Disziplinarmacht, mit der das Subjekt hierarchisch überwacht und sanktioniert wird; die Pastoralmacht, die mit dem Ziel ausgeübt wird, das Bewusstsein der Individuen zu erforschen und diese als Subjekte zu lenken und auch die sicherheitsorientierte Normalisierungsmacht, durch die das Subjekt anhand einer Norm überprüft und eine empirische Normalität als Maßstab für die Definition von Abweichungen gesetzt wird (zur Unterscheidung von Norm und Normalität vgl. 3.2.3).[128] Die vorliegende Untersuchung konzentriert sich auf die Machtformen, die den Menschen als Subjekt begreifen. Hierbei ist der Begriff Subjekt in zweifacher Hinsicht zu verstehen, er

»bezeichnet das Subjekt, das der Herrschaft eines anderen unterworfen ist und in seiner Abhängigkeit steht; und [... er] bezeichnet das Subjekt, das durch Bewusstsein und Selbsterkenntnis an seine eigene Identität gebunden ist. In beiden Fällen suggeriert das Wort eine Form von Macht, die unterjocht und unterwirft.« (Foucault 1982/2005: 245).

---

128 Vgl. den von Daniel Defert und François Ewald herausgegebenen Sammelband von Foucaults Aufsätzen zur Thematik der Macht: Michel Foucault »Analytik der Macht« (2005), zur Veränderung von Foucaults Machtkonzeption vgl. Lemke 1997.

Beide Bedeutungen betrachten das Subjekt als abhängig. Es lässt sich festhalten, dass Macht immer im Verhältnis zum Menschen beziehungsweise zu dem ihr unterworfenen Subjekt besteht.

Wie Machtbeziehungen funktionieren, ist im Rückgriff auf die in den christlichen Institutionen entstandene Pastoralmacht zu erklären (zur Bedeutung der christlichen Doktrin vgl. auch Rose 1996: 77f. und Lemke 1997: 153ff.). Dieser Machtbegriff bezeichnet die Machtform, die die »Hirten der Gemeinde« ausübten, indem sie anderen dienten, um deren »Heil im Jenseits« zu sichern. Die Inhaber der Macht müssten bereit sein, sich für dieses Heil ihrer Schützlinge einzusetzen (vgl. Foucault 1982/2005: 247). Zudem sorgten sie sich nicht nur um die christliche Gemeinschaft, sondern um jeden Einzelnen. Voraussetzung dieser Machtform sei es, die Gedanken und Gefühle der Menschen zu kennen und sie dazu zu bringen, ihre persönlichsten Geheimnisse zu offenbaren (vgl. die christliche Beichtpraxis). Hierzu gehöre es, dass der Machtinhaber das Bewusstsein der Menschen kenne und es lenken könne (vgl. zur Führung des Menschen auch Höhne 2002). Diese individualisierende Machtform wurde von anderen Institutionen, der Polizei, Hilfs- und Wohltätigkeitsorganisationen, der Familie wie auch vom Staat weiterentwickelt und übernommen (vgl. Foucault 1982/2005: 248). Der Staat selbst wird in diesem Zusammenhang als Resultante gesellschaftlicher Kräfteverhältnisse verstanden, wobei beständig neu definiert werde, was im Kompetenzbereichs des Staates liege und was nicht (vgl. Lemke et al. 2000: 27). Als Folge aus Pastoral- und politischer Macht seien Taktiken der Individualisierung entstanden, bei denen nicht mehr *das Heil im Jenseits*, sondern *das Heil im Diesseits* Kernpunkt der Fürsorge sei: Wohlbefinden, Gesundheit, Hygiene, Bildung, Sicherheit, Arbeitsfähigkeit und ein angemessener Lebensstandard (vgl. Foucault 1982/2005: 248f.). Diese Individualisierungstaktiken seien in verschiedenen Machtformen wirksam, sie bilden einen grundlegenden Faktor des Foucaultschen Forschungsansatzes der Gouvernementalität.[129]

Der Begriff Gouvernementalität bezeichnet das »Strategiefeld der Machtbeziehungen oder die spezifischen Merkmale der Regierungstätigkeit« (Sennelart 2004: 564).[130] Foucault führt aus, dass Macht weniger in einer direkten Auseinandersetzung von Gegnern zu verorten sei, als vielmehr im

---

[129] Aufbauend auf Foucaults Konzeption der Gouvernementalité haben sich die Gouvernmentality Studies gegründet, zum Überblick vgl. Lemke 2000.
[130] Der Begriff Gouvernementalität rekurriert auf das französische Substantiv Gouvernementalité, das sich von dem französischen Adjektiv gouvernemental ableitet und frei als »die Regierung betreffend« übersetzt werden kann. Sennelart weist im Nachwort zu Foucaults

»Bereich der ›Regierung‹ in dem weiten Sinne, den das Wort im 16. Jahrhundert besaß. Damals bezog es sich nicht nur auf politische Strukturen und die Staatsverwaltung, sondern meinte auch die Lenkung des Verhaltens von Individuen und Gruppen: von Kindern, Seelen, Gemeinschaften, Familien, Kranken. Es umfasste nicht nur institutionalisierte und legitime Formen politischer und ökonomischer Unterordnung, sondern mehr oder weniger überlegte und berechnete Handlungsweisen, die jedoch alle darauf abzielten, die Handlungsmöglichkeiten anderer Individuen zu beeinflussen.« (Foucault 1982/2005: 256)

Für Foucault lassen sich sämtliche Institutionen und Praktiken, durch die Menschen gelenkt werden, als Regierung verstehen (vgl. Foucault 1996: 118f.). Auf diesen Begriff der Regierung gründet sich der theoretische Ansatz der Gouvernementalität; er erklärt, wie Regierungstechniken als Verbindung von Selbst- und Fremdführungen funktionieren: »Der Kontaktpunkt, an dem die Form der Lenkung der Individuen durch andere mit der Weise ihrer Selbstführung verknüpft ist, kann nach meiner Auffassung ›Regierung‹ genannt werden« (Foucault 1993: 203f., in: Lemke 2005: 342).

In einer weiter gefassten Bedeutung ist unter Regierung nicht eine Machtform zu verstehen, Menschen zu Gehorsam gegenüber dem Willen eines Regierenden oder einer politischen Regierung zu zwingen, sondern »ein bewegliches Gleichgewicht mit Ergänzungen und Konflikten zwischen Techniken, die Zwang sicherstellen, und Prozessen, durch die das Selbst durch sich selbst konstruiert oder modifiziert wird« (Foucault 1993: 203f., In: Lemke 2005: 342). Im Zuge der Verbreitung von Regierungstechniken tritt neben die Fremd- die Selbstkontrolle und löst diese zunehmend ab, »traditionelle Autoritätskonzepte w[e]ichen partizipativen Managementtechniken, die den ›humanen Faktor‹ als betriebswirtschaftliche Ressource« entdecken (Lemke 2004a: 177, vgl. auch Bröckling 2007). Dadurch wird die Grenze zwischen Innen und Außen, zwischen Autonomie und Heteronomie aufgehoben.

Der Fokus des Gouvernmentalitätskonzepts liegt weniger darauf, wer die Machttechniken ausführt, sondern wie die »Lenkung der Führungen« funktioniert (vgl. Lemke 2005: 336, mit Verweis auf Foucault 1982/2005: 256). Hierbei ist zu beachten, dass Foucault mit dem Konzept der Regierungskunst die politische Bedeutung von Machtstrukturen nicht ignoriert, sondern von einer komplexen Verknüpfung und wechselseitigen Implikationen zwischen Selbstregulationsmechanismen, Recht und direkten Disziplinierungs- und Kontrollmaßnahmen ausgeht (vgl. Jessop 2005: 24).

Geschichte der Gouvernementalität I. darauf hin, dass die Übersetzung des Begriffs als »Regierungsmentalität« daher nicht zuträfe (2004: 564).

Der Regierungsbegriff nimmt eine »Scharnierfunktion« für Foucaults Arbeit ein: Zum einen stellt der Regierungsbegriff »das Bindeglied zwischen strategischen Machtbeziehungen und Herrschaftszuständen« dar, zum zweiten »vermittelt dieser Begriff zwischen Macht und Subjektivität und untersucht, wie sich Herrschaftstechniken mit ›Technologien des Selbst‹ verknüpfen« (Lemke 1997: 31). Die Regierungstätigkeit lässt sich als Machtausübung begreifen, »einerseits, andere (durch mehr oder weniger strengen Zwang) zu lenken, und andererseits, sich (gut oder schlecht) aufzuführen, also sich in einem mehr oder weniger offenen Handlungsfeld zu verhalten« (Foucault 1982/2005: 256).

Die Handlungsmöglichkeiten von Menschen werden durch Machtausübung anderer Menschen strukturiert: Konkret wird die Wahrscheinlichkeit des Verhaltens beziehungsweise der Handlungen beeinflusst. Bei der Regierungstätigkeit handelt es sich demnach um eine relationale und indirekte Machtform, bei der das Subjekt selbstverantwortlich agiert oder zumindest nicht direkt gezwungen wird, sondern ihm Verhaltensweisen nahe gelegt werden. Das Subjekt wird aufgefordert, sich selbst zu regieren und ökonomisch mit seinen Kräften zu haushalten, ebenso mit seiner Gesundheit, seinen Lebenszielen, sowohl in der Arbeitswelt als auch in seinem sozialen Leben. Hierbei steht im Vordergrund, die eigenen Handlungs- und Lebensmöglichkeiten zu optimieren und Risiken vorzubeugen. Die Kombination aus Herrschafts- und Selbsttechniken bezieht sich auf ein Subjekt, das grundsätzlich als handelndes und freies Subjekt anzuerkennen ist und innerhalb sozialer Machtverhältnisse konstituiert wird.[131]

Machtbeziehungen durchziehen alle Lebensbereiche, sie sind in der sozialen Struktur einer Gesellschaft verankert. Dementsprechend gibt es keine Gesellschaft ohne Machtbeziehungen, da es jederzeit möglich ist, auf das Handeln anderer durch eigene Handlungen einzuwirken. Allerdings ist zu hinterfragen, ob bestehende Machtbeziehungen notwendig sind, wie sie gestaltet und entstanden sind (vgl. ebd. 258). Machtbeziehungen sind veränderbar – durch neue Verhaltens- und Handlungsweisen, mit denen ein Subjekt sich selbst und andere lenken kann. Zudem bestehen in Machtbeziehungen (im Gegensatz zu Zwangs- oder Gewaltbeziehungen) vielfältige Möglichkeiten, auf die Ausübung von Regierungstechniken zu antworten,

---

131 Vgl. zum ökonomischen Handeln des Subjekts Ulrich Bröcklings gouvernementalitätstheoretische Studie: *Das unternehmerische Selbst. Soziologie einer Subjektivierungsform*, Frankfurt/Main 2007.

sei es in freiwilliger, erfinderischer, angepasster oder widerspenstiger Form (vgl. ebd. 255).

Um Machtbeziehungen zu untersuchen, sind nach Foucault folgende Gesichtspunkte zu klären: die Vielfältigkeit der Einwirkungsmöglichkeiten auf das Handeln anderer; die Ziele, die mit dieser Machtform verfolgt werden; die instrumentellen Modalitäten, *wie* Macht ausgeübt wird; die Formen der Institutionalisierung, ihre Regeln und Strukturen sowie die Wirksamkeit der eingesetzten Mittel im Vergleich zu dem Grad ihrer Rationalisierung (vgl. Foucault 1982/2005: 259f.). So kann der Einfluss auf das Handlungsfeld anderer Menschen unterschiedliche Formen haben, unter anderem können rechtliche, ökonomische, hierarchische, sprachliche, kulturelle oder bildungsbezogene Faktoren einbezogen werden. Ebenso kann Macht

»durch Drohung […], durch das Wort, über ökonomische Ungleichheit, über mehr oder weniger komplexe Kontrollmechanismen oder Überwachungssysteme, mit oder ohne Archive, nach expliziten oder stillschweigenden, dauerhaften oder veränderbaren Regeln, mit oder ohne materielle Dispositive«

ausgeübt werden (ebd. 259). Es lassen sich also in Machtbeziehungen verschiedene Strategien einsetzen, um auf das Handeln anderer einzuwirken. Dabei können globale und lokale Machttechniken wirkungsvolle Effekte entfalten, wenn sie in Beziehung zueinander gesetzt werden; Machtstrategien durchziehen sowohl Diskurse als auch Praktiken (vgl. Lehmann-Rommel 2004: 263).

Hinsichtlich der Wechselwirkung von Herrschaftstechniken und Selbsttechniken ist es für eine erfolgreiche Führung erforderlich, dass sowohl die Regierenden als auch die Regierten in der Lage sind, sich selbst zu beherrschen (vgl. Lemke 2005: 341). Bei der Ausübung von Herrschaftstechniken wird die Selbstführung des Individuums genutzt, gleichermaßen werden Selbsttechniken in bereits bestehende Herrschaftsstrukturen eingefügt (vgl. ebd. 342). Dies weist wiederum auf den doppelten Charakter von Subjektivierungsprozessen hin: gouvernementalistisch interpretiert regiert das Individuum sich selbst und andere, wird zugleich unterworfen und bildet in Bezug zu diesen Regierungspraktiken seine eigene Identität, sein Selbst.

Das Individuum ist jedoch nicht nur als kognitives Subjekt in Machtpraktiken involviert, sondern gleichermaßen leiblich durch seinen Körper. Der Körper eines Menschen ist durch den historischen Kontext geformt, er besteht sozusagen als leibliche Manifestation im jeweiligen zeithistorischen und gesellschaftlichen Kontext. Daher muss die individuelle Körperlichkeit als unabtrennbarer Teil eines Individuums beachtet werden, wenn die Wirkungsformen gouvernementalistischer Machtpraktiken reflektiert werden (vgl. auch Duttweiler 2003):

»The corporeal body is for Foucault inseparable from the power practised upon it and from the selfhood which grounds the knowing and known subject. In consequence, subjectivity cannot be said to be transcendent but is marked by the continual process of the body.« (Shildrick 1997: 44)

Foucault hebt hervor, dass der menschliche Körper seit den Anfängen des Kapitalismus und der Industrialisierung eine erhöhte Bedeutung erhielt:

»Within this set of problems, the ›body‹ – the body of individuals and the body of populations – appears as the bearer of new variables, not merely between the scarce and the numerous, the submissive and the restive, rich and poor, healthy and sick, strong and weak, but also between the more or less utilizable, more or less amenable to profitable investment, those with greater or lesser prospects of survival, death and illness, and with more or less capacity for being usefully trained.« (Foucault 1980: 172, in: Oliver 1990: 45)

Während der Körper zum einen hinsichtlich der Kontinuität seiner Leistungsfähigkeit überprüft wird, ist zum anderen seine Flexibilität gefordert. Die Anforderungen orientieren sich jeweils an der als Maßstab gesetzten Norm beziehungsweise Normalität[132] und zielen auf ein sprach- und handlungsfähiges, generell produktives Individuum ab (vgl. Boatcă/Lamnek 2004: 162). Der Körper ist sowohl entscheidender Ansatzpunkt für die Machtausübung anderer als auch für Selbsttechniken, mit denen sich das Subjekt lenkt und auf Machtausübung reagiert beziehungsweise sich zu dieser verhält.

Mit Foucaults gouvernementalitätstheoretischem Konzept wird überprüft, welche Wirkungsweisen von der ICF ausgehen und inwiefern die ICF als »*powerful instrument*« zur Ausübung von Herrschafts- oder Selbsttechniken verwendet werden kann (vgl. Lemke 2005: 341). Daher werden die instrumentellen Qualitäten der ICF untersucht. Hierbei ist bedeutsam, wie und auch von wem die ICF angewandt wird, um die Funktionsfähigkeit eines Menschen zu überprüfen und das Ausmaß einer Behinderung festzustellen. In der ICF sind vorrangig FachgutachterInnen für die Feststellung und Dokumentation des Behinderungsausmaßes vorgesehen. Allerdings wird in der 2001 veröffentlichten Checkliste angekündigt, dass neben der Checklistenversion für Fachpersonal auch eine Version zum SelbstmNora-

---

132 Zur Klärung der Begriffe Norm und Normalität vgl. die theoretische Differenzierung von Normativität und Normalität (3.2.3).

nagement (*self-administration*) sowie eine für Vertrauenspersonen vorhanden seien, was jedoch bisher nicht der Fall ist (vgl. WHO 2001a: 14). Hinzukommend werden behinderte Menschen auch in der derzeit aktuellen Checkliste aufgefordert, ihre Aktivität und Partizipation mit denjenigen von Menschen ohne eine Beeinträchtigung zu vergleichen (vgl. WHO 2001b: 10ff.). Aufgrund dessen ist darauf zu schließen, dass behinderte Menschen sich zu der an sie gestellten Aufforderung verhalten und sich selbst in Bezug zu dieser konstituieren (vgl. weitergehend Kapitel 4–6).

Foucault legt in seiner Untersuchung der Regierungstätigkeit den Schwerpunkt auf »die Differenz und Diskontinuität unterschiedlicher Technologien der Macht: Recht, Disziplin und Sicherheitstechniken« (Lemke et al. 2000: 13). Dabei grenzt er das souveräne Recht und die Mechanismen der Disziplin gegenüber den »Dispositiven der Sicherheit« ab (Lemke et al. 2000: 13). Im Gegensatz zum Konzept der Disziplinarmacht basiere das Konzept des Sicherheitssystems nicht auf einer gesetzten Norm, sondern auf dem vorliegenden Normalen. Dieses fungiert als orientierendes Spektrum und ermöglicht beziehungsweise erfordert zudem weitere Unterscheidungen:

»Die ›Dispositive der Sicherheit‹ ziehen keine absoluten Grenzen zwischen dem Erlaubten und dem Verbotenen, sondern spezifizieren ein optimales Mittel innerhalb einer Bandbreite von Variationen. Für die weitere Arbeit unterscheidet Foucault daher analytisch zwischen der rechtlichen Norm, der disziplinären Normierung und der Normalisierung der Sicherheitstechnologie« (Lemke et al. 2000: 13f.).

Die Realität richtet sich folglich nicht nach einer vorher als Ziel festgelegten Norm, sondern nimmt selbst die Funktion einer Norm ein. Hierdurch verändert sich die Orientierung an einer präskriptiven Norm zu einer Orientierung an der empirisch vermittelten Normalität. Das Bestreben, potenzielle Risiken gering zu halten und Sicherheitstechniken zur Kalkulation sowie zur Verhinderung von Risiken zu entwickeln, hat sich mit dem Aufkommen der Gouvernementalität verbreitet. Daher wirken nicht nur Formen der Regierungsmacht indirekt und diskret, sondern auch die Normalität fungiert als unauffälliges, aber einflussreiches Orientierungsmaß. Dementsprechend ist es für Individuen möglich, sich mit Selbstführungstechniken an der Normalität auszurichten und hierdurch selbst zu normalisieren. Normen beziehungsweise Normalitäten müssen insofern ebenfalls als Machtstrategien verstanden und analysiert werden (vgl. Naue 2006: 3).

3.2.3 Normalität und Subjekt

Die behindertenpädagogische Tradition hat die Bedeutung der Kategorie Normalität lange ignoriert. Die Bedeutung von Normalität – speziell das Verhältnis von Behinderung und Normalität – wurde, erstmals Ende des 19. Jahrhunderts durch Georgens/Deinhardt und verstärkt seit Ende der siebziger Jahre, erkannt und erforscht (vgl. zum Überblick Weinmann 2001, 2003). Hierbei nahm die Frauenforschung in der Behindertenpädagogik eine führende Funktion ein, Ausgangspunkt war der Themenkomplex: Normalität, Krankheit und Behinderung (vgl. ausführlich Schildmanns Veröffentlichungen seit 1983). Hinsichtlich der geringen Auseinandersetzung mit der Kategorie Normalität unterstreicht Schildmann, dass (vor der Linkschen Erarbeitung der Normalismustheorie) ein Dilemma vorlag, da Normalität im engeren Sinn nicht definiert war (vgl. Schildmann 2000a: 92). Zur Kategorie Normalität führt sie – in Anlehnung an Link – aus:

»Vielmehr erfassen wir ihre Bedeutung und ihre Grenzen über das, was eine jeweilige Gesellschaft unter ›abweichend‹ versteht (im negativen, wie im positiven, idealisierenden Sinne). Die Strukturen von Normalität lernen wir darüber kennen, wie Normalität funktioniert und wie sie produziert wird.« (Schildmann 2000a: 92)

Die grundlegende Bedeutung von Normalität, über Abweichungen definiert zu sein, bildet die Basis für Normalitätskonzepte, auch im Basis-Normalfeld Gesundheit (vgl. Link 1999: 321). Bengel et al. unterscheiden »vier in der Medizin am Konzept der Gesundheit zur Anwendung kommende Normalitätskonzepte« (1999, In: Jantzen 2002: 412):

1. Die Idealnorm der WHO als vollständiges körperliches, psychisches und soziales Wohlergehen
2. Die statistische Norm der Mehrheit
3. Die funktionale Norm als Fähigkeit, bestimmte Aufgaben ausführen zu können
4. Die medizinische Norm als Abwesenheit von Krankheiten

Die ersten beiden Konzepten beziffern zwei verschiedene Kennzeichen einer Norm: ihre Orientierung an einem Ideal und an einer Mehrheit. Die beiden letzten Normalitätskonzepte, die Norm als Funktionsfähigkeit und die über die Abweichung von Krankheiten definierte Norm können sowohl durch ein Ideal oder eine Mehrheit bestimmt sein. Diese vier Konzepte weisen schon auf die von Link ausgeführte Unterscheidung zwischen *Normativität* und *Normalität* hin, auf eine juristisch oder ideal vermittelte, normativ begrün-

dete Norm oder eine statistisch vermittelte, die Mehrheit bezeichnende Normalität (vgl. Link 2004a: 132ff.).
Ebenso wie bei Bengels et al. Aufstellung der vier Normalitätskonzepte werden auch in Foucaults Schriften die Begriffe Norm und Normalität verwendet, ohne sie voneinander abzugrenzen.[133] Wie Link kritisiert, gebraucht Foucault die Begriffe Norm und Normalität teilweise synonym (vgl. Link 1998, 1999: 132ff.).[134] Foucault charakterisiert nicht nur die Implikationen von Normen und Normalität für das Subjekt, sondern auch die Pflicht zur Selbstnormalisierung und zur Selbst- und Fremdführung (vgl. 3.2.2). Die Funktion von Normalitäten erklärt er wie folgt:

»An die Stelle der Male, die Standeszugehörigkeiten und Privilegien sichtbar machten, tritt mehr und mehr ein System von Normalitätsgraden, welche die Zugehörigkeit zu einem homogenen Gesellschaftskörper anzeigen, dabei jedoch klassifizierend, hierarchisierend und rangordnend wirken. Einerseits zwingt die Normalisierungsmacht zur Homogenität, andererseits wirkt sie individualisierend, da sie Abstände misst, Niveaus bestimmt, Besonderheiten fixiert und die Unterschiede nutzbringend aufeinander abstimmt.« (Foucault 1977: 237)

In dieser Beschreibung, wie Normalitätsgrade wirken, macht sich bereits die hierarchische Struktur der Normalitätsgrade und somit auch die empirische Orientierung deutlich. Wie Lemke et al. betonen (vgl. 2000: 13f.), bezieht sich Foucault dann auf eine statistisch begründete Normalität, wenn er untersucht, wie Sicherheitstechniken gegen Risiken angewandt werden. Die zunehmende Bedeutung, die das Normale erhielt, wird von Foucault in den Zusammenhang zu der Einschätzbarkeit des Menschen und seiner Handlungen gestellt:

»Als man von den traditionell-rituellen Mechanismen der Individualisierung zu den wissenschaftlich-disziplinären Mechanismen überging, als das Normale den Platz des Altehrwürdigen einnahm und das Maß den Platz des Standes, als die Individualität des berechenbaren Menschen die Individualität des denkwürdigen Menschen verdrängte und die Wissenschaften vom Menschen möglich wurden – da setzten sich eine neue Technologie der Macht und eine andere politische Anatomie des Körpers durch.« (Foucault 1977: 249)

---

133 Foucault analysiert zwar, inwiefern Normen oder auch Normalität machtvoll sein können, differenziert jedoch nicht zwischen Normalitäten, die an juristische Normen und solchen, die an empirisch erfassbare Mehrheiten oder Durchschnittswerte angelehnt sind.
134 Foucault bezieht sich auf die französische Bezeichnung der industriellen Normung und leitet von dieser soziale Normungen oder Normierungen ab, die in der deutschen Übersetzung fälschlicherweise mit Begriffen wie normalisierend oder Normalisierung wiedergegeben werden (vgl. Link 1998: 252ff.).

Verwendet Foucault in Bezug auf das Maß des berechenbaren Menschen den Begriff des Normalen, um davon ausgehend auf die Entstehung einer neuen Machttechnologie zu verweisen, so kritisiert Link Foucaults Verwendung des Begriffs *normal* als schwankend »zwischen protonormalistischer Dressur und normalistischer Flexibilisierung« (Link 1999: 132). Diese normalismustheoretischen Grundbegriffe basieren auf Links Unterscheidung von Normativität und Normalität.

Gemäß der Normalismustheorie ist der normalistische Diskurskomplex im Gegensatz zum normativen Diskurskomplex ein Kennzeichen der Moderne. Gegenüber normalistischen Normen existieren normative Normen unabhängig vom zeithistorischen Kontext: Link bezeichnet sie als »panchronistisch-transhistorisch« (Link 1999: 444). Normativ seien speziell ethische oder juristische Konzepte, normalistisch alle auf einem statistischen Wert basierenden Phänomene (vgl. Link 1999: 443). Während sich Normalität am Durchschnitt orientiere und daher deskriptiv und postskriptiv sei, sei Normativität präskriptiv. Ein Durchschnitt werde erst nachträglich festgestellt, nicht »im Vorhinein« wie bei normativen Normen (Link 1999: 443). Diese gingen dem Handeln idealtypischerweise voraus, seien also »präexistent« und bestünden unabhängig von der statistischen Verarbeitung oder Datenerfassung. Weiterhin sei Normativität durch eine Erfüllungsnorm im juristischen Sinne gekennzeichnet, worin Abweichungen als Normbrüche beurteilt und sanktioniert würden (vgl. Link 1999: 444). In ihrem Sammelband *Infografiken, Medien, Normalisierung* treffen Ute Gerhard, Jürgen Link und Ernst Schulte-Holtey folgende Unterscheidung zwischen Normativität und Normalität:

»Normative Normen im Sinne juridoanaloger, sanktionsbewehrter Vorschriften für Handeln und Verhalten haben alle menschlichen Kulturen zu allen Zeiten gekannt – ›Normalitäten‹ im engen Sinne von auf Verdatung gegründetem, statistisch fingiertem Orientierungswissen gibt es [...] im wesentlichen erst seit etwa 1800 im Okzident. Hier bildet das Regime systematischer Verdatung aller relevanten massenhaften gesellschaftlichen Handlungen sowie deren wissenschaftlich-statistische Aufbereitung so etwas wie ein historisches Apriori des Normalismus.« (Gerhard et al. 2001: 7)

Verdatung und statistische Größen stellen also ein Kennzeichen von Normalitäten dar; exemplarisch lässt sich dies an Tableaus von Krankheits-, Behinderungs-, Geburts- oder Todesfällen erkennen, die Häufigkeiten angeben, anhand derer konstituiert wird, wie *normal* eine Krankheit oder Todesursache ist. Dementsprechend ist von der theoretischen Grundannahme auszugehen, dass Normalitäten *produziert* werden. Normalität ist daher als dynamische und nicht als statische Kategorie zu fassen.

Für die soziale Funktion der Normalität sind so genannte institutionalisierte Basis-Normalfelder entscheidend, für die Indikatoren entwickelt werden, die immer wieder neu an den gesellschaftlichen Tendenzen und Bedürfnissen ausgerichtet werden müssen (vgl. Link 1999: 321, Schildmann 2000a: 92). Relevant für die Analyse der ICF sind die Basis-Normalfelder Gesundheit, Leistung und Intelligenz, da sie Krankheit, Behinderung und speziell geistige Behinderungen oder Einschränkungen der kognitiven Leistungsfähigkeit definieren (vgl. auch Schildmann 2004a: 20, 2004b). Entsprechend sind Definitionen von Behinderung primär an dem Normalfeld Leistung orientiert, das heißt an einer als normal betrachteten Leistung. Schildmann belegt dies durch zwei Beispiele des gesellschaftlich gewohnten Sprachgebrauchs:

»Insbesondere die ›normale Entwicklung‹ des Kindes und die ›durchschnittliche Arbeitsleistung‹ des erwachsenen Menschen (gemessen an männlicher Erwerbstätigkeit) basieren auf statistischen Vereinheitlichungen und stellen die Grundlagen dafür dar, was als gesellschaftlich abweichend definiert und behandelt wird.« (Schildmann 2004a: 26)

Ebenso wie die Kindesentwicklung und die Erwerbstätigkeit am Basis-Normalfeld Leistung gemessen werden, werden Lernbeeinträchtigungen und die Fähigkeit zur selbständigen Lebensführung durch das Normalfeld Intelligenz bestimmt, wie auch Krankheit durch das Normalfeld Gesundheit (vgl. Schildmann 2000a: 92, zur Abgrenzung von Behinderung und Krankheit vgl. 2.2). Die Bedeutung des Normalfeldes Intelligenz in der ICF lässt sich besonders anhand der Kognitionsfunktionen erkennen (vgl. 5.2). Das Normalfeld Leistung wird durch die Teilkomponente Leistungsfähigkeit verdeutlicht, mit der die Kategorien der Komponenten Aktivität und Partizipation klassifiziert werden (vgl. 4.1.2).

Mit der Normalismustheorie hat Link die »Basis eines analytisch-deskriptiven Instrumentariums« geschaffen, das einer »möglichst präzisen historischen Konkretisierung dienen soll« (1999: 444). Dieses theoretische Konzept stellt er in seiner Monographie *Versuch über den Normalismus. Wie Normalität produziert wird* ausführlich dar; er definiert Normalismus wie folgt:

»Unter ›Normalismus‹ sei die Gesamtheit aller sowohl diskursiven wie praktisch-intervenierenden Verfahren, Dispositive, Instanzen und Institutionen verstanden, durch die in modernen Gesellschaften ›Normalitäten‹ produziert und reproduziert werden. Konstitutiv sind dabei insbesondere die Dispositive der massenhaften Verdatung, d. h. die statistischen Dispositive im weitesten Sinne: auf der Ebene der Datenerfassung, einschließlich der Befragungen, auf der Ebene der Auswertung einschließlich der mathematisch-statistischen Verteilungstheorien, auf der Ebene der praktischen Intervention einschließlich aller sozialen Um-Verteilungs-Dispositive.« (Link 2004b: 223)

Normalitäten existieren also nicht per se – etwa als natürliches Phänomen –, sondern werden durch Produktionsinstrumente wie Diskurse, Institutionen oder Verfahren erst hergestellt. Zudem funktioniert der Normalismus nicht ohne Subjekte, da ein reflexives Verhältnis zwischen dem Normalismus und Subjekten besteht. Subjekte werden in ihrer Handlungsweise von Normalitäten beeinflusst, begründen diese jedoch ebenfalls, indem sie Strategien zu deren Konstitution einsetzen (vgl. Link 1999: 25).

Sowohl historisch als auch systematisch lassen sich zwei entgegengesetzte Strategien[135] des Normalismus unterscheiden: der Protonormalismus und der flexible Normalismus. Beide basieren auf dem Prinzip von Broussais und Comte (vgl. Canguilhem 1974), dass fließende Übergänge zwischen Normalität und Anormalität vorhanden sind. Die Grenze zwischen diesen Zonen kann von beiden Seiten überschritten werden (vgl. Link 2004a: 134).

Bei der protonormalistischen Strategie wird die Normalitätsgrenze durch mehrere Verfahren manifestiert. So wird die Normalitätszone stark komprimiert und dementsprechend der Bereich der Anormalitäten ausgeweitet. Zudem hat die Normalitätsgrenze bei dieser Strategie die Funktion, Abweichungen von der Normalität als anormal zu beurteilen und hierdurch die Normalitätszone als Orientierung eng zu fassen. Link bezeichnet den Status der Normalitätsgrenze in dieser Strategie treffender Weise als »Stigmagrenze« (1999: 79). Durch diese Taktik werden Auffälligkeiten negativ bewertet und aus dem Normalitätsspektrum ausgeschlossen (Exklusion). Wie bereits der Begriff Protonormalismus andeutet, enthält diese normalistische Strategie eine eher starre Normalitätsvorstellung, die sich an einem *Prototyp* von Normalität orientiert und an »vornormalistische Ideologeme [wie] Natur, Gesundheit, Charakter, Industrienorm[en]«, an normative Konzepte oder an »Medizin/Psychiatrie, Biologie [und] Industrialismus« als Leitdiskurse anlehnt (Link 1999: 80). Das Individuum wird bei der protonormalistischen

---

135 Neben dem Begriff der diskursiven Strategie als gerichteter Kombination einzelner Taktiken (vgl. Link 1999: 77), verwendet Link den dynamischen Begriff der normalistischen Spielart (vgl. 1999: 94, 213, 310, 325 unter anderem).

Strategie von außen gelenkt oder manipuliert und als Subjekt auf eine enge Normalität ausgerichtet. Dies kann allerdings dazu führen, dass das Subjekt den Schein der Normalität wahrt, jedoch von der Normalität abweichende Praktiken im Geheimen ausübt. Link bezeichnet diese Folge der protonormalistischen Subjekttaktiken als »Fassaden-Normalität« (1999: 80).

Während die protonormalistische Strategie auf den meisten gesellschaftlichen Feldern historisch zu Beginn des Normalismus dominierte, ist seit den 1950er Jahren die flexibelnormalistische Variante des Normalismus verbreiteter (vgl. Link 2004b: 224, Weinmann 2003: 22). Im Gegensatz zur protonormalistischen Strategie wird die Normalitätszone bei der flexibel-normalistischen Strategie stark ausgeweitet, und vielfältige – protonormalistisch als anormal beurteilte – Phänomene werden integriert (Inklusion). Die Grenzen zwischen Normalität und Anormalität sind fließend und variieren dynamisch, so dass eher Risikozonen als starre Grenzen bestehen (vgl. Link 1999: 79). Wie diese locker gestalteten und offenen Grenzen verdeutlichen, orientiert sich die flexibel-normalistische Strategie nicht an normativen Konzepten, sondern eher an Leitdiskursen wie der Ökonomie, ebenso legitimiert sie sich über »selbstreferentielle Ideologeme« wie Technologie oder Ökologie (Link 1999: 80). Das Individuum unterliegt keinem direkten, sondern einem indirekten Anpassungsdruck zur Konformität und tendiert zu selbstnormalisierenden Verhaltensweisen, indem es Risiko und Chance der Veränderung miteinander abwägt. Diese Subjekttaktik ermöglicht es dem Individuum, authentisch seine eigenen Präferenzen zu zeigen, andererseits neigt das Subjekt jedoch dazu, sich selbst an eine Normalität anzupassen und hierbei normalitätsbezogene Risiken zu berücksichtigen.

Der Bezugspunkt der flexibel-normalistischen Strategie liegt ebenso wie bei der protonormalistischen Strategie in der Gegenüberstellung von Normalitätszone und Anormalität. Anormalitäten begrenzen die Normalitätszone zu beiden Seiten. Beide Strategien sind an die Gaußsche Verteilung angelehnt (vgl. Link 2004a: 135). So entsprechen weder sehr kleine noch sehr große Menschen der als normal festgelegten »Standardgröße«, sondern ihre Größe gilt zu beiden Seiten der Normalitätszone als abweichend, wird als Klein- und Hochwuchs (beziehungsweise Groß- oder Riesenwuchs)[136] bezeichnet und als »auffällige Abweichung [...] von der Normalverteilung der altersgemäßen Körperlänge« definiert (Pschyrembel 1994: 1652). Die Normalitätszone tendiert bei der protonormalistischen Strategie dazu, sich so eng wie möglich

---

136 Vgl. http://www.bkmf.de/index.php?lng=de und http://www.grosswuchs.de/3.htm, 06.08.09.

zusammenzuziehen; bei der flexibelnormalistischen Strategie, sich so weit wie möglich auszudehnen. Das homöostatische Gleichgewicht wird jeweils dadurch gehalten, dass bei der ersten Strategie die Bereiche der Anormalität sehr breit und durch eindeutige Grenzwerte abgesichert sind, bei der zweiten Strategie die Bereiche der Anormalität schmal und die Grenzen als Übergänge fließend sind (vgl. Link 2004b: 224). Auch bei der jüngeren Strategie werden die Pole von Normal und Anormal nicht aufgelöst, es handelt sich lediglich um eine verbreiterte Normalitätszone, die – sofern sie bis zum äußersten Rand ausgeweitet wird – ebenso wie bei der protonormalistischen Strategie an die Grenze zur Anormalität stößt (vgl. Link 1998: 268). Insofern sind beide Strategien nicht vollständig voneinander zu trennen, sondern operieren »zwar in großenteils entgegengesetzte[n] Richtungen, aber in ein und demselben Normalitäts-Feld« (Link 1999: 140). Beide verfolgen die Absicht, Normalitäten herzustellen und aufrecht zu erhalten, Ereignisse oder Informationen anhand eines Durchschnitts vergleichen zu können. Sie unterscheiden sich in ihrer Schwerpunktsetzung, basieren jedoch beide auf einer statistischen Erfassung von Handlungen. Link beschreibt die Verbindung beider Strategien als »enge gegenseitige Abhängigkeit«, da sich beide gegenseitig stabilisieren; metaphorisch spricht er von der »Untrennbarkeit von zwei Richtungen einer Gabelung« (1999: 82).

Es bleibt festzuhalten, dass weder bei der proto- noch der flexibelnormalistischen Strategie die Polarität von Normalität und Anormalität aufgelöst wird. Dementsprechend kann eine Normalität, in der das Individuum selbst und nicht ein Durchschnitt als Maßstab fungiert, nicht durch diese Strategien beschrieben werden.[137] Bezogen auf die Analyse der ICF ist davon auszugehen, dass beide normalistischen Strategien in ihr angelegt sind, da die ICF auf der Gegenüberstellung von Behinderung und Funktionsfähigkeit basiert. Es wird zu überprüfen sein, wie Normalität in der ICF konzipiert ist und welchen Status mögliche Normalitätsgrenzen haben. Hinsichtlich der Handlungsmöglichkeiten eines Subjekts wird ebenfalls untersucht, welche Strategien es einsetzen kann, um der Klassifizierung seiner Behinderung mit der ICF zu begegnen.

---

137 Wie eine derartige Normalitätsform, die transnormalistische Strategie, ausgeformt ist, führt Lingenauber auf der Basis der Linkschen Theorie aus (2003). Diese Strategie basiert auf einem individuellen Maßstab, der vom statistischen Durchschnitt losgelöst ist und sich nicht auf die Polarität zwischen Behinderung und Normalität stützt (vgl. Lingenauber 2003: 177).

3.3 Methodische Grundlagen

Diskursanalytische Methoden, die sich auf Foucaults Diskurstheorie beziehen, gehen davon aus, dass Diskurse nicht nur von Menschen geführt werden, sondern diese ebenfalls Menschen prägen und beeinflussen:

»Rather than focusing on people making discursive statements, he emphasizes the ways in which discourses make people. Foucault, in this way, moves beyond linguistic and communicative analysis by anchoring discourse in societal processes« (F. Fischer 2003: 38).

Je nach gesellschaftlich-politischem und historischem Kontext sowie diskursivem Praxisfeld ändern Aussagen ihren Sinn. Gegenstände des Wissens bestehen demzufolge nicht prädiskursiv, sondern Diskurse erzeugen ihre Gegenstände »kategorial durch Aussagen bis in die Regulierung von institutionellen Praktiken hinein« (Bublitz 1999: 23). Daher sind Diskurse als gesellschaftliche Praktiken zu begreifen, die mit historischen und politischen Faktoren verflochten sind. Auch Keller weist auf das soziale Fundament von Diskursen hin: »Der Diskursforschung geht es um die Analyse der sozialen Produktion und Strukturierung von Diskursen auf der Grundlage von primär textförmigen Daten« (Keller 2004: 101).

Gemäß der Diskursforschung sind Texte – als schriftliche Aussagen – nicht ausschließlich individuelle, sondern soziale und historische Erzeugnisse, da sie in gesellschaftliche Bedingungen und Diskurse eingebunden sind.[138] Sie enthalten »Fragmente eines (überindividuellen) sozio-historischen Diskurses« (Jäger 2001b: 117). Texte setzen Diskurse voraus, sind gleichzeitig jedoch Teil eines (oder mehrerer) Diskurse(s) und können neue Diskurse befördern. Dies wird auch an der ICF deutlich: Die Klassifikation besteht aus verschiedenen Texten, die zu einem Werk zusammengefügt worden sind. Daher ist die ICF als Textkorpus beziehungsweise als Ensemble von »miteinander verschmolzenen« Texten zu bezeichnen. Die ICF greift Diskurse auf, in denen Behinderung als Gegenstand erörtert wird und in denen unter anderem die Revision der ICIDH dokumentiert ist. Gleichzeitig ist die ICF selbst Teil des Klassifizierungsdiskurses von Behinderung, in dem unter anderem verhandelt wird, wie und unter Beachtung welcher Komponenten

---

138 Hinsichtlich der Entwicklung der ICF ist die individuelle Charakterisierung einzuschränken, da die ICF von einer großen AutorInnengruppe – der Organisation WHO – verfasst worden ist: An der ICF haben mehr als 800 Einzelpersonen (vgl. ICF 258ff.) und etliche Kooperationsorganisationen der WHO (vgl. ICF 254ff.) mitgearbeitet. Die konkrete Urheberschaft der einzelnen Kapitel beziehungsweise Texte wird in der ICF nicht expliziert.

Behinderung beurteilt werden kann. Wie an der Rezeption der ICF zu erkennen ist, trägt sie desgleichen zu neuen Diskursen bei (vgl. dazu 2.8). Um die Wirkungsweise von Diskursen zu untersuchen, werden in der Diskursforschung unterschiedliche Methoden verwendet; es wird »multimethodisch« gearbeitet (Keller 2004: 71). Entsprechend gibt es kein Standardmodell einer Diskursanalyse, es lässt sich eher von grundlegenden Leitfragen sowie unterschiedlichen Schwerpunktsetzungen sprechen. Die vorliegende Untersuchung orientiert sich an einer Kombination von sozial- und sprachwissenschaftlichen Methodikansätzen, die einen interpretativ-analytischen Stil verfolgen (vgl. Dreyfus/Rabinow 1987, Keller 2004: 71). Hierbei ist es wichtig, die soziale Situiertheit der einzelnen Aussageereignisse eines Textkorpus auf ihre Kontextdimensionen zu untersuchen und zudem die bestehenden Machtkonstellationen zu beachten. »Wer wie wo und für wen eine Aussage produziert«, ist eine leitende Fragestellung, um den genauen historisch-sozialen, den institutionell-organisatorischen und den situativen Kontext des Textkorpus zu erfassen (Keller 2004: 96, vgl. auch Jäger 2001a: 81). Diese methodische Schwerpunktsetzung ermöglicht es, an die theoretischen Macht-Subjekt-Konstellationen anzuknüpfen (vgl. 3.2). Hinzukommend eignen sich die für die Diskursanalyse der ICF gewählten theoretischen und methodischen Ansätze dergestalt, dass sowohl Reiner Kellers *wissenssoziologische Diskursanalyse* als auch das Verfahren der *Kritischen Diskursanalyse* des Duisburger Instituts für Sprach- und Sozialforschung auf Foucaults beziehungsweise Foucaults und Links diskurstheoretischen Überlegungen aufbauen.[139]

Aus behindertenpädagogischer Perspektive empfiehlt Weisser diskursanalytische Methoden zur Reflexion von Praktiken, da sie Gegenstände des Wissens hinsichtlich ihrer Konstruktion überprüfen:

»Die Diskursanalyse ist das Instrument zur Entwicklung und Kritik sonderpädagogischen Wissens mit unmittelbarer Relevanz für das sonderpädagogische Feld und seine Akteure, weit über die professionellen Asyle hinaus (ohne sie freilich zurück zu lassen).« (Weisser 2004: 41)

---

139 Rainer Keller leitet den Arbeitskreis Diskursforschung/Diskursanalyse in der Sektion Wissenssoziologie der Deutschen Gesellschaft für Soziologie und der Sprachwissenschaftler Siegfried Jäger das Duisburger Institut für Sprach- und Sozialforschung. Dieses entwickelte das Verfahren der Kritischen Diskursanalyse mit dem Ziel, gesellschaftliche Phänomene des Rechtsextremismus und Rassismus zu erforschen. Inzwischen wird das Verfahren auch mit anderer Zielsetzung angewendet (vgl. unter anderem Waldschmidt 1996).

Weisser bezieht sich auf verschiedene diskurstheoretische und -analytische Ansätze; in seiner auf Links Werk basierenden Diskursanalyse des Strukturwandels der Hilfsschule zwischen 1950 und 1970 kommt er zu dem Ergebnis, dass eine Geschichte der Behinderung nur als Geschichte der sozialen Verhältnisse existiert (vgl. Weisser 2005b: 204).[140] Vergleichbar mit der Rückbindung der Geschichte der Behinderung an die Geschichte sozialer Verhältnisse stützt sich auch die vorliegende Untersuchung auf diskursanalytische Methoden. Mit ihnen wird untersucht, wie in der ICF Aussagen beziehungsweise Wissen konstruiert sind. Gleichzeitig wird einbezogen, in welchen Kontexten die ICF situiert ist. Hierzu wird die ICF als Textkorpus untersucht, der sich primär mit der Klassifizierung von Behinderung und dabei unausweichlich auch mit der Bedeutung von Normalität befasst. Die ICF spiegelt als Klassifikation die einschlägigen Diskurse wider. Für die Klassifikationsanalyse werden Kellers und Jägers sozialwissenschaftliche, diskursanalytische Ansätze adaptiert und modifiziert (vgl. 3.3.2).

3.3.1 Diskursanalytische Begriffsbestimmungen

Für diskursanalytische Arbeiten ist der Prozess der Analyse selbst ausschlaggebend, in dem die existierenden, methodischen Richtlinien weiterentwickelt und ergänzt werden können (vgl. Keller 2004: 61). Für diskursanalytische Ansätze lässt sich folgende Prämisse herausstellen:

»Sich aus [...] diskursanalytischer Perspektive mit ausgewählten Texten/Praktiken als den Dokumenten von Wirklichkeit zu beschäftigen, heißt vor allem, sie als Diskurs-

---

140 Diskursanalytische Methoden werden auch zur Analyse formaler und informeller Diskurse über Behinderung beziehungsweise Körper verwendet, wie sich an folgenden Werken exemplarisch veranschaulichen lässt: Anne Waldschmidts Untersuchung der Expertendiskurse zu Programmatik und Konzeption der genetischen Beratung (1996) basiert auf Foucaults Theorie sowie auf den methodischen Ansätzen der Qualitativen Inhaltsanalyse und der Kritischen Diskursanalyse; Julie Allans Analyse von Erfahrungen behinderter Kinder mit Normalisierungs- und Integrationsprogrammen (1996) gründet sich auf Foucaults Methodologie; Thomas Lemkes Erforschung von Publikationen aus Selbsthilfegruppen und Interessenvertretungen zur genetisch bedingten Huntington-Krankheit (2004b) stützt sich auf Foucaults Werk und auch Anke Langners Untersuchung reproduktionsmedizinischer Diskurse hinsichtlich ihrer Akzeptanzerhöhung von reproduktionsmedizinischen Verfahren (2005) baut gleichermaßen auf Foucaults Werk auf. Bettina Bock von Wülfingen analysiert die Genetisierung der Zeugung (2007) auf der Basis der Ansätze von Foucault, Link und Jäger (zur Übersicht über die Vielfalt diskursanalytischer Untersuchungsmethoden vgl. Keller et al. 2001a und auch Keller 2005).

fragmente zu verstehen, das heißt, sie im Hinblick auf ihre Bedeutung und Funktion in einem Diskurs und gegenüber anderen Diskursen im breiteren soziohistorischen Kontext zu analysieren.« (Keller 1997: 318)

Die hier beschriebene Bedingung, Texte im zeitlich-gesellschaftlichen Kontext zu untersuchen, wird im Verfahren der Kritischen Diskursanalyse dahingehend aufgegriffen, dass Texte als gesellschaftlich vermittelt verstanden werden (vgl. Jäger 2001b: 15). Dieses Verfahren gründet auf Links und Foucaults Diskurstheorien, daneben auf die Tätigkeitstheorie der kulturhistorischen Schule.[141] Die Tätigkeitstheorie erklärt, wie Sprechen und Denken als individuelle, gleichzeitig aber als gesellschaftlich eingebundene Tätigkeiten in Beziehung zueinander stehen:

»Die Auseinandersetzung mit Leontjew erlaubt es […], einen elaborierten Textbegriff zu formulieren, der es ermöglicht, alle Arten von Texten als (Ensembles von) Diskursfragmenten zu begreifen, die als Bausteine, beziehungsweise als Elemente übergreifender Diskurse aufzufassen sind […] Zugleich ermöglicht der Leontjewsche Ansatz, Texte als Produkte menschlicher Arbeit anzusehen, die wie Texte auch, den über ›Wissen‹ verfügenden, denkend-tätigen Menschen voraussetzen, der sich und das von ihm erworbene Wissen in all seinen Tätigkeitsprodukten artikuliert – nicht etwa nur sprachlich.« (Jäger 2001b: 22)

Ziel des Duisburger diskursanalytischen Ansatzes ist es, ein Verfahren zur Analyse von Texten und Diskursen zu entwickeln, mit dem im Text enthaltene verdeckte Strukturen transparent gemacht und Diskursdokumente im Kontext gesellschaftlicher Machtstrukturen und -verflechtungen analysiert werden können (vgl. Jäger 2001b: 23ff.). Mit der Modifikation dieses Ansatzes distanziert sich die vorliegende Untersuchung jedoch von Jägers Intention, die sozialwissenschaftlichen Überlegungen zur soziohistorischen Situierung von Texten »mit begründeten moralisch-ethischen Überlegungen« zu verbinden (2001b: 25). Hier schließe ich mich Kellers »Ideologieverdacht« an (2005: 151), der jedoch ungeachtet seiner Einwände den Ansatz der Kritischen Diskursanalyse als bedeutsam würdigt, da es sich bei diesem Verfahren um

»den wichtigsten eigenständigen Ansatz der Diskursforschung im deutschen Sprachraum handelt, der zahlreiche Impulse für die Ausarbeitung diskursorientierter Perspektiven und die praktische Durchführung von Diskursanalysen außerhalb und innerhalb der Sprachwissenschaften gegeben hat.« (Keller 2005: 152)

---

141 Der Ansatz des Duisburger Instituts für Sprach- und Sozialforschung bezieht sich speziell auf den sowjetischen Wissenschaftler Alexej Leontjew, weniger auf Lew S. Wygotskij.

Zudem ist dieser Ansatz sowohl diskurstheoretisch fundiert und – im Gegensatz zu anderen Ansätzen – als methodisches Verfahren ausgearbeitet, weswegen er für die Diskursanalyse der ICF herangezogen werden soll (vgl. Keller 2004: 89).

Dieses Verfahren erforscht die Struktur von Textkorpora – so auch der ICF –, indem konkrete Operationalisierungen vorgenommen werden (vgl. Jäger 2001a: 96ff., 2001b: 158ff.). Mit Berufung auf Link unterscheiden sich *Spezialdiskurse* und *Interdiskurse*, die jedoch gemeinsam den *gesellschaftlichen Gesamtdiskurs* bilden (vgl. Jäger 2001b: 159, Link 1986: 5). Als Spezialdiskurs wird ein wissenschaftlicher beziehungsweise fachspezifischer Diskurs bezeichnet, während ein Interdiskurs alle nicht-wissenschaftlichen Diskurse umfasst. Elemente von Spezialdiskursen finden fortlaufend Eingang in den Interdiskurs. Die im gesellschaftlichen Gesamtdiskurs auftauchenden Themen werden als *Diskursstränge* bezeichnet, sofern es sich um thematisch einheitliche Diskursverläufe handelt. Ein Diskursstrang setzt sich aus vielfältigen Datenkomplexen zusammen, die als *Diskursfragmente* oder Diskursdokumente definiert werden (vgl. Jäger 2001b: 160, Keller 2004: 109). Diese sind dadurch charakterisiert, dass sie miteinander vereinbar sind. Die zu einem Diskursstrang gehörigen Diskursfragmente befassen sich mit dem gleichen Thema. Wenn in einem Text beziehungsweise Textkorpus mehrere thematische Bezüge zu unterschiedlichen Diskurssträngen auftreten und in Relation zueinander stehen, so werden diese als *Diskurs(strang)-Verschränkungen* bezeichnet. Diskursstränge operieren auf verschiedenen *diskursiven Ebenen* (Wissenschaft, Politik, Alltag, Erziehung, Ökonomie, Medien, o.ä.), die aufeinander einwirken (vgl. Jäger 2001b: 161ff.). Als Kennzeichen der Kritischen Diskursanalyse kann resümierend festgestellt werden, dass sie Texte beziehungsweise Textkorpora als Arbeitsprodukte betrachtet, die in gesellschaftlichen Zusammenhängen erstellt werden (vgl. auch Waldschmidt 1996: 77). Daher werden Texte nicht als voraussetzungslose Ergebnisse aufgefasst, sondern in ihrer Beziehung zu anderen Texten, in ihrem diskursiven Kontext und vor ihrem zeitgeschichtlichen Hintergrund. Bei der Untersuchung von Texten liegt der Schwerpunkt auf der Frage, in welcher Hinsicht welche Diskursstränge Implikationen für andere Diskursstränge beinhalten. Texte werden daher in ihrer Struktur sowie hinsichtlich ihrer Überschneidung und ihres Zusammenwirkens mit anderen Texten im Kontext gesellschaftspolitischer Rahmenbedingungen analysiert. Dementsprechend wird die ICF auf die in ihr vertretenen Diskursstränge und auf ihre Beziehung zu anderen Dokumenten, wie beispielsweise zu den *Standard Rules on the*

Equalization of Opportunities for Persons with Disabilities der Vereinten Nationen, untersucht (vgl. 5.1.3, 6.1). Die Standard Rules werden in der ICF als Referenz genannt. Hiermit wird ergänzend, teilweise kontrastierend, die Sekundärliteratur sowohl zu Behinderung als auch zur ICF herangezogen (vgl. Keller 2004: 84).

Die in der ICF enthaltenen Diskursstränge werden rekonstruiert, da der Diskurs nicht in öffentlichen Medien abgebildet ist, sondern in den Gremien der WHO stattfand und nur in geringem Umfang vor der Veröffentlichung der ICF in WHO-internen Dokumenten abgebildet war.[142] Bezugspunkt der Untersuchung der ICF ist der Behinderungsdiskurs, in dem unterschiedliche Diskursstränge verschränkt sind – wie auch aufgrund der Diskussion der zu revidierenden Probleme der ICIDH und der Komponenten der ICF anzunehmen ist (vgl. 2.4). Es handelt sich um Diskursstränge, die unterschiedliche Deutungsmuster von Behinderung vertreten, was aufgrund von Komponenten wie der Leistungsfähigkeit eines behinderten Menschen oder den Umweltfaktoren vermutet werden kann (vgl. 6.1).[143] Diese Diskursstränge sind in der ICF als Resultat des Revisionsprozesses der ICIDH manifestiert. Die ICF ist also ein Textkorpus, ein Text-Ensemble, in dem verschiedene Stränge des Behinderungsdiskurses abgebildet sind. Daher wird – in Anlehnung an Foucaults und Links Theorieansätze – diskursanalytisch herausgearbeitet, welche Diskursstränge beziehungsweise -fragmente in der ICF vorliegen und ob sich diese überschneiden. Die Analyse ist durch die Frage nach dem Behinderungsverständnis geleitet, das in der ICF vertreten wird. In diesem Sinn wird sowohl die Bedeutung von Diskurssträngen innerhalb der ICF untersucht, als auch wie diese in den gesellschaftlichen Gesamtdiskurs zu Behinderung eingebunden sind.

---

142 Diese Arbeit grenzt sich hierbei von einer Dispositivanalyse ab, auch wenn die ICF als WHO-Klassifikation die Entwicklung verschiedener Maßnahmen zur Folge hat und in Verbindung mit konkreten Zuständigkeitsbereichen implementiert wird. Für eine Dispositivanalyse müsste jedoch die Organisation WHO den Kern der Untersuchung bilden, der dann in Form einer Organisationsanalyse zu untersuchen wäre, was nicht dem Schwerpunkt dieser Arbeit entspricht (vgl. Keller 2004: 63).
143 Zum Begriff des Deutungsmusters vgl. ausführlich Keller 2004: 104.

3.3.2 Modifizierungen diskursanalytischer Verfahren für die Klassifikationsanalyse

Diskursanalytische Verfahren sind durch ihre Offenheit charakterisiert, da eine Diskursanalyse je nach Textsorte oder Fragestellung an dem Forschungsprozess und dem zu analysierenden Material auszurichten ist (vgl. Keller 2004: 61, Jäger 2001b: 172ff.).[144] Bei der Analyse einer Klassifikation sind deshalb andere Aspekte zu beachten als zum Beispiel bei der Analyse eines Zeitungsjahrgangs. Da die konkrete Untersuchung für die methodische Herangehensweise ausschlaggebend ist, kann dies den Einsatz neuer Kriterien erfordern: »Als überzeugend, überraschend, innovativ, anregend kann letztlich eine Untersuchung gerade auch dann gelten, wenn sie sich genau nicht an den üblichen Kriterien orientiert, sondern neue Wege sucht, findet und für andere öffnet« (Keller 2004: 112).

Für die Analyse einer Klassifikation ist ihr Gegenstand entscheidend, demnach im Fall der ICF *Behinderung*. Deren spezifische Ausformungen werden jeweils auf einer Beurteilungsskala gegen einen Maßstab abgegrenzt, der sich an verschiedenen Normalitäten orientiert. Um die Bedeutung dieser Leitkategorien: Behinderung und Normalität, zu erforschen, werden – angelehnt an das dreigeteilte Verfahren der Kritischen Diskursanalyse – zuerst die großen Linien der Struktur, danach die Feinstruktur und anschließend, diese Ergebnisse re-interpretierend, das Gesamtwerk untersucht. Während im Verfahren des Duisburger Instituts für Sprach- und Sozialforschung die Kriterien der Struktur- und Feinanalyse breit gefächert sind, die Gesamtanalyse hingegen nur ein Kriterium enthält, nämlich die abschließende Interpretation von Struktur- und Feinanalyse, sind die Teilanalysen der Klassifikationsanalyse anders gewichtet (vgl. Jäger 2001a: 105f.). In der vorliegenden Studie umfasst die Gesamtanalyse mehrere Kriterien: Die Ergebnisse aus Struktur- und Feinanalyse werden in der Gesamtanalyse sowohl zusammenfassend interpretiert als auch anhand einer Analyse der in der ICF enthaltenen Diskursstränge und -fragmente sowie der Konzeption ihres biopsychosozialen Ansatzes re-interpretiert. Durch die erhöhte Anzahl von Analysekriterien wird Kellers Hinweis, Diskurse sorgfältig zu rekonstruieren, berücksichtigt.

In Anlehnung an Jäger nimmt die *Strukturanalyse* die Leitfrage nach der qualitativen Bewertung von Schwerpunktthemen und nach auffälliger Erwähnung oder dem Fehlen bestimmter Schwerpunktthemen auf und be-

---

144 Wie Keller unter Verweis auf Diaz-Bone/Schneider (2003) hervorhebt, unterscheiden sich Inhalts- und Diskursanalyse in der Forschungspraxis nur geringfügig (vgl. 2004: 75).

zieht sie auf die konkreten Komponenten beziehungsweise inhaltlichen Schwerpunkte der ICF (vgl. 2001b: 196).[145] Hierbei wird überprüft, welche Leitbegriffe oder Schwerpunktthemen in der ICF hervorgehoben sind und welche – im Widerspruch zum inhaltlichen Kontext – fehlen beziehungsweise geringe Berücksichtigung erfahren (vgl. 4.2). Als neues Kriterium für die Klassifikationsanalyse wird die Konzeption und Ausarbeitung der Komponenten untersucht, um zu erfassen, wie die Hauptkomponenten gewichtet sind (vgl. 4.1).

Für die *Feinanalyse* werden gemäß Kellers Verfahren die Kriterien der minimalen und maximalen Kontrastierung herangezogen, wobei sich das Kriterium der minimalen Kontrastierung darauf richtet, »den jeweils erfassten Teilbereich möglichst genau und vollständig zu rekonstruieren« (Keller 2004: 88). In der vorliegenden Studie wird das Kriterium der minimalen Kontrastierung herangezogen, um die in der ICF verwendeten sprachlichen Mittel zu überprüfen (vgl. 5.1).[146] Pointiert lässt sich dies durch die Frage formulieren: »Welche sprachlichen Mittel stehen im Mittelpunkt, welche Worte, Argumente, Abgrenzungen tauchen immer wieder auf, halten den Diskurs zusammen und sind Kernpunkt von Auseinandersetzungen?« (Landwehr 2001: 116). Daher sollen Textoberfläche, Sprachstil und Referenzen der ICF analysiert werden, wodurch die Analyse ihrer inhaltlichen Aussage ergänzt wird. Das Kriterium der maximalen Kontrastierung wird »zur Erschließung der Breite des vorhandenen Datenmaterials« angewandt (Keller 2004: 110). Anhand dieses Kriteriums wird untersucht, mit welchen Kategorien das Phänomen *geistige Behinderung* in der ICF beschrieben und in welchen Kontext es gesetzt ist (vgl. 5.2). Dieser Schwerpunkt wurde ausgewählt, da Schwächen kognitiver Fähigkeiten als Schädigungen mit dem größten Stigma gelten und Menschen mit Einschränkung der geistigen Funktionsfähigkeit

---

145 Dieses Kriterium weist darauf hin, dass Siegfried Jäger nicht nur auf sozialwissenschaftliche, sondern auch auf sprachwissenschaftliche Ansätze rekurriert. Er verwendet das linguistische Kriterium *highlighting and hiding (Beleuchten und Verbergen)* in der qualitativen Forschung, um herauszuarbeiten, welche Denk- und Handlungsmöglichkeiten hervorgehoben beziehungsweise thematisiert und welche nicht thematisiert beziehungsweise verdeckt werden (vgl. Lakoff/Johnson 1980: 10ff.).

146 Hiermit werden gleichzeitig auch zwei von Jägers Kriterien der Feinanalyse aufgenommen (vgl. 2001b: 175). Seine anderen – der institutionelle Kontext und die Überprüfung inhaltlich-ideologischer Aussagen – werden nicht rezipiert, da der institutionelle Rahmen der ICF bereits in den vorherigen Kapiteln dieser Arbeit dargestellt ist, und letzteres Kriterium in dieser Zuspitzung auf das Material einer Klassifikation nicht zutrifft. Hier wird deutlich, dass das Duisburger Verfahren auf die Analyse von Medienerzeugnissen, zumeist -texten, ausgerichtet ist.

am stärksten stigmatisiert und diskriminiert werden (vgl. Wendeler/Godde 1989: 316, H. Meyer 2003: 11, Rommelsbacher 1999: 10, Pixa-Kettner et al. 1995, Köbsell 1987).[147] Diese Stigmatisierungstendenzen stehen in Verbindung mit der hohen Bedeutung, die Kognitionsfunktionen und -fähigkeiten in der Leistungsgesellschaft zugeschrieben werden, beginnend mit der Beherrschung der Kulturtechniken als grundlegender Kompetenz (vgl. Stichwort *geistige Behinderung* im Pschyrembel 1994: 171, Wendeler/Godde 1989: 310). Beide Kontrastierungskriterien werden in der Klassifikationsanalyse miteinander verbunden eingesetzt, um die ICF unter verschiedenen Schwerpunkten zu analysieren (vgl. Keller 2004: 110).

Die *Gesamtanalyse* interpretiert die ICF unter Rückgriff auf die bisherigen Ergebnisse der Struktur- und Feinanalyse abschließend, wobei die Analyse um zwei weitere Schritte ergänzt wird. Der erste Schritt greift Jägers Leitfrage nach der Zuordnung von Unterthemen zu Hauptthemen auf. Diese Leitfrage wird dahingehend modifiziert, dass herausgearbeitet wird, welche leitenden Diskursstränge und -fragmente den Textkorpus der ICF durchziehen (vgl. 6.1). Hierdurch werden tragende und möglicherweise sich widersprechende Deutungsmuster innerhalb der ICF identifiziert (vgl. auch Keller 2004: 104).[148] Der zweite Schritt überprüft den konzeptionellen Hintergrund der ICF – der Anspruch des biopsychosozialen Ansatzes, das medizinische und das soziale Modell zu vereinen. Damit verbunden wird erforscht, welche Funktion dieser biopsychosoziale Ansatz innehat (vgl. 6.2). Durch diese beiden Untersuchungsschritte und die abschließende Zuspitzung aller Ergebnisse auf die Leitfrage nach dem Verständnis von Behinderung und Normalität werden die Teilergebnisse von Struktur- und Feinanalyse re-interpretiert (vgl. 6.3).

Hinsichtlich der Frage nach Validität und Reliabilität der Forschungsergebnisse ist zu beachten, dass beide gemäß Keller in der qualitativen Sozialforschung schwierig zu beurteilen und die Maßstäbe der quantitativen Sozialforschung für qualitative Arbeiten nicht angemessen sind (vgl. Keller 2004: 111). Die Diskursanalyse der ICF ist kontextuell begründet, da sie durch die Darstellung der historisch-sozialen Entwicklung von Klassifikationen und des institutionelle organisatorischen Settings der WHO-Klassifi-

---

147 Ein hohes Ausmaß von Stigmatisierung und Diskriminierung zeigt sich in der Debatte um das Töten oder sterben Lassen geistig behinderter Neugeborener (vgl. Kuhse/Singer 1985, Kuhse 1999: 255ff., Hare 1999: 269ff.).

148 Die weiteren Kriterien des Analyseleitfadens zur Materialaufbereitung für die Strukturanalyse werden hier nicht aufgegriffen, da bereits in Kapitel 2 der diskursive Kontext ermittelt worden ist (vgl. Jäger 2001a: 104f., 2001b: 195f.).

kationen, speziell der Entstehungsgeschichte und Rezeption der ICF, eingerahmt ist (vgl. Kapitel 2).

In die diskursanalytische Untersuchung fließen die theoretischen Grundlagen der Analyse, die gouvernementalitätstheoretischen sowie die normalismustheoretischen Überlegungen, ein. Hierbei stehen das Verhältnis von Behinderung und Normalität sowie die Frage nach der Bedeutung der ICF für das Subjekt im Vordergrund.

3.4 Fazit

Die unterschiedlichen Begriffsbestimmungen von Behinderung, die exemplarisch anhand des medizinischen und des sozialen Modells aufgezeigt wurden, weisen darauf hin, dass Behinderung mehr ist als ein multidimensionales Phänomen. Sie ist nicht nur multidimensional, sondern sie unterliegt auch den theoretischen Perspektiven und den politischen Intentionen und Interessen der definierenden WissenschaftlerInnen. Die Kritik an der traditionellen Sichtweise gegenüber Behinderung und am medizinischen Modell macht deutlich, dass es sich beim medizinischen und sozialen Modell um alternative Modelle handelt. Der in der ICF vertretene biopsychosoziale Ansatz spiegelt die Intention wider, diese differierenden Modelle zu integrieren. Bereits an dieser Stelle der vorliegenden Studie ist festzuhalten, dass die ICF einen Ausschnitt des Diskurses über Behinderung abbildet und sowohl Elemente des medizinischen als auch des gesellschaftlichen Diskurses von Behinderung aufgreift. In welchem Verhältnis die jeweiligen Diskursstränge und -fragmente jedoch in der ICF stehen, klärt die Klassifikationsanalyse.

Foucaults und Links Theorieansätze bilden das Fundament der Analyse, wobei das gouvernementalitäts- und das normalismustheoretische Konzept leitend sind. Am Normalismuskonzept ist anzumerken, dass es im Deskriptiven verbleibt, ohne seinen Gegenstand, das normalistische »Archipel«, zu beurteilen (Link 1999: 13). Daher fehlt ein Reflexionsmoment, welche gesellschaftliche Bedeutung *Normalitäten* haben. Aufgrund dessen ist es sinnvoll, Links Unterscheidung von Normativität und Normalität sowie die Differenzierung von Proto- und Flexibilitätsnormalismus mit Foucaults Analyse gouvernementalistischer Strategien zu verbinden. Diese Kombination ermöglicht es, Fragen nach Normalitätsspielräumen und -grenzen mit Fragen nach dem Machtpotenzial der ICF und ihrer Verwendung zu Selbst- und Fremdführung zu verbinden. Die in der ICF enthaltenen Diskursstränge lassen sich hierdurch auf ihre produktive Wirkungskraft und ihre Implikationen für das Subjekt analysieren.

Welche Bedeutungen Behinderung und Normalität in der ICF zugeschrieben werden, wird in der anschließenden Klassifikationsanalyse auf der Basis der diskutierten Theorieansätze sowie der theoretischen und methodischen Grundlagen der Diskursanalyse untersucht und beantwortet.

4 Analyse der Hauptstrukturen der ICF

Die ICF ist durch die Wahl entscheidender Begriffe, Schwerpunktthemen – auch die der nicht ausdrücklich hervorgehobenen – und die Gewichtung ihrer Komponenten gekennzeichnet. Deshalb untersucht die vorliegende Studie, wie die Komponenten konzipiert und ausgearbeitet sind und welche Themen hervorgehoben und welche verborgen sind. Dadurch werden die in der ICF enthaltenen Deutungsmuster konkretisiert sowie erforscht, wie Behinderung in der ICF konstruiert ist (vgl. 3.3.2).

4.1 Untersuchung von Konzeption und Ausarbeitung der ICF-Komponenten

Der detaillierte Klassifikationsteil der ICF stellt zuerst die Kategorien der Körperfunktionen (ICF 47–104) dar, gefolgt von denen der Körperstrukturen (ICF 105–122), denen der gemeinsamen Liste von Aktivität und Partizipation (ICF 123–170) und denen der Umweltfaktoren (ICF 171–207).[149] Die Reihenfolge der Komponenten lässt sich auf den ersten Blick als Richtung von inneren zu äußeren Komponenten beschreiben. Zugleich lässt die Reihenfolge vermuten, dass der Schwerpunkt auf den Körperfunktionen und -strukturen als in der ICF zuerst dargestellter Komponente liegt. Um eine mögliche Gewichtung der ICF-Komponenten zu überprüfen, werden ihre Konzeption und Ausarbeitung untersucht und in Beziehung zueinander gesetzt.

---

[149] Die Personbezogenen Faktoren sind nicht in Kategorien unterteilt (vgl. 4.1.4).

4.1.1 Körperfunktionen und -strukturen, Schädigungen

Als Körperfunktionen definiert die WHO physiologische und psychologische Funktionen von Körpersystemen (vgl. ICF 10). In Abgrenzung zu den Körperfunktionen bezeichnet sie die anatomischen Teile des Körpers, Organe, Gliedmaßen und ihre Bestandteile, zum Beispiel Knochen als Körperstrukturen (vgl. ICF 10). Wie die Körperfunktionen und -strukturen sowie ihre Schädigungen ausgearbeitet und konzipiert sind, wird exemplarisch anhand ihrer Definitionen, ihrer Kodierungsmöglichkeiten, sowie ausgewählter Kategorien analysiert. Weiterhin wird untersucht, mit welchem Ziel die Klassifikationslisten der Körperfunktionen und -strukturen eingesetzt werden, da die ICF für die praktische Anwendung entwickelt worden ist.

Die körperliche Komponente wird an mehreren Stellen kurz definiert, so auch in ihren Klassifikationskapiteln und zu Beginn der sie betreffenden Kodierungsrichtlinien (vgl. ICF 12f., 47, 105, 226, 228 vgl. 5.1.2). Im Anhang werden alle Komponenten im Kapitel *Taxonomic and terminological issues* umfangreich definiert, wobei die Kurzdefinitionen ergänzt sind:

»*Body functions* are the physiological functions of body systems (including psychological functions). ›Body‹ refers to the human organism as a whole, and thus includes the brain. Hence mental (or psychological) functions are subsumed under body functions. The standard for these functions is considered to be the statistical norm for humans.« (ICF 213)

»*Body structures* are anatomical parts of the body such as organs, limbs and their components. The standard for these structures is considered to be the statistical norms for humans.« (ICF 213)

Die Schädigung ist umfangreich im Anhang definiert:

»*Impairment* is a loss or abnormality in body structure or physiological function (including mental functions). Abnormality here is used strictly to refer to a significant variation from established statistical norms (i.e. as a deviation from a population mean within measured standard norms) and should be used only in this sense.« (ICF 213)

Normalismustheoretisch analysiert sind die drei Definitionen protonormalistisch ausgerichtet, da den Komponenten eine statistisch basierte Norm zugrunde liegt, mit der eine als *Abnormalität* bezeichnete Schädigung verglichen wird (vgl. 3.2.3). Ein Bevölkerungsdurchschnitt fungiert als fixer Grenzwert, an dem die Abweichungen gemessen werden. Somit wird die körperliche Dimension von Behinderung in Kategorien von Norm und Abweichung beschrieben, die an »vornormalistische Ideologeme« angelehnt sind (Link 1999: 80). Alle Auffälligkeiten werden negativ, als »Minusvariante«, beurteilt, wodurch eine »Taktik ›reiner‹ Exklusion« verfolgt wird (Link 1999: 79).

Im Anschluss an die Definitionen im Einleitungskapitel wird kurz geschildert, dass mit dem Begriff des Körpers der gesamte menschliche Organismus gefasst wird. Körperfunktionen und -strukturen sind als einander ergänzende Komponenten konzipiert, wie an den Sehfunktionen und dem Auge als Körperstruktur expliziert wird (vgl. ICF 12).

Sowohl Körperfunktionen als auch Körperstrukturen werden in Bezug zu *body systems* gesetzt, einem nicht näher erklärten Begriff. Damit wird eine Parallele zur ICD-10 hergestellt: »Both classifications begin with the body systems« (ICF 4). Die Kategorien von Körperfunktionen und -strukturen sind daher nicht trennscharf konzipiert: Wie die WHO selbst darlegt, überlappen sich die Kategorien der ICF und die der ICD-10 auf der Symptomebene (vgl. ICF 13). Zwar seien die Kategorien durch den Zweck der Klassifikationen unterscheidbar, da sie entweder zur Dokumentation von Morbidität (ICD-10) oder zur Prävention sowie zur Identifikation von Bedürfnissen (ICF) dienten. Trotz dieser Erklärung erschweren die Überschneidungen eine eindeutige Zuordnung, ob eine Krankheit beziehungsweise eine Verletzung oder eine Körperfunktions- oder Körperstrukturschädigung vorliegt. Aus diesem Grund muss je nach Schädigung abgeglichen werden, welche Klassifikation oder ob ICF und ICD gemeinsam angewandt werden sollen.

Wesentlich ausführlicher als die Körperfunktionen und -strukturen sind die Schädigungen konzipiert. In acht Unterpunkten werden Merkmale einer Schädigung charakterisiert, die zum Teil in den ausführlicheren Definitionen im Anhang aufgegriffen sind. Im Gegensatz zu den positiven Funktionsfähigkeitskomponenenten wird die Schädigung als Behinderungs-Komponente detailliert beschrieben: Unter Körperstrukturschädigungen werden nicht nur »an anomaly, defect, loss or other significant deviation« gefasst, sondern auch Dysfunktionen oder Schädigungen auf molekularer Ebene (vgl. auch 4.2.1):

»Impairments have been conceptualized in congruence with biological knowledge at the level of tissue or cells and at the subcellular or molecular level. For practical reasons, however, these levels are not listed. The biogiocial foundations of impairments have guided the classification and there may be room for expanding the classification at the cellular or molecular levels.« (ICF 12)

Folglich wird die Klassifikation der Schädigung um die molekulare Ebene erweitert.

Des Weiteren werden Schädigungen zwar als Teil einer Gesundheitsbedingung verstanden, können jedoch nicht mit Krankheiten gleichgesetzt werden, da sie umfangreichere Auswirkungen als jene hätten, wie an dem Verlust eines Beines zu erkennen sei (vgl. ICF 13). Dieses Beispiel verdeutlicht die Tragweite von Schädigungen für die anderen Komponenten der ICF. Ebenso wie Schädigungen sich auf die individuelle Aktivität und die gesellschaftliche Partizipation sowie die Umweltfaktoren eines Menschen auswirken können, kann eine Schädigung eine weitere nach sich ziehen. Dies wird anhand von *Schädigungen der Bewegungsfunktionen* als Folge von *Schädigungen der Muskelkraft* veranschaulicht (vgl. ICF 13).

Die genaue Ausarbeitung der Schädigungskomponente ist auch daran zu erkennen, dass Schädigungen als einzige Komponente durch präzise Kriterien charakterisiert sind:

»Impairments are classified in the appropriate categories using defined identification criteria (e.g. as present or absent according to a threshold level). These criteria are the same for body functions and structures. They are: (a) loss or lack; (b) reduction; (c) addition or excess; and (d) deviation. Once an impairment is present, it may be scaled in terms of its severity using the general qualifier in the ICF.« (ICF 13)

Für die anderen Komponenten sind keine Kriterien definiert. Betrachtet man allerdings die Schädigungskriterien, so ist fraglich, wie sie auf Kategorien wie zum Beispiel *Temperament and personality functions (b 126)* angewendet werden können (ICF 50f., vgl. Tabelle 7). Diese Kategorie ist definiert als:

»General mental functions of constitutional disposition of the individual to react in a particular way to situations, including the set of mental characteristics that makes the individual distinct from others.« (ICF 50)

Es ist schwierig, Funktionen wie Temperament und Persönlichkeitsfunktionen begrifflich zu fassen und sie zu anderen Kategorien abzugrenzen, wie beispielsweise zu energy and drive functions (b 130); psychomotor functions (b 147) und emotional functions (b 152) (ICF 50). Die Untergliederung der Kategorien veranschaulicht, welche psychischen Eigenschaften oder Funktionen Temperament und Persönlichkeit charakterisieren. Hierbei stellt sich auch die Frage, wie begründet werden kann, dass psychische Funktionen unter die Körperfunktionen subsumiert und als solche verstanden werden.

Tabelle 7: Darstellung der Kategorie Temperament and personality functions

B 126	Temperament and personality functions
b 1260	Extraversion
b 1261	Agreeableness
b 1262	Conscientiousness
b 1263	Psychic stability
b 1264	Openness to experience
b 1265	Optimism
b 1266	Confidence
b 1267	Trustworthiness
b 1268	Temperament and personality functions, other specified
b 1269	Temperament and personality functions, unspecified

Betrachtet man nun die oben genannten Kriterien, so ist insbesondere im Zusammenhang mit der vorausgesetzten Norm zu hinterfragen, ob beispielsweise ein eingeschränkter Optimismus prozentual mit dem ersten Beurteilungsmerkmal auf einer Skala von 0–100 Prozent festgestellt werden kann (vgl. Tabelle 8). Während sich die Schädigungskriterien auf andere Körperfunktionen wie zum Beispiel die *Hörfunktionen (b 230)* gut anwenden lassen, da mit ihnen das Hörvermögen und auch Unterkategorien wie die des *Richtungshörens (b 2303)* differenziert und sinnvoll bewertet werden können (vgl. ICF 65), sind diese Kriterien hinsichtlich psychischer Funktionen kaum anwendbar. Dies wird an der aufgeführten Funktion *Optimismus*, aber auch an der Funktion *psychischer Energie und Antrieb (b 130)* deutlich, die unter anderem Unterkategorien wie Appetit, Motivation oder Impulskontrolle enthält.[150]

Die Kodierungsrichtlinien sind mit den Worten »Coding body functions« (ICF 226) und »Coding body structures« (ICF 228) überschrieben, jedoch werden nicht diese, sondern die jeweiligen Schädigungen – als ihr negatives Pendant – kodiert und klassifiziert (vgl. Tabelle 8). Dies entspricht dem generellen Sprachgebrauch der ICF, die Klassifizierung der (positiv bezeichneten und beurteilten) Komponenten zwar zu thematisieren, dann jedoch ausschließlich die negativ bezeichneten Komponenten zu beurteilen (vgl. ausführlicher 4.2.4). In der ICF wird nicht erklärt, worauf sich die nu-

---

150 Für folgende Kategorien der mentalen Funktionen (B 1) ist es ebenfalls schwierig, die Kriterien anzuwenden: *psychomotor functions (b 117), global psychosocial functions (b 122), emotional functions (b 152), experience of self and time functions (b 180)* (ICF 49–61).

merische Kodierung beziehungsweise die prozentuale Klassifizierung gründet.[151]

Für die Körperstrukturen gibt es zwei weitere Beurteilungsskalen, von denen eine obligatorisch, die nächste bisher optional ist (vgl. Tabelle 8). Mit dem zweiten Beurteilungsmerkmal wird die *Veränderungsart* einer Schädigung klassifiziert (vgl. ICF 228). So kann beispielsweise Fehlen, Abweichung oder Zusatz eines Körperteils dokumentiert werden. Werden alle drei Beurteilungsskalen für die Klassifizierung einer Körperschädigung angewendet, so würde eine Schädigung der Oberarmstruktur beispielsweise als s 7300.242 kodiert. Das erste Beurteilungsmerkmal (2) bezeichnete ein *mäßiges Ausmaß* der Schädigung, das zweite Merkmal (4) eine *abweichende Form* der Oberarmstruktur und das dritte Merkmal (2) kodierte, dass die Schädiung am *linken Oberarm* vorliegt.

Tabelle 8: Beurteilungsskalen für die Körperstrukturen

First qualifier: Extent of impairment	Second qualifier: Nature of impairment	Third qualifier (suggested): Location of impairment
0 *no* impairment	0 no change in structure	0 more than one region
1 *mild* impairment	1 total absence	1 right
2 *moderate* impairment	2 partial absence	2 left
3 *severe* impairment	3 additional part	3 both sides
4 *complete* impairment	4 aberrant dimensions	4 front
	5 discontinuity	5 back
	6 deviating position	6 proximal
	7 qualitative changes in structure, including accumulation of fluid	7 distal
8 not specified	8 not specified	8 not specified
9 not applicable	9 not applicable	9 not applicable

Im Gegensatz zu der ersten und zweiten Skala, deren Beurteilungsmerkmal Null keine beziehungsweise eine bis zu vierprozentige Schädigung angibt, hat der Faktor Null zur Kennzeichnung des Schädigungsortes in der dritten Skala eine andere Funktion. Er bezeichnet nicht einen regelhaften Normalzustand, sondern bereits die Häufigkeit des Ortes einer Schädigung. Im Ge-

---

151 Auf Nachfrage erklärte der Koordinator für die deutschsprachige Version der ICF, Michael Schuntermann, dass die Unterteilung der Prozentränge nicht theoretisch begründet sei (04.03.02). Schuntermanns Aussage wird von Nenad Kostanjsek unterstützt. Die Beurteilungsmerkmale basierten jedoch auf einer Ordnungsskala, die während des Revisionsprozesses entwickelt worden sei (vgl. Kostanjsek 06.02.06).

gensatz zu den ersten beiden Skalen gibt es für diese Skala keinen Grenzwert als Orientierung, da ein fehlender Schädigungsort gleichermaßen den Faktor Null auf der ersten und zweiten Skala bedingt: Bei wem keine Schädigung vorhanden ist, bei dem ist auch keine Art und kein Ausmaß der Schädigung zu klassifizieren.

Als Zweck der Klassifikationslisten werden in der ICF verschiedene Intentionen genannt: Die Klassifikationslisten der zweiten Ebene sollen für andere Ziele benutzt werden als die der vierten Ebene[152]: »Generally, the more detailed four-level version is intended for specialist services (e.g. rehabilitation outcomes, geriatrics, or mental health), whereas the two-level classification can be used for surveys and health outcome evaluation« (ICF 220). Diese Vorgabe verdeutlicht, dass die WHO für die Erstellung von Umfragen oder Evaluationen weniger detaillierte Datenerhebungen vorsieht als für die Erfassung des individuellen Rehabilitationsbedarfs. Behinderung exakt zu klassifizieren, ist sinnvoll, wenn sie die individuelle Situation, mit einer Behinderung zu leben, verbessert. Für die Beschreibung oder den Vergleich des Gesundheitszustandes von Bevölkerungen (im nationalen oder auch internationalen Kontext) wird dagegen ein Überblick über die Komponenten, die eine Behinderung der individuellen Lebenssituation kennzeichnen, als hinreichend angesehen. Dies ist daher plausibel, da nicht das Individuum, sondern eine Großgruppe im empirischen Vergleich fokussiert wird.

Während in der Abbildung der ICF-Struktur erklärt wird, dass alle Komponenten Kategorien der vierten Ebene enthalten: »Item levels 1st, 2nd, 3rd & 4th« (ICF 215), wird in einer Fußnote in den Kodierungsrichtlinien darauf hingewiesen, dass nur die Körperfunktionen und -strukturen bis in die vierte Klassifikationsebene untergliedert sind: »Only the Body Functions and Structure classifications contain fourth-level items« (ICF 220). Dies entspricht den Kategorienlisten der Komponenten im Klassifikationsteil der ICF, da nur die Körperfunktionen und -strukturen Unterkategorien bis zur vierten Ebene enthalten (vgl. ICF 69, 111). Hingegen umfassen sowohl die Aktivitäts- und Partizipationsliste als auch die der Umweltfaktoren nur Kategorien der dritten Ebene. Die Angaben widersprechen daher einander. Werden nicht der gesamte Klassifikationsteil der ICF und alle Fußnoten gelesen, entsteht der Eindruck, dass alle Komponenten gleichermaßen ausgearbeitet wären. Mit der detaillierten Konzeption haben die Körperfunktion und

---

152 Zum besseren Verständnis der Untergliederung vgl. die Systematik von Komponenten, Kategorien und Unterkategorien, Tabelle 5.

-strukturen als körperliche Dimension de facto den höchsten Stellenwert in der ICF. Dies wird auch durch zwei weitere Charakteristika der Körperfunktionen belegt: Zum einen sind die Körperfunktionen die einzige Komponente, in deren Klassifikationsliste das Klassifikandum (also die Schädigung) explizit genannt wird, wie zum Beispiel bei der Kategorie der mentalen Funktion: Orientation functions, in der *disorientation to time, place and person (b 114)* als Schädigung aufgeführt sind (ICF 48), oder bei der Unterkategorie der Sinnesfunktionen: Visual field functions, von der *impairments such as in scotoma, tunnel vision, anopsia (b 2101)* abweichen (ICF 63). Diese Schädigungen sind jeweils unter der Überschrift *Inclusions* dargelegt, es sind allerdings nicht allen Körperfunktionskategorien Schädigungen zugeordnet. Hingegen werden die jeweiligen Komponenten des Oberbegriffs Behinderung weder bei den Körperstrukturen, noch bei Aktivität und Partizipation oder den Umweltfaktoren angegeben, so dass GutachterInnen von den positiv formulierten Funktionsfähigkeitskomponenten die jeweils vorliegende Abweichung ableiten müssen. Die Kategorienlisten in der ICF enthalten also – mit Ausnahme der Körperfunktionen – ausschließlich positiv formulierte Kategorien, die jedoch nur negativ klassifiziert werden (vgl. 4.2.3). Warum in den Klassifikationslisten der übrigen Komponenten das negative Pendant nicht genannt wird, wird in der ICF nicht begründet.

Die ausführliche Konzeption der Körperfunktionen ist zudem durch die hohe Anzahl ihrer Kategorien in der Maßgabe der ICF-Kategorien belegt, die für minimale Gesundheitsinformationssysteme vorgesehen sind: »Suggested ICF Data requirements for ideal and minimal health information systems or surveys« (ICF 253). In dieser Liste ist die Anzahl der Körperfunktionskategorien doppelt so groß wie die derjenigen von Aktivität und Partizipation. Kategorien der Umweltfaktoren und Körperstrukturen sind in dieser Liste nicht berücksichtigt.[153] Da die Konzeption des Verwendungsvorschlags von ICF-Kategorien für Datenerhebungen weder in der ICF noch in der WHO internen Sekundärliteratur erklärt wird, bleibt unklar, aus welchem Grund die Kategorien ausgewählt wurden. Zudem ist diese Auswahl nicht kongruent mit dem interaktiven Verhältnis aller ICF-Kom-

---

153 Auch die aus der Kategorienmaßgabe für minimale Gesundheitsinformationssysteme extrahierten Kandidaten für eine Minimalliste sind ausschließlich Kategorien der Körperfunktionen und von Aktivität und Partizipation, allerdings gleichermaßen jeweils drei Kategorien (vgl. ICF 253).

ponenten, als dessen Ergebnis Behinderung beurteilt wird (vgl. ausführlich 4.2.5, ICF 18).

Kurz zusammengefasst sind die Körperfunktionen und -strukturen sowie ihre Schädigungen detailliert konzipiert: die Körperfunktionen durch die Nennung von Schädigungen in den Klassifikationslisten und ihre hohe Kategorien-Anzahl in dem Vorschlag für Gesundheitsinformationssysteme, die Körperstrukturen besonders aufgrund ihrer drei Beurteilungsskalen. Die differenzierte Ausarbeitung beider Teilkomponenten der körperlichen Dimension zeigt sich zudem an ihrer detaillierten Unterkategorisierung sowie der Begründung von vorliegenden Schädigungen durch spezifische Kriterien.

4.1.2 Aktivität und Partizipation, Aktivitätsbeeinträchtigungen und Partizipationseinschränkungen

Die Darstellung der beiden Komponenten Aktivität und Partizipation in der ICF ist uneinheitlich. Während in den graphischen Abbildungen und den Tabellen Aktivität und Partizipation getrennt aufgeführt und in den Definitionen voneinander unterschieden werden, werden sie in den Fließtexten, im Klassifikationsabschnitt und den umfangreichen Kodierungsrichtlinien durchgängig gemeinsam behandelt. Aufgrund dieser Darstellung in der ICF werden die Konzeption beider Komponenten im Folgenden nicht getrennt analysiert. Ausschlaggebend ist hierbei besonders die Tatsache, dass die ICF nur eine Kategorienliste für beide Komponenten – und nicht zwei verschiedene – enthält.

Wie sind Aktivität und Partizipation – besonders angesichts ihrer Kopplung – konzipiert? Was bedeutet es, wenn die individuelle und die gesellschaftliche Dimension miteinander verbunden werden (vgl. Tabelle 17)? Dies wird anhand der Definitionen beider Komponenten und auch anhand der Unterscheidung ihrer Beurteilungsmerkmale *Ausführungs- und Leistungsfähigkeit* analysiert. Hinzukommen werden die verschiedenen Kodierungsmöglichkeiten sowie ausgewählte Kategorien untersucht und hierbei die Zusammenfassung der beiden Komponenten hinterfragt.

Die WHO empfiehlt, Aktivität und Partizipation in Ausführungs- und Leistungsfähigkeit[154] zu differenzieren, um genauere Informationen zu erhalten. Als weitere Differenzierungsmöglichkeit können ebenfalls Assis-

---

154 In der deutschen Version der ICF wird der englische Terminus *performance* als »Leistung« bezeichnet (WHO 2005: 273). Dieser Begriff unterscheidet sich jedoch nur gering von

tenz oder Unterstützungsfaktoren in die Klassifizierung einbezogen werden (vgl. ICF 230). Die WHO versteht Ausführungsfähigkeit (*performance*) grundsätzlich als Handlungsweise, die in der alltäglich gewohnten Form, und somit mit Unterstützungsfaktoren vollzogen wird. Zentral ist, dass die Handlung unter alltäglichen Lebensbedingungen ausgeführt wird, also zum Beispiel mit rollstuhlunterfahrbarem Waschbecken im privaten Lebensraum. Mit dem Terminus Leistungsfähigkeit (*capacity*) werden Aktivität und Partizipation unter vergleichbaren, neutralen Standardbedingungen gefasst, die der Situation eines funktionsfähigen Menschen entsprechen, der keine Unterstützung benötigt (vgl. ICF 15). Hiermit wird versucht, die *reale* Leistungsfähigkeit des befragten Menschen – ohne Unterstützungsfaktoren – zu ermitteln (vgl. ICF 229). Demgemäß bestehen unterschiedliche Klassifizierungsmöglichkeiten (vgl. Tabelle 9). So können GutachterInnen entscheiden, welche Inhaltsbereiche sie in welcher Form klassifizieren wollen. Ebenso werden Kombinationsmöglichkeiten mit oder ohne Assistenz vom Fachpersonal festgelegt, solange mindestens eine Kodierung in die Informationsmatrix eingetragen wird (vgl. ICF 235).

Tabelle 9: Klassifizierung von Aktivität und Partizipation

Gemeinsame Klassifizierung beider Komponenten: Verwendung des Buchstaben d *Getrennte Klassifizierung:* Verwendung der Buchstaben a und p *Empfohlene Differenzierung in Ausführungs- und Leistungsfähigkeit (performance/capacity):* Verwendung von zwei Beurteilungsmerkmalen *Klassifizierung mit und ohne Assistenz/Hilfsmittel (optional):* Verwendung zweier weiterer Beurteilungsmerkmale —> *Klassifizierung mit bis zu vier Beurteilungsmerkmalen*

Ebenso wie die Körperfunktionen und -strukturen werden Aktivität und Partizipation sowie ihre negativen Entsprechungen: Aktivitätsbeeinträchtigungen und Partizipationseinschränkungen in der ICF an mehreren Stellen unterschiedlich ausführlich definiert (vgl. in Kurzform: ICF 10, 14, 123, 229); am ausführlichsten werden sie im Anhang definiert:

»*Activity* is the execution of a task or action by an individual. It represents the individual perspective of functioning. *Activity limitations* are difficulties an individual may have in executing activities. An activity limitation may range from a slight to a severe deviation in terms of quality or quantity in executing the activity in a manner or to the extent that is expected of people without *the health condition. Participation*

---

dem der *Leistungsfähigkeit,* weswegen in der vorliegenden Studie der Begriff *Ausführungsfähigkeit* favorisiert wird.

is a person's involvement in a life situation. It represents the societal perspective of functioning. *Participation restrictions* are problems an individual may experience in involvement in life situations. The presence of a participation restriction is determined by comparing an individual's participation to that which is expected of an individual without *disability* in that culture or society.« (ICF 213) (Hervorhebung durch die Autorin)

Während in allen Definitionen auf ein Individuum Bezug genommen wird, unterscheiden sich die Partizipationsdefinitionen in dieser Bezugnahme. Partizipation wird in der Einleitung ohne Konkretisierung als »*involvement in a life situation*« definiert (ICF 14), hingegen in den terminologischen Erklärungen des Anhangs spezifiziert, dass mit ihr *a person's involvement in a life situation* bezeichnet wird (s.o.). Ohne eingehendere Bestimmung ist *involvement* als Beteiligung zu verstehen, wobei alle Konnotationen eines mehrdimensionalen Beteiligungsprozesses einbezogen sein können. Wird der Begriff *involvement* jedoch in Beziehung zu einer Person gesetzt, handelt es sich um die konkrete Beteiligung dieser Person. Die erste Definition fokussiert stärker die gesellschaftliche Dimension von Behinderung, die zweite aufgrund des Bezugs zu einer Person eher die individuelle Dimension, was jedoch durch den direkten Hinweis auf die gesellschaftlichen Perspektive der Funktionsfähigkeit abgeschwächt wird. Die unterschiedlichen Definitionen lassen darauf schließen, dass mehrere Deutungsmuster der Komponente Partizipation in der ICF vorliegen.

Ebenso wie bei der Schädigung der Körperfunktionen und -strukturen wird eine statistische Norm als Vergleichsmaßstab zugrunde gelegt (vgl. 4.1.1). Der generell akzeptierte Bevölkerungsstandard wird jedoch spezifiziert: Die Aktivitätsbeeinträchtigung eines Menschen wird als Abweichung von der *erwarteten Aktivität von Menschen ohne diese Gesundheitsbedingungen* beurteilt. Somit fungieren diese Menschen als Bezugsgruppe, ebenso wie das für die Partizipationseinschränkungen als Bezugsperson dienende *Individuum, das ohne Behinderung im gleichen kulturellen oder gesellschaftlichen Hintergrund* lebt. Noch deutlicher wird der Bezugsgruppenvergleich in den Definitionen der Beeinträchtigung von Leistungs- und Ausführungsfähigkeit, in denen die beobachtete und die erwartete Fähigkeit miteinander verglichen werden:

»*Limitations* or *restrictions* are assessed against a generally accepted population standard. The standard norm against which an individual's capacity and performance is compared is that of an individual *without a similar health condition* (disease, disorder or injury, etc.). The limitation or restriction records the discordance between the observed and the expected performance. The expected performance is the population norm, which represents the experience of people *without the specific health condition*. The same norm is used in the capacity qualifier so that one can infer what can be done to the environment of the individual to enhance performance.« (ICF 15f.) (Hervorhebungen durch die Autorin)

Vorliegende *Gesundheitsbedingungen* stellen in der ICF die Voraussetzung für die Beeinträchtigungen der Aktivität sowie der Leistungs- und Ausführungsfähigkeit dar, wodurch die mit der ICD klassifizierte Komponente eine große Bedeutung erhält. Partizipationseinschränkungen werden dagegen über den gesellschaftlichen Terminus (*disability*) definiert, was die Unterschiedlichkeit der Komponenten Aktivität und Partizipation hervorhebt. Im Gegensatz zu dem individuell ausgerichteten Begriff der Gesundheitsbedingungen[155] integriert der *Behinderungsbegriff* die Interaktionen aller Komponenten (vgl. ICF 213). Daher ist er hinsichtlich seiner Bedeutung für die Partizipationseinschränkungen weitreichender konzipiert als der Begriff der *Gesundheitsbedingungen*. Die als Vergleichswert herangezogenen Gegenstände sind somit nicht deckungsgleich.[156] Dies ist dahingehend auffällig, als die Komponenten Aktivität und Partizipation sowie Ausführungs- und Leistungsfähigkeit mit der gleichen Kategorienliste klassifiziert werden, sich jedoch – wie anhand der Definitionen aufgezeigt – unterscheiden. Diese unterschiedliche (biologisch-individuelle und gesellschaftliche) Ausrichtung der beiden Komponenten erfordert daher eigenständige Klassifikationslisten.

Was für ein Normalitätsverständnis liegt in den zitierten Definitionen vor? Im Gegensatz zu normativen Normen wird in diesen normalistischen Normen kein Ideal, sondern eine Bezugsgröße als Vergleichsmerkmal – die *erwartete* Leistungs- oder Ausführungsfähigkeit von Menschen ohne Gesundheitsbedingungen – gesetzt. Der *Bezugsgruppenvergleich* ist charakteristisch für beide Strategien des Normalismus, er fungiert als Orientierung für das mit der ICF befragte Individuum. Durch die Orientierung an dem Individuum ohne die gleichen Gesundheitsbedingungen beziehungsweise ohne Behinderung wird Behinderung an der Normalität einer Nichtbehinderung gemessen und aus dem Normalitätsspektrum ausgeschlossen (vgl. Link 1999: 79). Das Subjekt wird implizit aufgefordert, die eigene Lebenssituation derjenigen eines Menschen ohne die entsprechenden Gesundheits-

---

155 Vgl. die Definition der Gesundheitsbedingungen, die Behinderungen nicht enthält, jedoch Krankheiten, Störungen, Verletzungen, Traumata, genetische Dispositionen etc. (vgl. 4.2.1).
156 Diese Gegenstände sind kategorial verschieden, da sie auf unterschiedlichen Ebenen liegen. Auf die methodische Ordnung der Definitionen der Termini müsste gesondert eingegangen werden, was den Rahmen der vorliegenden Studie überschreitet.

bedingungen beziehungsweise Behinderungen gegenüberzustellen und sich flexibel-normalistisch anzupassen. Gleichzeitig ist es ein Merkmal protonormalistischer Subjekttaktiken, dass das Subjekt von außen mit der ICF befragt und seine Behinderung beurteilt wird. Daher liegen beide Strategien vor: protonormalistisch als Befragung und Begutachtung von außen durch die GutachterInnen und flexibelnormalistisch als Aufforderung zum Selbstvergleich (vgl. Link 1999: 80).

Die Aufforderung zum Selbstvergleich mit nicht-behinderten Menschen wird in der Checkliste, mit der behinderte Menschen nach ihrer Lebenssituation befragt werden, noch stärker deutlich. Unter der Rubrik *General Questions for Participation and Activities* wird zuerst der Klassifizierungsmaßstab der Leistungsfähigkeit erklärt: »The level of capacity should be judged relative to that normally expected of the person, or the person's capacity before they acquired their health condition« (WHO 2001b: 10). Danach wird auf dieser Grundlage die Person selbst zu verschiedenen Tätigkeitsgebieten befragt: »How does this compare with someone, just like yourself only without your health condition?« (WHO 2001b: 10ff.). Sich selbst im Spektrum zwischen Nichtbehinderung und Behinderung zu verorten und gleichzeitig am Leitbild des nicht-behinderten Menschen auszurichten, ist ein charakteristisches Merkmal für den flexiblen Normalismus. Der Mensch wird nicht gezwungen, seine eigene Einschätzung nicht ignoriert. Er soll sich sogar ausdrücklich selbst einschätzen. Aus gouvernementaler Perspektive wird das Subjekt mit den Fragen der Checkliste veranlasst, sich an die Nichtbehinderung als Normalität anzupassen, sich demgemäß zu verhalten und selbst zu lenken: immer im Wissen um die Anforderungen, normal zu sein, beziehungsweise normale Leistungs- und Ausführungsfähigkeit anzustreben. Nach Foucault lässt sich die Situation des Subjekts wie folgt zusammenfassen: Das Subjekt wird zum einen den Richtlinien der ICF »unterworfen«, zum anderen durch die Selbsterkenntnis seiner Leistungs- und Ausführungsfähigkeit an seine eigene Identität gebunden (vgl. 3.2.2).

Die Ausrichtung der ICF auf die *individuellen* Fähigkeiten beziehungsweise Beeinträchtigungen wird durch die Definitionen von Ausführungs- und Leistungsfähigkeit verstärkt, speziell aufgrund der Unterscheidung, ob ein Mensch eine Leistung mit oder ohne Unterstützungsfaktoren erbringen kann:

»*Capacity* is a construct that indicates, as a qualifier, the highest probable level of functioning that a person may reach in a domain in the Activities and Participation list at a given moment. Capacity is measured in a *uniform or standard environment,* and thus reflects the environmentally adjusted ability of the individual. The Environmental Factors component can be used to describe the features of this uniform or standard environment.« (ICF 214)

»*Performance* is a construct that describes, as a qualifier, what individuals do *in their current environment*, and so brings in the aspect of a person's involvement in life situations. The current environment is also using the Environmental Factors component.« (ICF 214) (Hervorhebungen durch die Autorin)

Wie die WHO darlegt, soll die Leistungsfähigkeit eines Menschen in einer so genannten Standardumgebung erfasst werden: »Thus, the capacity construct reflects the environmentally adjusted ability of the individual. This adjustment has to be the same for all persons in all countries to allow international comparisons« (ICF 229).

Standard- oder gewohnte Umgebung unterscheiden Ausführungs- und Leistungsfähigkeit. Als weiteres Unterscheidungsmerkmal fungiert die Klassifizierung mit oder ohne Unterstützungsfaktoren. Üblicherweise soll die Leistungsfähigkeit ohne, die Ausführungsfähigkeit mit Unterstützungsfaktoren beurteilt werden. Demgemäß werden zur Klassifizierung der Leistungsfähigkeit eines Menschen in einer international geltenden Standardumgebung keine auf den individuellen Bedarf abgestimmten Hilfsmittel berücksichtigt (s.o.). Allerdings sieht die WHO die Möglichkeit vor, auch die Ausführungsfähigkeit in gewohnter Umgebung, aber ohne Assistenz, und die Leistungsfähigkeit in standardisierter Umgebung mit Assistenz zu beurteilen (vgl. ICF 230f.). Die WHO erklärt allerdings nicht, welchen Gewinn diese Optionen bieten. Anhand des folgenden Beispiels lässt sich erkennen, wie Aktivität und Partizipation nach Ausführungs- und Leistungsfähigkeit differenziert werden können (vgl. Tabelle 10).

Tabelle 10: Differenzierte Kodierung von Aktivität und Partizipation

d4500	Kurze Entfernung gehen
d 4500.2	Kurze Entfernungen gehen, mit mäßigem Problem der Ausführungsfähigkeit (in gewohnter Weise mit Gehhilfe)
d 4500._3	Kurze Entfernungen gehen, mit erheblichem Problem der Leistungsfähigkeit (in standardisierter Umgebung ohne Gehhilfe)
d 4500.23	Kurze Entfernungen gehen, mit mäßigem Problem der Ausführungsfähigkeit und erheblichem Problem der Leistungsfähigkeit

d 4500.232	Kurze Entfernungen gehen, mit mäßigem Problem der Ausführungsfähigkeit und erheblichem Problem der Leistungsfähigkeit in standardisierter Umgebung ohne Gehhilfe, jedoch nur einem mäßigem Problem mit Gehhilfe
d 4500.2323	Kurze Entfernungen gehen, mit mäßigem Problem der Ausführungsfähigkeit und erheblichem Problem der Leistungsfähigkeit in standardisierter Umgebung ohne Gehhilfe, jedoch nur einem mäßigem Problem mit Gehhilfe

Wie an dieser exemplarischen Darstellung der äußerst differenzierten Klassifizierung der Handlungsweise – des Gehens kurzer Entfernungen – deutlich wird, ist eine ausführliche Klassifizierung mit vier Beurteilungsmerkmalen sehr umfangreich.

Die Unterscheidung von Ausführungs- und Leistungsfähigkeit wird in der Einleitung und im Anhang der ICF begründet (vgl. ICF 14ff., 229ff.):

»The gap between capacity and performance reflects the difference between the impacts of the current and uniform environments and thus provides a useful guide as to what can be done to the environment of the individual to improve performance«. (ICF 230)

Die WHO geht mit dieser Begründung zum einen auf die Unterscheidung der Bedingungen von Ausführungs- und Leistungsfähigkeit ein; weiterhin benennt sie das Ziel, die Umwelt eines Menschen so zu verändern, dass sich seine Ausführungsfähigkeit verbessert.

Die Leistungsfähigkeit unter Standardbedingungen zu beurteilen, ist meines Erachtens nur für den Vergleich beziehungsweise die statistische Datenerhebung verschiedener Personen oder Bevölkerungsgruppen (im regionalen, nationalen oder internationalen Rahmen) erforderlich. Da der Vergleich des Gesundheitssituation, hier: der Leistungsfähigkeit, von Bevölkerungen eines der Ziele der ICF darstellt, ist die genaue Erfassung der Leistungsfähigkeit in diesen Kontext einzuordnen (vgl. ICF 5). Die Leistungsfähigkeit hat folglich als differenzierendes Beurteilungsmerkmal für Aktivität und Partizipation eine andere Funktion als die Ausführungsfähigkeit. Während mit der Leistungsfähigkeit das höchste wahrscheinliche, von einem Menschen im einzelnen Moment erreichbare Funktionsfähigkeits-Niveau angezeigt wird, wird in der Definition der Ausführungsfähigkeit die Beteiligung (*involvement*) eines Menschen als neues Kennzeichen seiner Lebenssituation hinzugezogen (vgl. die Definitionen von capacity und performance). Aufgrund der Orientierung an dem Maßstab der Standardumgebung wird auch bei der Beurteilung der Leistungsfähigkeit die Leistungsfähigkeit eines Menschen *ohne* Beeinträchtigung als Orientierungsmaß gesetzt. Jede Orientierung an Standardbedingungen oder -leistungen folgt dem normalistischen Bezugsgruppenvergleich.

Während der Partizipationsbegriff das Konzept der Beteiligung bereits enthält, soll die *subjektive Zufriedenheit mit der individuellen Beteiligung* als zusätzliches Beurteilungsmerkmal für Aktivität und Partizipation noch entwickelt werden. Dies wäre dann das fünfte Beurteilungsmerkmal für die Komponenten: »The fifth digit position is reserved for qualifiers that may be developed in the future, such as a qualifier for involvement or subjective satisfaction« (ICF 231). Die WHO überlegt zudem, den Faktor der subjektiven Zufriedenheit in größerem Kontext einzuordnen, da für die zukünftige Ausrichtung der ICF Verbindungen mit Quality of life Konzepten und Beurteilungsinstrumenten von subjektivem Wohlbefinden werden (vgl. 4.2.6, ICF 15, 224). Hierbei trifft die WHO keine konkreten Aussagen, in welchem Kontext subjektive Faktoren entwickelt werden sollen. Jedoch macht das offerierte Spektrum der kurzen Hinweise in der ICF deutlich, dass die individuelle Dimension von Funktionsfähigkeit und Behinderung stärker beachtet werden soll. Eine fünfte Kodierungsoption erscheint den Umfang dieser Komponenten angesichts der vier übrigen Kodierungsmöglichkeiten zu überschreiten. Zudem ist fraglich, inwiefern diese Kategorie auch inhaltlich den Rahmen sprengen würde, da sich subjektive Zufriedenheit in diesem Rahmen zwar auf konkrete Tätigkeiten bezieht, jedoch weder eine Aktivität noch eine Partizipation darstellt.

Betrachtet man die gemeinsame Kategorienliste von Aktivität und Partizipation, so ist unklar, warum beide Komponenten nicht eigenständig konzipiert und keine unabhängigen Kategorienlisten ausgearbeitet sind. Die WHO räumt ein, dass es schwierig ist, aufgrund des gemeinsamen Klassifikations-Bereichs zwischen Aktivität und Partizipation und somit zwischen individueller und gesellschaftlicher Dimension von Behinderung zu unterscheiden: »Similarly, differentiating between ›individual‹ and ›societal‹ perspectives on the basis of domains has not been possible given international variation and differences in the approaches of professionals and theoretical frameworks« (ICF 16). Diese Erklärung macht transparent, dass sich die Vorstellungen der internationalen Fachleute im Entwicklungsprozess der ICF in Bezug auf die Konzeption dieser Komponenten widersprachen. Hierdurch wird auch die hohe Varianz der Kodierungsmöglichkeiten von Aktivität und Partizipation aufgeklärt, die die WHO als Angebot für die Gutachtenden darstellt: »Therefore [because of the differences in the approaches, MH], ICF provides a single list that can be used, if users so wish, to differentiate activities and participation in their own operational ways« (ICF 16). Zwar erläutert die WHO, dass sie sich als Kompromiss zwischen verschiedenen Vorschlägen für eine gemeinsame, jedoch differenzierbare Kategorienliste für die Komponenten Aktivität und Partizipation entschieden hat. Ihre Erläuterung entkräftet jedoch nicht die Kritik, beide Komponenten seien nicht ausführlich konzipiert. Während Behinderung mit der ICIDH durch drei – die körperliche, individuelle und gesellschaftliche – Dimensionen charakterisiert wurde (vgl. Abb. 5), wird nun zwischen individueller und gesellschaftlicher Dimension nicht eindeutig unterschieden, so dass die Lebenssituation behinderter Menschen mit der ICF nicht präzise abgebildet wird.

Auch hinsichtlich der vielfältigen Kodierungsmöglichkeiten bestehen Widersprüche: Einerseits soll das Beurteilungsmerkmal der Leistungsfähigkeit international vergleichbar sein: »This [capacity, MH] adjustment has to be the same for all persons in all countries to allow international comparisons« (ICF 229), andererseits können GutachterInnen selbst entscheiden, in welcher Form sie Aktivität und Partizipation beurteilen (vgl. ICF 16, s.o.). GutachterInnen wird hiermit ermöglicht, eigene Schwerpunkte bei der Klassifizierung von Aktivität und Partizipation zu setzen, was jedoch die internationale Vergleichbarkeit der Leistungsfähigkeit (sowie auch die der Ausführungsfähigkeit) herabsetzt. Wie an der Klassifizierung der Kategorie *Standing (d 4104)* verdeutlicht werden kann, ist diese Kategorie der gemeinsamen Liste von Aktivität und Partizipation nicht international vergleichbar, wenn beispielsweise eine kanadische Gutachterin eine individuelle Ausführungsfähigkeit mit Hilfsmitteln (zum Beispiel einem Gehstock/Rollator) im alltäglichen Umfeld als geringe Schwierigkeit *(d 4104.1)* und ein deutscher Gutachter eine individuelle Leistungsfähigkeit ohne Hilfsmittel im standardisierten Umfeld als starke Schwierigkeit *(d 4104._3)* beurteilten. Ohne die jeweilige Lebenssituation der behinderten Menschen ausführlich darzustellen, sind die Kodierungen der Kategorie *Standing* nicht verständlich und erst durch die Kommunikation der GutachterInnen vergleichbar.

Wählt man andere Kategorien der gemeinsamen Klassifikationsliste, wie zum Beispiel *Furnishing a place to live (d 6102)* oder *Interacting according to social rules (d 7203)*, so ist bei beiden Kategorien nach dem Orientierungsmaßstab zu fragen, da es sich bei der ersten Kategorie um eine höchst subjektive Frage des persönlichen Geschmacks, bei zweiter um die Frage der geltenden, gesellschaftlichen Regeln handelt (zur Orientierung an einem Normalmaß der betreffenden Kategorien, ICF 153, 160). Die hinzukommende Auswahl der Kodierungsmöglichkeiten erschwert den internationalen Vergleich nicht nur, sondern macht ihn – ohne ausführliche schriftliche Kommentierung – nahezu unmöglich.[157]

Die Konzeption von Aktivität und Partizipation ist auch hinsichtlich der in der Kategorienliste enthaltenen Themenbereiche unzureichend. Die Liste ist von individuellen Fähigkeiten hin zu interaktiven oder gesellschaftlichen, auch beruflichen, Tätigkeiten gestaffelt: »from basic learning or watching to composite areas such as interpersonal interactions or employment« (ICF 14). Bei der Erstellung dieser Kategorienliste hat die WHO versucht, alle relevanten Lebensbereiche eines Menschen einzubeziehen. Hierbei fällt auf, dass der Bereich *Ausbildung, Berufs- und Arbeitsleben* unter den Hauptkategorien fehlt. Er ist nur unter der Kategorie *Bedeutende Lebensbereiche* subsumiert: *Education (d 810–839), Work and employment (d 840–859), Economic Life (d 860–879)* (ICF 164ff.). Hiermit wird dem Lebensbereich, der traditionell den längsten Zeitraum eines Menschenlebens einnimmt, im Gegensatz zu der eher unspezifisch formulierten Hauptkategorie *Allgemeine Aufgaben und Anforderungen* nur eine geringe Bedeutung zugemessen.

---

[157] Da bei mehrere Kodierungsmöglichkeiten Überlappungen von Aktivität und Partizipation bestehen, empfiehlt die WHO als Vereinfachung der Kodierung und zur Vermeidung dieses Überlappungsproblems: »One possible way to overcome this redundancy may be to consider the capacity qualifier as activity and the performance qualifier as participation« (ICF 237). Diese Möglichkeit vereinfacht die Kodierung und Klassifizierung von Aktivität und Partizipation einerseits, reduziert jedoch andererseits die vorher ausgeführte Vielfältigkeit der Abbildung sozialer Lebenswirklichkeiten. Diese einfache Zuordnung, mit der Leistungsfähigkeit die individuelle Aktivität und mit der Ausführungsfähigkeit die soziale Partizipation zu messen, erscheint somit plausibel und willkommen im Gegensatz zur Unübersichtlichkeit der geschilderten Kodierungsvielfalt. Jedoch belegt diese Widersprüchlichkeit wiederum, dass die Ansichten der Fachleute im Entwicklungsprozess der ICF stark voneinander abwichen und die WHO als internationale Organisation sowohl durch die Bandbreite der Kodierungsmöglichkeiten als auch durch die Empfehlung der Vereinfachung versucht hat, alle Vorschläge aufzugreifen (vgl. ICF 16). Ob es mit der vorgesehenen Weiterentwicklung der ICF durch empirische Forschung erreicht wird, den untersuchten Spagat der Kodierungsmöglichkeiten von Aktivität und Partizipation zu überwinden, wird abzuwarten sein: »It is expected that with the continued use of ICF and the generation of empirical data, evidence will become available as to which of the above options are preferred by different users of the classification. Empirical research will also lead to a clearer operationalization of the notions of activities and participation. Data on how these notions are used in different settings, in different countries and for different purposes can be generated and will then inform further revisions to the scheme« (ICF 237).

Darüber hinaus stellt sich die inhaltliche Frage, warum Hausarbeit nicht gleichermaßen wie Erwerbsarbeit dem Kapitel *Major life areas* statt dem Kapitel *Domestic Life* untergeordnet ist. Mit dieser inhaltlichen Schwerpunktsetzung wird *Doing housework* nicht als Arbeit definiert, auch wenn es sich um eine traditionell weibliche, jedoch nicht entlohnte Arbeitstätigkeit handelt. Da *Household tasks* unter *Domestic Life* und *Education, Work and Employment, Economic Life* unter *Major life areas* zusammengefasst werden, werden mit dem Arbeitsbegriff in der ICF traditionelle Rollenvorstellungen vertreten.

Hinsichtlich der Konzeption von Aktivität und Partizipation ist des Weiteren unklar, nach welchem Maßstab Kategorien den einzelnen Klassifikationsbereichen zugeordnet sind und wie sich zum Beispiel die Kategorien der Klassifikationsbereiche *Interpersonal interactions and relationships (d 7)* und *Community, social and civil life (d 9)* voneinander unterscheiden. Da Toleranzfähigkeit in informellen Gruppierungen oder im gemeinschaftlichen Leben bedeutsam ist, könnte die Unterkategorie *Tolerance in relationships (d 7102)* gleichermaßen ein Bestandteil der Unterkategorie *Informal associations (d 9100)* oder der Oberkategorie *Community life (d 910)* sein. Wie schwierig es ist, die Zuordnung der Kategorien nachzuvollziehen, lässt sich an den Definitionen veranschaulichen:

»*d 7102 Tolerance in relationships*
Showing and responding to understanding and acceptance of behaviour, in a contextually and socially appropriate manner.« (ICF 159)

»*d 9100 Informal associations*
Engaging in social or community associations organized by people with common interests, such as local social clubs or ethnic groups« (ICF 168)

»*d 910 Community life*
Engaging in all aspects of of community social life, such as engaging in charitable organizations, service clubs or professional social organizations.« (ICF 168)

Die detaillierte Berücksichtigung der vielfältigen verschiedenen Lebensbereiche erfordert von den GutachterInnen, dass sie die ICF entweder genau kennen oder ohne eine in der ICF enthaltene Erläuterung wissen, unter welcher Oberkategorie welche Unterkategorie zu finden ist. Da die Klassifikationskapitel in der ICF zwar durch eine kurze Inhaltsangabe eingeleitet sind, aber die Themenbereiche nicht klar voneinander abgegrenzt sind, müssen GutachterInnen bei der Beurteilung der Lebenssituation eines Menschen jedes Klassifikationskapitel der ICF durchsehen.

An welchem Maßstab werden die lebensnahen Bereiche von Aktivität und Partizipation gemessen, die verschiedene Alltagstätigkeiten enthalten? Und was bedeutet es beispielsweise, eine *normale* Toleranz in Beziehungen zu haben?[158] Die hier erörterten Kategorien wie Toleranzfähigkeit oder Gemeinschaftsleben weisen das Normalitätskonzept von Aktivität und Partizipation als flexibel-normalistisch aus, weil keine starre Norm zugrunde gelegt wird. Stattdessen ist die Normalitätsgrenze dynamisch und variabel, da entscheidend ist, wie die gutachtende Fachperson die Bezugsgruppe nichtbehinderter, also hier *normal toleranter*, Menschen konstruiert. Insbesondere diese lebensnahen Bereiche weisen darauf hin, dass mit der ICF, nach Foucaults gouvernementalitätstheoretischem Ansatz, die Lebenssituation eines Menschen genau in den Blick genommen wird. Nicht nur körperliche, geistige und seelische Schädigungen werden klassifiziert, sondern auch die Fähigkeit zu zwischenmenschlichen Beziehungen oder diejenige, sich in Organisationen angemessen zu verhalten. Hiermit wird von dem befragten Individuum gleichermaßen die Fähigkeit einer umfassenden Selbststeuerung erwartet. Insofern wird das Individuum nicht nur ermahnt, auf körperliche Fitness zu achten und die Verringerung eigener Schädigungen und Beeinträchtigungen zu unterstützen, sondern auch seine zwischenmenschlichen Beziehungen und sein Sozialleben gemäß *normalen* Vorstellungen zu gestalten und – bei etwaigen Abweichungen – zu optimieren.

Da die Beurteilungsmerkmalen (Ausführungs- und Leistungsfähigkeit) die individuelle Fähigkeit hervorheben, erhält Partizipation weniger Bedeutung in der ICF. Auch die Integration eines fünften Beurteilungsmerkmals für subjektive Zufriedenheit unterstreicht diese Tendenz. Die gesellschaftliche Dimension von Behinderung – ausgedrückt in der ICIDH durch die Handicap-Komponente und in der ICF durch die Partizipations-Komponente sowie die Umweltfaktoren – hat sich insofern nicht nur begrifflich, sondern auch konzeptionell verändert. Im Vergleich zu den Körperfunktionen und -strukturen aber auch zu den Umweltfaktoren ist die Kodierung und Klassifizierung von Aktivität und Partizipation kompliziert und um-

---

158 Gleiches gilt für die Kategorien *Religion and Spirituality (d 930)* mit ihren Unterkategorien *Organized religion (d 9300)* und *Spirituality (d 9301)* und den üblichen Auffangkategorien (d 9308/09) sowie *Human rights (d 940)* und *Political life and citizenship (d 950)* (vgl. ICF 169f.). Bei diesen Kategorien ist nicht nur zu hinterfragen, an welchem Normalmaß sie gemessen werden, sondern auch, ob und wie Aktivitäten oder Partizipation dieser Lebensbereiche mit den Beurteilungsmerkmalen der Ausführungs- und Leistungsfähigkeit klassifiziert werden können. Dies ist besonders im Vergleich zu den als nicht klassifizierbar beurteilten Personbezogenen Faktoren zweifelhaft (vgl. 4.1.4).

ständlich, was besonders einen Nachteil gegenüber den einfach zu kodierenden und ausführlich konzipierten Körperfunktionen und -strukturen darstellt (vgl. 4.1.1, 4.1.3).

4.1.3 Umweltfaktoren, Barrieren und Unterstützungsfaktoren

In der Weiterentwicklung von der ICIDH zur ICF hat die WHO die Umweltfaktoren als neue, eigenständige Komponente in die ICF aufgenommen. Dies begründet die erhöhte Aufmerksamkeit, die die Umweltfaktoren in der ICF erhalten.

Die Umweltfaktoren unterstützen die gesellschaftliche Dimension von Behinderung, die WHO hat sie als neue Komponente in Beziehung zu allen anderen Komponenten gesetzt (vgl. 4.2.5). Bereits auf den ersten Seiten der ICF wird erklärt, dass die Korrelation der Umweltfaktoren mit den anderen Komponenten hilfreich ist, um individuelle Profile zu erstellen und die Erforschung von Determinanten oder Risikofaktoren zu erleichtern:

»[...] it enables the user to record useful profiles of individuals' functioning, disability and health in various domains.« (ICF 3)

»To facilitate the study of determinants or risk factors, ICF includes a list of environmental factors that describe the context in which individuals live.« (ICF 4)

Auch wenn die Umweltfaktoren nicht primär der Erforschung von Risikofaktoren dienen (vgl. ICF 4), so wird die Verwendung ihrer Kategorienliste zu diesem Zweck empfohlen. Dieser Einsatz der Umweltfaktoren ist im Rahmen der WHO-Klassifikationsfamilie zu verstehen, da zur Profilerstellung eines Menschen nicht nur die ICF herangezogen wird (vgl. 2.3.4). Ebenso wie die beiden Hauptklassifikationen von Krankheit (ICD) und Behinderung (ICF) kombiniert genutzt werden, um Gesundheit, Morbidität und Mortalität der Bevölkerung zu beurteilen (vgl. ICF 4), soll die Klassifikationsliste der Umweltfaktoren über die ICF hinaus eingesetzt werden.

Um die Bedeutung der Umweltfaktoren für die ICF und speziell für ihre Konstruktion von Behinderung zu erfassen, werden ihre Definitionen, die Unterscheidung von Barrieren und Unterstützungsfaktoren sowie ihre Kodierungsmöglichkeiten untersucht. Für ein vertieftes Verständnis ihrer Konzeption wird exemplarisch analysiert, wie ihre Kategorien ausgearbeitet sind und nach welchem Maßstab die Umweltfaktoren klassifiziert werden.

Die Einleitung der ICF enthält mehrere Definitionen der Umweltfaktoren, zuerst eine kurze Definition, in der die Funktion der Komponente umrissen wird (vgl. ICF 171, 232): »Environmental factors make up the physical, social, attitudinal environment in which people live and conduct their lives« (ICF 10). Ausführlicher werden die Umweltfaktoren in den Abschnitten definiert, die sich auf ihre Klassifikationskapitel beziehen. Hierbei werden nicht nur die natürliche, sondern auch die durch den Menschen veränderte Umwelt und das soziale Umfeld eines Menschen beachtet:

»*Environmental factors* constitute a component of ICF, and refer to all aspects of the external or extrinsic world that form the context of an individual's life and, as such, have an impact on that person's functioning. Environmental factors include the physical world and its features, the human-made physical world, other people in different relationships and roles, attitudes and values, social systems and services, and policies, rules and laws.« (ICF 213f.)

In beiden Definitionen, besonders in der detaillierten Definition, ist offenkundig, dass mit den Umweltfaktoren der gesamte Lebensraum eines Menschen berücksichtigt wird. Somit wird nicht mehr das Individuum fokussiert, sondern die Beurteilung von Behinderung hinsichtlich des natürlichen und gesellschaftlichen Lebensraumes erweitert. Hierdurch werden nicht nur die Einschätzung seiner Lebenssituation, sondern auch die Perspektive und die Aneignung des Subjekts detailreicher und umfassender.

Prinzipiell werden die Umweltfaktoren als externe Faktoren, als außerhalb des Individuums liegende Faktoren, bezeichnet, »that represent the circumstances in which the individual lives« (ICF 17). Die Lebensumstände eines Menschen werden in eine individuelle und eine gesellschaftliche Ebene unterteilt, wobei die erste Merkmale des Privatlebens enthält:

»immediate environment of the individual, including settings such as home, workplace and school. Included at this level are the physical and material features of the environment that an individual comes face to face with, as well as direct contact with others such as family, acquaintances, peers and strangers.« (ICF 16)

Die gesellschaftliche Ebene ist durch Charakteristika des öffentlichen Lebens gekennzeichnet:

»formal and informal social structures, services and overarching approaches or systems in the community or society that have an impact on individuals. This level includes organizations and services related to the work environment, community activities, government agencies, communication and transportation services, and informal social networks as well as laws, regulations, formal and informal rules, attitudes and ideologies.« (ICF 17)

Beide Ebenen unterscheiden sich hinsichtlich ihres Nähe-Distanz-Verhältnisses zum Individuum, was durch folgende kurze Textpassage unterstützt wird: »they are organized in sequence from the individual's most immediate environment to the general environment« (ICF 8). Mit der Trennung in individuelle und gesellschaftliche Ebene wird die Differenzierung von individueller und gesellschaftlicher Dimension von Behinderung aufgenommen, was konzeptionell bedeutsam ist.

Die Funktion der Umweltfaktoren für einen Menschen kommt in der ICF erst durch ihre Aufgliederung in Barrieren und Unterstützungsfaktoren zum Tragen:

»*Barriers* are factors in a person's environment that, through their absence or presence, limit functioning and create disability. These include aspects such as a physical environment that is inaccessible, lack of relevant assistive technology, and negative attitudes of people towards disability, as well as services, systems and policies that are either nonexistent or that hinder the involvement of all people with a health condition in all areas of life.«(ICF 214)

»*Facilitators* are factors in a person's environment that, through their absence or presence, improve functioning and reduce disability. These include aspects such as a physical environment that is accessible, the availability of relevant assistive technology, and positive attitudes of people towards disability as well as services, systems and policies that aim to increase the involvement of all people with a health condition in all areas of life. Absence of a factor can also be facilitating, for example the absence of stigma or negative attitudes, Facilitators can prevent an impairment or activity limitation from becoming a participation restriction, since the actual performance of an action is enhanced, despite the person's problem with capacity.« (ICF 214)

Auffälligerweise weist die Definition der Unterstützungsfaktoren nicht explizit persönliche Assistenz aus, obschon diese für den Lebensalltag behinderter Menschen als Unterstützung äußerst relevant ist. Zudem ist das Konzept der persönlichen Assistenz im anglo-amerikanischen und skandinavischen Raum bereits wesentlich früher als in Deutschland eingeführt worden und international bekannt (vgl. Ratzka 2003). Festzuhalten ist, dass die Umweltfaktoren in der ICF als Mangel beurteilt werden: entweder als Barriere, die der betreffende Mensch nicht überwinden kann, oder als individueller Bedarf an konkreten Hilfsmitteln respektive Unterstützungsfaktoren (zusätzlich kodiert mit dem Symbol +). Es gibt drei verschiedene Kodierungsmöglichkeiten für die Umweltfaktoren, die ihre interaktive Bedeutung aufzeigen

(ICF 22, 222, 225f., 229f., 232). Entweder werden sie in *Relation* zu jeweils jeder anderen Komponente oder *unabhängig* von diesen – klassifiziert (vgl. ICF 22): »Environmental factors can be coded either (i) in relation to each component; or (ii) without relation to each component (…). The first style is preferable since it identifies the impact and attribution more clearly« (ICF 222). Die ersten beiden Möglichkeiten werden durch eine weitere, auf die Ausführungs- und Leistungsfähigkeit spezifizierte, Kodierungsoption ergänzt. In den Kodierungsrichtlinien von Aktivität und Partizipation wird auf sie Bezug genommen und die Kodierung der standardisierten Umwelt als Kennzeichen der Leistungsfähigkeit herausgestellt: »To be precise, the features of the uniform or standard environment can be coded using the Environmental Factors component« (ICF 229f.). Aufgrund der verpflichtenden Bezugnahme auf jede Komponente: »must be considered for each component« (ICF 232) wird die relationale gegenüber der unabhängigen Kodierung von Barrieren und Unterstützungsfaktoren bevorzugt (vgl. ICF 222, 225f., 232).

Gemäß den Angaben in der Kodierungsanleitung gibt es verschiedene Gründe, aus denen ein Umweltfaktor in einem bestimmten Ausmaß als Barriere oder Unterstützungsfaktor fungieren kann:

»For facilitators, the coder should keep in mind issues such as the accessibility of a resource, and whether access is dependable or variable, of good or poor quality and so on. In the case of barriers, it might be relevant how often a factor hinders the person, whether the hindrance is great or small, or avoidable or not.« (ICF 233)

In dieser Textstelle der Kodierungsanleitung werden mehrere Charakteristika genannt: Zugänglichkeit, Zuverlässigkeit und Qualität der Unterstützungsfaktoren sowie Häufigkeit, Größe und Vermeidbarkeit der Barrieren. Wie diese Charakteristika erfasst werden sollen, wird nicht erklärt. Stattdessen wird erwartet, dass die zukünftige Erforschung der Umweltfaktoren den Nutzen eines zusätzlichen Beurteilungsmerkmals belegen kann:

»The effects that environmental factors have on the lives of people with health conditions are varied and complex, and it is hoped that future research will lead to a better understanding of this interaction and, possibly, show the usefulness of a second qualifier for these factors.« (ICF 233)

Die Charakteristika, durch die Barrieren und Unterstützungsfaktoren gekennzeichnet sein können, lassen sich nicht mit dem ersten Beurteilungsmerkmal klassifizieren, da mit diesem nur das Ausmaß von Barrieren oder Unterstützungsfaktoren angegeben werden kann (vgl. ausführlich 4.3).

Gleichermaßen sind die Kategorien der Umweltfaktoren kaum differenziert, da einige Kategorien in ihren Erläuterungen Merkmale enthalten, die nicht als eigenständige Unterkategorien einer vierten Klassifikationsebene[159] ausgeführt sind. So ist es beispielsweise nicht möglich, einen elektrischen Rollstuhl *eigenständig* als Unterstützungsfaktor zu kodieren. Stattdessen stellt er nur einen von mehreren Bestandteilen einer Kategorie dar[160]:

»General products and technology for personal indoor and outdoor mobility and transportation (e 1200)
Equipment, products and technologies used by people in activities of moving inside and outside buildings, such as motorized and non-motorized vehicles used for the transport of people over ground, water and air (e.g. buses, cars, vans, other motor-powered vehicles and animal-powered transporters), not adapted or specially designed.« (ICF 174)

Mit einer separaten Unterkategorie wäre es möglich, die Lebenssituation eines Menschen mit der ICF detaillierter zu beurteilen (vgl. 4.3, Hirschberg 2007).

Die geringe Differenzierung von Beurteilungsmöglichkeiten und Kategorien, lassen sich anhand der *Produkte und Technologie der Stadtentwicklung (e 1602)* veranschaulichen (vgl. ICF 180). Die Liste ihrer Teilaspekte umfasst unter anderem Rampen (für RollstuhlfahrerInnen) und Kerben (Vertiefungen im Boden zum Führen des Blindenstockes für sehbehinderte Menschen):

»Products and technology in urban land areas as they affect an individual's outdoor environment through the implementation of urban land use policies, design, planning and development of space, such as kerb cuts, ramps, signposting and street lighting.« (ICF 180)

Sie sind jedoch weder als Unterkategorien der vierten Klassifikationsebene ausgewiesen, noch lassen sich spezifische Merkmale wie Breite, Höhe, Steigungsfaktor oder Beschaffenheit messen, da keine Beurteilungsmerkmale hierfür vorhanden sind. In der derzeitigen Version der ICF lässt sich also weder eine Rampe eigenständig kodieren, noch ihre Eigenschaften beurteilen; stattdessen müsste die Klassifizierung zur präzisen Erfassung der individuellen Lebenssituation schriftlich ergänzt werden.

---

159 Unterkategorien der vierten Klassifikationsebene sind dadurch gekennzeichnet, dass sie fünf Ziffern haben.
160 Speziell adaptierte Produkte werden mit der Kategorie e1201 kodiert, sind aber ebenfalls nur aufgelistet (vgl. ICF 174).

Neben den bereits untersuchten Aspekten der Konzeption der Umweltfaktoren ist unklar, wie die zwischenmenschliche Ebene als fördernd oder behindernd klassifiziert werden kann (vgl. ICF 187ff.). Dies steht jedoch im Widerspruch dazu, dass Personbezogene Faktoren mit dem Hinweis auf ihre große soziale und kulturelle Varianz als nicht klassifizierbar gelten (vgl. ICF 8). Desgleichen ist auch angesichts der Klassifikationsbereiche der Umweltfaktoren: *Support and relationships (e 3)* und *Attitudes (e 4)*[161] nicht nachvollziehbar, inwiefern diese ohne Einschränkung oder zusätzliche Erläuterung klassifiziert werden können und die Personbezogenen Faktoren nicht. So ist exemplarisch hinsichtlich der Kategorie *Friends (e 320)*: »Individuals who are close and ongoing participants in relationships characterized by trust and mutual support« (ICF 187) zu hinterfragen, nach welchem Maßstab die Bedeutung von Freundschaften für einen Menschen als leichter, gemäßigter, erheblicher oder vollständiger Unterstützungsfaktor beurteilt werden kann (vgl. Tabelle 6). Auch wenn Freunde und andere soziale Beziehungen eine wichtige unterstützende Bedeutung haben, ist zu bezweifeln, dass sie einheitlich und international vergleichbar zu klassifizieren sind. Zudem wird die Einschätzung von Freundschaften als Unterstützungsfaktor weder im entsprechenden Teilkapitel des Klassifikationsteils noch in einem Extrakommentar der Kodierungsrichtlinien für die Umweltfaktoren erklärt. Dementsprechend bleibt unklar, ob die subjektiven Vorstellungen des befragten Menschen, diejenigen der GutachterIn oder ein von ihr angenommener »Freundschaftsstandard« als Maßstab fungieren.

Diese unklare, nicht transparente Grenze des Ausmaßes von Freundschaften lässt sich nach Link als dynamisch und flexibel bezeichnen, da die subjektiven Einschätzungen von GutachterIn und befragtem Menschen die Klassifizierung dieser Kategorie entscheidend prägen (vgl. 1999: 80). Der befragte Mensch wird als Subjekt in den Klassifizierungsprozess der ihn in seiner Lebenssituation hindernden und unterstützenden Faktoren einbezogen.[162] Nach Foucault wird mit diesen sozialen Lebensbereichen, die sowohl in der Kategorienliste von Aktivität und Partizipation als auch

---

161 Während in den Bereichen *Interpersonal interactions and relationships (d 7)* und *Community, social and civil life (d 9)* die Kommunikations- und sozialen Fähigkeiten des Individuums beurteilt werden, werden in den Bereichen *Support and relationships (e 3)* und *Attitudes (e 4)* jeweils Bedeutung, Verhaltensweisen und Einstellungen anderer Menschen als Barrieren oder Unterstützungsfaktoren für das betreffende Individuum klassifiziert.
162 Vgl. parallel dazu die Fragen der Checkliste zu den Bereichen der Kategorienliste von Aktivität und Partizipation: *Interpersonal Interactions* sowie *Community, Social and Civil Life* (WHO 2001b: 12f.).

der Umweltfaktoren enthalten sind, das persönliche Leben eines Menschen umfangreich erfasst. Das Individuum wird aufgefordert, sich selbst und seine soziale Lebenssituation zu reflektieren sowie seine Verhaltensweisen dahingehend zu modifizieren, Unterstützung zu erhalten und hindernde Sozialkontakte zu reduzieren. Die Klassifizierung von Freundschaften mit der ICF kann die Selbstwahrnehmung des befragten Menschen und seine individuelle Perspektive auf seine sozialen Beziehungen verändern, indem seine Freundschaften als hinderlich oder unterstützend beurteilt werden.

Hinsichtlich breiter Themengebiete wie: »poverty, development, rural or urban setting, or social capital« sind die Umweltfaktoren nicht ausgearbeitet (ICF 233).[163] Zwar seien diese thematischen Schwerpunkte in der ICF nicht enthalten, stattdessen sollte: »the coder [...] separate the constituent factors and code these. Once again, further research is required to determine whether there are clear and consistent sets of environmental factors that make up each of these summary terms« (ICF 233). So wird die ICF derzeit bereits in Südafrika genutzt, um die Lebensbedingungen armer Menschen mit Behinderungen in den Provinzen des westlichen und östlichen Kaps zu beurteilen (vgl. Hanmer et al. 2008). Die von der WHO gewünschte Differenzierung macht es erforderlich, Kategorien zu bilden, die nicht nur sozialpolitische Aspekte, sondern auch den Lebenshorizont finanzschwacher Länder mit einem geringen Lebensstandard berücksichtigen. Der Begriff des sozialen Kapitals ist hierbei jedoch weder konkretisiert noch definiert. Bezieht man sich auf Bourdieu, so ist *soziales Kapital* als Netz von Beziehungen und Ressourcen zu verstehen, die für die Verfolgung eigener Ziele nützlich sein können, wie beispielsweise informelle Kontakte oder die Zugehörigkeit zu einer bestimmten sozialen Gruppe (vgl. 1983: 190ff.). Sofern jedoch – wie in der ICF vorgeschlagen – der Begriff des Sozialen Kapitals zukünftig konkretisiert wird, könnten zum einen Kategorien der Bereiche *Support and relationships*[164] (ICF 187f.) genutzt werden, wobei – wie oben erörtert – der Be-

---

163 Die Unterschiede zwischen dem Original und der deutschen ICF als prinzipiell gleiche Klassifikation sind frappierend: Während der sich mit den Begriffen Armut, Entwicklung, städtischer oder ländlicher Hintergrund und sozialem Kapital beinhaltende Abschnitt im Original sowohl im Klassifikationsteil als auch in den Kodierungsrichtlinien der Umweltfaktoren enthalten ist, ist er in der deutschen Version nur im Klassifikationsteil abgebildet (vgl. ICF 171, 233; WHO 2005: 218, 298). Dies widerspricht zum einen der Intention der WHO, die ICF in jeder Sprache in gleicher Form vorzulegen. Zum anderen fehlt in den Kodierungsrichtlinien der deutschen ICF die Bezugnahme auf zukünftige, konzeptionelle Forschung zu den Umweltfaktoren.

164 Soziales Kapital kann durch folgende Unterkategorien konkretisiert werden: *Friends (e 320), Acquaintances, peers, colleagues, neighbours and community members (e 325), People in*

urteilungsmaßstab kritisch zu reflektieren ist. Zum anderen ist strittig, wie und ob soziales Kapital kategorial gefasst und klassifiziert werden kann. Da jedoch als erster Schritt anvisiert wird, »clear and consistent sets« (ICF 233) der genannten Themenschwerpunkte zu entwickeln, die zudem empirisch erforscht und ausgearbeitet werden sollen, ist abzuwarten, ob, wie, und wann die Themen klassifizierbar sein werden.

Gemäß den Aussagen der ICF ist für die zukünftige Forschung unter anderem geplant, die Umweltfaktoren detaillierter zu konzipieren, um sowohl auf eine standardisierte, einheitliche als auch auf die tatsächliche, gegenwärtige Umwelt rekurrieren zu können: »The possible future directions for development and application of ICF can be summarized as follows [...] further research on environmental factors to provide the necessary detail for use in describing both the standardized and current environment« (ICF 252). Hinsichtlich dieser Planung ist fraglich, nach welchen Kriterien Umweltfaktoren als standardisiert dargelegt werden. Was macht den Standard zum Standard? Wie eine standardisierte Umwelt aussehen soll, ob sie sich an einem Ideal orientiert oder nach inhaltlichen Bereichen unterschieden wird, wird in der ICF nicht erklärt (vgl. ICF 16f., 225f., 232f.).[165]

Während die Ausführungsfähigkeit bei ihrer Klassifizierung in Beziehung zur realen Umwelt eines Menschen gesetzt wird, wird die Leistungsfähigkeit (capacity) hingegen in einer standardisierten Umwelt erhoben:

»To assess the full ability of the individual, one would need to have a ›standardized‹ environment to neutralize the varying impact of different environments on the ability of the individual. This standardized environment may be: (a) an actual environment commonly used for capacity assessments in test settings; or (b) in cases where this is not possible, an assumed environment which can be thought to have a uniform impact. This environment can be called a ›uniform‹ or ›standard‹ environment.« (ICF 15)

Ausführungs- und Leistungsfähigkeit rekurrieren jeweils auf unterschiedliche Umweltbedingungen. Da Umgebungen von Menschen je nach Region, Klima, Kultur, sozialem Status und individueller Lebenssituation variieren, ist strittig, durch welche Kriterien eine standardisierte Umwelt charakterisiert ist, beziehungsweise welcher Maßstab zur Beurteilung der Leistungsfähigkeit herangezogen wird. Der Begriff der standardisierten Umwelt, mit dem der variable Einfluss der Umweltfaktoren auf die Fähigkeit des Ein-

---

positions of authority (e 330) und Support and relationships, other specified (e 398) (ICF 187f.).

165 Vgl. parallel dazu die Differenzierung von Leistungs- und Ausführungsfähigkeit (4.1.2).

zelnen neutralisiert werden soll, fasst Umgebungen in einen sehr engen Maßstab. Dieses Kennzeichen lässt den Unterschied zwischen der Beurteilung der Ausführungs- und der Leistungsfähigkeit noch stärker hervortreten und verdeutlicht die der ICF inhärente Orientierung an einer hohen Leistungsfähigkeit unter engen Maßstäben.

In einem Fallbeispiel, das sich mit der Bedeutung des sozialen Umfelds für Kinder[166] mit einer verlangsamten kognitiven Entwicklung befasst, werden Bevölkerungsstandard und gegenwärtige Umwelt in Beziehung zueinander gesetzt:

»For example, a child with this mental impairment might experience little disadvantage in an environment where expectations are not high for the general population and where the child is given an array of simple, repetitive but necessary tasks to accomplish. In this environment the child will perform well in different life situations.

A similar child growing up in an environment of competition and high scholastic expectation might experience more problems in performance in various life situations compared with the first child.« (ICF 239)

Aus diesen Fallbeispielen wird geschlossen, dass »The population norm or standard against which an individual's functioning is compared must be appropriate to the actual current environment« (ICF 239). Diese Beispiele beziehen sich nicht explizit auf eine standardisierte Umwelt, sondern betonen die Bedeutung des gegenwärtigen Umfelds für die individuelle Funktionsfähigkeit einer Person. Die zitierten Beispiele stellen die Bedeutung unterschiedlicher Umweltbedingungen, konkretisiert als Erwartungen und Bildungsstand der Herkunftsfamilie, als zwei Varianten heraus.[167] Im Gegensatz zu ihrer Definition[168] wird die Funktionsfähigkeit des Individuums in diesen Fallbeispielen an einer Standardnorm gemessen, die an der gegenwärtigen Umwelt des Individuums orientiert sein soll. Hiermit wird von dem einheitlichen Standard und dem generell in der ICF vertretenen Orientierungsmaßstab

---

166 Während die meisten Fallbeispiele von Erwachsenen handeln, wird in diesem die Lebenssituation eines Kindes veranschaulicht (vgl. ausführlich 5.2.1).

167 In der vorliegenden Studie kann nicht erörtert werden, ob ein Bildungsstand relativ zur Herkunftsfamilie und zum sozialen Umfeld auffällig oder unauffällig ist. Dennoch ist es für alle und somit auch für Kinder mit einer verlangsamten kognitiven Entwicklung entscheidend, ihr Selbst- und Weltverhältnis zu erweitern (vgl. hierzu Holzkamp 1995, Hirschberg 2004).

168 »Functioning is an umbrella term for body functions, body structures, activities and participation. It denotes the positive aspects of the interaction between an individual (with a health condition) and that individual's contextual factors (environmental and personal factors).« (ICF 212), vgl. auch 4.2.5.

abgewichen und eine umfeldspezifische Normalitätsvorstellung hinsichtlich der Umweltfaktoren vertreten. Diese Orientierung folgt somit einer flexibel-normalistischen Strategie, da die Normalitätszone expandiert und der Einzelfall entscheidend ist. Die untersuchten Fallbeispiele bilden eine Ausnahme von der generellen Beurteilungsanleitung der ICF und weisen besonders in Verbindung mit dem Hinweis auf die zukünftige Forschungsrichtung zu den Umweltfaktoren über den derzeitigen Entwicklungsstand der ICF hinaus (vgl. ICF 252, s.o.). Eine flexibel-normalistische Ausrichtung der Umweltfaktoren zeichnet sich nicht daher nur zukünftig ab, sondern entspricht bereits der Beschreibung der Umweltfaktoren in der ICF.

Resümiert man die Ausarbeitung der Umweltfaktoren, so ist die Konzeption von Beurteilungsmerkmalen und Unter-Kategorisierung der Umweltfaktoren uneinheitlich. Da es sich um eine im Vergleich zur ICIDH neue, eigenständige Komponente handelt, ist die vorliegende Ausarbeitung ein wesentlicher Fortschritt, auch wenn die Umweltfaktoren noch detaillierter konzipiert, kodiert und standardisiert werden können (vgl. 4.3).

Die Interaktion der Umweltfaktoren mit den anderen Komponenten wird auffallend häufig, in allen Funktionsbeschreibungen der Komponenten, betont: So werden Wechselwirkungen zwischen Sinnesfunktionen sowie Aufmerksamkeit, Gleichgewicht und Körpertemperatur-Regulierung mit den sie beeinflussenden Umweltfaktoren herausgestellt:

»Environmental factors interact with body functions, as in the interactions between air quality and breathing, light and seeing, sound and hearing, distracting stimuli and attention, ground texture and balance, and ambient temperature and body temperature regulation.« (ICF 13)

Ferner wird die Interaktion mit den Komponenten Aktivität und Partizipation durch die Beurteilungsmerkmale Ausführungs- und Leistungsfähigkeit unterstützt: »These factors [...] can have a positive or negative influence on the individual's performance as a member of society, on the individual's capacity to execute actions or tasks, or on the individual's body function or structure« (ICF 16). Im Zusammenhang mit der Interaktion der Komponenten wird betont, dass Behinderung als Produkt einer Beziehung zwischen individuellen, beeinträchtigten Gesundheitsbedingungen und äußeren Kontext- beziehungsweise Umweltfaktoren verstanden wird: »Disability is characterized as the outcome or result of a complex relationship between an individual's health condition and personal factors, and of the external factors that represent the circumstances in which the individual lives« (ICF 17). Die Trennung individueller innerer und gesellschaftlicher äußerer

Faktoren wird durch die Zuordnung der Personbezogenen Faktoren zu den Gesundheitsbedingungen verstärkt. Entscheidend ist die Perspektive, aus der die Umweltfaktoren betrachtet werden:

»Environmental factors are to be coded from the perspective of the person whose situation is being described. For example, kerb cuts without textured paving may be coded as a facilitator for a wheelchair user but as a barrier for a blind person.« (ICF 171 und 232)

Am Beispiel der Bordsteinabsenkungen ohne strukturierten Straßenbelag veranschaulicht die WHO, dass die Perspektive der betreffenden behinderten Person entscheidend ist für die Beurteilung der Umweltfaktoren. Durch diese Perspektive wird das Subjekt – der behinderte Mensch – besonders beachtet. Dies erweitert die Klassifizierung der Behinderung, da der behinderte Mensch die Faktoren seiner sozialen und räumlichen Umwelt aus eigenem Erleben anders beurteilen kann, als medizinische Fachleute dies als GutachterInnen aus einer Außenperspektive können.[169]

Gemäß dem gouvernementalitätstheoretischen Ansatz verstärkt die Betonung der Perspektive des behinderten Menschen und die damit einhergehende Befragung,[170] wie er selbst die Umwelt einschätzt, die bereits analysierte Aufforderung zur eigenen Beurteilung seiner Behinderung und seiner Lebenssituation. Auch hinsichtlich individueller Barrieren impliziert dies, dass das Subjekt seine *Handlungsmöglichkeiten* in den betreffenden Umweltbedingungen reflektiert und gegebenenfalls modifiziert oder optimiert. Der behinderte Mensch könnte sein eigenes Verhalten – im Hinblick auf die von den ICF-GutachterInnen eingenommene Perspektive – lenken und mit Blick auf die Klassifizierung beurteilen. Ferner besteht die Möglichkeit, dass er seine Sichtweise hierbei der Kategorisierung der Klassifikation anpasst und sie in sein Selbstbild integriert. *Fremd- und Selbstführung* treffen also zusammen, so dass sich der behinderte Mensch von der äußeren Beurteilung seiner Behinderung nicht distanziert, sondern er diese potenziell anteilig oder vollständig übernimmt. Die hier skizzierten Implikationen weisen auf die Funktion der ICF als Selbst- und Fremdführungsinstrument hin.

---

169 Die Perspektive behinderter ÄrztInnen wird selten diskutiert. DeLisa/Thomas beschreiben die Situation behinderter Ärzte und ihre Bedeutung für die medizinische Berufssparte in ihrem Artikel: »Physicians with Disabilities and the Physician Workforce. A Need to Reassess Our Policies« (2005).

170 Die Befragung wird mit auf der ICF aufbauenden Assessment-Instrumenten oder der ICF-Checkliste durchgeführt.

Der konkrete Bezug auf das jeweilige Individuum verdeutlicht den Zusammenhang zur individuellen Schädigung: Für einen Rollstuhlfahrer stellt ein abgesenkter Bordstein eine fehlende Barriere beziehungsweise einen Unterstützungsfaktor dar, für einen blinden Menschen ist der abgesenkte Bordstein nur dann keine Barriere, wenn er einen besonderen mit dem Mobilitätsstock ertastbaren Belag hat oder nicht vollständig abgesenkt ist: »It should also be kept in mind that an environmental factor can be a barrier either because of its presence (for example, negative attitudes towards people with disabilities) or its absence (for example, the unavailability of a needed service)« (ICF 171 und 232).

Sowohl die negative Einstellung anderer gegenüber behinderten Menschen als Barriere oder auch die Unerreichbarkeit beziehungsweise das Fehlen eines benötigten Unterstützungsservice sind alltägliche Beispiele, die auf menschliche oder technische Barrieren rekurrieren. Die negative Einstellung der Umwelt wird mehrfach in der ICF als Barriere bezeichnet, so auch in den Fallbeispielen; als institutionell verankerte Barriere:

»Another individual with less severe quadriplegia may have the capacity to do the necessary job tasks, but may not be hired because the quota for hiring people with disability is filled.« (ICF 239),

als negative Einstellung von ArbeitskollegInnen:

»[...] an individual using a wheelchair may be hired for the job, and has the capacity to do the job tasks and in fact does perform them in the work context. None the less, this individual may still have problems in performing in domains of interpersonal interactions with co-workers, because access to work-related rest areas is not available. This problem of performance in socializing at the place of employment may prevent access to job advancement opportunities.« (ICF 240)

und als gesellschaftliche Vorurteile:

»An individual has been working with patients who have AIDS. This individual is otherwise healthy but has to undergo periodic testing for HIV. He has no capacity limitations. Despite this, people who know him socially suspect he may have acquired the virus and so avoid him. This leads to significant problems in the person's performance in the domain of social interactions and community, social and civic life. His involvement is restricted because of negative attitudes adopted by the people in his environment.« (ICF 240).

Durch die gehäufte Aufführung der negativen Einstellung der Umwelt betont die WHO diese Form der Umweltfaktoren. Alle Barrieren könnten abgebaut werden: die institutionelle Barriere durch eine höhere Einstellungsquote behinderter Menschen. Die anderen Barrieren – negative Einstellungen gegenüber behinderten beziehungsweise eventuell an AIDS erkrankten Menschen – ließen sich durch eine Änderung der eigenen Einstellung überwinden. Da eine individuelle Auffassung in der Auseinandersetzung mit gesellschaftlichen Einstellungen gebildet wird, wäre es im Sinne der Beseitigung von Barrieren vorteilhaft, wenn sich die gesellschaftliche Beurteilung von Behinderung verbessern und die in den Fallbeispielen geschilderten Barrieren verringern würden.

Normalismustheoretisch analysiert spiegeln die zitierten Fallbeispiele gesellschaftliche Erwartungen wider. Im ersten Fallbeispiel werden zwischen Staat und Unternehmen ausgehandelte Einstellungsquoten für behinderte Menschen als normal erachtet, gemäß denen ein bestimmter Prozentsatz behinderter Menschen im Unternehmen beschäftigt werden muss oder das Unternehmen sanktioniert wird. Ebenso wie im nächsten Fallbeispiel, in dem eine Einschränkung sozialer Kontakte im Betriebsleben den Aufstieg eines behinderten Angestellten potenziell beeinträchtigt, handelt es sich um breite Normalitätszonen, die im ersten Beispiel erneut zu verhandeln und somit wie auch im zweiten Beispiel variierbar und flexibel sind. Das dritte Fallbeispiel schildert den Fall eines auf Vermutungen beruhenden Verdachts auf AIDS, der auf gesellschaftliche Ängste und Vorurteile rekurriert. Da die ICF eine Klassifikation von Behinderung ist, bleibt zum einen unklar, warum dieses Beispiel genannt wird – AIDS ist eine durch den HI-Virus ausgelöste Krankheit und keine Behinderung.[171] Zum anderen wird nicht die Krankheit, sondern die Einstellung der sozialen Umwelt als Barriere für den Menschen beurteilt, die ihn in seiner alltäglichen Ausführungsfähigkeit einschränkt. Dieses Fallbeispiel enthält ebenfalls Merkmale der flexibelnormalistischen Strategie, da die Reaktionen der sozialen Umwelt variieren und sich durch die Interaktion mit dem Menschen ändern können. Diese Situation impliziert sowohl, dass das Subjekt sich selbst beherrscht, als auch sein Verhalten immer wieder neu überdenkt und modifiziert. Gouvernementalistische und flexibelnormalistische Strategien überschneiden sich hier: Beide rekurrieren auf ein Subjekt, das gesellschaftliche Erwartungen internalisiert hat, sich dieser jedoch bewusst ist und sich immer wieder neu zu sich und seiner Umwelt verhält.

Die Ausführungen zu den Umweltfaktoren heben dieses externe Lebensumfeld eines Individuums besonders hervor. Diese Komponente ergänzt

---

171 Eine Humane Immundefizienz-Viruskrankheit (HIV-Krankheit) wird nach ICD unter B20–24 kodiert (vgl. WHO 1999: 169ff.).

die drei Komponenten der ICIDH um ein bedeutsames Gebiet. Die Klassifizierung der Lebensbereiche eines behinderten Menschen wird durch die Umweltfaktoren ausführlicher, da sie eingesetzt werden, um alle zur Erstellung eines individuellen Profils bedeutsamen Faktoren zu erfassen. Hiermit wird der klassifizierende Zugriff auf Faktoren des Lebens eines behinderten Menschen größer. Dadurch dass die WHO mit den Umweltfaktoren externe, behindernde Faktoren aufgegreift, wird zugleich die Lebenswirklichkeit behinderter Menschen konkret abgebildet.

4.1.4 Personbezogene Faktoren

Im Entwicklungsprozess der ICF hat die WHO die Personbezogenen Faktoren – ebenso wie die Umweltfaktoren – als neue Komponente integriert. Sie sind zwar als eigenständige Komponente geplant, jedoch noch nicht konzipiert und dementsprechend nicht kodier- und klassifizierbar (vgl. ICF 8, 17, 19, 214). Es besteht zudem noch nicht einmal eine Kategorienliste wie bei den übrigen Komponenten, sondern alle Aspekte werden ausschließlich in ihrer Definition aufgelistet. Trotz dieser geringen Ausarbeitung misst die WHO ihnen soviel Bedeutung zu, dass sie sie sowohl definiert als auch teilweise in den Zusammenhang mit den anderen Komponenten von Behinderung stellt. Daher werden die bisher in der ICF abgebildeten Charakteristika der Personbezogenen Faktoren sowie besonders ihre Bedeutung für das Individuum analysiert.

Sie werden als Teil der Kontextfaktoren eingeführt:

»*Personal Factors* are the particular background of an individual's life and living, and comprise features of the individual that are not part of a health condition or health states. These factors may include gender, race, age, other health conditions, fitness, lifestyle, habits, upbringing, coping styles, social background, education, profession, past and current experience (past life events and concurrent events), overall behaviour pattern and character style, individual psychological assets and other characteristics, all or any of which may play a role in disability at any level. Personal factors are not classified in ICF. However, they are included in Fig. 1 to show their contribution, which may have an impact on the outcomes of various interventions.« (ICF 17)

Diese Definition verdeutlicht, wie umfangreich das Feld ist, das mit den Personbezogenen Faktoren klassifiziert werden soll: Sie umfassen nicht nur andere Gesundheitsbedingungen, sondern alle Kennzeichen, die das Individuum – inklusive biographischer Informationen – charakterisieren. Aufgrund der Vielfalt dieser genannten Merkmale erscheint es schwierig, sie nach einem einheitlichen Maßstab zu kodieren und zu klassifizieren. Bei genauer Betrachtung stellt sich zudem die Frage, anhand welcher Kriterien persönliche vergangene und gegenwärtige Erfahrungen oder Gewohnheiten verschiedener Individuen auf einer Skala vergleichbar klassifiziert werden können. Die WHO plant, die Personbezogenen Faktoren in einer zukünftigen Version der ICF zu klassifizieren, wohingegen ihre Beurteilung derzeit den benutzenden Fachleuten überlassen wird, wie im Zusammenhang mit der Interaktivität der ICF-Komponenten[172] erklärt wird (vgl. Abb. 6).

GutachterInnen werden darauf hingewiesen, die Personbezogenen Faktoren bei Bedarf selbständig beurteilen zu können:

»The scheme shown in fig. 1 demonstrates the role that contextual factors (i.e. environmental and personal factors) play in the process. These factors interact with the individual with the health condition and determine the level and extent of the individual's functioning. [...] Personal Factors, on the other hand, are not classified in the current version of ICF. They include gender, race, age, fitness, lifestyle, habits, coping styles and other such factors. The assessment is left to the user, if needed.« (ICF 19)

»Personal Factors are contextual factors that relate to the individual such as age, gender, social status, life experiences and so on, which are not currently classified in ICF but which users may incorporate in their applications of the classification.« (ICF 214)

Alle Definitionen verdeutlichen, dass mit diesen Faktoren das persönliche Leben eines Menschen beschrieben werden soll.

Die Personbezogenen Faktoren werden als Teil der Kontextfaktoren bezeichnet, gleichzeitig aber in ihrer Funktion eingeschränkt. Im Gegensatz zu den Umweltfaktoren werden die Personbezogenen Faktoren kaum erläutert.[173] Sie werden weder in den inhaltlichen Textabschnitten, in denen die Relevanz der Umweltfaktoren besonders als neue Komponente hervorgehoben wird (vgl. ICF 3, 14f.), noch in der Definitionsübersicht genannt (vgl. ICF 10). In einer ersten, kurzen Schilderung beider Kontextfaktoren werden sie zwar aufgeführt, allerdings ohne sie näher zu charakterisieren:
»Personal Factors is also a component of Contextual Factors, but they are

---

172 Diese Abbildung wird in der Definition der Personbezogenen Faktoren als »Figure 1« bezeichnet (ICF 18f.).
173 Auch wenn beide Faktoren im Revisionsprozess als relevante Ergänzungen bewertet wurden, wurde größeres Gewicht auf die Umweltfaktoren sowie das Verhältnis ihrer sozialen und physischen Aspekte zu den bekannten Dimensionen von Behinderung gelegt (vgl. ICF 247f.).

not classified because of the large social and cultural variance associated with them« (ICF 8). Dieses Zitat illustriert das Dilemma der Personbezogenen Faktoren. Auch in der Überblickstabelle (vgl. ICF 11) und in der Abbildung des interaktiven Verhältnisses der Komponenten werden die Personbezogenen Faktoren aufgeführt (vgl. ICF 18, Abb. 6), jedoch ohne ihre Interaktionsmöglichkeiten mit den anderen Komponenten zu erläutern (vgl. ICF 18f.). Die Personbezogenen Faktoren sind in der ICF folglich uneinheitlich dargestellt: Einerseits werden sie im Überblick mit den anderen Komponenten genannt, andererseits fehlt ihre Erwähnung an Stellen, an denen ihre Bezeichnung gleichermaßen zu erwarten ist.

Mit den Personbezogenen Faktoren wird der individuelle Lebenshintergrund eines Menschen berücksichtigt. Hollenweger begründet die bisher nicht ausgeführte Klassifizierung damit, dass es im Gegensatz zu den Faktoren Alter und Geschlecht bei anderen wie

»›Bildungsstand‹ oder ›soziale Herkunft‹ [...] fast unmöglich [ist], eine internationale, für die verschiedensten Kulturen und Lebensgewohnheiten adäquate Klassifizierung zu finden. Zudem gibt es ethische Bedenken gegen die systematische Verlinkung dieser Daten mit Informationen zur Funktionsfähigkeit eines Menschen.« (Hollenweger 2006b: 6)

Auch wenn die genannten ethischen Bedenken nicht konkretisiert werden, sind sie einleuchtend und zudem aufschlussreicher als die allgemein gehaltene Erklärung der ICF. Zudem besteht die Vermutung, dass auch genetische Dispositionen Teil der Personbezogenen Faktoren sind, was möglicherweise ein weiterer Grund gegen ihre Klassifizierung sein könnte (ausführlicher vgl. 4.2.1). Die Begründung der ICF, aufgrund einer zu großen sozialen und kulturellen Vielfältigkeit könnten die Personbezogenen Faktoren nicht klassifiziert werden (vgl. ICF 8), fasst einzelne Vorbehalte und Bedenken zusammen. Ebenso ist jedoch auch fraglich, wie einige Kategorien von Aktivität, Partizipation und den Umweltfaktoren bei einer gleichermaßen sozialen wie kulturellen Bandbreite beurteilt werden können (vgl. 4.1.2, 4.1.3). Stephens argumentiert dagegen umgekehrt, dass es inakzeptabel sei, die Personbezogenen Faktoren nicht zu klassifizieren, weil diese Argumentation auch für die Umweltfaktoren, Aktivität und Partizipation geltend gemacht werden könne (vgl. Stephens 2001: x). Entscheidend ist die Frage nach dem Orientierungsmaßstab, an dem die Komponenten gemessen werden.

Untersucht man, wie und in welchem Umfang die Personbezogenen Faktoren in der Checkliste auftreten, so sind nur eine implizite und eine explizite Aufforderung unter der Überschrift *Other contextual information* zu finden:

»4.1 Give a thumbnail sketch of the individual and any other relevant information.
4.2 Include any Personal Factors as they impact on functioning (e.g. lifestyle, habits, social background, education, life events, race/ethnicity, sexual orientation and assets of the individual.« (WHO 2001b: 7)

Die Checkliste veranschaulicht, dass die mit der Komponente erfassten Informationen über die Erhebung von Grunddaten weit hinausgehen. Hiermit ist sie umfassender als die auf der ersten Seite der Checkliste abgefragten Angaben zur Person und als die mit dem Begriff *Brief Health Information*[174] dokumentierten Auskünfte (vgl. WHO 2001b: 1, 8f.). Im Gegensatz zu den kurzen Gesundheitsinformationen, die auch der befragte Mensch selbst eintragen kann, werden sowohl die Angaben zur Person als auch die Antworten zu den Personbezogenen beziehungsweise Kontextfaktoren von den Gutachtenden ausgefüllt. Die derzeitige Registrierung der Personbezogenen Faktoren mit der Checkliste erweitert zwar die Dokumentation der individuellen Personendaten, spiegelt aber gleichzeitig wider, wie gering die Personbezogenen Faktoren ausgearbeitet sind. Angesichts der zukünftigen Ausrichtung der ICF, die neben anderen Vorhaben im »development of a Personal Factors component« besteht (ICF 251), ist offen, in welchem Ausmaß – trotz der in der ICF selbst genannten Argumente gegen eine Klassifizierung – diese Komponente entwickelt werden soll. Während die Erstellung einer eigenständigen Kategorienliste realisierbar ist, ist dies für die Entwicklung einer Beurteilungsskala nur schwer vorstellbar (vgl. zur geplanten Entwicklung 2.7.2). Da die Personbezogenen Faktoren jedoch nur *derzeit* nicht klassifiziert werden, ist – normalismustheoretisch analysiert – ungewiss, an welchem Maßstab die aufgelisteten Kategorien gemessen und dann auf einer Skala von 0–100 Prozent klassifiziert werden sollen. Eine mit den übrigen Komponenten vergleichbare Kodierung und Klassifizierung würde eine Normalitätsvorstellung als Maßstab zugrunde legen, mit der die biographische und persönliche Bedeutung der Personbezogenen Faktoren nur schwer berücksichtigt werden könnte. Dementsprechend ist davon auszuge-

---

174 Unter der Überschrift *Brief Health Information* werden Informationen erfragt, wie Größe, Gewicht, Händigkeit, Selbsteinschätzungen der physischen, geistigen und emotionalen Gesundheit sowie Krankheiten, Verletzungen, Klinikaufenthalte, einzunehmende Medikamente, Zigaretten-, Alkohol- und Drogenkonsum, der Bedarf an technischen Hilfsmitteln wie Sehhilfen und Hörgeräten, personelle tägliche Unterstützung sowie Einschränkungen des alltäglichen und erwerbstätigen Lebens (vgl. WHO 2001b: 8f.).

hen, dass ein sehr weit gefächertes Normalitätsverständnis die Grundlage zur Beurteilung dieser Faktoren bilden würde. Auch die aktuelle Richtlinie der freiwilligen Beurteilung spiegelt flexible Normalitätstaktiken – sowohl der Beurteilungspraxis als auch des selbst zu bestimmenden Bewertungsmaßstabs – wider (vgl. ICF 19, 214).

Dieses flexible Verständnis wird durch die Vielfältigkeit und Offenheit der Kategorien aufgenommen, die das Subjekt gemäß seinen eigenen Vorstellungen füllen kann. Hierbei kann es eigene Schwerpunkte bei den relevanten Informationen setzen. Da Faktoren wie *Geschlecht, Alter, Ethnizität*[175] durch persönliche Dokumente überprüfbar, andere wie *Fitness, Ausbildung* und *Beruf* zumindest einschätzbar sind, jedoch *upbringing, coping styles* oder *past and present experiences* von den eigenen Schilderungen abhängen, muss das Subjekt genau abwägen, wie es sich zu welchen Faktoren äußert. Es ist für die von ihm gestaltete Freiheit, welche biographischen Schwerpunkte es setzt, selbst verantwortlich. Mit der Kategorie der *Coping styles* wird zudem die Fähigkeit des Subjekts erfragt, seine Behinderung zu bewältigen beziehungsweise mit seiner Behinderung zu leben. Generell ist für das Individuum das Ziel leitend, zu einer sinnvollen und für es selbst nützlichen Beurteilung seiner eigenen Behinderung beizutragen. Die Analyse der Personbezogenen Faktoren unterstützt, dass die ICF gouvernementalistisch zu Selbst- und Fremdführungspraktiken anregt: Der befragte Mensch mit einer Behinderung wird durch die Überprüfung der ICF-Komponenten und speziell der Personbezogenen Faktoren von außen durch professionelle Hand geführt, um seine Lebenssituation mit einer Behinderung adäquat einzuschätzen. Er ist aufgefordert, mit der betreffenden GutachterIn zu kooperieren und sich selbst anhand der abgefragten Faktoren zu konstruieren. Die Personbezogenen Faktoren enthalten – gerade in ihrer ein persönliches Leben umspannenden Breite – ein hohes Potenzial, das vom befragten Subjekt zusammen mit der GutachterIn gestaltet wird.

Als genuin neue Komponente stellt die WHO die Personbezogenen Faktoren in den Zusammenhang mit den anderen, klassifizierbaren Komponenten; aufgrund ihrer bisher fehlenden Konzeption haben die Personbezogenen Faktoren einen geringeren Stellenwert in der ICF als alle anderen und somit auch als die ebenfalls neue Komponente der Umweltfaktoren.

---

175 In der ICF wird der Begriff »race« verwendet (ICF 19).

4.2 Untersuchung der qualitativen Bewertung inhaltlicher Schwerpunkte

Die ICF stellt einen Fortschritt gegenüber der ICIDH dar. Als Revision der ICIDH enthält sie mehrere Neuerungen, die hervorgehoben sind: die Veränderung von einem linearen zu einem interaktiven Verhältnis der Komponenten aber auch der Gesundheitsbegriff. Jedoch weist die ICF auch inhaltliche Komplexe auf, die im Hintergrund stehen und erst in der konkreten Beschäftigung auffallen: genetische Faktoren, ethische Leitlinien, Möglichkeiten einer positiven Klassifizierung, die Beachtung des subjektiven Wohlbefindens und die Perspektive des befragten Menschen. Diese unterschiedlichen inhaltlichen Schwerpunktsetzungen haben Implikationen – sowohl für GutachterInnen als auch für die mit der ICF befragten Menschen. Was bedeuten diese Schwerpunkte und welche Implikationen haben sie? Die Untersuchung qualitativer Bewertungen inhaltlicher Schwerpunktsetzungen in der ICF ergänzt somit die Frage nach der Gewichtung der Hauptkomponenten und versucht, das der ICF inhärente Verständnis von Behinderung transparent zu machen (vgl. 3.3.2).

4.2.1 Genetische Faktoren

Entwickelt in den 1990er Jahren entwickelt, berücksichtigt die ICF auch die Bedeutung genetischer Faktoren für das Auftreten von Behinderungen.[176] Während genetische Faktoren in der ICIDH als mögliche Ursache einer Schädigung[177] gelten, sind sie in der ICF in mehrfacher Hinsicht relevant.

---

[176] In integrativer, interdisziplinärer Gesundheitsforschung werden genetische Faktoren als Faktoren verstanden, die Gesundheit beeinflussen. Ebenso wie Faktoren der zellularen oder molekularen Ebene werden sie als Risikofaktoren aufgefasst, die sich auf Gesundheitsfolgen beziehungsweise den Krankheitsprozess auswirken können (vgl. Anderson 1999).

[177] In der ICIDH werden »genetische Anomalien« (ICIDH 244), »angeborener Mangel« (ICIDH 253) oder eine »andere kongenitale Missbildung« als Ursache einer Schädigung neben Unfällen oder Krankheiten bezeichnet (ICIDH 319f.). Angeborene oder kongenitale Veränderungen müssen nicht genetisch bedingt oder vererbt sein, sie können auch intrauterin erworben sein – entscheidend ist, dass sie zum Zeitpunkt der Geburt vorhanden sind. Hinsichtlich des Konzepts der Abnormalität in medizinischer Genetik erklären Hoedemakers/Ten Have, dass der Begriff genetischer Abnormalität unterschiedlich benutzt wird: Fakten und Einschätzung würden oft vermischt. Zudem wird der Wahrscheinlichkeitsgrad, mit der ein veränderter Genotyp gesundheitsbeeinträchtigende Folgen für den Phänotyp hat, häufig nicht berücksichtigt (vgl. Hoedemakers/Ten Have 1999: 1).

Sie werden in den Zusammenhang mit den negativ konnotierten Gesundheitsbedingungen und Schädigungen gestellt (vgl. 4.2.5, ICF 12). Zudem werden genetische Faktoren in der Sekundärliteratur den Personbezogenen Faktoren zugeordnet (vgl. Schuntermann 2005c: 22, Leistner/ Beyer 2005: 237), ihre relationale Bedeutung wird in einem Fallbeispiel der ICF geschildert (vgl. ICF 240).

Bereits in der ICIDH als Ursache für Schädigungen bezeichnet, so werden auch die Gesundheitsbedingungen unter anderem über das Vorliegen *kongenitaler Anomalien definiert,*[178] sowie über *genetische Veranlagungen*:

»Health condition is an umbrella term for disease (acute or chronic), disorder, injury or trauma. A health condition may also include other circumstances such as pregnancy, ageing, stress, congenital anomaly, or genetic predisposition. Health conditions are coded using ICD-10.« (ICF 212)

Der Begriff health condition/Gesundheitsbedingungen umfasst Krankheiten, Störungen, Probleme und andere relevante, die Lebenssituation eines Menschen zumeist beeinträchtigende Faktoren, die mit der ICD-10 klassifiziert werden. Da mit der ICD-10 ausschließlich Krankheiten und verwandte Gesundheitsprobleme beurteilt werden, impliziert die Definition, dass ausschließlich die negativen Aspekte einer Schwangerschaft, des Alterns oder einer genetischen Disposition für Krankheiten (und nicht positive genetisch bedingte Merkmale) gemeint sind. Aufgrund der Relationalität aller Komponenten stehen die Gesundheitsbedingungen – und ihre Kategorien der angeborenen Anomalie und der genetischen Disposition – im Wechselverhältnis mit den übrigen Komponenten (vgl. Abb. 6).

Während eine genetische Disposition mit der ICD-10 als *krankheitsverwandtes Problem* klassifiziert wird, werden genetische Faktoren an anderer Stelle unter die Personbezogenen Faktoren subsumiert. Der Koordinator der deutschsprachigen Fassung der ICF, Michael Schuntermann, fasst »genetische Prädisposition« in seiner *Einführung in die ICF* als Kategorie der Personbezogenen Faktoren, ohne dies zu begründen oder zu erklären: »Personbezogene Faktoren (nicht klassifiziert), zum Beispiel: Alter, Geschlecht, Charakter, Lebensstil, Coping, sozialer Hintergrund, Bildung/Ausbildung, Beruf, Erfahrung, Motivation, Handlungswille, Mut, genetische Prädisposition« (2005c: 22). Diese Zuordnung wird von Leistner/Beyer in ihrer Einführung zur Rehabilitation in der Gesetzlichen Krankenversicherung (GKV)

---

178 Eine genetische Abweichung, »genetic abnormality«, wird auch als mögliche Ursache einer Schädigung genannt: »loss of vision or a limb may arise form a genetic abnormality or an injury« (ICF 13).

verstärkt. In den Listen rehabilitations-relevanter Komponenten und Merkmale der ICF führen sie »Geschlecht, genetische Marker, familiäre Dispositionen« als genetischen Kontext der Personbezogenen Faktoren auf, die als Barrieren oder Ressourcen mit dem Ziel beachtet werden sollen: »Erkennen, modifizieren, beseitigen von Risikofaktoren« (Leistner/Beyer 2005: 237).

Bisher werden die Personbezogenen Faktoren in der ICF nicht über genetische Dispositionen definiert; jedoch ist diese Kategorie in dem derzeit entwickelten deutschen Klassifizierungsentwurf enthalten, in den anderen Entwürfen (aus Japan, Kanada, UK und den Niederlanden) hingegen nicht (vgl. Geyh et al. 2008). Wenn genetische Faktoren in Zukunft zu den Personbezogenen Faktoren zählen, so sind die Hinweise der Sekundärliteratur eine aussagekräftige Einordnung. Möglicherweise wird diese Einordnung auch durch die Entwicklung ethischer Richtlinien unterstützt, die ein Bestandteil der geplanten Klassifikation der Personbezogenen Faktoren sind.[179]

Genetische Dispositionen als Personbezogene Faktoren zu beurteilen, lässt sich mit Novas/Rose als »rewriting of personhood at a genetic level and its visualization through a ›molecular optic‹« verstehen (2000: 485). Auf Foucaults Subjektbegriff rekurrierend erklären sie, dass der Mensch mit einem genetischen Blick betrachtet wird und er sich als Subjekt diesem unterordnen beziehungsweise seine Persönlichkeit nicht nur über Eigenschaften oder Lebenserfahrungen, sondern auch über seine genetische Disposition konstituieren muss.

Setzt man beide Einordnungen genetischen Wissens in Beziehung, so erscheint es widersprüchlich, dass genetische Dispositionen zum einen mit der ICD-10 als Bestandteil der Gesundheitsbedingungen beurteilt und zum anderen von Schuntermann zu den Personbezogene Faktoren gezählt werden, obwohl letztere ausdrücklich nicht als Teil der Gesundheitsbedingungen definiert sind (vgl. ICF 17 und 4.1.4). In deren Definition ist eine genetische Disposition ein Faktor neben weiteren (s.o., vgl. ICF 212), in Schuntermanns Definition im Kontext anderer Faktoren des individuellen Lebenshintergrundes. Der Widerspruch weist zum einen auf eine unklare Bestimmung genetischer Dispositionen in der ICF, darüber hinaus auf eine konzeptionelle Überschneidung der Komponenten: *Health condition* und *Personal Factors* hin. Genetische Faktoren werden im Rahmen dieser Komponenten unterschiedlich konstruiert.

---

179 Die Klassifikation der Personbezogenen Faktoren wird von einer Forschungsgruppe in Kooperation mit dem CAS-Team der WHO entwickelt, wie auf der Konferenz der WHO-Family of International Classifications 2007 berichtet (vgl. 2.7.2, Geyh et al. 2007).

Die Bedeutung genetischen Wissens erhält weiterhin durch die subzellulare oder molekulare Ebene der Körperfunktionen größeres Gewicht. So wurde der Vorschlag aus dem Revisionsprozess, »dem fortgeschrittenen Erkenntnisstand im Hinblick auf grundlegende biologische Mechanismen Rechnung« zu tragen (ICIDH 219f.), in der ICF aufgenommen. Die Bedeutung der molekularen Ebene ist in der Konzeption der Schädigung auf Anomalien der Körperstrukturen bezogen:

»Impairments of structure can involve an anomaly, defect, loss or other significant deviation of body structures. Impairments have been conceptualized in congruence with biological knowledge at the level of tissues or cells and at the subcellular or molecular level. For practical reasons, however, these levels are not listed. The biological foundations of impairments have guided the classification and there may be room for expanding the classification at the cellular or molecular levels.« (ICF 12)

Warum wird dieses biologische Wissen einerseits in der Konzeption der Schädigungen hervorgehoben und andererseits die Gewebe-, (sub-)zellulare und molekulare Ebenen bisher nicht aufgelistet? Diese Unklarheit weist auf den Status molekularer Faktoren in der ICF hin, dessen konkrete Bedeutung auch in der aktuellen Forschung noch nicht geklärt ist, jedoch als zukünftig stärker relevant angesehen wird. Trotz dieser Unstimmigkeitvisiert die WHO an, die ICF um die molekulare beziehungsweise molekulargenetische Ebene von Schädigungen zu erweitern.

Während es sich bei den bisherigen Hinweisen auf die Bedeutung genetischen Wissens in der ICF zum einen um Faktoren der ICD-10[180], zum zweiten um Bestandteile der noch nicht konzeptualisierten Personbezogenen Faktoren und zum dritten um die Berücksichtigung molekularer Forschungskenntnisse für die Schädigungskomponente handelt, wird in einem Fallbeispiel die Beziehung einer genetischen Disposition zu den anderen Komponenten herausgestellt. Dies zeigt, dass genetisches Wissen bereits in der aktuellen Version der ICF als relevant angesehen wird. In dem Fallbeispiel handelt es sich um eine Frau mit einer Disposition für Brustkrebs, deren *at-risk-Status* die diskriminierende Behandlung durch die Versicherung begründet (vgl. zum Begriff *at-risk-Status* Henn 1998).[181] Eine genetische

---

180 Die ICD-10 und die ICF sind die Hauptklassifikationen der WHO und sollen komplementär eingesetzt werden: »The WHO family of international classifications provides a valuable tool to describe and compare the health of populations in an international context« (ICF 4).

181 Wenn eine Person eine genetische Disposition hat, ist sie nicht krank, sondern hat nur das Risiko: ein Erkrankungsrisiko. Sie erlebt die Krankheit nicht dadurch, dass diese unerwartet ausbricht, sondern erfährt von ihrem Erkrankungsrisiko durch den Arzt: »[...]

Disposition stellt allerdings nur eine Veranlagung und keine vorliegende oder mit Sicherheit eintretende Erkrankung dar. Das Fallbeispiel unterstützt die Annahme, dass genetische Faktoren zukünftig eine größere Bedeutung für Behinderung zugeschrieben wird und sie möglicherweise klassifiziert werden:

»Impairments currently not classified in ICF leading to problems in performance: An individual has a mother who died of breast cancer. She is 45 years old and was voluntarily screened recently and found to carry the genetic code that puts her at risk for breast cancer. She has no problem in body function or structure, or limitation in capacities, but is denied health insurance by her insurance company because of her increased risk for breast cancer. Her involvement in the domain of looking after her health is restricted because of the policy of the health insurance company.« (ICF 240)

Da dieses Fallbeispiel in der ICF aufgeführt ist, kann von einer Ankündigung oder einer Voraussicht auf eine potenziell spätere Klassifizierung ausgegangen werden. Dies wird durch die Wortwahl: »*currently* not classified« unterstützt (siehe oben, ICF 240). Das geschilderte Verhalten der Versicherung schränkt die Ausführungsfähigkeit der Frau ein, was – abhängig von der Versicherungspolitik in den Mitgliedsländern der WHO – eine realistische Perspektive auf derzeitige Versicherungspraktiken widerspiegelt (vgl. auch Lemke 2006: 80ff.). Dadurch, dass in dem Fallbeispiel auf die stigmatisierende Verweigerung von Versicherungsleistungen durch die Krankenversicherung aufgrund eines festgestellten Brustkrebsrisikos rekurriert wird, wird der gesellschaftliche Diskurs über die Bedeutung der Gentechnik für Versicherungen aufgegriffen (vgl. Feuerstein/Kollek/Uhlemann 2002).

Indem die Höhe eines individuellen Risikos für eine Schädigung betrachtet wird, differenziert die WHO zwischen Funktionsfähigkeit und Behinderung. Dies weist auf die Orientierung an Wahrscheinlichkeiten und einer statistisch vermittelten Normalität hin. Das mit der genetischen Disposition einhergehende individuelle Risiko impliziert, dass von einem fein graduierten, flexiblen Normalitätsspektrum ausgegangen wird. Da mit der genetischen Veranlagung bereits die Veranlagung für eine Schädigung und nicht eine vorliegende Schädigung fokussiert wird, unterscheidet sich dieses Fallbeispiel von den übrigen. Der Blick wird nicht auf den Phänotyp, son-

---

the personal experience of disease, […], is artificially advanced by the diagnostic procedure. This results in a iatrogenic loss of unburdend life« (Henn 1998: 283). Durch das ärztlich vermittelte Erkrankungsrisiko lebt die Person nicht mehr unbelastet, sondern macht sich Sorgen um eine zukünftig eventuell eintretende Krankheit.

dern auf den Genotyp gerichtet. Das individuelle Risiko für Erkrankungen beziehungsweise Schädigungen in die Klassifikation von Behinderung einzubeziehen, weist auf die Bedeutung hin, die genetischen Tests beigemessen wird, mit denen die Veranlagung für Krankheiten wie Brustkrebs diagnostiziert wird Überdies ist die Formulierung in der ICF nicht eindeutig, da Brustkrebs nicht als Schädigung, sondern als Krankheit zu bezeichnen ist und mit der ICD kodiert wird (vgl. WHO 1999: 224). Aus welchem Grund Brustkrebs als Schädigung eingeordnet wird, wird nicht geklärt.

Die Erwähnung genetischer Veranlagungen wie für Brustkrebs ist problematisch, weil nur eine kleine Anzahl aller Brustkrebserkrankungen auf genetische Mutationen zurückzuführen ist: Feuerstein/Kollek nennen »5–10 Prozent« (2000: 93), Wooster/Weber »2–3 Prozent« (2003: 2339). Genetische Risikofaktoren werden in der ICF als wichtig erachtet, ohne dass darauf aufmerksam gemacht wird, dass »ein positiver Carrier-Test [...] im Einzelfall keinen sicheren Hinweis auf die spätere Entstehung oder gar den Zeitpunkt des Auftretens und der Verlaufsform dieser Krankheit« gibt (Feuerstein/ Kollek 2000: 93). Die molekulargenetische Fachdebatte, was prädiktive Brustkrebstests aussagen können, spiegelt sich in der ICF und auch in ihrer Sekundärliteratur nicht wider. Stattdessen weist die relativ allgemein gehaltene Erwähnung des Brustkrebsrisikos in der ICF darauf hin, einen Zusammenhang von genetischen Veranlagungen und Behinderung herzustellen.

Die interaktive Bedeutung genetischer Dispositionen wird auch in den Erklärungen zur Ausführungsfähigkeit aufgezeigt:

»A problem with performance can result directly from the social environment, even when the individual has no impairment. For example, [...] someone with a genetic predisposition to a certain disease, may exhibit no impairments or may have sufficient capacity to work, yet may not do so because of the denial of access to services, discrimination or stigma.« (ICF 16)

Während die genetische Disposition im Fallbeispiel als (derzeit nicht klassifizierte) Schädigung bezeichnet wird, wird sie in der Erläuterung der Ausführungsschwierigkeiten als Disposition für eine bestimmte Krankheit dargestellt. Diese unklare Bestimmung von genetischen Dispositionen unterstreicht deren derzeitigen Status, einerseits relevant für die Beurteilung von Behinderung zu sein und andererseits weder eindeutig definiert noch für die ICF-Komponenten präzisiert zu werden.

Auch wenn genetische Faktoren in der ICF bisher im Hintergrund zu stehen scheinen, ist die Bedeutung genetischen Wissens in der ICF nicht zu übersehen. Diese Neuerung beeinflusst, wie Behinderung konstruiert und, ob die Unterscheidung zwischen gesund und krank beziehungsweise behindert aufgehoben wird. Stucki und Grimby argumentieren, dass die ICF aus diesem Grund in der Medizin angewendet werden soll:

»The ICF provides a language of potential interests to us all, since, during a lifetime, virtually everybody will develop a health condition, including not only diseases, but also congenital anomalies, trauma and ageing. In line with this view, the ICF overcomes the distinction between healthy and disabled. Instead functioning is seen along a continuum that is potentially relevant to all.« (2004: 5)

Die Grenze zwischen gesund und behindert aufzulösen, suggeriert einen fließenden Übergang zwischen Gesundsein und Kranksein (beziehungsweise Behindertsein). Funktionsfähigkeit wird damit als Kontinuum konstruiert. Unklar bleibt, ob die von Stucki/Grimby genannten Gesundheitsmerkmale wie kongenitale Anomalien, Trauma und Älterwerden auch in dem Oberbegriff Funktionsfähigkeit integriert sind oder nicht (vgl. ICF 212). Folgt man der Argumentation der ICF, so kennzeichneten diese negativ konnotierten Gesundheitsmerkmale eher einen ausgeweiteten Behinderungsbegriff. Gemäß Stucki und Grimby müsse praktisch jeder Mensch von einer beeinträchtigten Gesundheit ausgehen und in diesem Bewusstsein sein Leben führen müsse. An ihrer Stellungnahme wird deutlich, dass die bisher manifeste Grenzziehung zwischen Krankheit beziehungsweise Behinderung und Gesundheit aufgelöst wird. Der beschriebene Übergang ist als flexibel-normalistisch zu charakterisieren, da von einem breiten Normalmaß ausgegangen wird, das verschiedene Merkmale auf einer Bandbreite von Dispositionen zwischen den Polen *gesund* und *krank* verortet.[182]

Mit der ICF weitet die WHO den Anwendungsbereich ihrer behinderungsspezifischen Klassifikationen aus, weil in der ICF nicht nur eine manifestierte Schädigung klassifiziert, sondern auch die Klassifizierung von Erkrankungsrisiken anvisiert wird. Dieser Ausweitung wird auch dadurch Vorschub geleistet, dass die ICF nicht nur behinderte, sondern alle Menschen adressiere (vgl. ICF 7). Die WHO berücksichtigt genetische Faktoren in der ICF in stärkerem Ausmaß als in der ICIDH, was den gesellschaftlichen Diskurs um die Bedeutung genetischen Wissens widerspiegelt. Auch wenn genetische Faktoren in der Gesamtkonzeption der ICF nicht im Vordergrund stehen, beeinflussen sie relational mehrere Komponenten: Gesundheitsbedingungen, Schädigung, Personbezogene Faktoren, Partizipation beziehungsweise Ausführungsfähigkeit.

---

182 Während Stucki/Grimby *behindert* als Gegenpol zu *gesund* wählen, definiert Schildmann *Krankheit* als Abweichung von *Gesundheit* (vgl. 2000a: 92).

4.2.2 Gesundheit

Der Begriff *Gesundheit* ist prominent im Titel der ICF genannt. Dies lässt auf eine hohe Bedeutung für die ICF schließen. Wie jedoch Einleitung und Anhang zeigen, hat er keine spezifische Funktion für die ICF, sondern fungiert als Leitbegriff für alle Klassifikationen der WHO. Über allen Klassifikationen der WHO steht das Ziel der Gesundheitsförderung, das in der allgemeinen Gesundheitsdefinition 1946 dargelegt ist (vgl. 2.4). Unter Bezugnahme auf diese Grundlage dient der Gesundheitsbegriff in der ICD als positives Pendant zu Krankheit und als leitende Ideal-Norm. Aus welchen Gründen betont die WHO den Begriff in der Behinderungsklassifikation so sehr, ihn im Titel zu nennen? Zur Klärung dieses Sachverhalts soll im Folgenden untersucht werden, welche Funktion der Gesundheitsbegriff in der ICF innehat, ob er das Konzept der Funktionsfähigkeit als Oberbegriff der positiv beurteilten Komponenten verstärkt oder ob er auch in der ICF ausschließlich als Leitbegriff fungiert. Die Rehabilitationswissenschaftlerin Kate McPherson bezeichnet das Verhältnis der Konzepte Gesundheit und Funktionsfähigkeit als Spannung zwischen zwei Konstrukten, die den Versuch eines ganzheitlichen Konzepts verdeutlichen, das sich jedoch noch im Entwicklungsstadium befände (vgl. McPherson 2006: 1474).

Die WHO definiert den Gesundheitsbegriff nicht in der ICF, ebenso wenig explizit sie das Verständnis von Gesundheit. Stattdessen werden im Zusammenhang mit dem Gesundheitsbegriff Ziele[183] und Gegenstandsbereich der ICF beschrieben:

»The overall aim of the ICF is to provide a unified and standard language and framework for the description of health and health-related states. It defines components of health and some health-related components of well-being (such as education and labour). The domains contained in ICF can, therefore, be seen as health domains and health-related domains.« (ICF 3)

»ICF encompasses all aspects of human health and some health-relevant components of well-being and describes them in terms of *health domains* and *health-related domains*. The classification remains in the broad context of health and does not cover circumstances that are not health-related, such as those brought about by socioeconomic factors.« (ICF 7, Hervorhebung durch die WHO)

---

183 Zu den mit der ICF verfolgten Zielen gehört es ebenfalls, eine wissenschaftliche Basis zum besseren Verständnis von Gesundheit und gesundheitsbezogenen Zuständen zu schaffen (vgl. ICF 5).

Das skizzierte Bezugsfeld der ICF umfasst ausschließlich gesundheits- und gesundheitsbezogene Bereiche, (vgl. auch ICF 5, 8, 10, 16, 21f., 219ff., 224f., 242). Gleichzeitig sind Merkmale wie »race, gender, religion or other socioeconomic characteristic people may be restricted by« ausgeschlossen, da sie zwar die Ausführungsfähigkeit eines Menschen beeinträchtigen können, aber nicht gesundheitsbezogen sind und daher nicht ins Spektrum der Komponenten fallen, die mit der ICF klassifiziert werden (ICF 7, vgl. 7.2).

Die Termini *health domains* und *health-related domains* werden in einer Fußnote konkretisiert: Der erste Begriff wird anhand der Beispiele »seeing, hearing, walking, learning and remembering«, der zweite anhand »transportation, education and social interactions« veranschaulicht (ICF 7). Diese Beispiele der Gesundheitsbereiche entsprechen Kategorien der Körperfunktionen und der Aktivitäts- und Partizipationsliste[184], die der gesundheits*bezogenen* Bereiche Kategorien der Aktivitäts- und Partizipationsliste sowie der Umweltfaktoren. Entsprechend konstruiert die WHO die Komponenten Aktivität und Partizipation nicht eindeutig als Komponenten des Gesundheitsbereichs, sondern bezieht sie jeweils auf verschiedene Kategorien. Die Zuweisung der körperlichen Komponenten: Körperfunktionen und -strukturen zum Gesundheitsbereich und der gesellschaftlichen Umweltfaktoren zum gesundheits*bezogenen* Bereich ist hingegen evident und erfordert keine genaue Differenzierung. Die Beurteilung der Umweltfaktoren als Faktoren, die in Beziehung zu Gesundheit stehen, spiegelt sich auch in ihrer Konzeption wider: Während auf den Gesundheitsbegriff in den konzeptionellen Erklärungen der Körperfunktionen und -strukturen, sowie von Aktivität und Partizipation nicht verwiesen wird, wird in der Konzeption der Kontextfaktoren erläutert, dass diese die individuelle Gesundheit oder gesundheitsbezogenen Zustände beeinflussen können: »[...] which may have an impact on the individual with a health condition and that individual's health and health-related states« (ICF 16). Allerdings sind die Kategorien der Kontextfaktoren nicht als Gesundheit beschreibende Bestandteile definiert (vgl. ICF 17, 213f.). Stattdessen werden die Umweltfaktoren als externe und

---

184 Die Körperfunktion *Sehen* ist kodiert als *b 210*, *Hören* als *b 230*; *Gehen* rekurriert zum einen auf den Bereich der *Neuromusculoskeletal and movement-related functions* der Körperfunktionen *(b 710–799)*, den Bereich der *Structures related to movement* der Körperstrukturen *(s 750, s 770)* sowie auf die Kategorie *Walking (d 450)* von Aktivität und Partizipation (vgl. ICF 94ff., 118ff., 144). Die Gesundheitsbereiche *Lernen* und *Erinnern* beziehen sich auf mehrere Kategorien des Bereichs: *Specific mental functions* (der Körperfunktionen *b 140–189*) und auf Kategorien des Bereichs: *Learning and applying knowledge* (Aktivitäts- und Partizipationsliste *d 110–179*) (vgl. ICF 53ff., 125ff.).

die Personbezogenen Faktoren als Faktoren charakterisiert, die zwar besondere Merkmale eines Individuums kennzeichnen, jedoch nicht Teil des gesundheitsbezogenen Bereichs sind.

In den taxonomischen und terminologischen Leitlinien der ICF wird der Begriff Gesundheit zwar auch nicht definiert, jedoch die mit ihm zusammenhängenden Termini:

»*Health states and health domains:* A health state is the level of functioning within a given health domain of ICF. Health domains denote areas of life that are interpreted to be within the ›health‹ notion, such as those which, for health systems purposes, can be defined as the primary responsibility of the health system. ICF does not dictate a fixed boundary between health and health-related domains. There may be a grey zone depending on different conceptualizations of health and health-related elements which then can be mapped onto the ICF domains.« (ICF 212)

»*Health-related states and health-related domains:* A health-related state is the level of functioning within a given health-related domain of ICF. Health-related domains are those areas of functioning that, while they have a strong relationship to a health condition, are not likely to be the primary responsibility of the health system, but rather of other systems contributing to overall well-being. In ICF, only those domains of well-being related to health are covered.« (ICF 212)

Es wird also zwischen *Zuständen* und *Bereichen* und zum anderen zwischen *Gesundheit* und *Gesundheitsbezug* unterschieden. Mit dem Begriff *Zustand* (state) wird das Ausmaß in einem *Bereich* (domain) bestimmt; *gesundheitsbezogene* Elemente sind nur über das Wohlbefinden bedeutsam für Gesundheit. Durch die Überschneidung von gesundheits- und gesundheitsbezogenen Bereichen ergibt sich eine Grauzone: zwischen Bereichen, die eindeutig die *Gesundheit betreffen* (zum Beispiel Sehfunktionen) und denen, die gemäß WHO nur sekundär beziehungsweise nicht traditionell dem Gesundheitssektor angehören (zum Beispiel soziale Interaktionen) (vgl. Abb. 10). Diese Unterscheidung veranschaulicht die geringe Trennschärfe beziehungsweise die Bandbreite von medizinischen und angrenzenden (sozialen unter anderem) Faktoren für das individuelle Wohlbefinden (vgl. ausführlicher 4.2.6). Zudem zeigen diese Definitionen das Bemühen der WHO, das Gesundheitskonzept in der ICF zu verankern und gleichzeitig die Beziehungen zwischen der körperlichen, individuellen und gesellschaftlichen Dimensionen von Behinderung sowie den Umweltfaktoren zu berücksichtigen.

Die Funktion von Gesundheit als Leitkonzept der ICF wird dadurch unterstützt, dass die ICF in die WHO-Familie der Internationalen Klassifikationen eingeordnet wird:

»ICF belongs to the ›family‹ of international classifications developed by the World Health Organization (WHO) for application to various aspects of health. The WHO family of international classifications provides a framework to code a wide range of information about health (e.g. diagnosis, functioning and disability, reasons for contact with health services) and uses a standardized common language permitting communication about health and health care across the world in various disciplines and sciences.« (ICF 3)

»ICF has moved away from being a ›consequences of disease‹ classification (1980 version) to become a ›components of health‹ classification« (ICF 4)

Auch wenn die Bedeutung des Gesundheitsbegriffs nicht explizit genannt wird, so lässt sich aus der Bezeichnung *Klassifikation der Gesundheitskomponenten* schließen, dass Gesundheit den Rahmen der ICF bildet. Dieser Rahmen der Klassifikation wird auch definiert als: »ICF classifies health and health-related states. The unit of classification is, therefore, categories within health and health-related domains« (ICF 8). Die kodier- und klassifizierbaren Teilkomponenten von Funktionsfähigkeit und Behinderung sowie die Umweltfaktoren stehen in diesem »context of health« (ICF 10), wobei individuelle Gesundheit und gesundheitsbezogene Zustände durch die Unterteilung der ICF-Komponenten in Haupt- und Unterkategorien charakterisiert werden (vgl. ICF 8).

In den Gebrauchsanweisungen für die ICF werden Gesundheit beziehungsweise Gesundheitserfahrung als Gegenstand der ICF dargestellt: »If the full health experience is to be described, all components are useful« (ICF 19). Weiterhin wird der Gesundheitsbegriff indirekt auf die beiden Oberbegriffe Funktionsfähigkeit und Behinderung bezogen: »ICF is a classification of functioning and disability. It systematically groups health and health-related domains« (ICF 21). Gesundheit wäre somit ein Bestandteil sowohl von Funktionsfähigkeit als auch von Behinderung, da die ICF die Komponenten beider Oberbegriffe beschreibt und Gesundheits- und gesundheitsbezogene Bereiche systematisch kategorisiert. Betrachtet man beide Aussagen gemeinsam, hätte Gesundheit eine übergeordnete Funktion für Funktionsfähigkeit und Behinderung. Da Funktionsfähigkeit und Behinderung als *health and health-related domains* beurteilt werden, wäre Gesundheit sozusagen deren Bestandteil auf allen Klassifikationsebenen.[185] Dem widerspricht jedoch die

---

185 Vgl. dazu die folgenden Definitionen: »Domains are a practical, meaningful set of related physiological functions, anatomical structures, actions, tasks, or areas of life. Domains make up the different chapters and blocks within each component.« (ICF 216) »Categories are classes and subclasses with a domain of a component, i.e. units of classification.« (ICF 217).

Formulierungsweise des Gesundheitsbegriffs, nur in positiven Termini wie »seeing, hearing, walking« (ICF 7) etc. und nicht wie Behinderung in negativen Termini beschrieben zu sein. Die positive Terminologie erschwert zudem das Verständnis, da bisher ausschließlich Behinderung klassifiziert wird. Hingegen weisen die Benutzungsrichtlinien auf eine generelle Beurteilung von Gesundheit und damit auf die Klassifizierbarkeit von Behinderung *und* Funktionsfähigkeit hin: »The ICF codes are only complete with the presence of a qualifier, which denotes the magnitude of the level of health (e.g. severity of the problem)« (ICF 21). Da das Gesundheitsniveau durch den Schweregrad eines Problemscharakterisiert ist können unterschiedliche Niveaus von Gesundheit beurteilt werden (vgl. auch ICF 222). Die Beschreibungen von Gesundheit sind folglich uneinheitlich: Zum einen bildet Gesundheit als Leitkonzept den Rahmen der ICF und zum anderen wird sie – über ihre Teilbereiche beziehungswiese Behinderung – klassifiziert.

Auch die Veränderung des niederländischen Titels der ICF verdeutlicht, dass die Bedeutung des Gesundheitsbegriffs unklar ist. Nach der Verabschiedung der ICF durch die Weltgesundheitsversammlung (WHA) hat das niederländische WHO-Kooperationszentrum beschlossen, den englischen Titel in verkürzter Form auf Niederländisch wiederzugeben: ›Internationale classificatie van het menselijk functioneren‹.[186] Diese Entscheidung wird sowohl mit dem niederländischen Wortschatz als auch mit der Bedeutung der WHO als Gesundheitsorganisation begründet:

»[…] there is not an appropriate Dutch equivalent for Disability and for Dutch readers it is obvious that the ICF as an important reference classification of the World Health Organization, deals with Health. Repeating it would be redundant. Anyhow, the acronym is the same: ICF.« (Heerkens et al. 2001: 1)

Die niederländische Positionierung verstärkt die These, dass der Gesundheitsbegriff in der ICF als Leitkonzept fungiert – auch wenn dies in der ICF nicht explizit formuliert ist. Nach ausführlicher Beratung mit der WHO wurde jedoch entschieden, die niederländische Übersetzung zu revidieren und den englischsprachigen Originaltitel aufzugreifen, um den offiziellen Titel vollständig zu erhalten:

»In this way full credit is given to the intention of the WHO to mention all three core terms of the title. This solves the difficulty that no real Dutch equivalent for the

---

186 Der niederländische Titel lautete auf deutsch: Internationale Klassifikation des menschlichen Funktionierens.

term ›disability‹, as an umbrella term, is available.« (Hirs/de Kleijn-de Vrankrijker 2002: 1)

Der Titel der ICF lautet seitdem »Nederlandse vertaling van de ›International Classification of Functioning, Disability and Health (ICF)‹«. Diese Titeländerung unterstützt das niederländische Kooperationszentrum, dass Gesundheit in der ICF eine übergreifende Funktion hat. Resümiert man die Darstellung des Gesundheitsbegriffs in der ICF, so wird er durchgängig als Leitkonzept verwendet, in dieser Funktion aber kaum expliziert. Mit der positiven Beschreibung des Gesundheitsbegriffs erhält zugleich das Funktionsfähigkeitskonzept eine höhere Bedeutung. Hierdurch erhält Gesundheit die Funktion eines übergeordneten, richtungsweisenden und tendenziell protonormalistischen Konzepts (vgl. Link 1999: 80). Aufgrund seiner umfassenden Bandbreite weist das Gesundheitskonzept gleichzeitig flexibel-normalistische Züge auf, da in den Beschreibungen von Gesundheit sowohl Funktionsfähigkeit als auch Behinderung eingeschlossen sind. Die herausgearbeitete Ambivalenz des Gesundheitsbegriffs lässt sich nicht auflösen, sondern ist charakteristisch für seine Verwendung in der ICF.

4.2.3 Positive Klassifizierung

Mehrere Formulierungen zeigen, dass es Bestandteil der Konzeption der ICF ist oder zumindest zeitweilig war, alle Komponenten und damit auch die Teilkomponenten der Funktionsfähigkeit zu klassifizieren. Die ambivalente Darstellung des Gesundheitsbegriffs verstärkt die Annahme einer positiven Klassifizierung: besonders die Aussagen, in denen Funktionsfähigkeit und Behinderung im Gesamtkonzept Gesundheit integriert sind (vgl. 4.2.2). Zur Überprüfung dieser Annahme werden die Textpassagen analysiert, die verdeutlichen, dass Funktionsfähigkeit positiv klassifiziert werden soll.

Für eine intendierte Klassifizierung der positiven Komponenten spricht, dass die neuen Komponenten *Body Functions and Structures, Activity and Participation* die Funktion haben mit der ICF positive Erfahrungen abbilden zu können: »These terms which replace the formerly used terms ›impairments‹, ›disability‹ and ›handicap‹, extend the scope of the classification to allow positive experiences to be described« (ICF 3).

Hinzukommend ist der Zuständigkeitsbereich der ICF gegenüber der ICIDH erweitert; besonders dadurch, dass die ICF nicht nur für behinderte, sondern für alle Menschen vorgesehen ist:

»There is a widely held misunderstanding that ICF is only about people with disabilities; in fact, it is about all people. The health and health-related states associated with all health conditions can be described using ICF. In other words ICF has universal application.« (ICF 7)

Über dieses umfassende Konzept hinausgehend, für alle Menschen gültig zu sein, bilden Formulierungen, die Funktionsfähigkeit und Behinderung einander gegenüberstellen, ein wiederkehrendes Element in der ICF. Da die Charakterisierungen als positiv (beziehungsweise neutral) und negativ nicht näher ausgeführt sind, sind diese Passagen bezeichnend für den unklaren Status, wie Funktionsfähigkeit klassifiziert werden soll (vgl. auch ICF 10):

»The components of Functioning and Disability [...] can be expressed in two ways. On the one hand, they can be used to indicate problems (e.g. impairment, activity limitation or participation restriction summarized under the umbrella term *disability*); on the other hand they can indicate non-problematic (i.e. neutral) aspects of health and health-related states summarized under the umbrella term *functioning*.« (ICF 8, Hervorhebungen durch die WHO)

Die Beschreibungen *nichtproblematisch* und *neutral* unterscheiden sich jedoch, da mit erstem Merkmal der Gegensatz zu *problematisch* und damit etwas Positives, mit zweitem etwas Ausgewogenes charakterisiert wird. Diese Bezeichnungen charakterisieren Funktionsfähigkeit in unterschiedlicher Wiese: Hat Funktionsfähigkeit eine *neutrale* Bedeutung, so fungiert sie als Orientierungsmaßstab und wird nicht klassifiziert, hat der Begriff eine *nichtproblematische* und somit *positive* Bedeutung, weist dies auf die Möglichkeit der positiven Klassifizierung hin. Diese Möglichkeit wird durch die Intention, beide Komponenten zu klassifizieren, also auch Funktionsfähigkeit, bestätigt: »Each component can be expressed in both *positive* and *negative* terms« (ICF 10, Hervorhebung durch die WHO).

Nicht nur in der Ausführung der Komponenten als positiv und negativ, sondern auch hinsichtlich ihrer Kodierungsweise werden Funktionsfähigkeit und Behinderung gleichermaßen als klassifizierbar dargestellt. Gemäß Aussagen über den gesamten Gegenstand der ICF sollen die jeweiligen Kategorien ausgewählt und mit einem geeigneten Beurteilungsmerkmal kodiert werden. Diese werden beschrieben als »qualifiers, which are numeric codes that specify the extent or the magnitude of the functioning or disability in that category [...]« (ICF 11). Ebenso sollen die Kodierungsmerkmale so angewendet werden, dass sie das Ausmaß einer Funktionsfähigkeit *oder* einer Behinderung angeben: »The ICF codes require the use of one or more qualifiers, which denote, for example, the magnitude of the level of health or severity of the problem at issue« (ICF 222). Beide Zitate verwenden teilweise die gleichen Formulierungen, beziehen sich jedoch nicht auf das gleiche Klassifikationsobjekt: im ersten Zitat wird das Ausmaß von Funktionsfähigkeit und Behinderung, im zweiten der Gesundheits- oder Schweregrad eines Problems kodiert (vgl. 4.2.2). Allerdings verbindet sie das gemessene Ausmaß eines Gegenstands, mit dem Funktionsfähigkeit und je nach Interpretation Gesundheit positiv, Behinderung und ein Problem negativ beurteilt werden.

Gesundheit ist in der ICF nicht eindeutig definiert, so dass der Begriff sowohl eine positive wie auch eine neutrale und damit Behinderung einschließende Bedeutung haben kann (vgl. 4.2.2). Auch diese Textpassagen weisen darauf hin, dass die Klassifizierung des Funktionsfähigkeitsausmaßes intendiert war. Allerdings widerspricht das Fehlen geeigneter Beurteilungsskalen einer derzeitigen Klassifizierung von Funktionsfähigkeit, da nur eine Skala zur Klassifizierung von Behinderung entwickelt ist (vgl. Tabelle 6).

Das bisherige Fehlen geeigneter Beurteilungsskalen der positiven Komponenten von Funktionsfähigkeit erläutert die WHO und gewährt AnwenderInnen der ICF, nach eigenem Ermessen Kodierungsskalen zu entwickeln: »At the user's discretion coding scales can be developed to capture the positive aspects of functioning« (ICF 223). Da die Möglichkeit der positiven Klassifizierung weder in der Zusammenfassung des Revisionsprozesses (vgl. ICF 248ff.) noch in der zukünftigen Planung der Weiterentwicklung der ICF (vgl. ICF 250ff.) ausgeführt wird, ist davon auszugehen, dass sie für die zuständigen Gremien der WHO nur eine untergeordnete Rolle gespielt hat.

Nicht nur die Frage, was der Klassifizierungsgegenstand der ICF ist beziehungsweise sein soll, ist ambivalent zu beantworten. Hinzukommend sind Funktionsfähigkeit und Behinderung als Phänomene dargestellt, die beide mit den Gesundheitsbedingungen eines Menschen in Beziehung stehen und als solche klassifiziert werden: »Functioning and disability associated with health conditions are classified in ICF« (ICF 4). Wenn die Gesundheitsbedingungen allerdings auch ein grundlegendes Merkmal für Funktionsfähigkeit sein sollen, beeinflussten sie nicht nur die Teilkomponenten von Behinderung, sondern auch die von Funktionsfähigkeit. Funktionsfähigkeit hätte dann nicht mehr die Funktion eines absoluten Richtmaßes, sondern bildete gemeinsam mit Behinderung eine Bandbreite, die sowohl Beeinträchtigungen als auch besondere Fähigkeiten enthielte. Die protonormalistische Dichotomie von Funktionsfähigkeit und Behinderung wäre somit unterbrochen, da verschiedene körperliche, individuelle und gesellschaftliche Merkmale beziehungsweise Besonderheiten frei auf einer Bandbreite fluktuierten. Wenn keine Normalitätsgrenzen vorhanden wären, entspräche diese Bandbreite sogar nicht nur einem flexibelnormalistischen Spektrum, sondern überschritte dieses (vgl. 3.2.3).

Aufgrund der Beurteilungsskala kann jedoch davon ausgegangen werden, dass die WHO Gesundheitsbedingungen ausschließlich als Merkmal von Behinderungen beurteilt (vgl. Tabelle 6). Daher ist eine potenzielle, positive Klassifizierung der Funktionsfähigkeit entweder als eine innerhalb der WHO-Gremien diskutierte Erweiterungsvariante oder als ein zukünftiges Vorhaben für die ICF zu betrachten (vgl. 7.3).

Die Aussagen in der ICF hinsichtlich der Bedeutung von Funktionsfähigkeit und auch ihrer positiven Klassifizierung sind widersprüchlich (vgl. Abb. 8). Je nach Textpassage differiert die sprachliche Darstellung von Funktionsfähigkeit und ihrer Klassifizierung, wogegen die bisherigen Klassifikationsmöglichkeiten der ICF aufgrund der negativen Beurteilungsskala eindeutig sind: Ausschließlich Behinderung wird klassifiziert (vgl. auch die ICF-Checkliste, WHO 2001b). Während mehrere Textpassagen auf eine gleichermaßen positive wie negative Klassifizierung und somit auf eine Ausweitung des Klassifikationsspektrums hinweisen (vgl. Abb. 8a), ist für die reale Klassifizierungspraxis mit der ICF nur eine Beurteilungsskala zur Klassifizierung der negativen Komponenten entwickelt worden (vgl. Abb. 8b). Hierbei stellt Funktionsfähigkeit (ebenso wie Gesundheit) das neutrale oder positive Richtmaß dar, das als nicht vorliegendes Problem mit einem Prozentwert von Null bis Vier auf der Beurteilungsskala verdeutlicht wird.

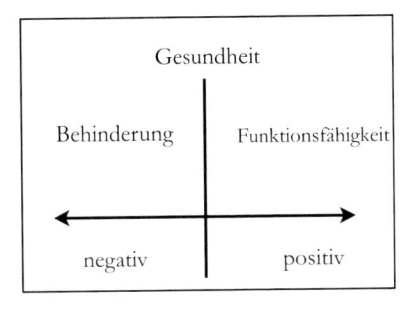

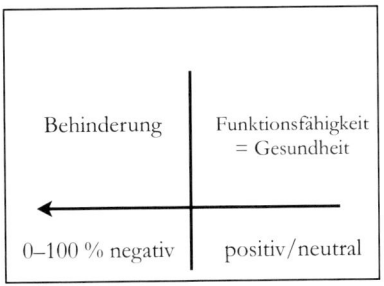

```
        Gesundheit                                  |
            |                                       |
Behinderung | Funktionsfähigkeit     Behinderung    | Funktionsfähigkeit
            |                                       | = Gesundheit
            |                                       |
◄───────────┼───────────►            ◄──────────────┼───────────►
   negativ  |   positiv              0–100 % negativ|  positiv/neutral
```

Abb. 8a/b: Ambivalente Beurteilung von Funktionsfähigkeit

Festzuhalten ist, dass die WHO eine positive Klassifizierung von Funktionsfähigkeit intendiert. Diese Absicht ist nicht nur an den verschiedenen Hinweisen in der ICF zu erkennen, sondern die WHO stellt es AnwenderInnen auch frei, bei Bedarf selbständig geeignete Skalen zu entwickeln (vgl. ICF 223). Ob die beschriebene Intention, positive Beurteilungsskalen zu erstellen, bei Weiterentwicklung der ICF umgesetzt wird, bleibt abzuwarten. Zum einen müssten die BefürworterInnen einer positiven Klassifizierung von Funktionsfähigkeit die SkeptikerInnen innerhalb des ICF-Teams überzeugen. Zum anderen ist unklar, was der Maßstab für über vollständige Funktionsfähigkeit hinausgehende Fähigkeiten wäre. Da die positive Beurteilungsmöglichkeit von Funktionsfähigkeit bei gleichzeitig ausschließlich negativer Klassifizierungspraxis hervorgehoben wird, weisen die ambivalenten Aussagen über positive Klassifizierung auf unterschiedliche Diskursstränge innerhalb der ICF hin.

Würde nicht nur die Behinderung eines Individuums, sondern seine gesamte Konstitution, und somit auch seine Funktionsfähigkeit beurteilt, so würde der Mensch vor der impliziten Aufforderung stehen, seine körperlichen Einschränkungen und gleichermaßen Fähigkeiten angesichts dieses umfassenden Beurteilungsspektrums zu verbessern, um eine gute Beurteilung zu erhalten. Hierbei wären zwei Handlungsrichtlinien leitend: Zum einen die Orientierung an der behinderungsbezogenen Skala und zum zweiten die Orientierung an einer Skala, die von bisher als normal beurteilter Null Prozent Behinderung beziehungsweise 100 Prozent Funktionsfähigkeit bis zu diesen Prozentwert überschreitender, überdurchschnittlicher Funktionsfähigkeit reichen würde (vgl. Abb. 8a und b). Der Durchschnitt hätte zwar noch eine Leitfunktion, die Normalitätszone würde jedoch in positiver Richtung so weit ausgedehnt wie nötig, um außergewöhnlich hohe Funktionsfähigkeiten eines Menschen zu beurteilen. Dieses flexibel-normalistische

Kennzeichen, Normal- und Grenzwerte zu flexibilisieren, lässt sich an einer positiven Beurteilung veranschaulichen: Die das statistische Normalmaß übersteigenden Fähigkeiten eines Menschen mit dem Asperger-Syndrom[187] würden gemäß der bekannten Skalierung potenziell als deutlich über 100 Prozent beurteilt. Nach Foucault verschärft eine positive Klassifizierung die Regierungstechniken der Selbst- und Fremdführung. Mit einer Erweiterung des Gegenstandsbereichs durch die positive Klassifizierung von Funktionsfähigkeit wären somit nicht nur behinderte, sondern alle Menschen zu Selbstführungstechniken aufgefordert.

4.2.4 Ethische Leitlinien

Die WHO positioniert sich mit der ICF im Spannungsverhältnis zwischen Stigmatisierung und der Begründung von Ansprüchen, indem sie ethische Richtlinien für den Gebrauch der ICF verfasst und ein Kapitel dem Verhältnis von ICF und behinderten Menschen widmet (vgl. 2.6).

Auch wenn die Existenz eines eigenständigen Kapitels *Ethische Richtlinien zur Verwendung der ICF* in einer Klassifikation[188] erstaunen mag, so erachtet die WHO diese für notwendig: »Every scientific tool can be misused and abused. It would be naive to believe that a classification system such as ICF will never be used in ways to harm people« (ICF 244). Im Bewusstsein um die Implikationen einer Klassifikation betont die WHO, dass die Verwendung der ICF keine nachteiligen Auswirkungen für Menschen haben soll. Dies wird am Ende des gleichen Absatzes wiederholt und für behinderte Menschen konkretisiert: »It is hoped that attention to the provisions that follow will reduce the risk that ICF will be used in ways that are disrespectful and harmful to people with disabilities« (ICF 244).

Die Berücksichtigung ethischer Standards wird auf die Mitarbeit behinderter Menschen ihrer Organisationen und Selbstinteressensvertretungen zurückgeführt. Die hohe Bedeutung der Zusammenarbeit – »ICF reflects

---

187 Das Asperger-Syndrom wird mit der ICD-10 als F84.5 kodiert (vgl. WHO 1999: 413). Dieses Syndrom ist nicht nur durch autistische Verhaltensweisen gekennzeichnet, sondern teilweise auch durch überdurchschnittliche Intelligenz. Auf autistische Merkmale verweist in der ICF ausschließlich die Schädigung von *Global psychosocial functions (b 122)* (vgl. ICF 49).

188 Weder in der ICD-10 noch in der deutschsprachigen Ausgabe der ICIDH sind Kapitel über ethische Richtlinien zum Gebrauch der Klassifikation enthalten (vgl. WHO 1999, 1995).

this important input« (ICF 242) – besonders mit der Organisation Disabled Peoples' International (DPI), wird sowohl in den Ethischen Richtlinien als auch in dem Kapitel *ICF and people with disabilities* herausgestellt und sogar als Gewinn formuliert: »The ICF revision process has, since its inception, benefited from the input of people with disabilities and organizations of disabled persons« (ICF 242). Zwei weitere Artikel bestätigen, dass die Umweltfaktoren als neue Komponente der ICF besonders bedeutsam sind:

»The Executive Committee of the ETF [Environmental Task Force, MH] had a majority of disabled experts.« (Hurst 2003: 574)

»The members of this ETF [Environmental Task Force, MH] were recruited on the basis of their knowledge in the field of environmental factors and disability, with disabled people in the majority, [...].« (Schneidert et al. 2003: 590)

Durch die Mitarbeit behinderter Menschen erfährt die ICF größere Akzeptanz, besonders da hierdurch potenzielle KritikerInnen einer behinderungsspezifischen, in medizinischer Tradition stehenden Klassifikation bereits in den Entwicklungsprozess der ICF eingebunden sind:

»The ICIDH was criticized both for its limited conceptualization of the role of the environment in disability and its remaining focus on the individual as the locus of intervention rather than the environment as reflected in society and social organization. The main sources of criticism came from the disability movement and the development of the associated social model of disability.« (Schneidert et al. 2003: 589)

Um die Rechte behinderter Menschen in der ICF zu beachten, wird behinderten Menschen freigestellt, wie sie bezeichnet werden wollen: ob als behinderte Menschen/»disabled people« oder Menschen mit Behinderung/»people with disabilities« (ICF 242). Die WHO hebt das Recht auf Selbstbezeichnung hervor:

»In the light of divergence, there is no universal practice for WHO to adopt, and it is not appropriate for ICF rigidly to adopt one rather than another approach. Instead, WHO confirms the important principle that people have a right to be called what they choose.« (ICF 242)

Es ist auffällig, dass in dem vergleichsweise umfangreichen Absatz, dem dieses Zitat entstammt, eine egalitäre Position eingenommen wird, statt die inhaltliche Bedeutung der substantivischen und adjektivischen Formulierungen in Beziehung zu setzen. Auch wenn die Frage nach der Bezeichnung derzeit im Rahmen von »political correctness« beantwortet wird, ist zu bedenken, dass das Adjektiv *behindert* beide Bedeutungen einschließt: *behindert zu sein* als Mensch und *behindert zu werden* durch gesellschaftliche Bedingungen wie Hindernisse, nicht vorhandene Hilfsmittel oder Vorurteile. Dem gegenüber fungiert das Substantiv *Behinderung* als Attribut und somit als Zuordnung zur näheren Bestimmung des Subjekts. Diese substantivische Formulierung wird auch in dem Referenzwerk der ICF, den *Standard Rules on the Equalization of Opportunities for Persons with Disabilities* der Vereinten Nationen, verwendet (vgl. ICF 6, UN 1994). Aufgrund dieser unterschiedlichen Schwerpunktsetzungen ist es sinnvoll, sich für eine Formulierung zu entscheiden. Für die adjektivische Variante spricht, dass sie die Lebensrealität behinderter Menschen eher abbildet als die substantivische. Da die Ethischen Richtlinien eine große Bedeutung für die WHO haben, wäre es plausibel, diese Formulierung zu wählen. Hingegen ließe sich die Wahl der substantivischen Variante damit begründen, dass sie die Formulierung der UN-Publikationen aufgriffe. Mit der in der ICF eingenommenen, egalitären Haltung versäumt es die WHO, eine eigene Position zu beziehen. Sie überlässt die Entscheidung über diese auch inhaltlich bedeutsame Sprachgestaltung den BenutzerInnen.

Neben der Thematisierung der Bezeichnung behinderter Menschen betont die WHO, dass sie sich der Etikettierungsgefahr durch die ICF bewusst ist:

»In particular, WHO recognizes that the very terms used in the classification can, despite the best efforts of all, be stigmatizing and labelling.«(ICF 242)

»To further address the legitimate concern of systematic labelling of people, the categories in ICF are expressed in neutral way to avoid depreciation, stigmatization and inappropriate connotations.« (ICF 242f.)

Dieses Wissen um das Stigmatisierungspotenzial der in der ICF verwendeten Termini, speziell auch des Klassifizierungsvokabulars, wird durch die Erklärung ergänzt, keine Termini mit pejorativen Konnotationen zu verwenden (ICF 242).[189] Die Verwendung positiver beziehungsweise neutraler Termini sei entscheidend, auch wenn dem Vorwurf einer »sanitation of terms« begegnet werden müsse (ICF 243). Hier sind die Aussagen der ICF widersprüchlich; einerseits seien korrekte Terminologie und Inhalt wichtig: »What is needed is correct content and usage of terms and classification« (ICF 243),

---

189 Als Beispiel wird der Begriff *handicap* genannt. Da dieser Begriff auf die englische Formulierung *cap in hand* als Beschreibung des Bettelns rekurriert, handelt es sich nicht um einen wertneutralen Begriff zur Beschreibung einer Behinderung.

andererseits ließen sich negative Zuschreibungen von Behinderung nicht auf Etikettierung und Definitionen zurückführen: »The negative attributes of one's health condition and how other people react to it are independent of the terms used to define the condition. Whatever disability is called, it exists irrespective of labels« (ICF 243). Auch wenn die Bedeutung von Bezeichnungen benannt werden, seien Reaktionen auf und negative Attributionen von Behinderung unabhängig von dem Vokabular der Definitionen. Dieser Widerspruch wird nicht aufgelöst, sondern beide Faktoren seien für Stigmatisierungen verantwortlich: »The problem is not only an issue of language but also, and mainly, an issue of the attitudes of other individuals and society towards disability.« (ICF 243).

Die Bedeutung der Terminologie wird gegenüber individuellen und gesellschaftlichen Einstellungen abgeschwächt. Dass eine Klassifikation – besonders durch ihre Terminologie – Implikationen haben kann (vgl. ICF 242), wird gegenüber der Deutlichkeit ihrer vorherigen Argumentation zurückgenommen. Der Zusammenhang zwischen dem Denken über Behinderung und dem Verhalten gegenüber behinderten Menschen auf der einen Seite sowie dem Sprachgebrauch der ICF und den Klassifizierungspraktiken auf der anderen Seite wird nicht ausgeführt.

In Verbindung mit der benutzten Terminologie wird darauf hingewiesen, dass mit der ICF nicht der Mensch selbst, sondern seine gesundheitlichen Charakteristika klassifiziert werden:[190] »It is important to stress, moreover, that ICF is not a classification of people at all. It is a classification of people's health characteristics within the context of their individual life situations and environmental impacts« (ICF 242). Diese Unterscheidung wird in der Einleitung ausführlich, in den Ethischen Richtlinien kurz dargelegt:

»It is important to note, therefore, that in ICF persons are not the units of classification; that is, ICF does not classify people, but describes the situation of each person within an array of health or health-related domains. Moreover the description is always made within the context of environmental and personal factors.« (ICF 8)

»Because the deficit being classified is a result of both a person's health condition and the physical and social context in which the person lives, ICF should be used holistically.« (ICF 245)

---

190 Meyer differenziert Klassifizieren und *Ab*klassifizieren und betont, wie wichtig es sei, dass die ICF nur zur Klassifizierung und nicht zur Deklassifizierung von Menschen mit Behinderung verwendet werde (vgl. Almut Meyer 2004). Diese Unterscheidung ist interessant, meines Erachtens jedoch nicht zielführend, da Konnotationen des Abklassifizierens grundsätzlich in einer Klassifikation enthalten sind. Entscheidend ist eine diese Implikationen reflektierende Klassifizierungspraxis.

Während alle zitierten Textpassagen den Kontext, in dem die individuellen Gesundheitsmerkmale stehen, hervorheben, nimmt das erste Zitat auf die individuelle Lebenssituation und Umwelteinflüsse, das zweite auf Umwelt- und Personbezogene Faktoren und das dritte auf den physischen und sozialen Kontext eines Menschen Bezug. Jedoch wird jeweils die individuelle Lebenssituation des betreffenden Menschen betont.

Auch wenn die WHO herausstellt, dass eine Person nicht Gegenstand der Klassifizierung wäre (vgl. ICF 8), hebt diese Unterscheidung die negativen Implikationen der Klassifikation nicht auf. Wie nahe liegend es ist, von der Klassifizierung eines Menschen statt von der Klassifizierung seiner Behinderung oder seiner Funktionsfähigkeit auszugehen, veranschaulicht folgender Gebrauchshinweis:

»Individuals classed together under ICF may still differ in many ways. Laws and regulations that refer to ICF classifications should not assume more homogeneity than intended and should ensure that those whose levels of functioning are being classified are considered as individuals.« (ICF 245)

Die Funktion einer Klassifikation, Gruppierungen vorzunehmen und die Häufigkeit bestimmter Phänomene zu erfassen, soll diese gemeinsam gruppierten Individuen ihrer Verschiedenartigkeit nicht entheben. Hiermit ist jedoch die potenzielle Klassifizierung eines Individuums statt seiner Behinderung direkt angesprochen beziehungsweise aufgrund der Beschreibung: »Individuals classed together« sogar schon formuliert. Entsprechend ist die Intention zu würdigen, nicht den Menschen selbst zu klassifizieren, jedoch zugleich im Spannungsverhältnis zu den bestehenden Implikationen zu begreifen.

Das Kapitel *Ethische Richtlinien* thematisiert nicht nur die Gefährdung der Klassifizierung eines Menschen statt der Klassifizierung seiner Behinderung thematisiert, sondern auch die Gefahr, Rechte behinderter Menschen zu reduzieren: »ICF, and all information derived from its use, should not be employed to deny established rights or otherwise restrict legitimate entitlements to benefits for individuals or groups« (ICF 245). Mit diesen Aussagen geht die WHO davon aus, dass die ICF trotz des Wissens um Missbrauchsmöglichkeiten sinnvoll einsetzbar ist. So wird es als konkreter Ertrag der Klassifizierung angesehen, dass der Gegenstand Behinderung mit der ICF differenziert abgebildet werden kann: »ICF can assist in identifying where the principal ›problem‹ of disability lies, whether it is in the environment by way of a barrier or the absence of a facilitator, the limited capacity of the individual himself or herself, or some combination of factors« (ICF 243).

Die primäre Stellung der Umweltfaktoren in dieser differenzierten Beschreibung von Behinderung wird in dem mit *ICF and people with disabilities* überschriebenen Kapitel hervorgehoben, da sie für behinderte Menschen besonders relevant sind.

Es wird nicht nur die Lebenssituation eines Menschen mit der ICF beurteilt, dieser Mensch möge bei dieser Beurteilung mit seinen GutachterInnen kooperieren: »ICF information should be used, to the greatest extent feasible, with the collaboration of individuals to enhance their choices and their control over their lives« (ICF 245). Der befragte Mensch hat die Möglichkeit, den GutachterInnen seine eigene Erfahrung, mit der Behinderung zu leben, mitzuteilen und demgemäß auch zur Klassifizierung seiner Behinderung beizutragen. Er steht hiermit jedoch in einem Spannungsfeld, sich um eine gute Mitarbeit zu bemühen, und andererseits zu wissen, dass seine gesamte Lebenssituation detailliert auf der Basis vielfältiger Komponenten klassifiziert wird. Aus der eigenen Kooperation mit den Gutachtenden resultiert nicht nur eine mehr oder weniger zutreffende, einen niedrigen oder hohen Schweregrad der Behinderung bezeichnende Beurteilung, sondern diese Beurteilung stellt auch die Grundlage von Gesundheitsleistungen dar. Somit wird nicht nur zur Kooperation angeregt, sondern der befragte Mensch auch an die eigene Verantwortung erinnert. Er kann die Veränderungsmöglichkeiten seiner Schädigung sowie seiner Lebenssituation abschätzen und kalkulieren, welche Beurteilung – eine bessere oder schlechtere – realistisch ist. Folglich wird das Subjekt nicht nur zur Kooperation mit den Gutachtenden, sondern flexibelnormalistisch auch zur Eigenverantwortung, zur Selbstnormalisierung und potenziell zur Selbstklassifizierung aufgefordert. Er soll sich so verhalten, dass er seine eigenen Handlungsmöglichkeiten verbessert. Hiermit wird der Mensch zu gouvernementalen Strategien der Selbstführung aufgefordert, die mit der Fremdführung durch die hochgradig differenzierte Begutachtung mit der ICF korrespondieren.

Die untersuchten Erklärungen spiegeln die Auseinandersetzung der WHO mit der Situation behinderter Menschen wider. Trotz ihrer Betonung an verschiedenen Stellen innerhalb der ICF haben die Ethischen Richtlinien nur einen geringen Stellenwert, was sich daran erkennen lässt, dass weder das Kapitel *ICF and people with disabilities* noch das Kapitel *Ethical guidelines for the use of ICF* in der Kurzfassung der ICF enthalten ist (vgl. WHO 2001c). Wenn ethischen Richtlinien ein hoher Stellenwert beigemessen würde, wären sie zum einen bereits Bestandteil der Einleitung statt des Anhangs der ICF. Des Weiteren wären sie in der Kurzversion nicht ausgelassen, die aufgrund ihres Überblickscharakters besonders praktisch für die klinische Anwendung ist (vgl. zur Kritik an ihrem Fehlen in der Kurzversion der ICF auch McAnaney (2005: 13).[191] Die Aufnahme ethischer Leitlinien an wenig prominenter Stelle und ausschließlich in der Langfassung der ICF könnte auf ihren legitimatorischen Charakter hinweisen.

4.2.5 Veränderung von einem linearen zu einem interaktiven Verhältnis der Komponenten

In der ICF wird die Relationalität der Komponenten einerseits hervorgehoben (vgl. ICF 18f.), andererseits gehen die Fallbeispiele zumeist von einer Schädigung oder Krankheit beziehungsweise Gesundheitsbedingung als Ursache einer Behinderung aus (vgl. ICF 19, 238ff.). Daher lässt sich das von der ICF vertretene, systemische Modell eher als Erweiterung des linearen Modells der ICIDH verstehen (vgl. Abb. 4 und 6).[192] Die Veränderung von einem linearen zu einem interaktiven Verhältnis der Komponenten markiert die Entwicklung von der ICIDH zur ICF, nicht mehr einem kausalen Aufbau der Komponenten zu folgen. Wie in der Zusammenfassung des Revisionsprozesses geschildert, wurde damit die Kritik am »unidirectional flow from impairment to disability to handicap« aufgenommen und das neue interaktive Verhältnis der Komponenten durch »alternative graphic representations« abgebildet (ICF 247). Beide Oberbegriffe sind als Interaktion zwischen Gesundheitsbedingungen und Kontextfaktoren definiert (vgl. auch ICF 17, 19, 242):

»A person's functioning and disability is conceived as a dynamic interaction between health conditions (diseases, disorders, injuries, traumas, etc.) and contextual factors.« (ICF 8)

»Functioning is an umbrella term for body functions, body structures, activities and participation. It denotes the *positive aspects of the interaction* between an individual (with a health condition) and that individual's contextual factors (environmental and personal factors).« (ICF 212)

---

191 Die Kurzversion enthält nur Kategorien der zweiten Ebene, vertiefende Unterkategorien fehlen. (WHO 2001c). Vor- und Nachteile sind eindeutig: Während die Kurzversion einen schnellen Überblick bietet, umfasst die Langversion auch Detailangaben.
192 Im Newsletter der Family of International Classifications wird das Modell der ICF auch als »systemic model« bezeichnet (Barral 2006: 6).

»Disability is an umbrella term for impairments, activity limitations and participation restrictions. It denotes the *negative aspects of the interaction* between an individual (with a health condition) and that individual's contextual factors (environmental and personal factors).« (ICF 213) (Hervorhebungen durch die Autorin)

Das interaktive Verhältnis der Komponenten der ICF lässt sich nicht nur, wie ausschließlich in der ICF durch die positiven Teilkomponenten (vgl. Abb. 6), sondern auch durch die negativen Teilkomponenten darstellen. Die folgende Synopse zeigt, welche Komponenten des interaktiven Verhältnisses mit der ICF real klassifiziert werden (vgl. Abb. 9). Daraufhin werden mit der Erfassung der Behinderung Assistenzbedarf oder Rehabilitationsleistungen festgelegt.

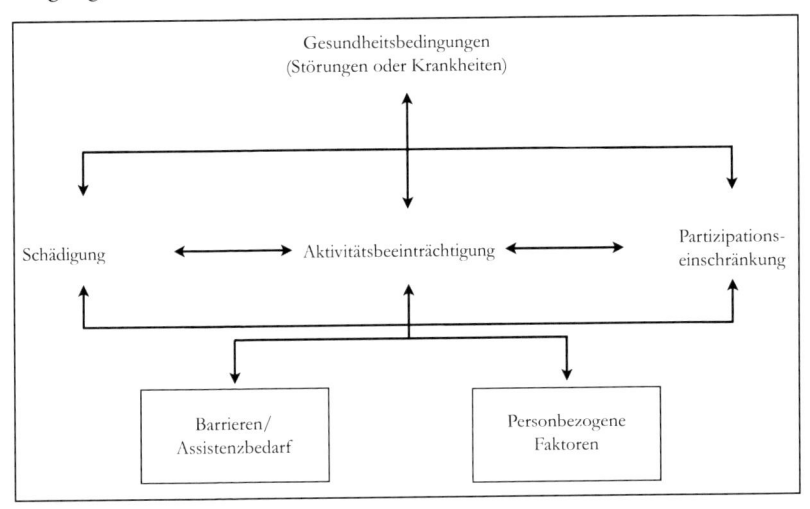

```
                    Gesundheitsbedingungen
                   (Störungen oder Krankheiten)
                              │
           ┌──────────────────┼──────────────────┐
           ▼                  ▼                  ▼
                                                        Partizipations-
      Schädigung  ◄──►  Aktivitätsbeeinträchtigung ◄──►  einschränkung
           ▲                  ▲                  ▲
           │                  │                  │
           └──────┬───────────┴──────┬───────────┘
                  ▼                  ▼
             Barrieren/         Personbezogene
           Assistenzbedarf         Faktoren
```

Abb. 9: Interaktive Erschließung von Behinderung

Die umfassende Betrachtungsweise erfordert von dem Menschen, dessen Behinderung klassifiziert wird, dass er sich der vielfältigen Komponenten bewusst ist, die seine Behinderung bestimmen. Hierzu gehört es gleichermaßen zu reflektieren, inwieweit er welche Komponenten beeinflussen kann und welche Bedingungen durch äußere Faktoren verändert werden können. Diese Anforderungen implizieren, dass der betreffende Mensch die möglichen Relationen der Komponenten, die seine Behinderung bedingen, in sein Selbstbild aufnimmt und hinterfragt. So ist das Subjekt vor die Herausforderung gestellt, sich selbst gemäß dieser umfassenden Vorstellung zu lenken sowie auch seine natürliche und soziale Umwelt zu bedenken.

Die WHO gibt klare Anweisungen, keine Schlussfolgerungen von einer auf andere Komponenten zu ziehen, sondern jede eigenständig zu beobachten und zu beurteilen:

»When assigning codes, the user should not make an inference about the interrelationship between an impairment of body functions or structure, activity limitation or participation restriction. [...] Similarly, from the fact that a person has a limited capacity to move around it is unwarranted to infer that he or she has a performance problem in moving around.« (ICF 224)

Dennoch werden die Komponenten unterschiedlich gewichtet, wie die Beschreibung ihrer Relationalität verdeutlicht. Auch wenn die Abbildung des interaktiven Verhältnisses der Komponenten aufzeigt, dass alle Komponenten gleichermaßen miteinander in Beziehung stehen (vgl. Abb. 6), variiert ihr Einfluss aufeinander. Eine Fußnote weist auf den unterschiedlichen Einfluss der Umweltfaktoren hin: »[...] the impact of environmental factors on body functions certainly differs from the impact on participation« (ICF 18). Diese Aussage steht im Gegensatz zu der Abbildung im Haupttext, in der die Pfeile, die die Relationen zwischen den Komponenten anzeigen, identisch sind (vgl. Abb. 6). Die Interaktionsmöglichkeiten sind jedoch auch in den Fallbeispielen unterschiedlich gewichtet, da Schädigungen und Gesundheitsbedingungen (Krankheiten, Störungen, Traumata etc.) häufiger als Ursache einer Behinderung genannt werden als die übrigen Komponenten (vgl. Tabelle 11).

Dies zeigt die folgende Synopse aller Fallbeispiele auf.[193] Dabei werden einige der konstituierten Fälle durch mehrere Beispiele veranschaulicht.

Tabelle 11: Übersicht aller Fallbeispiele der ICF

	Impairment/ Health Condition	Capacity Limitations	Performance Problems
Wörtlich zitierte Überschriften der Fallbeispiele (ICF 238ff.)			
1.	Impairment leading to	no limitation in capacity and	no problem in performance
2.	Impairment leading to	no limitation in capacity but	to problems in performance

---

193 Auf die »additional examples« der Fallbeispiele geht die vorliegende Analyse nicht näher ein (ICF 241). In ihnen werden die Behinderung eines zehnjährigen, stotternden Jungen und die einer 40-jährigen Frau mit einem Halswirbelsäulen-Schleudertrauma geschildert, wobei die Schädigung als Ursache der übrigen Komponenten bezeichnet wird.

3.	Impairment leading to	limitations in capacity and –	depending on circumstance – to problems or no problems in performance
4.	Former Impairment leading to	no limitations in capacity	but still causing problems in performance
5.	Different Impairments and	limitations in capacity leading to	similar problems in performance
6.	Suspected impairment leading to marked problems in performance without limitations in capacity		
7.	Impairments currently not classified in ICF leading to		problems in performance
Veranschaulichungen im Text zur Interaktionsabbildung der Komponenten (ICF 19)			
8.	have impairments without having capacity limitations (e.g. a disfigurement in leprosy may have no effect on a person's capacity)		
9.	have performance problems and capacity limitations without evident impairments (e.g. reduced performance in daily activities associated with many diseases)		
10.	have performance problems without impairments or capacity limitations (e.g. an HIV-positive individual, or an ex-patient recovered from mental illness, facing stigmatization or discrimination in interpersonal relations or work)		
11.	have capacity limitations without assistance, and no performance problems in the current environment (e.g. an individual with mobility limitations may be provided by society with assistive technology to move around)		
12.	experience a degree of influence in a *reverse* direction (e.g. lack of use of limbs can cause muscle astrophy; institutionalization may result in loss of social skills)		

Die Mehrzahl der Fallbeispiele stellt Schädigungen (Beispiel 2, 3 und 5) oder Krankheiten (Beispiel 9) dar, die zu eingeschränkten Leistungs- oder Ausführungsfähigkeiten führen. Weitere Beispiele zeigen, wie ausgeheilte oder potentielle, genetisch bedingte Erkrankungen eines Menschen gesellschaftliche Stigmatisierung oder Diskriminierung nach sich ziehen (Beispiele 4, 7, 10), und wie gesellschaftliche Vorurteile gegenüber einem Menschen, der mit aidskranken Menschen arbeitet, die Ausführungsfähigkeit einschränken (Beispiel 6). Andere Akzente werden im elften und zwölften Veranschaulichungsbeispiel gesetzt, in denen zum einen die Bedeutung von Umweltfaktoren, zum anderen der Einfluss individueller Verhaltensweisen und gesellschaftlicher Bedingungen auf den Körper beziehungsweise auf die Sozialkompetenz eines Menschen hervorgehoben werden. Zusammengefasst veranschaulichen die Beispiele, dass eine jetzige, frühere oder noch nicht klassifizierte Schädigung häufig den Ausgangspunkt für nachfolgende Beeinträchtigungen oder Einschränkungen bildet. Dies ist daran zu erkennen, dass die meisten Fallbeispiele mit der Formulierung »Impairment leading to«, »Suspected Impairment« oder »Former Impairment« beginnen (ICF 238ff.). Die Verursachung von Behinderung ist folglich einseitig dargestellt. Es ist auffällig, dass auch minimale Abweichungen eines Normalbildes des Körpers wie der fehlende Fingernagel (Beispiel 1) oder eine Veränderung der Gesichtshaut (Beispiel 2) als Schädigung aufgeführt werden. Der Klassifizierungsbereich der ICF wird hierdurch ausgeweitet. Sowohl wird das Spektrum von Behinderung vergrößert, gleichzeitig verschwindet eine eindeutige Grenze zwischen Funktionsfähigkeit und Behinderung, wodurch auch die Normalitätsgrenze variabel ist.

Während das interaktive Verhältnisses der Komponenten graphisch hervorgehoben ist, verdeutlicht die Analyse der ICF-Fallbeispiele, dass die Komponenten nicht immer gleichgewichtig in Beziehung zu einander stehen, sondern auch konsekutiv eingeordnet werden. Daher ist das Verhältnis der Komponenten zueinander insgesamt ambivalent: Zwar hat sich einerseits von der ICIDH zur ICF ein Wechsel vollzogen und die Komponenten der ICF bauen nicht mehr linear aufeinander auf, dennoch werden einige Komponenten immer noch als Folge dargestellt. Dies expliziert auch die Definition der Unterstützungsfaktoren: »Facilitators can prevent an impairment or activity limitation from becoming a participation restriction, since the actual performance is enhanced, despite the person's problem with capacity« (ICF 214). Diese Beschreibung der Unterstützungsfaktoren offenbart das Verständnis, das in der ICF vorherrscht: Die drei Teilkomponenten von Funktionsfähigkeit wirken gemäß der in der ICF als gewöhnlich aufgefassten Realitätsvorstellung konsekutiv aufeinander ein, was durch Unterstützungsfaktoren unterbrochen beziehungsweise verändert werden kann. Die Linearität der bereits aus der ICIDH bekannten Folge: Schädigung – Aktivitätsbeeinträchtigung – Partizipationseinschränkung wird als üblich bewertet; hingegen ist nicht gleichermaßen graphisch oder sprachlich dargestellt, wie Umweltfaktoren auf Gesundheitsbedingungen oder Schädigungen einwirken. Zwar wird ein gegenseitiges Veränderungspotenzial in unterschiedlichen Richtungen erwähnt, jedoch einige als *selten* beziehungsweise *umgekehrt* beurteilt: »The interaction works in two directions; the presence of disability may *even* modify the health condition itself« (ICF 19, Hervorhebung durch die Autorin). Dies suggeriert, dass in der ICF davon ausgegangen wird, Gesundheitsbedingungen (oder Schädigungen) bildeten generell den Ausgangspunkt einer Behinderung. Der empirisch häufige *Normalfall* wird dementsprechend in der aus der ICIDH bekannten Folge geschildert: »To infer a limitation in capacity from one or more impairments, or a restriction of performance from one or more limitations, may *often* seem reasonable« (ICF 19) (Hervorhebung durch die Autorin). Beide Varianten, die interaktive und die konsekutive, folgen flexibelnormalistischen Strategien, da sie Behinderung als graduiertes Ergebnis des Verhältnisses verschiedener Komponenten herstellen – wenn auch in unterschiedlicher Weise.

Zusammengefasst zeigen die Fallbeispiele ein großes Spektrum, in welcher Form eine Behinderung durch die verschiedenen Komponenten ausgeprägt sein kann. Zwar hat die WHO versucht, unterschiedliche Abhängigkeiten zwischen den Komponenten darzustellen. Dennoch verkürzen die gewählten Fallbeispiele das Zusammenwirken der Komponenten, indem die Haupteinflussrichtung die Komponenten in einem konsekutiven Verhältnis als *oft* (»often«) darstellt und andere Einflussrichtungen als *selten* (»even«) oder *umgekehrt* (»reverse«) bezeichnet werden (ICF 19).

Die Komponenten *impairment* und *health condition*, die in der ICF als Hauptursache einer Behinderung angesehen werden, haben in der ICF eine herausragende Stellung. Diese widerspricht der Konzeption des interaktiven Verhältnisses und betont die Linearität, eine Behinderung prinzipiell ausgehend von den Gesundheitsbedingungen zu beurteilen. Zwar könnten sich auch die Gesundheitsbedingungen unter dem Einfluss anderer Komponenten verändern (siehe oben); jedoch verdeutlicht auch die Einordnung der ICF in den Rahmen der gesundheitsbezogenen Klassifikationen der WHO dass Gesundheitsbedingungen vorgegeben sind: »ICF is a health classification and so presumes the presence of a health condition of some kind« (ICF 224). Mit dieser Aussage wird Krankheiten, Störungen, Traumata und anderen Gesundheitsbedingungen große Bedeutung beigemessen und gleichzeitig die Gegenüberstellung von Krankheit und Gesundheit sowie von Behinderung und Leistung beziehungsweise Funktionsfähigkeit in Frage gestellt. Die Grenzen zwischen Krankheit und Schädigung beziehungsweise Krankheit und Behinderung verschwimmen, da Krankheit bisher als Pendant zu Gesundheit und Behinderung als Pendant zu Leistung oder Intelligenz aufgefasst wird (vgl. Schildmann 2000a: 92). Die Deutung der WHO, Gesundheitsbedingungen lägen sozusagen a priori als Vorbedingung einer Behinderung vor, weist auf eine Bandbreite verschiedener Abweichungen von Gesundheit hin: Krankheiten, chronische Erkrankungen und Behinderungen. Diese Vorstellung geht flexibelnormalistisch von einer hoch aufgelösten Binnendifferenzierung zwischen Behinderung und Gesundheit aus (vgl. Link 1999: 79).

Mit der Attribution *individual with a health condition* werden die Gesundheitsbedingungen *im* Subjekt manifestiert. Die Gesundheitsbedingungen verbinden ICD und ICF miteinander, da sie mit der ICD beurteilt, aber auch eine Komponente der ICF sind (vgl. ICF 3f., 8, 16f., 19, 212ff., 233). Krankheiten und Behinderungen werden so in Beziehung zueinander gesetzt. Dies bildet die Grundlage, die ICD-10 und ICF zur gemeinsamen Erstellung von Bevölkerungsstatistiken im internationalen Vergleich zu nutzen: »The WHO family of international classifications provides a valuable tool to describe and compare the health of populations in an international context« (ICF 4). Ebenso wie der Begriff *health condition* beide Klassifikationen miteinander verbindet, überlappen ICD und ICF in dem Begriff *Impairment*. Der Schädigungsbegriff hat in der ICD eine Funktion im Krankheitsprozess und in der ICF als negatives Pendant der Körperfunktionen und -strukturen:

»Nevertheless, ICD-10 uses impairments (as signs and symptoms) as parts of a constellation that forms a ›disease‹, or sometimes as reasons for contact with health services, whereas the ICF system uses impairments as problems of body functions and structures associated with health conditions.« (ICF 4)

In beiden Klassifikationen stehen Schädigungen im Zusammenhang mit Krankheiten oder den negativ konnotierten Gesundheitsbedingungen. Dies wird innerhalb der weiteren Ausführungen zum Schädigungsbegriff differenziert: »Impairments can be part or expression of a health condition, but do not necessarily indicate that a disease is present or that the individual should be regarded as sick« (ICF 13). Mit dieser Aussage führt die WHO aus, dass eine Schädigung Teil einer Krankheitskonstellation oder einer Körperfunktionsstörung sein kann. Eine chronische Erkrankung veranschaulicht die Überlappungen zwischen ICD und ICF im Impairment-Begriff; gemäß ICD handelt es sich um eine Krankheit, gemäß ICF um die Schädigung einer Körperfunktion: Diabetes.[194] Als »Impairment leading to no limitation in capacity but to problems in performance« (ICF 238), wird exemplifiziert,

---

194 Diabetes wird in diesem Fallbeispiel explizit als Schädigung bezeichnet, jedoch in der Klassifikationsliste nicht als Schädigung des Stoffwechsels und des endokrinen Systems genannt. Bei den relevanten Kategorien *General metabolic functions (b540), Carbohydrate metabolism* (b5401) wird Diabetes auch unter *Inclusions* nicht aufgeführt (vgl. ICF 85). Die Klassifizierung von Diabetes muss daher von der positiv formulierten Kategorie abgeleitet werden (vgl. 4.1.1).

dass ein Kind mit Diabetes zwar keine Beeinträchtigungen seiner Leistungs-, jedoch seiner Ausführungsfähigkeit hat:

»Diabetes can be controlled by medication, namely insulin. When the body functions (insulin levels) are under control, there are no limitations in capacity associated with the impairment. However, the child with diabetes is likely to experience a performance problem in socializing with friends or peers when eating is involved, since the child is required to restrict sugar intake. The lack of appropriate food would create a barrier. Therefore, the child would have a lack of involvement in socialisation in the current environment unless steps were taken to ensure that appropriate food was provided, in spite of no limits in capacity.« (ICF 238)

Während in der ICF die Körperfunktion der Insulinproduktion als geschädigt klassifiziert wird, werden unterschiedliche Diabetes Mellitus-Formen medizinisch diagnostiziert und mit der ICD in dem eigens dieser Krankheit gewidmeten Kapitel als E10 bis E14 kodiert (vgl. WHO 1999: 299–306). Es wird jedoch nicht erklärt, aus welchem Grund die Fehlfunktion in der Insulinproduktion als Schädigung und nicht als Krankheit dargestellt wird. Zudem wird auf das ausführliche ICD-Kapitel zu Diabetes und die Kompatibilität mit der ICD nicht verwiesen (vgl. ICF 4). Somit verbleibt unklar, wie zwischen Krankheit und Fehlfunktion unterschieden und wie die Klassifikationen hinsichtlich Diabetes gemeinsam angewendet werden sollen.

Die zu Beginn formulierte These, dass mit der ICF das lineare Modell der ICIDH erweitert wird, hat sich bestätigt. Zwar wird das interaktive Verhältnis der Komponenten in verschiedener Form hervorgehoben, jedoch dominiert die Vorstellung, dass Krankheiten/Gesundheitsbedingungen und Schädigungen den Ausgangspunkt weiterer – möglicherweise chronischer – Beeinträchtigungen bilden. Wie besonders durch die Untersuchung der in der ICF exemplifizierten Fälle verdeutlicht, kann diese Folge durch die Umweltfaktoren unterbrochen beziehungsweise verändert werden.

4.2.6 Subjektives Wohlbefinden und Lebensqualität

Während die leitende Funktion des Gesundheitsbegriffs bereits im Titel zu erkennen ist, steht die Bedeutung des Konzepts des Wohlbefindens eher im Hintergrund. Die WHO erwähnt den Terminus *well-being* explizit nur zweimal: in der Einführung zum Hintergrund der ICF als WHO-Klassifikation und in den terminologischen Leitlinien im Anhang (vgl. ICF 3, 211). In der Einführung bereits angekündigt, »It [ICF, MH] defines components of health and some health-related components of well-being (such as education and labour)« (ICF 3), wird *well-being* als erster Begriff in den Leitlinien – noch vor den ICF-Komponenten – definiert:

»Well-being is a general term encompassing the total universe of human life domains, including physical, mental and social aspects, that make up what can be called a ›good life‹. Health domains are a subset of domains that make up the total universe of human life.« (ICF 211)

Das Konzept des Wohlbefindens beinhaltet also alle Bereiche menschlichen Lebens, die zu einem *guten Leben* dazugehören – Gesundheitsbereiche inbegriffen. Es ist mit der ICF verbunden, da die ICF Gesundheitsbereiche und andere gesundheitsbezogene Aspekte des umfassenden Konzepts des Wohlbefindens erfasst (vgl. 4.2.2). Körperfunktionen und auch Kategorien von Aktivität und Partizipation bilden den Gesundheitsbereich, im weiteren Kontext sind auch andere äußere Kategorien gesundheitsbezogener Bereiche (Aktivität/Partizipation und Umweltfaktoren) ins Wohlbefindens einbezogen (zur Veranschaulichung vgl. Abb. 10). Die Grauzone zeigt, dass sich Gesundheitsbereiche und gesundheitsbezogene Bereiche besonders hinsichtlich der Kategorien von Aktivität und Partizipation überschneiden (vgl. 4.2.2).

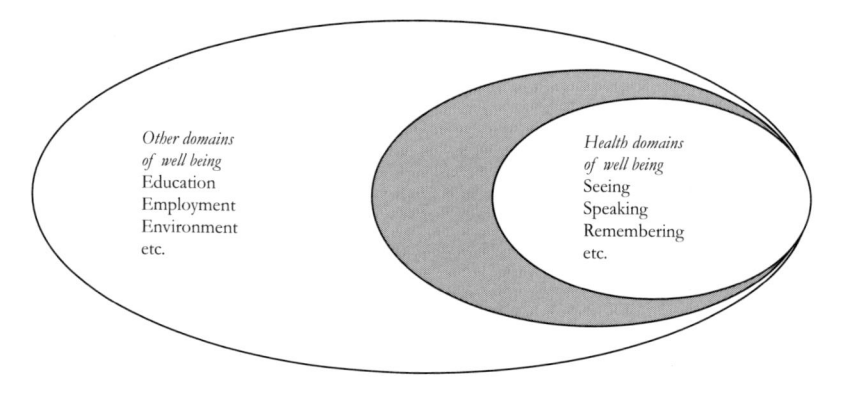

Abb. 10: Das Universum des Wohlbefindens (ICF 212)

Das Konzept des Wohlbefindens hat – ähnlich wie das Rahmenkonzept Gesundheit – eine übergeordnete und über die ICF hinausgehende Funktion.

Für die zukünftige Entwicklung der ICF plant die WHO, Verknüpfungen mit Messinstrumenten der Lebensqualität und des subjektiven Wohlbefindens zu erstellen: »Establishing links with quality of life concepts and the measurement of subjective well-being« (ICF 251). Lebensqualitätskonzepte beziehen sich auf die individuelle Lebensqualität, die anhand von als allgemeingültig angesehenen Parametern bestimmt wird. Dadurch dass die Lebensqualität eines Menschen entscheidend zu seinem Wohlbefinden beiträgt und Lebensqualität als Teilbereich des Wohlbefindens angesehen wird, wird in der ICF auf Lebensqualitätskonzepte rekurriert:

»Links with Quality of life: It is important that there is conceptual compatibility between ›quality of life‹ and disability constructs. Quality of life, however, deals with what people ›feel‹ about their health condition or its consequences; hence it is a construct of ›subjective well-being‹. On the other hand, disease/disability constructs refer to objective and exteriorized signs of the individual.« (ICF 251 Fußnote)

Zwar wird die ICF in Beziehung zu dem Konzept des Wohlbefindens gesetzt; gleichzeitig wird betont, dass Krankheiten und Behinderungen objektive Merkmale seien, Lebensqualität hingegen auf subjektive Einstellungen oder Gefühle eines Menschen rekurriere. Die neue Komponente der Personbezogenen Faktoren sowie die Option, die subjektive Zufriedenheit mit der eigenen Partizipation am gesellschaftlichen Leben zu beurteilen (vgl. 4.1.2), verdeutlichen, wie eng objektivierbare Merkmale und subjektive Einstellungen zusammenhängen.

Die subjektive Einschätzung der Lebensqualität einzubeziehen, ist ambivalent: Es wird zwar die individuelle Lebensqualität stärker berücksichtigt, allerdings wird zugleich die Lebenssituation des betreffenden Menschen von ihm selbst beschrieben und somit aus der Innenperspektive beurteilt. Gemäß einer qualitativen Studie, in der ausschließlich die Lebensqualität behinderter Menschen untersucht wurde, ohne ihre Behinderung parallel fachlich zu beurteilen, schätzten behinderte Menschen ihre Lebensqualität als gut oder exzellent ein, auch wenn Außenstehende die Behinderung als nicht wünschenswert bezeichneten:

»Many of the respondents reporting a high quality of life said that, although they were disabled and limited in some physical or mental ways, they still had control over their bodies, minds and lives. They expressed a ›can do‹ approach to life.« (Albrecht/Devlieger 1999: 982)

Entscheidend sei nicht die vorliegende Behinderung, sondern vielmehr ob die Fähigkeit, »establishing and maintaining a sense of balance between the body, mind and spirit and with the individual's social context and environment« durch Schmerzen oder Erschöpfung gestört wird (Albrecht/Devlieger 1999: 986). Die Lebensqualität ist also eher durch Phänomene wie andauernde und für Außenstehende nicht sichtbare Schmerzen beeinträchtigt, die sowohl Krankheiten als auch Behinderungen charakterisieren können. Zudem kann die Lebensqualität behinderter Menschen durch Stigmatisierungen der »able-bodied public« gemindert sein, die behinderte Menschen in ihrem Leben erfahren und internalisieren können (Albrecht/ Devlieger 1999: 987). Das Maß der erfahrenen Lebensqualität ist somit abhängig von mehreren Faktoren, die alle im Verhältnis zwischen Individuum und Umwelt stehen. Normalismustheoretisch sind die Klassifizierung von Behinderung und von subjektivem Wohlbefinden flexibelnormalistisch miteinander verbunden, da mit der Erhebung des subjektiven Wohlbefindens des Individuums der Bereich des Normalen ausgedehnt und das Individuum selbst als Orientierungsmaßstab herangezogen wird.

Gemäß dem Instrument der WHO zur Beurteilung subjektiver Lebensqualität, WHOQOL[195], wird Lebensqualität definiert als: »individuals' perceptions of their position in life in the context of culture and value systems in which they live and in relation to their goals, expectations, standards and concerns« (WHO 1998: 3). Das weitgefächerte Konzept der Lebensqualität umfasst hierbei »the person's physical health, psychological state, level of independence, social relationships, personal beliefs and their relationships to salient features of the environment« (WHO 1998: 3). Die Bereiche, die mit dem WHOQOL-Instrumentarium beurteilt werden, überschneiden sich mit ICF-Komponenten wie unter anderem mit Klassifikationsbereichen von Aktivität und Partizipation (vgl. ICF 159ff., 168ff., WHO 1998: 7f.).[196] Während der Unabhängigkeitsgrad eines Menschen als Teil seiner Lebensqualität subjektiv von ihm selbst eingeschätzt wird, lässt sich Unabhängigkeit mit der ICF nicht als solche erfassen. Stattdessen können Kategorien beurteilt werden, die sich auf die eigenständige Gestaltung des Lebens oder auf die gesellschaftliche Teilhabe eines Menschen beziehen. Diese Kategorien wählt jedoch nicht der betreffende Menschen selbst, sondern der Gutachter aus.

---

195 Der Name der WHO-Arbeitsgruppe: WHO Quality of Life, die dieses Beurteilungsinstrument entwickelt hat, wird als WHOQOL abgekürzt. Zur Lebensqualitätsforschung gibt es verschiedene Konzepte und Instrumentarien, die WHO gibt den WHOQOL-100 mit 100 Fragen sowie die Kurzfassung, das WHOQOL-BREF, heraus (zum Überblick vgl. Bullinger 2000: 13ff., kritisch zu *Quality of life* als Entscheidungskriterium über knappe medizinische Ressourcen vgl. Tolmein 2004, Feuerstein 1998a).

196 An den sechs Oberbereichen des WHOQOL-Instrumentariums kann (ebenso wie an der ICF, s.o.) kritisiert werden, dass weder Arbeit oder Berufstätigkeit noch materielles Wohlbefinden einen eigenständigen Oberbereich bilden, sondern Arbeitsfähigkeit und finanzielle Ressourcen Unterkategorien von *Level of independence* und *environment* sind (vgl. WHO 1998: 7f.).

Auch wenn die allgemeine Definition das Konzept des Wohlbefindens noch nicht auf die individuelle Lebensqualität bezieht, soll diese doch in der zukünftigen Entwicklung der ICF berücksichtigt werden (vgl. ICF 211, 251). Diese Ausrichtung steht parallel zur geplanten, vollständigen Entwicklung der Personbezogenen Faktoren und zur Erforschung des Gesundheitszustands von Familienmitgliedern: »study of disability and functioning of family members (e.g. study of third-party disability due to the health condition of significant others)« (ICF 251). Mit der ICF soll folglich zukünftig nicht nur die individuelle Behinderung eines Menschen klassifiziert und seine Daten erfasst werden, sondern auch sein familiärer Hintergrund sowie darüber hinaus potenzielle Behinderungen seiner Familienmitglieder. Ob hierbei auf genetische Dispositionen rekurriert werden soll oder auf Schwierigkeiten, die durch die Behinderung eines Familienmitglieds entstehen können, wird zwar nicht ausgeführt. Deutlich wird jedoch, dass die subjektive Lebenssituation eines Menschen zunehmend in die Klassifizierung von Behinderung einbezogen wird, was durch die Verbindung zu Lebensqualitätsmessung und Lebenszufriedenheit verstärkt wird.

4.2.7 Perspektive des befragten Menschen

Die Schwerpunktsetzungen in der ICF zeigen, dass die WHO einige Neuerungen gegenüber der ICIDH explizit hervorhebt (Umweltfaktoren, Gesundheit, Veränderung des Verhältnisses der Komponenten), andere sprachlich herausstellt, aber nicht gleichermaßen inhaltlich ausführt (Personbezogene Faktoren, positive Klassifizierung, ethische Leitlinien). Auch wenn die genetischen Faktoren nicht betont werden, so sind sie tendenziell stärker ausgeführt und folglich schwerer gewichtet als in der ICIDH. Gleichermaßen stellt die Orientierung am subjektiven Wohlbefinden eines Menschen eine Neuerung der ICF gegenüber der ICIDH dar, die die WHO allerdings erst für die Weiterentwicklung beziehungsweise die zukünftige Arbeit mit der ICF plant.

In der ICF wird wiederholt bekräftigt, dass die Interdimensionalität von Behinderung – und somit ausdrücklich nicht der behinderte Mensch selbst – klassifiziert wird. Nichtsdestoweniger wird die Perspektive behinderter Menschen als derjenigen, deren Behinderung beurteilt wird und die damit genuin die Klassifizierung »am eigenen Leib« erfahren, nur in geringem Umfang, wenn auch stärker als in der ICIDH, beachtet (vgl. 4.2.4). Da die ICF die

Lebenssituation eines behinderten Menschen umfassend in den Blick nimmt und GutachterInnen sie beurteilen, wird im Folgenden diskutiert, welche Bedeutung der eigenen Perspektive eines behinderten Menschen zukommt. Hierbei ist zu bedenken, dass der befragte Mensch in der Meinungsbildung über seine Situation, mit einer Behinderung zu leben, der Klassifikationsperspektive begegnet und von dieser offiziell geltenden und der Vergabe von Gesundheits- sowie Sozialleistungen zugrunde liegenden Klassifikation abhängig ist. Gleichermaßen ist er sich seiner eigenen Körperlichkeit bewusst und dadurch an seine Identität gebunden, wodurch der befragte Mensch sowohl eigenen als auch fremden Vorstellungen unterworfen ist – so auch der Normalitätsvorstellung der ICF. Entsprechend lässt sich der befragte Mensch als Subjekt der Klassifizierungssituation bezeichnen (vgl. 3.2.2).

Gegenüber diesen Ausführungen kann eingewandt werden, dass die ICF – entsprechend der Anlage einer Klassifikation – nicht die Funktion hat, die Perspektive behinderter Menschen zu vertreten, sondern diejenige, ihre Behinderung differenziert zu erfassen. Dennoch ist es aufgrund des der ICF inhärentem Verständnisses wichtig, die Position behinderter Menschen zu beachten. So betont die WHO in den Ethischen Richtlinien der ICF: »Wherever possible, the clinician should explain to the individual or the individual's advocate the purpose of the use of ICF and invite questions about the appropriateness of using it to classify the person's level of functioning« (ICF 244). Mit dieser Aussage nimmt die WHO auf das Beratungs- und Beurteilungsgespräch Bezug, in dem die individuelle Behinderung – in Kategorien der verschiedenen Komponenten differenziert – klassifiziert wird. Sofern möglich, kann das Individuum oder seine rechtliche VertreterIn in Frage stellen, ob die Klassifizierung seines Funktionsfähigkeitslevels angemessen ist. Diese Aufforderung bezieht den befragten Menschen ein; eine entscheidende Neuerung im Gegensatz zur ICIDH, allerdings keine Verpflichtung für die gutachtenden Fachleute.

Dieses Angebot, die Angemessenheit der Klassifizierung zu hinterfragen, wird sogar noch verstärkt durch den Hinweis, an dieser Tätigkeit selbst aktiv teilzunehmen und die Kategorienvergabe zu überprüfen:

»Wherever possible, the person whose level of functioning is being classified (or the person's advocate) should have the opportunity to participate, and in particular to challenge or affirm the appropriateness of the category being used and the assessment assigned.« (ICF 244)

Hiermit stellt die WHO heraus, dass die behinderte Person beziehungsweise ihre RechtsvertreterIn in den Klassifizierungsprozess integriert werden soll.

Dies ist einerseits ein relevantes Angebot, die Kategorienzuweisung anzuzweifeln, zu bestreiten oder zu bestätigen. Behinderte Menschen werden als kompetent anerkannt, das Ausmaß und die Auswirkungen der eigenen Behinderung einzuschätzen. Andererseits wird der Mensch in die Klassifizierung seiner Behinderung einbezogen und dadurch flexibelnormalistisch zur Selbstnormalisierung (und -klassifizierung) angeregt, was Implikationen für sein Selbstbild zur Folge haben kann. Aus dieser Situation folgt das Dilemma, dass das Subjekt zwar Einfluss auf die Klassifizierung seiner Behinderung nehmen kann, hiermit jedoch gleichzeitig seine eigene Behinderung beurteilt. Aufgrund dieser Tätigkeit liegt es nahe, dass das Subjekt möglicherweise die negative Klassifizierung seiner Behinderung respektive seiner eigenen Person verinnerlicht und diese negative Beurteilung in sein Selbstbild integriert. Es würde die äußere Beurteilung mit der ICF sowie auch ihre Orientierungsfunktion internalisieren, seine Lebenssituation an den Vorgaben der ICF ausrichten und sich selbstdisziplinierend, seine Behinderung in seiner gesellschaftlichen Umwelt managend, verhalten. Auf diese Weise wird das Subjekt als selbstverantwortlich für die Klassifizierung seiner eigenen Behinderung und für seinen Alltag angesehen, mit einer Behinderung innerhalb der gesellschaftlichen Bedingungen zu leben. Es wäre mitverantwortlich für die Zuweisung der passenden Kategorien, auch notwendiger Unterstützungsfaktoren, die es zur Bewältigung gesellschaftlicher Barrieren benötigt. Diese flexibelnormalistische Taktik lässt sich als gouvernementalistisch bezeichnen, da für sie die Einbindung des Subjekts charakteristisch ist. Durch die Möglichkeit der Mitwirkung fungiert die ICF nicht nur als Instrument zur Fremd-, sondern umso stärker auch als Instrument zur Selbstführung. Mithin lässt sich die ICF nicht ausschließlich als Kontrollinstrument bezeichnen, da der befragte behinderte Mensch nicht als ohnmächtiges, unmündiges Individuum gefasst wird, sondern als für seine Lebenssituation selbst verantwortliches, mündiges Subjekt.[197]

Eine Behinderung wird nicht generell beeinträchtigend wahrgenommen, sondern auch als charakteristisches Merkmal der eigenen Persönlichkeit kon-

---

197 Auch wenn das Individuum nach seiner Einschätzung gefragt wird, ist dies noch nicht als partizipative Entscheidungsfindung (PEF) beziehungsweise shared decision-making (SDM) zu beurteilen. Das Konzept der partizipativen Entscheidungsfindung bezeichnet eine verstärkte Einbeziehung von PatientInnen in den medizinischen Entscheidungsprozess, wobei alle Entscheidungen in gleichberechtigter Zusammenarbeit getroffen werden (vgl. Scheibler et al. 2003: 12). Dieser Ansatz unterscheidet sich insofern vom traditionellen paternalistischen Modell, (vgl. auch Loh et al. 2007, Giersdorf et al. 2004 und http://www.patient-als-partner.de, 05.08.09).

zeptualisiert und erlebt. So stellt eine Behinderung »inklusive aller negativen Implikationen derselben einen unauslöschlichen Teil ihrer Identität« dar (Scully 2006: 199). Eine Fallstudie, die die Wissenschaftlerin Jackie Leach Scully zum Zusammenhang von Behinderung, Identität und moralischer Bewertung von biomedizinischen Interventionen durchgeführt hat, unterstützt die große Bedeutung, die Krankheiten und Behinderungen für die Identitätsbildung eines Menschen haben. Eine potenzielle Internalisierung negativer Beurteilungen der eigenen Behinderung durch die ICF impliziert daher schwerwiegende Einschränkungen für behinderte Menschen:

»Wird das Versagen, sich einer Norm von Körperlichkeit anzupassen, von einer Person verinnerlicht und in das Selbstbild integriert, so hat dies schwerwiegende Folgen für die moralische Kompetenz dieser Person und ihrer Fähigkeit zu politischer Mitsprache.« (Scully 2006: 203)

Das Verhältnis von Normalität und Behinderung und die damit einhergehende Klassifizierung von Behinderungen sind somit entscheidend für das Selbstbild des Subjekts, da seine Behinderung untrennbar mit ihm selbst verbunden ist. Dies prononciert auch Silvers, die herausstellt, was eine degradierende Beurteilung von Behinderung für einen behinderten Menschen bedeuten kann:

»Treating disabilities means treating patients. So where medical practice devalues disability, patients with disabilities are made vulnerable by medicine's fatal attraction to normalcy. The emphasis on normalcy leads physicians to underestimate the risks of procedures meant to make disabled people more normal.« (Silvers 2003: 476)

Die Funktion von *Normalität* besteht daher nicht nur darin, das Richtmaß für Abweichungen (Behinderungen) darzustellen. Sie kann auch implizit auf den Menschen wirken, der an einem Normalmaß gemessen wird oder sich an diesem selbst ausrichtet. Das breite Spektrum verschiedener Behinderungen hat flexible Grenzen. Dieses und die empfohlene Einbeziehung behinderter Menschen in den Klassifizierungsvorgang sind flexibelnormalistische Charakteristika, ist die Beachtung der Perspektive des befragten Menschen als flexibelnormalistisch zu charakterisieren (vgl. 4.2.4).

Die WHO differenziert zwischen dem befragten, behinderten Menschen und seiner Behinderung in abstrakter Form; hervorgehoben durch die Betonung, einen Menschen nicht selbst zu klassifizieren (vgl. ICF 8, 242). Diese Unterscheidung beurteilt Peter Wehrli, der Leiter des Zentrums für Selbstbestimmtes Leben in Zürich, der selbst an der Entwicklung der ICF beteiligt war, als »ebenso akademisch wie naiv« (Wehrli 2006: 10). Er stellt pointiert heraus:

»Wer meine Behinderung misst, misst mich, meine Person und teilt mich, mit oder ohne meine Einwilligung, einer Kategorie zu. Und ich habe schlussendlich keine Wahl, als diese Vermessung wieder und wieder über mich ergehen zu lassen, wenn ich nicht die letzten Chancen auf Teilnahme an der Gesellschaft auch noch verspielen will.« (Wehrli 2006: 10)

Resümiert man die Aussagen der ICF zu behinderten Menschen und zur Klassifizierung von Behinderung, so werden sie durch Wehrlis Stellungnahme radikalisiert: Keine Behinderung existiert separat von einem Menschen und wird dementsprechend auch nicht unabhängig von ihm klassifiziert. Zugleich wird der Mensch selbst begutachtet; ein Akt, der jedoch auch förderliche Aspekte hat, wie Wehrli lakonisch andeutet. Die Nützlichkeit beruht auf der Distributionsfunktion von Klassifikationen, da auf ihrer Grundlage die Leistungsvergabe vollzogen wird (vgl. 2.5.1). Dementsprechend implizieren Kategorisierung und Klassifizierung für das befragte Subjekt nicht nur, die negative Beurteilung in sein Selbstbild aufzunehmen, sondern auch die negative Klassifizierung aufgrund der sie voraussetzenden Leistungsvergabe zu befürworten.[198]

Neben der Intention »to [...] support the participation of individuals« (ICF 245) besteht das Hauptziel der ICF darin, die Behinderung eines Menschen, als Abweichung, an einem Bevölkerungsstandard zu messen (vgl. ICF 4): »to permit comparison of data across countries, health care disciplines, services and time; to provide a systematic coding scheme for health information systems« (ICF 5).

Der hinsichtlich seiner Behinderung und seiner Lebenssituation befragte Mensch muss sich zu der Aufforderung, die Beurteilung zu überprüfen, verhalten und seine eigene Position beziehen. Hierbei ist seine Situation ambivalent, da er die Chance hat, die von den GutachterInnen vorgeschlagene Bewertung mitzubestimmen, und gleichzeitig in dem Dilemma steht, sich selbst beziehungsweise seine eigene Behinderung auf der Klassifizierungsskala von 0–100 Prozent zu klassifizieren. Sofern die gutachtenden Fachleute es dem befragten Menschen ermöglichen, sind sie nicht mehr ausschließlich für die Einordnung verantwortlich, sondern auch das zur Selbstverantwortung aufgeforderte Subjekt. Dies stellt zugleich eine Chance und ein Risiko dar (vgl. Wehrli 2006).

---

198 Zur Erörterung, ob Klassifizierung und Leistungsvergabe entkoppelt werden können, vgl. 7.2.

4.3 Fazit der Strukturanalyse

Aus den Untersuchungen von Konzeption und Ausarbeitung der Komponenten sowie der qualitativen Bewertung inhaltlicher Schwerpunkte in der ICF resultieren verschiedene Charakteristika, die bestimmen, wie Behinderung in der ICF konstruiert ist: Zum einen liegt der Schwerpunkt auf der körperlichen Dimension, da die Körperfunktionen und -strukturen sowie besonders die Schädigung am ausführlichsten ausgearbeitet sind (vgl. 4.1.1). Der Ausarbeitungsgrad der Komponenten entspricht somit der Reihenfolge, in der sie im Klassifikationsteil der ICF dargelegt sind. Des Weiteren ist die Behinderungskonstruktion eng an die Konstruktion von Normalität gebunden, die zwischen zwei Varianten changiert. Behinderung ist nicht nur durch die Definitionen und die Komponenten, sondern auch durch die Bewertung inhaltlicher Schwerpunktsetzungen gekennzeichnet, die sie konkretisieren. Zudem belegen diese Schwerpunktsetzungen die Nuancen, wie Normalität in der ICF hergestellt wird. Die enge Verbindung von Behinderung und Normalitätstrategien legt dem Subjekt verschiedene Selbstregierungstaktiken nahe, die mit den Fremdregierungstaktiken der ICF korrespondieren.

Die Ergebnisse der Strukturanalyse weisen auf Grenzen der bestehenden Ausarbeitung der ICF hin. Diese aufgreifend werden im Folgenden Änderungsmöglichkeiten vorgeschlagen.

Die herausragende Position der körperlichen Dimension begründet sich durch folgende Merkmale: Nur die Körperfunktionen und -strukturen sind bis zur vierten Klassifikationsebene unterkategorisiert, alle übrigen Komponenten hingegen nur bis in die dritte. Dieser unterschiedliche Ausarbeitungsgrad ist nicht plausibel, da die WHO die vierte Ebene besonders für Rehabilitation und Geriatrie vorgesehen hat, und in der Rehabilitation das Ziel der Teilhabe am Leben in der Gesellschaft leitend ist. Entsprechend können die anderen Komponenten ebenfalls differenziert ausgearbeitet und unterkategorisiert werden, um eine genaue Erfassung der Teilhabe zu ermöglichen. Überdies wird die Schädigung als einzige Behinderungskomponente im Klassifikationsteil expliziert, und zwar nur hinsichtlich der Körperfunktionen. Hierdurch unterscheidet sich auch die Konzeption von Körperfunktionen und Körperstrukturen. Die Körperfunktionen sind am häufigsten in der Kategorienmaßgabe für ideale und minimale Gesundheitsinformationssysteme vertreten, wohingegen Kategorien der Körperstrukturen und Umweltfaktoren nicht und diejenigen von Aktivität und Partizipation nur in geringem Umfang (etwa ein Drittel im Verhältnis zu zwei

Dritteln Körperfunktionen) aufgeführt sind. Die differenzierte Konzeption der Körperstrukturen zeigt sich durch ihre ausführlichen Kodierungs- und Klassifizierungsmöglichkeiten mit den drei Beurteilungsskalen. Zudem unterscheiden sich die Körperfunktionen und -strukturen von den anderen Komponenten dadurch, dass die Schädigung die einzige Komponente ist, die über konkrete Kriterien begründet ist.

Die genannten Merkmale unterstützen die hierarchisch höchste Stellung der Körperfunktionen (nachrangig auch der Körperstrukturen) in der ICF, wobei nicht nur die Ausführung der übrigen Komponenten, sondern auch die der körperlichen Dimension noch differenziert werden kann. Die Konzeption von Aktivität und Partizipation sowie ihrer Unterscheidung in Ausführungs- und Leistungsfähigkeit enthält teilweise widerstreitende Deutungsmuster (vgl. 4.1.2), ebenso wie die Umweltfaktoren uneinheitliche Empfehlungen zu den Kodierungsmöglichkeiten von Barrieren und Unterstützungsfaktoren aufweisen (vgl. 4.1.3). Das besondere Profil der individuellen und der gesellschaftlichen Dimension von Behinderung wird aufgrund der gemeinsamen Kategorienliste von Aktivität und Partizipation nicht deutlich. Deshalb wäre es wünschenswert, wenn eigenständige Kategorienlisten entwickelt und die Beurteilungsmerkmale differenziert zugewiesen würden. Ihre Zusammenfassung wird auch in der Rezeption der ICF als ein gravierendes Manko kritisiert (2.7.2, 2.8.2).

Des Weiteren könnte die Kategorisierung der Umweltfaktoren sowie die Kodierungs- und Klassifizierungsmöglichkeiten von Barrieren und Unterstützungsfaktoren differenzierter ausgearbeitet werden. Bei allen Komponenten ist zudem zu konstatieren, dass die Kategorien nicht trennscharf formuliert sind. Daher wäre es bei ähnlichen Kategorien hilfreich, ihre spezifische Bedeutung in einem ergänzenden Text zu erklären und gegebenenfalls durch Fallbeispiele zu veranschaulichen. Da die Konzeption der Personbezogenen Faktoren mit derjenigen der übrigen ICF-Komponenten nicht vergleichbar ist, ist bisher nur absehbar, dass diese Komponente die Erfassung individueller Daten einer behinderungsspezifischen Klassifikation umfangreich erweitert und dadurch das Leben des Individuums stärker in den Blick genommen wird (vgl. 4.1.4). Graphisch lässt sich der Grad der Konzeption aller ICF-Komponenten als abnehmend, ihre Komplexität jedoch als zunehmend veranschaulichen.

```
Grad der Konzeption
        ▲
        │
        │   ┌─────────────────┐
        │   │ Körperfunktionen│
        │   │ und -strukturen │
        │   └─────────────────┘
        │
        │              ┌──────────────┐
        │              │ Aktivität,   │
        │              │ Partizipation,│
        │              │ Umweltfaktoren│
        │              │ und Partizipation│
        │              └──────────────┘
        │
        │                        ┌·················┐
        │                        : Personbezogene  :
        │                        : Faktoren        :
        │                        └·················┘
        │
        └──────────────────────────────────────────▶
                                        Grad der Komplexität
```

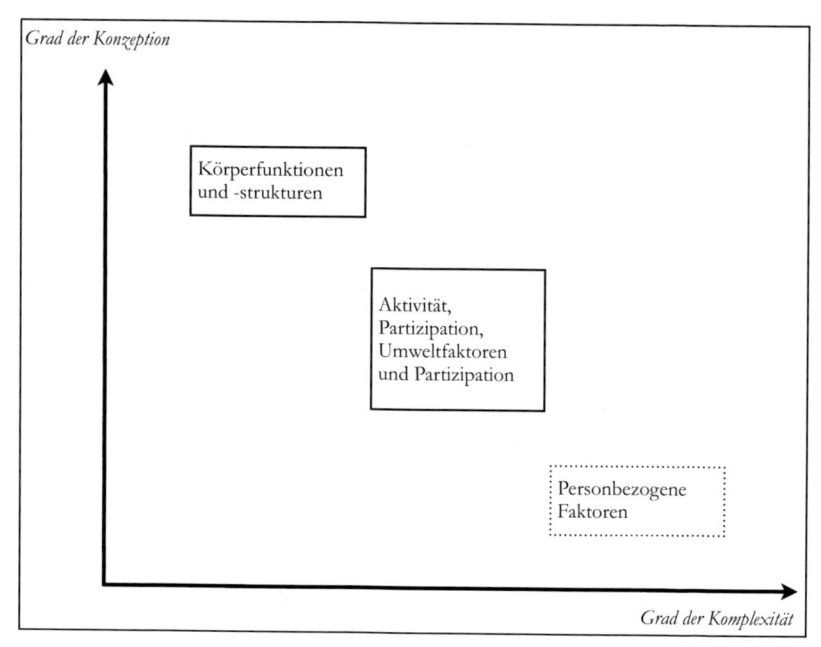

Abb. 11: Ausarbeitung und Komplexität der Komponenten

Während die vertikale Achse angibt, wie differenziert die Komponenten in der ICF konzipiert sind, gibt die waagerechte Achse den Komplexitätsgrad der Komponenten als solcher an. Da Körperfunktionen und -strukturen den körperlichen Zustand beschreiben, handelt es sich bei ihnen um eine vergleichsweise einfache Komponente. Hingegen sind Aktivität und Partizipation ebenso wie die Umweltfaktoren komplexer, da der Aktivitätsbegriff Tätigkeiten oder Fähigkeiten bezeichnet, der Partizipationsbegriff die gesellschaftliche Teilhabe und somit die umfassende Lebenssituation eines Menschen. Die Umweltfaktoren sind bereits durch ihr umfangreiches Kategorienspektrum komplex; mit dieser Komponente wird die gesamte »externe« Welt beziehungsweise die Lebensumstände eines Menschen erfasst.[199]

---

[199] Umweltfaktoren haben einen unterschiedlichen Komplexitätsgrad, wie an dem Mobilitätsstock für sehbeeinträchtigte Menschen exemplifiziert werden kann: Dieser dient als einfacher Teleskop-Taststock zur Orientierung, zusätzlich mit Laser oder Ultraschall oder sogar mit einem Sensor ausgestattet sein, über den Informationen zum jeweiligen Ort in Verbindung mit einem Mobiltelefon abgerufen werden können, sofern die Umgebung mit Transpondern ausgestattet ist (Erforschung und Entwicklung eines derartigen Systems im Rahmen des EU-Projekts *SEcure and Safe MObility NET* für den Ort Laveno am Lago Maggiore, vgl. http://www.weisserstock.de, 06.08.09, sowie http://www.voice.jrc.it/sesamonet/home.htm, 01.02.08, und FASZ 26.08.07).

Reflektiert man die Ausarbeitung aller Komponenten hinsichtlich des Behinderungsverständnisses in der ICF, so ist Behinderung primär körper- und somit schädigungsbezogen konstruiert. Jedoch wird diese Ausrichtung durch die Konzeption von Aktivität und Partizipation sowie besonders durch die Ausarbeitung der Umweltfaktoren (Barrieren und Unterstützungsfaktoren) erweitert. Die Konzeption der Personbezogenen Faktoren lässt zwar Spielraum für vielfältige Ausrichtungen der ICF, ist jedoch nicht vollendet und daher graphisch nur angedeutet (vgl. Abb. 11).

Aufgrund der geringen Ausführung sollen exemplarisch einige Vorschläge zur Differenzierung der Komponenten gemacht werden. Um die individuelle Teilhabe exakt erfassen und Behinderung genau beurteilen zu können, ist es hilfreich, wenn nicht nur Schädigungen, sondern auch andere Behinderungskomponenten in den Klassifikationslisten benannt und durch konkrete Kriterien bestimmt würden. So fehlt in der Klassifikationsliste von Aktivität und Partizipation beispielsweise das Phänomen *Dyskalkulie*, das als Aktivitätsbeeinträchtigung der Kategorie *Learning to calculate (d 150)* kodiert werden könnte (ICF 126).[200] Mit der ICF könnte die ICD-Diagnose F81.2 Dyskalkulie zum einen ergänzt, zum anderen sogar ausführlicher dargestellt werden, da es sich um eine individuelle Aktivität beziehungsweise eine Lernschwäche des Kalkulierens handelt (vgl. WHO 1999: 409). Die ICF eignete sich daher besser zur Beurteilung einer Rechenschwäche, weil sie die Relationen der die Behinderung bestimmenden Komponenten abbildet. Ebenso wie anhand dieser Aktivitätsbeeinträchtigung expliziert, könnten auch andere Aktivitätsbeeinträchtigungen und Partizipationseinschränkungen in der ICF ausgewiesen und konkretisiert werden (vgl. WHO 237).

Auf ein genuines Dilemma der ICF weisen die Kodierungsmöglichkeiten der Beurteilungsmerkmale Ausführungs- und Leistungsfähigkeit als einer international und gleichzeitig regional geltender Klassifikation hin: Zum einen sollen sie international vergleichbar verwendet werden, zum anderen sollen GutachterInnen bezogen auf den behinderten Menschen entscheiden können, wie sie die Beurteilungsmerkmale zur Klassifizierung seiner Aktivitäts- und Partizipationseinschränkungen einsetzen. Demgemäß widersprechen sich die vielfältigen Kodierungsmöglichkeiten von Aktivität und Partizipation in der ICF. Ebenso könnte die Klassifizierung der Umweltfaktoren ergänzt werden. Auch wenn in den Ausführungen zu den Umweltfaktoren bereits Kriterien genannt worden sind, erscheint es gemäß des aktuellen Ent-

---

200 Parallel zu den Schädigungen könnte Dyskalkulie unter *Inclusions* zur Kategorie *d 150* aufgeführt werden (vgl. 4.1.1).

wicklungsstandes der ICF schwierig, diese anzuwenden (vgl. 4.1.3, ICF 233). Um sinnvoll genutzt zu werden, können die Kriterien in Form eigenständiger Beurteilungsmerkmale ausgearbeitet und konkret auf die Kategorien der Umweltfaktoren bezogen werden. Ähnlich wie bei den Körperstrukturen wären hierbei das zweite und dritte Beurteilungsmerkmal dem ersten nachgeordnet und könnten je nach Bedarf eingesetzt werden (vgl. 4.1.1, Tabelle 12 und 13).[201] Mit zunehmender Höhe der Faktoren steigen Ausmaß, Häufigkeit und Unvermeidbarkeit von Barrieren sowie Ausmaß und Unzuverlässigkeit des Unterstützungsbedarfs an beziehungsweise die Qualität des Unterstützungsbedarfs sinkt. In den für die vorliegende Studie erstellten Tabellen werden die in der Kodierungsanleitung der ICF genannten Charakteristika aufgenommen und als zusätzliche Beurteilungsmerkmale vorgeschlagen, die je nach inhaltlichem Bereich der jeweiligen Unterkategorie der Umweltfaktoren angewendet werden können.

Tabelle 12: Vorschlag einer differenzierten Beurteilung von Barrieren

1. Beurteilungsmerkmal: Ausmaß/Größe einer Barriere	2. Beurteilungsmerkmal: Häufigkeit einer Barriere	3. Beurteilungsmerkmal: Un-/Vermeidbarkeit einer Barriere
0 keine Barriere	0 nicht vorhanden	0 vermeidbar
1 leichte Barriere	1 selten vorhanden	1 häufig vermeidbar
2 gemäßigte Barriere	2 manchmal vorhanden	2 manchmal vermeidbar
3 erhebliche Barriere	3 häufig vorhanden	3 selten vermeidbar
4 vollständige Barriere	4 immer vorhanden	4 nie vermeidbar
8 nicht spezifiziert	8 nicht spezifiziert	8 nicht spezifiziert
9 nicht anwendbar	9 nicht anwendbar	9 nicht anwendbar

---

201 Die Beurteilungsmerkmale lassen sich auf alle Kategorien der Umweltfaktoren anwenden, bis auf *Air quality (e 260)* sowie *Light (e 240)* und *Sound (e 250)*, die bereits das Merkmal der Qualität als Unterkategorie enthalten *(Light quality, e 2401,* und *Sound quality, e 2501)*. Insofern ist es nicht notwendig, das vorgeschlagene dritte Beurteilungsmerkmal auf diese Kategorien der Unterstützungsfaktoren anzuwenden. Hingegen könnte es – je nach Bedarf – hilfreich sein, die Unterkategorie *Sound intensity (e 2500)* mit allen drei Beurteilungsmerkmalen zu klassifizieren, da eine leise Lautstärke eine schlechtere Qualität haben kann als eine laute oder gemäßigte Lautstärke.

Tabelle 13: Vorschlag einer differenzierten Beurteilung von Unterstützungsfaktoren

1. Beurteilungsmerkmal: Ausmaß/Zugänglichkeit von Unterstützungsfaktoren	2. Beurteilungsmerkmal: Zuverlässigkeit eines Unterstützungsfaktors	3. Beurteilungsmerkmal: Qualität eines Unterstützungsfaktors
0 keine Unterstützung	0 immer zuverlässig	0 sehr gute Qualität
1 leichte Unterstützung	1 häufig zuverlässig	1 hohe Qualität
2 gemäßigte Unterstützung	2 manchmal zuverlässig	2 mittelmäßige Qualität
3 erhebliche Unterstützung	3 selten zuverlässig	3 geringe Qualität
4 vollständige Unterstützung	4 unzuverlässig	4 keine Qualität
8 nicht spezifiziert	8 nicht spezifiziert	8 nicht spezifiziert
9 nicht anwendbar	9 nicht anwendbar	9 nicht anwendbar

Die Konzeption der Umweltfaktoren kann durch die vorgeschlagenen Beurteilungsskalen präzisiert werden, da die in den Kodierungsrichtlinien erwähnten Charakteristika bisher noch nicht als Beurteilungsmerkmale entwickelt sind.

Um den Eindruck, dass mit der ICF der Mensch selbst klassifiziert würde, zu verringern, könnte die gesellschaftliche Dimension von Behinderung in der ICF höher gewichtet werden. Dies wäre möglich, wenn Chancengleichheit und Zugänglichkeit beziehungsweise Barrierefreiheit als überindividuelle Leitbegriffe aus den *Standard Rules on the Equalization of Opportunities for Persons with Disabilities* in der ICF aufgegriffen werden würden, um die Lebensverhältnisse behinderter Menschen stärker zu berücksichtigen.[202] Da die ICF als Klassifikation der UN akzeptiert ist und sich auf die Standard Rules bezieht (vgl. ICF 5f.), wäre es plausibel, deren Kernbegriffe als Maßstab für die Ethischen Richtlinien und besonders als Gegengewicht zu den einen behinderten Menschen stigmatisierenden Implikationen der ICF zu nutzen. Der grundlegende Begriff der Chancengleichheit könnte dann als Basis für die Ethischen Richtlinien fungieren; mit dem Konzept der Zugänglichkeit (*accessibility*) könnte sowohl das Ziel der Barrierefreiheit als auch die Komponente der Umweltfaktoren aufgegriffen werden. Dies begründete sich auch damit, dass Zugänglichkeit in den Definitionen der Unterstützungsfaktoren und der Barrieren als entscheidendes Merkmal fungiert: »These [facilitators, MH] include aspects such as a physical environment that is *accessible*, […]« »These [barriers, MH] include aspects such as a physical environment that is *inaccessible*, […]« (ICF 214, Hervorhebungen durch die Autorin).

---

202 Durch die Verabschiedung der UN-Konvention über die Rechte behinderter Menschen (UN-BRK) und ihre Implementierung in den Unterzeichner-Staaten wird diese Perspektive fundiert (vgl. zur Bedeutung der UN-Konvention Graumann 2009).

Durch eine Bezugnahme auf die *Standard Rules* würde folglich ein Bogen von den Ethischen Richtlinien zu den Komponenten der ICF geschlagen, wobei die externen Faktoren einer Behinderung (die Bedeutung von Barrieren und Unterstützungsfaktoren) respektive Barrierefreiheit für einen behinderten Menschen herausgestellt würden. Auf diese Weise erhielte die gesellschaftliche Dimension von Behinderung – besonders aufgrund der Beachtung der Lebensverhältnisse behinderter Menschen – in der ICF größeres Gewicht, wodurch der Eindruck einer Klassifizierung des Menschen reduziert werden könnte.

Anhand der Strukturanalyse ist festzustellen, dass Normalität in der ICF unterschiedlich konstruiert wird. Einerseits wird eine starre, protonormalistische Grenze zwischen Behinderung und Funktionsfähigkeit gezogen, andererseits sind Behinderung und Funktionsfähigkeit durch eine weiche variable Grenze gekennzeichnet. Diese scheint flexibelnormalistisch zu »verschwimmen« beziehungsweise sich sogar aufzulösen. Mit der Konzeption der Körperfunktionen und -strukturen sowie ihrer als »abnormality« (ICF 213) bezeichneten Schädigungen wird eine »stabile Grenze« zwischen einem Normalitäts- und einem Anormalitätsspektrum ausgewiesen (Link 1999: 79). Hingegen wird mit der Konzeption der Umweltfaktoren und weiteren Charakteristika der ICF eine dynamische Grenze und somit ein flexibles, differenziertes Normalitätsspektrum vertreten.

Aktivitätsbeeinträchtigungen und Partizipationseinschränkungen werden beide über den Bezugsgruppenvergleich mit nicht-behinderten Menschen definiert, der beide normalistischen Strategien kennzeichnet. Sowohl die Konzeption der Ausführungs- aber auch die der Leistungsfähigkeit stützen den flexibelnormalistischen Charakter der ICF. Die erste legt die individuelle, gewohnte Lebenssituation eines Menschen mit Unterstützungsfaktoren zugrunde, die zweite misst die Leistungsfähigkeit in einer Standardumgebung. Der Vergleichsmaßstab in den Definitionen, den die GutachterInnen bei der Beurteilung anlegen, lässt sich als protonormalistische Außenlenkung für das Subjekt verstehen. Die in der Checkliste explizierte Aufforderung zum Selbstvergleich charakterisiert hingegen die flexibelnormalistische Selbstnormalisierung des Subjekts. Zudem weist auch ein veränderbarer und jeweils neu verhandelbarer Orientierungsmaßstab, der für einige Kategoriengruppen der Klassifikationsliste gilt, auf die flexibel-normalistische Strategie hin: der individuelle, persönliche Geschmack bei Kategorien des häuslichen Lebens oder gesellschaftliche Normvorstellungen bei Kategorien zwischenmenschlicher Interaktionen und Beziehungen (vgl. 4.1.2, ICF 153ff.). Flexible, variable und hochgradig differenzierte Normalitätsvorstellungen werden auch durch die Orientierung an der gegenwärtigen Umwelt eines Menschen sowie an der subjektiven Beurteilung von Kategorien der Umweltfaktoren belegt, wie für die Kategorie Freundschaft analysiert (vgl. 4.1.3). Die Konzeption der Komponenten verdeutlicht somit das Vorliegen beider normalistischer Strategien, es werden unterschiedliche Varianten von Behinderung und Normalität konstruiert.

Die ICF-eigenen Bewertungen ihrer inhaltlichen Schwerpunkte unterstützen ebenfalls, dass die WHO in der ICF gleichzeitig proto- und flexibelnormalistische Strategien vertritt. Offenkundig wird dies durch die vielfachen Hinweise auf eine positive Beurteilung von Funktionsfähigkeit, die der faktischen, ausschließlichen negativen Klassifizierung von Behinderung entgegensteht (vgl. 4.2.3). Einerseits vermittelt die WHO, dass auch besondere Funktionsfähigkeiten und damit eine über Null Prozent Behinderung hinausgehende Bandbreite von Phänomenen beurteilt werden sollen, was eine Expansion der Normalitätsgrenzen darstellt, ein flexibel-normalistisches Kennzeichen. Andererseits sind für eine positive Klassifizierung keine Beurteilungsmerkmale entwickelt: Auch wenn sie möglicherweise intendiert ist, ist sie praktisch nicht ausgeführt worden. Die Bedeutung beider normalistischer Strategien ist auch am Gesundheitsbegriff der ICF erkennbar: Während er einerseits als Titelbegriff der ICF die Bandbreite von positiven und negativen Merkmalen – also Funktionsfähigkeit und Behinderung – umfasst, verstärkt Gesundheit als Leitkonzept gleichzeitig Funktionsfähigkeit in ihrer richtungsweisenden Funktion (vgl. 4.2.2). Die protonormalistische Strategie verdeutlicht sich zudem durch die manifeste Gegenüberstellung von negativ beurteilter Behinderung und positiv beziehungsweise neutral bezeichneter Funktionsfähigkeit und damit einer »Taktik ›reiner‹ Exklusion« (Link 1999:79).

Eine Ausweitung des Klassifikationsspektrums mit der ICF und damit verbunden ein sehr weites Verständnis von Behinderung belegen verschiedene inhaltliche Schwerpunkte der ICF: Auch wenn die Fallbeispiele mehrheitlich einer linearen Folge statt einem interaktiven Verhältnis der Komponenten entsprechen und der Schwerpunkt weiterhin auf der körperlichen Komponente oder sogar den Gesundheitsbedingungen/health condition liegt, verbreitern die Fallbeispiele das Spektrum um den Übergang zwischen geringen körperlichen Auffälligkeiten und Behinderung (vgl. 4.2.5). Zudem bezieht die WHO den Übergang zwischen Krankheit und Behinderung in das Klassifizierungsspektrum ein, wie sich an der Schilderung möglicher gesellschaftlicher Auswirkungen einer genetischen Disposition für Brustkrebs verdeutlicht. Da Brustkrebs eine Krankheit ist, wären das Marfan-Syndrom oder das Huntington-Syndrom eher geeignet, um genetische Dispositionen von Behinderungen als Gegenstand einer behinderungsspezifischen Klassifikation zu exemplifizieren (vgl. 4.2.1). Die ICF ist mit der Erwähnung genetischer Faktoren um den *at-risk*-Status, das Erkrankungsrisiko beziehungsweise das Risiko einer möglichen Behinderung, erweitert; sie enthält eine Bandbreite von Dispositionen zwischen den Polen *gesund* und *krank* beziehungsweise *behindert*. Ferner wird diese Bandbreite durch den Bezug auf das individuelle Wohlbefinden und die Lebensqualität eines Menschen ausgedehnt, wobei diese Faktoren nicht mit der ICF selbst klassifiziert werden, sondern die Verbindung zu diesbezüglichen Messinstrumenten hergestellt werden soll (vgl. 4.2.6). Das subjektive Wohlbefinden und das Individuum selbst werden verstärkt berücksichtigt; auch hinsichtlich der Beurteilung ihrer Behinderung werden behinderte Menschen beratend herangezogen (vgl. 4.2.7). Selbst der Verwendungszweck der ICF weist – mit der Erstellung individueller Profile und der Erforschung von Risikofaktoren – auf eine Ausweitung des Gegenstandsbereichs hin (vgl. 4.1.4). Während die Implikationen für behinderte Menschen von der WHO selbst in den Ethischen Leitlinien kritisch reflektiert werden (vgl. 4.2.4), wird das identitätsstiftende Moment einer Behinderung für den behinderten Menschen nicht als relevant eingeschätzt. Diese Bedeutung einer Behinderung für den betreffenden Menschen selbst würde jedoch die Gesamteinschätzung ergänzen, auch hinsichtlich der Frage nach einer positiven Klassifizierung. Festzuhalten ist, dass auch der Subjektbezug die Konstruktion von Behinderung und Normalität in der ICF entscheidend prägt.

Der behinderte Mensch, dessen Behinderung mit der ICF klassifiziert wird, unterliegt bei beiden normalistischen Strategien der Aufforderung, sich als Subjekt an dem als Normalität vorgegebenen Maßstab zu orientieren. Diese Aufforderung ist explizit in der Checkliste der ICF enthalten. Zudem werden GutachterInnen in den Ethischen Leitlinien der ICF angehalten, den behinderten Menschen beziehungsweise seine Begleitperson am Klassifizierungsprozess und der Auswahl angemessener Kategorien teilnehmen zu lassen. Somit wird dem Subjekt nahe gelegt, seine Behinderung zu beurteilen und seine Lebenssituation mit ihr zu optimieren. Darüber hinaus wird er ermuntert, auch seine, dem Maßstab entsprechenden Körperfunktionen und -strukturen, Aktivität und Partizipation sowie zukünftig seine Personbezogenen Faktoren auf einer Bandbreite zu verorten, die möglicherweise über eine nicht vorhandene Behinderung, also vollständige Funktionsfähigkeit, hinausgehen kann. Ziel der anvisierten positiven Beurteilung wäre nicht nur eine *normale* Funktionsfähigkeit, sondern eine *bessere* Funktionsfähigkeit. Die Techniken zur Führung anderer und zur Selbstführung sind bei der Klassifizierung mit der ICF gekoppelt, die von den GutachterInnen vollzogen und an die Betreffenden herangetragen wird. Hiermit unterliegt der befragte, behinderte Mensch eigenen und fremden Regierungspraktiken, die auf den Umgang mit seiner behinderten Lebenssituation abzielen. Durch den Maßstab *normaler* Funktionsfähigkeit und – in unserer Gesellschaft speziell Leistungsfähigkeit – wird dem Subjekt seine Behinderung als Einschränkung bewusst gemacht. Es ist ihm überlassen, sich selbst mit der negativen Beurteilung auseinanderzusetzen und eine Identität als aktiv handelndes und sich lenkendes Subjekt zu konstituieren.

Insgesamt ist Behinderung in der ICF durch vielfältige Charakteristika des flexiblen Normalismus konstruiert. Dennoch gründet sich das Verständnis von Behinderung noch auf die protonormalistische Gegenüberstellung von positiv verstandener Funktionsfähigkeit und negativ beurteilter Behinderung.

5 Feinanalyse

In der Feinanalyse wird untersucht, welche sprachlichen Mittel in der ICF verwendet werden und in welchem Zusammenhang diese zu Funktion und Inhalt der ICF stehen. Weiterhin wird exemplarisch analysiert, was die ICF zum Phänomen[203] *geistige Behinderung* aussagt, wie sie dieses Phänomen konstruiert und beurteilt. An dem inhaltlichen Schwerpunkt *geistige Behinderung* lässt sich ausführen, wie gesellschaftlich geläufige Begriffe mit der ICF in Kategorien unterteilt werden. Die methodischen Kriterien der minimalen und maximalen Kontrastierung werden angewandt, um die Analyse des Behinderungsverständnisses der ICF zu vertiefen (vgl. 3.3.2).

5.1 Die sprachlichen Mittel der ICF

Fragt man, welche sprachlichen Mittel die ICF kennzeichnen, so ist zwischen Einleitung und Anhang einerseits und Klassifikationsteil andererseits zu unterscheiden. Sprache strukturiert nicht nur den Inhalt; anhand der sprachlichen Merkmale stellt sie auch das Bindeglied zwischen Form und Inhalt dar. Daher werden Textoberfläche, Sprachstil und inhaltliche Verweise auf Referenzwerke analysiert (vgl. Tabelle 14). Die Textgattung Klassifikation ist durch die in der Tabelle aufgeführten Charakteristika gekennzeichnet (vgl. 3.3.2, Jäger 2001b: 175).

---

203 Der Begriff *Phänomen* bezeichnet eine *geistige Behinderung* als etwas Existierendes, das sich verändern kann (vgl. Lindmeier 1993: 15ff.). Diese Begriffswahl setzt sich von Beschreibungen wie Phantom oder Faktum ab, die das Vorhandensein einer geistigen Behinderung entweder leugnen oder als manifesten, nicht veränderbaren Zustand begreifen (vgl. Lindmeier 1993, Feuser 1996, 2000, Greving/Gröschke 2000). Die Formulierung *Phänomen geistige Behinderung* wird in den Teilkapiteln weiterhin gedacht, sprachlich jedoch auf *geistige Behinderung* verkürzt, um die Lesbarkeit zu erhöhen.

Tabelle 14: Sprachliche Mittel der ICF

Sprachliche Mittel	Charakteristika	
Textoberfläche	Textpassagen als Charakteristikum von Einleitung und Anhang	
	Listenförmigkeit als Charakteristikum des Klassifikationsteils	
	Kapitelstruktur mit/ohne Erklärungen	
Sprachstil	Wiederholungen	Hauptterminini
		Kodierungshinweise mit Beurteilungsskalen
		Gegensatzpaare
	Positive Terminologie	
Inhaltliche Referenzen	Standard Rules on the Equalization of Opportunities for Persons with Disabilities	
	ISO 9999	
	ISO	

Zur Analyse der in der ICF genutzten sprachlichen Mittel werden neben dem fokussierten Klassifikationsteil auch Einleitung und Anhang herangezogen, um die markanten Merkmale der ICF zu erfassen.

5.1.1 Textoberfläche

Die Einleitung besteht mehrheitlich aus Textpassagen. Während einige Auflistungen zum Überblick (zum Beispiel über Ziele und Anwendungsgebiete der ICF) genutzt werden, veranschaulichen mehrere Graphiken die Struktur der ICF, ihre Komponenten, deren Kodierung sowie ihr interaktives Verhältnis (vgl. ICF 10f., 14, 18, 24). Ebenso wie die Einleitung enthält der Anhang überwiegend Textpassagen, die durch Aufzählungen und Abbildungen illustriert sind (vgl. ICF 212, 215, 217f., 223, 228, 246ff., 251f.). Der Klassifikationsteil umfasst hingegen nahezu ausschließlich Listen, in denen die Kategorien der verschiedenen Komponenten aufgeführt sind. Die Abschnitte zu den Komponenten werden durch kurze Sätze eingeleitet. Zuerst sind die Hauptkapitel in Form einer Liste als Klassifikation der ersten Ebene dargestellt (vgl. ICF 27–30), danach die Hauptkapitel mit einer Verzweigung als Klassifikation der zweiten Ebene (vgl. ICF 31–44) und schließlich als detaillierte Klassifikation mit Definitionen und Verzweigungen bis zur vierten Klassifikationsebene (vgl. ICF 45–207).

Der Klassifikationsteil ist übersichtlich – in Reihenfolge der Komponenten – strukturiert: Am Anfang sind die Kategorien der Körperfunktionen abgebildet, danach die der Körperstrukturen, die von Aktivität und Partizipation sowie zum Schluss die der Umweltfaktoren. Der Aufbau ist hierbei für nahezu alle Komponenten identisch – die Körperstrukturen stellen eine Ausnahme dar (vgl. Tabelle 15 und 16). Generell folgt auf eine Übersicht über Definition, anzuwendende Beurteilungsmerkmale und erläuterte Kodierungsskala eine knappe Inhaltsangabe des jeweiligen Kapitels der Komponente, wie anhand des Kapitels *Mentale Funktionen* veranschaulicht (vgl. Tabelle 15, ICF 48). Diese Auflistung erleichtert den Überblick für GutachterInnen, wenn sie beispielsweise die passende Kategorie für die zu beurteilende Schädigung suchen.

Auch die graphische Gestaltung der Kapitel ist übersichtlich, da die Kategorien bei ansteigendem Untergliederungsgrad zunehmend eingerückt sind (vgl Tabelle 15). Während die Inhaltsangabe des Kapitels als Fließtext formuliert ist, sind die Definitionen der Kategorien in unvollständigen Sätzen gehalten und die In- und Exklusionen einfach aufgezählt (vgl. Tabelle 15). Zudem sind diese nur für Hauptkategorien benannt, für Unterkategorien anderer Klassifikationsebenen sind ein- und ausgeschlossene beziehungsweise andere Unterkategorien nicht expliziert.

Die für die Körperfunktionen skizzierte Struktur liegt allen Komponenten der ICF außer den Körperstrukturen zugrunde (vgl. ICF 107ff.). Der Unterschied zwischen dem generellen Aufbau und dem der Körperstrukturen lässt sich an den in Beziehung stehenden Kategorien der Körperfunktionen und -strukturen erkennen (vgl. Tabelle 15 und 16).

Tabelle 15: Aufbau des Klassifikationskapitels der Körperfunktionen

1.   Mental functions This chapter is about the functions of the brain: both global mental functions, such as consciousness, energy and drive, and specific mental functions, such as memory, language and calculation mental functions. *Global mental functions (b110–b139)* *b 110*   *Consciousness functions* General mental functions of the state of awareness and alertness, including the clarity and continuity of the wakeful state. *Inclusions:* functions of the state, continuity and quality of consciousness; loss of consciousness, coma, vegetative states, fugues, trance states, possession states, drug-induced altered consciousness, delirium, stupor *Exclusions:* orientation functions (b 114); energy and drive functions (b 130); sleep functions (b 134) *b 1100*   *State of consciousness* Mental functions that when altered produce states such as clouding of consciousness, stupor or coma. *b 1101*   *Continuity of consciousness* Mental functions that produce sustained wakefulness, alertness and awareness and, when disrupted, may produce fugue, trance or other similar states.   etc.

Während die Klassifikationskapitel aller anderen Komponenten durch mindestens einen Satz eingeleitet sind, ist kein einziges Klassifikationskapitel der Körperstrukturen erläutert (vgl. Tabelle 16).

Tabelle 16: Aufbau des Klassifikationskapitels der Körperstrukturen

2.   Structures of the nervous system
s 110   structure of brain
    s 1100 Structures of cortical lobes
        s 11000 Frontal lobe
        s 11001 Temporal lobe
        s 11002 Parietal lobe
        s 11003 Occipital lobe
        s 11008 Structure of cortical lobes, other specified
        s 11009 Structure of cortical lobes, unspecified
 	
    s 1101 Structure of midbrain
    s 1102 Structure of diencephalon   etc.

Die fehlende Einleitung, der Verzicht auf Definitionen sowie In- und Exklusionen ist jedoch nicht einfach als Mangel oder Auslassung zu verstehen, sondern steht im Zusammenhang mit der inhaltlichen Bedeutung der Körperstrukturen. Wie in der Definition der Körperstrukturen dargelegt, so bezeichnet diese Komponente die strukturellen beziehungsweise anatomischen Teile des Körpers (vgl. 4.1.1, ICF 213). Zudem stehen Körperstrukturen ebenso wie Krankheiten in Relation zum Körpersystem (zur Überschneidung beider Klassifikationen im Begriff des Körpersystems vgl. 4.2.5, ICF 4). Es ist davon auszugehen, dass die WHO als eine in einer langen Tradition von Krankheitsklassifikationen stehende Gesundheitsorganisation entschieden hat, Körperstrukturen wie in der ICD nicht näher zu erklären. Krankheiten sind in der ICD mit Ausnahme der psychischen Erkrankungen (Kapitel V, F00–F99) kaum erläutert, zum Teil nur aufgelistet.

Die Definitionen der Körperstruktur-Kategorien entsprechen jedoch nicht den Kriterien, nach denen Kategorien formuliert sein sollen (vgl. ICF 217f.). In der im Anhang enthaltenen Kriterienliste ist nicht begründet, warum diese Definitionen fehlen (vgl. ICF 217f.). Eine besondere Stellung der Körperstrukturen ist ebenfalls nicht erwähnt – auch nicht in den Kodierungsrichtlinien, in denen die Struktur der Klassifikationskapitel beschrieben wird: »Within each chapter there are individual two-, three- or four-level categories, each with a short definition and inclusions and exclusions as appropriate to assist in the selection of the appropriate code« (ICF 221). Alle Kapitel sollen Kategorien gestufter Klassifikationsebenen, Definitionen, In- und Exklusionen »je nach Angemessenheit« beinhalten (ICF 221). Inwiefern eine inhaltliche Begriffsbestimmung für die genannten Bestandteile der Körperstrukturen: Definitionen, In- und Exklusionen nicht angemessen sein sollte, wird nicht geklärt. Dementsprechend ist die Umsetzung der Richtlinien, wie Kategorien definiert werden sollen, inkonsistent. Dies ist angesichts der in der ICF erklärten Funktion ihrer Definitionen bedeutsam:

»ICF gives operational definitions of the health and health-related categories, as opposed to ›vernacular‹ or layperson's definitions. These definitions describe the essential attributes of each domain (e.g. quality, properties, and relationships). The definition also contains commonly used anchor points for assessment, for application in surveys, and questionnaires, or alternatively, for the results of assessment instruments coded in ICF terms.« (ICF 221)

Kurz zusammengefasst verstärkt die Textoberfläche die inhaltliche Struktur der ICF: In Einleitung und Anhang ist ausgeführt, welche Bedeutung die ICF und ihre Bestandteile haben. Dagegen enthält der Klassifikationsteil das inhaltliche Skelett ohne Erklärungen, also ausschließlich die zu klassifizierenden Kategorien.

Hinsichtlich beider Aufbauvarianten der Klassifikationskapitel (vgl. Tabelle 15 und 16) fehlt jeder Hinweis auf mögliche Relationen zwischen den Klassifikationskapiteln der unterschiedlichen Komponenten: Während durch die Erwähnung von In- und Exklusionen einer Kategorie innerhalb der Kategorien einer Komponente Bezüge hergestellt sind, sind nahe liegende Relationen *zwischen* den Komponenten nicht gekennzeichnet. Dies ist besonders daher unverständlich, dass das interaktive Verhältnis der Komponenten in der ICF besonders betont wird (vgl. 4.2.5). Darstellung und Ausführung der Komponenten widersprechen einander.

5.1.2 Sprachstil

Signifikante Merkmale des Sprachstils finden sich in allen drei Bestandteilen der ICF: Einleitung, Klassifikationsteil und Anhang. Die Wiederholungen der Hauptermini, der Kodierungshinweise und Beurteilungsskalen sowie damit teilweise identischer Textpassagen kennzeichnen den Sprachstil. Eine besondere Form der Repetitionen sind Gegensatzpaare, die als Kern der ICF-Konzeption ein immanentes und durchgängiges Merkmal aller Bestandteile der ICF sind. Des Weiteren stellt die kontinuierlich positive Terminologie, in der die Komponenten von Funktionsfähigkeit beschrieben sind, ein charakteristisches Merkmal des Sprachstils dar (vgl. 4.2.3).

Die *Wiederholung* positiver Termini kombiniert zwei Merkmale; sie prägt sowohl Einleitung als auch Anhang und überwiegt auch im Klassifikationsteil eindeutig gegenüber den negativen Komponenten von Behinderung. Im Klassifikationsteil der ICF lassen sich erst auf den zweiten Blick negative Kategorien lokalisieren, wobei jedoch weder Aktivitätsbeeinträchtigungen noch Partizipationseinschränkungen oder Barrieren genannt sind, sondern ausschließlich Schädigungen wie beispielsweise »loss of consciousness« unter der Kategorie *Consciousness functions (b 110)* (ICF 48). Zudem sind Schädigungen nur als *Inklusion* unter den positiv bezeichneten Oberkategorien subsumiert und nicht eigenständig aufgeführt. Demgemäß hat die positive Terminologie besonders durch ihre häufige Repetition eine leitende Funktion für den Sprachduktus der ICF.

Bei der Lektüre der ICF bleiben die Funktionsfähigkeitskomponenenten aufgrund ihres wiederholten Auftretens in Erinnerung: Erläutert in der Einleitung, aufgelistet als Ober- und Unterkategorien im Klassifikationsteil und wieder aufgenommen im Anhang, sind die positiv bezeichneten Funktionsfähigkeitskomponenenten jeweils Orientierungsmaßstab für die Klassifizierung der Behinderungskomponenten. Die positiv formulierten Haupttermini stellen nicht nur einen Unterschied zur ICIDH dar; sie bilden den inhaltlichen Kern der ICF, der durch das Stilmittel der Wiederholungen hervorgehoben wird.

Die Oberbegriffe der ICF (Funktionsfähigkeit und Behinderung) sowie deren jeweilige Komponenten sind gleichermaßen als *Gegensatzpaare* zu bezeichnen, einem von Keller herausgestellten Stilmittel (vgl. Tabelle 17, Keller 2004: 107). Entweder sind alle drei Komponenten im selben Kontext genannt (vgl. ICF 3, 8, 10f., 22, 212f., 222f., 242) oder nur direkte Gegensatzpaare der Oberbegriffe oder Komponenten wie beispielsweise Körperfunktionen und Schädigungen (vgl. 4, 7, 12f., 14ff., 47, 105, 123, 215f., 226ff., 229, 232, 238, 240, 242, 249). Diese Gegenüberstellungen, verstärkt durch die ausschließliche Beurteilung der Behinderungskomponenten, erstellen eine stabile Grenze und kennzeichnen die protonormalistische Grundkonzeption der ICF im Sinne eines *Entweder – Oder*. Das sprachliche Stilmittel der Gegensatzpaare unterstützt die inhaltliche Aussage: die Polarität von Funktionsfähigkeit und Behinderung.

Tabelle 17: Gegenübergestellte Termini in der ICF

Dimensionen	Funktionsfähigkeit	Behinderung
Körperliche/biologische Dimension	Körperfunktionen und -strukturen	Schädigungen
Individuelle/psychische Dimension	Aktivität	Aktivitätsbeeinträchtigungen
Gesellschaftliche Dimension	Partizipation	Partizipationseinschränkungen
Bezeichnung	Positiv bezeichnet und nicht klassifiziert	Negativ bezeichnet und klassifiziert

Weiterhin verdeutlicht sich das Stilmittel der Wiederholung dadurch, dass Definitionen von Funktionsfähigkeit, Behinderung und ihrer Komponenten sowie der Umweltfaktoren häufig aufgeführt sind (vgl. 4.1.1, 4.1.2, 4.1.3, 4.2.5). Kurze (Basis-)Definitionen der Komponenten sind in unterschiedlichen Kontexten genannt, die dann durch ausführliche Definitionen ergänzt werden. Die Wiederholungen haben eine verstärkende Funktion. Sie betonen inhaltliche Aussagen identisch oder in kontextbezogener veränderter Weise: zum einen die Oppositionen, zum anderen die Konzeption von Funktionsfähigkeit und Behinderung,[204] die mehrfach als relationales

---
204 Vgl. ICF 8, 17, 18f., 212f., 242, 245

Ergebnis der Interaktion aller Komponenten hervorgehoben wird. Hiermit spiegelt das Stilmittel der Wiederholung die inhaltliche Heterogenität der ICF wider: die protonormalistische Dichotomie zwischen positiv und negativ beurteilten Komponenten und gleichzeitig die flexibelnormalistische Relation zwischen den Komponenten, die erst in ihrer Interaktivität Behinderung bedingen.

Als Textpassagen sind ausschließlich diejenigen identisch wiederholt, in denen die Kodierung und Klassifizierung der Komponenten erklärt ist. So sind beispielsweise einige Textpassagen im Einleitungskapitel *Use of the ICF* in den Kodierungsrichtlinien (Anhangskapitel 2) repetiert: zum Teil nur einige Sätze, zum Teil sogar vollständige Textabschnitte mit der Beurteilungsskala des allgemeinen Beurteilungsmerkmals (vgl. ICF 21f., 220, 222). Diese Wiederholung erklärt sich durch die Darstellung von Kodierung und Beurteilung: in allgemeiner Form im Einleitungskapitel *Use of the ICF* (ICF 21–23) und in dem eigens den Kodierungsrichtlinien gewidmeten zweiten Anhangskapitel (vgl. ICF 219–233). Dort sind zuerst die allgemeinen Kodierungsrichtlinien beschrieben, gefolgt von den speziellen für jede einzelne Komponente. Wiederholt wird insbesondere der Abschnitt, in dem die Beurteilungen »no, mild, moderate, severe or complete problem« erläutert sind (ICF 222, vgl. Tabelle 6). Ebenso wie die Definition der positiven Komponente und ihres negativen Pendants wird dieser Absatz in den Einleitungstexten der Klassifikationsabschnitte aller Komponenten dargelegt (vgl. ICF 21ff., 219ff.):

»Broad ranges of percentages are provided for those cases in which calibrated assessment instruments or other standards are available to quantify the impairment, capacity limitation, performance problem or environmental barrier/facilitator. For example, when ›no problem‹ or ›complete problem‹ is coded, this may have a margin of error of up to 5 Prozent. A ›moderate problem‹ is defined as up to half of the scale of total difficulty. The percentages are to be calibrated in different domains with reference to population standards as percentiles. For this quantification to be used in a universal manner, assessment procedures have to be developed through research.« (ICF 222)

Die Wiederholungen des Abschnitts, in dem die Anwendung der Beurteilungsskala beschrieben ist, haben zwei Funktionen: Zum einen prägen sich durch die Repetition die wichtigsten Regeln den GutachterInnen nachdrücklich ein, wie und mit welchem Beurteilungsmerkmal die einzelnen Kategorien kodiert und klassifiziert werden. Durch die direkte Wiederholung vor jeder Kategorienliste wird dies zudem verstärkt, so dass GutachterInnen nicht zwischen Klassifikationsteil und der ausführlichen Kodierungsanleitung im Anhang hin- und herblättern müssen. Zum zweiten unterstützt diese Repetition – ebenso wie die Wiederholung der Hauptbegriffe, Gegensatzpaare und Definitionen – die Klassifizierungsfunktion der ICF. Mit der Repetition der Kodierungshinweise wird gleichzeitig herausgestellt, dass universell anwendbare Beurteilungsinstrumente und -verfahren durch weitere Studien entwickelt werden sollen (vgl. ICF 222).

Auch das Richtmaß von Bevölkerungsstandards erhält in diesem Kontext eine hohe Bedeutung. Die statistisch basierte Norm, die zwar den Definitionen der Körperfunktionen und -strukturen, jedoch nicht denjenigen der anderen Komponenten zugrunde liegt, ist als Orientierungsmaßstab für alle Komponenten gesetzt (vgl. 4.1.1, 4.1.2, 4.1.3). Mit dieser sechsfach betonten Erklärung der Beurteilungsmerkmale verdeutlicht sich sowohl die Klassifizierungsfunktion als auch die generelle Fundierung der ICF auf statistisch erhobenen Bevölkerungsstandards. Da nicht nur Schädigungen, sondern auch Aktivitätsbeeinträchtigungen, Partizipationseinschränkungen, Barrieren und Unterstützungsfaktoren an Bevölkerungsstandards gebunden werden, sind insofern nicht nur die Körperfunktionen und -strukturen quantitativ begründet, sondern alle Komponenten. Aktivität und Partizipation gründen sich somit nicht ausschließlich auf den qualitativen Vergleich mit einem Individuum oder einer Gruppe von Menschen ohne Behinderung, über den sie definiert sind (vgl. 4.1.2). Da das allgemeine Beurteilungsmerkmal auch für Barrieren und den Bedarf an Unterstützungsfaktoren gilt, sind die Umweltfaktoren uneinheitlich oder mehrdeutig konzipiert: einerseits quantitativ an einem Bevölkerungsstandard und andererseits qualitativ an der je individuellen Umwelt ausgerichtet (vgl. 4.1.3). Diese Textpassage der sechsmal wiederholten Kodierungsrichtlinien ist – besonders für das Verständnis von Aktivität, Partizipation und Umweltfaktoren – entscheidend, da die statistische Begründung nicht nur mit dem individuellen Bezugsgruppenvergleich, sondern auch über den Bevölkerungsstandard fundiert wird.

Die Wiederholungen durchziehen die gesamte ICF und sind hierdurch besonders prägend. Im Klassifikationsteil wird die bereits aus der Einleitung bekannte Struktur der Komponenten wiederholt, wodurch sie den GutachterInnen in Erinnerung gerufen wird. Diese Wiederholung hat die Aufgabe, die Strukturierung der Komponenten und ihre Kodierung zu manifestieren. Die Auflistung der Kategorien vermittelt zudem einen objektiven, sachlichen Eindruck.

Das Stilmittel der Wiederholung bestätigt nicht nur die inhaltlichen Schwerpunktsetzungen, sondern spitzt sie vor allem zu. Demgegenüber werden andere Inhalte nicht mit diesem Stilmittel hervorgehoben (vgl. 4.2). Auch wenn die Schwerpunktsetzung der negativen Klassifizierung bei gleichzeitiger Hervorhebung der positiven Terminologie nicht erstaunlich ist, da die Klassifizierung die genuine Aufgabe der ICF ist, so stellt es ein besonderes Charakteristikum dar, dass diese inhaltliche Orientierung durch Wortwahl und Sprachstil unterstützt wird. Die Verwendung positiver Terminologie und die Gegensatzpaare verstärken die protonormalistische Ausrichtung der ICF. Gleichzeitig unterstützt die positive Terminologie als leitender Sprachduktus die differenzierte Reflexion, wie Behinderungen sprachlich ausgedrückt werden können, ein flexibelnormalistisches Merkmal (vgl. 4.2.4). Das interaktive, variable Verhältnis der Komponenten – ein genuines Charakteristikum der ICF – wird als flexibel-normalistisches Merkmal durch das Stilmittel der Wiederholungen hervorgehoben. Durch die Kennzeichen des Sprachstils werden also beide normalistischen Strategien bestätigt.

5.1.3   Inhaltliche Referenzen

Im Folgenden wird analysiert, auf welche Werke, Disziplinen oder Diskurse die ICF Bezug nimmt. Die Konzeption der ICF ist weder durch Statistiken oder medizinische Studien noch durch wissenschaftliche Untersuchungen begründet. Wie die Definitionen und die Kategorien erstellt sind – ob auf der Basis von quantitativen oder qualitativen Studien – bleibt unbekannt. Es sind jedoch Referenzen in der ICF enthalten, durch die sie fundiert ist: Und zwar die »Standard Rules on the Equalization of Opportunities for Persons with Disabilities« der Vereinten Nationen und die WHO-Klassifikation »Assistive products for persons with disabilities – Classification and terminology (ISO 9999)«[205] sowie die »International Organization for Standardization (ISO)« (ICF 5f., 173, 251).

Die Standard Rules sind auf der 48. Sitzung der UN-Vollversammlung am 20. Dezember 1993 angenommen und verabschiedet worden (vgl. ICF

---

[205] Der Titel der ersten Version der Klassifikation Technical aids for persons with disabilities – Classification and terminology (ISO 9999) wurde mit ihrer vierten Edition verändert, ebenso wie die frühere Klasse *Aids for communication, information and signalling* überarbeitet und durch eine weitere Klasse *Assistive products for communication and information* ergänzt wurde (vgl. http://www.rivm.nl/who-fic/ISO-9999eng.htm, 06.08.09)

6).[206] Sie wurden im Anschluss an die UN-Dekade behinderter Menschen (1983–1992) entwickelt. Die *International Bill of Human Rights* bildet die politische und moralische Grundlage der Standard Rules:

»International bill of Human Rights, comprising the Universal Declaration of Human Rights, the International Covenant on Economic, Social and Cultural Rights and the International Covenant on the Elimination of All Forms of Discrimination against Women, as well as the World Programme of Action concerning Disabled Persons« (UN Rapporteur 2006: 124).

Die UN hat die ICF als »one of the United Nations social classifications« anerkannt (ICF 5). Ebenso ist die ICF durch ihre Bezugnahme auf die Standard Rules als einzige internationale Behinderungs-Klassifikation, sowie umgekehrt durch die Referenz der Standard Rules legitimiert (vgl. ICF 5f., UN Rapporteur 2006). Behinderung wird somit als gesellschaftliches Thema angesehen, das rechtlich geregelt ist. Es wird als notwendig erachtet, dass die Rechte behinderter Menschen juristisch geschützt sind. Durch die Standard Rules ist das Ziel der Gleichberechtigung beziehungsweise der Chancengleichheit behinderter Menschen politisch verankert und hiermit auf internationaler Ebene im Rahmen der allgemeinen Menschenrechte begründet.[207] Da die Standard Rules 1993 verabschiedet worden sind, wird in ihnen noch auf die ICIDH verwiesen (vgl. UN 1994). Erst in der Bestandsaufnahme, wie die Standard Rules durch die Regierungen der Nationalstaaten umgesetzt worden sind, wird auf die ICF rekurriert: im *Global Survey on Government Implementation of the Standard Rules on the Equalization of Opportunities for Persons with Disabilities* (vgl. UN Special Rapporteur 2006). Die ICF, »in which functioning and disability are understood to occur in a context characterized by personal and environmental factors:

---

206 Vgl. http://www.un.org/esa/socdev/enable/dissre00.htm, 06.08.09
207 Zur Durchsetzung der Rechte behinderter Menschen wurde die *UN Convention on the Rights of Persons with Disabilities* als völkerrechtliche Grundlage erarbeitet, durch die 61. Generalversammlung der Vereinten Nationen am 13.12.2006 angenommen, am 30.03.2007 zur Unterzeichnung ausgelegt und am 3. Mai 2008 in Kraft getreten. Mit der Unterzeichnung dieser politischen Richtlinie verpflichten sich die Staaten, Chancengleichheit für behinderte Menschen herzustellen (vgl. http://www.un.org/disabilities /default.asp?navid=12&pid=150, 21.07.2009). Den Zusammenhang zwischen den Standard Rules und der UN-Konvention erklärt der Special Rapporteur wie folgt: »The Standard rules place a moral and policy obligation on the international community towards persons with disabilities, while the convention carries with it a legal commitment. Using both instruments will allow us to work more coherently to improve the lives of persons with disabilities in the world.« (Economic and Social Council of the United Nations 2006: 5, vgl. http://www.un.org/esa/socdev/enable/rapporteur.htm, 06.08.09).

physical, social and attitudinal,« wird in der Ergänzung zu den Standard Rules als »fundamental concept« der Standard Rules bezeichnet (UN Special Rapporteur 2006: 114). Es wird jedoch kritisiert, dass nur wenige Länder die ICF eingeführt haben und sie noch nicht als allgemeine Behinderungsdefinition akzeptiert sei:

»One of the main challenges for the disability movement worldwide is the absence of a universal definition. Although the World Health Organization (WHO) has developed an International Classification of Functioning (ICF), few countries seem to have adopted it.« (UN Rapporteur 2006: 81)

Während die UN-Mitgliedsstaaten die ICF nur in geringem Umfang implementiert haben beziehungsweise Behindertenorganisationen die Behinderungsdefinition der ICF nicht als allgemeingültige Grundlage anerkennen, bezieht sich die UN mit der Erweiterung der Standard Rules explizit auf die ICF-Definition von Behinderung und auf keine andere behinderungsspezifische Definition oder Klassifikation. Hiermit nimmt die UN Bezug auf eine Klassifikation der WHO, die als unabhängige Organisation eng mit der UN und ihren Abteilungen kooperiert.[208] Die WHO rekurriert wiederum mit der ICF auf die Standard Rules und beruft sich auf eine politische Richtlinie der Vereinten Nationen. Diese Bezugnahme wird dadurch verstärkt, dass die ICF auf der Konferenz der WHO-Kooperationszentren 2008 politisch und ethisch im Zusammenhang mit der UN-Behindertenrechtskonvention diskutiert wurde (vgl. Hough/Caulfeild 2008: 5). Durch die Referenz auf die Standard Rules und die UN-BRK in den Folgekonferenzen weist die WHO die ICF als international bedeutsame Klassifikation aus.

Die internationale Klassifikation standardisierter, assistierender Produkte für behinderte Menschen, Assistive products for persons with disabilities – Classification and terminology (ISO 9999), wird in der Einführung des ersten Klassifikationskapitels der Umweltfaktoren genannt (vgl. ICF 173). Die Kategorien von *Products and Technology* werden durch diese Bezugnahme begründet. Die ISO 9999 ergänzt die ICF um einen Katalog technischer Unterstützungsprodukte. Als Bezugsklassifikation zur ICF ist sie abhängig von ihr, da die ICF eine der drei Hauptklassifikationen der WHO ist (vgl. 2.3.4). Wie in der ICF sind auch in der ISO 9999 die Produkte auf die Anwendung für ein Individuumbezogen; beide Klassifikationen sind auch in dieser Hinsicht miteinander kompatibel.[209]

---

208 vgl. http://www.un.org/aboutun/chart.htm, 22.08.09
209 Eine Datenbank der ISO 9999 mit Bezug zu den ICF-Definitionen befindet sich derzeit im Aufbau, (vgl. http://www.who.int/classifications/icf/iso9999/en/, http://www.rivm.nl/

Wie die Mitarbeiterinnen des niederländischen WHO-Kooperationszentrums, Marijke de Kleijn-de Vrankrijker und Stephanie Valk, betonen, ist die ISO 9999 ein nützliches Instrument, mit dem die Anwendung der ICF konkretisiert werden kann. So beziehen sich beispielsweise Luftreinigungsgeräte (kodiert als 27.0306 in der ISO 9999) auf die ICF-Kategorien: »e 260 air quality, b 435 Immunological system functions; b 440 Respiration functions« (Kleijn-de Vrankrijker/Valk 2003: 6). Mit dieser Aussage gehen die Autorinnen sogar über die Referenzstelle der ICF hinaus, da sie das technische Produkt nicht nur in den inhaltlichen Zusammenhang mit den Kategorien der Umweltfaktoren, sondern auch mit den dazugehörigen Köperfunktionen stellen (vgl. zur Relation beider Komponenten 4.1.3, ICF 13).

Die ISO 9999 enthält sowohl Produkte, die speziell für die individuellen Belange hergestellt sind, als auch allgemein im Handel erhältliche Geräte. Technische Unterstützungsprodukte, die ausschließlich von Fachleuten benutzt werden, sind in der ISO 9999 ausdrücklich nicht aufgeführt (vgl. Kleijn-de Vrankrijker 2002: 1). Zudem soll diese Produktklassifikation von verschiedenen Adressaten und nicht nur von Fachleuten genutzt werden: »consumers, governmental authorities, professionals, prescribers, social security funds« (Kleijn-de Vrankrijker 2002: 1).

Durch die Referenz auf die ISO 9999 erhalten die Umweltfaktoren größeres Gewicht, besonders die Bedeutung von Unterstützungsfaktoren für behinderte Menschen wird hervorgehoben. Dies betrifft alle Bereiche, in denen Produkte, Instrumente, Ausrüstung oder technische Systeme das Leben eines behinderten Menschen erleichtern und die Teilhabe am gesellschaftlichen Leben erhöhen. Hierzu gehören technische Hilfsmittel, mit denen Barrieren im alltäglichen Leben unter anderem in den Bereichen von Mobilität und Transport, Kommunikation, Bildung und Ausbildung, Berufstätigkeit, Kultur, Erholung und auch Sport abgebaut werden können (vgl. ICF 173ff.). Die Klassifikation ISO 9999 bekräftigt daher die Perspektive, Behinderung als soziale Aufgabe zu verstehen (vgl. die Charakterisierung des sozialen Modells 3.1.2, 6.2, ICF 20).

Die Internationale Organisation für Standardisierung (ISO) entwickelt und veröffentlicht Qualitätsstandards, Managementsysteme und Prozeduren für Wirtschaft, Regierung und Gesellschaft.[210] Ebenso wie die ISO 9999 als

---

who-fic/ISO-9999eng.htm, 06.08.09), bisher liegt ein Arbeitspapier zur Beziehung beider Klassifikationen vor (vgl. http://www.rivm.nl/who-fic/in/ISO9999withICFreferen ces. pdf, 06.08.09, und 2.7.2).

210 vgl. http://www.iso.org/iso/home.htm, 06.08.09

Referenzwerk für Produkte und technologische Unterstützungsinstrumente (der Umweltfaktoren) fungiert, soll die ICF generell mit den Standardisierungs-Grundsätzen der ISO übereinstimmen (vgl. ICF 251). Hiermit wird die Anerkennung der ICF als internationales Klassifikationsinstrument manifestiert:

»It [the ICF, MH] is the only such tool accepted on an international basis. It aims to obtain better information on disability phenomena and functioning and build a broad international consensus. To achieve recognition of ICF by various national and international communities, WHO has made every effort to ensure that it is user-friendly and compatible with standardization processes such as those laid down by the International Organization for Standardization (ISO).« (ICF 251)

Das Bemühen, die ICF mit der ISO zu standardisieren, wird also nicht nur am speziellen Bereich der Umweltfaktoren sichtbar, sondern auch durch ihre Orientierung an international anerkannten Standardisierungsprozessen.

Die ICF ist durch die Referenzen auf UN-Regelungen und internationale Produkt-Standardisierung begründet. Mit der Bezugnahme auf die Standard Rules ist die ICF in einen sozialrechtlich orientierten gesellschaftlichen Rahmen gesetzt, da sie durch ein Werk legitimiert wird, in dem die Menschenrechte und die gesellschaftliche Situation behinderter Menschen im Vordergrund stehen und nicht ihre individuelle Defizite. Die WHO ordnet Behinderung mit dieser Referenz als rechtliches und gesellschaftliches Thema ein. Die zweite Referenz vertieft die Konzeption der Umweltfaktoren, wobei die individuumsspezifische Ausrichtung der ISO 9999 die Bezugnahme der ICF auf den behinderten Menschen unterstützt. Da die Umweltfaktoren sowie die Klassifikation assistierender Produkte auf die Verbesserung der individuellen Lebenssituation mit einer Behinderung abzielen, wird auch mit dieser Referenz die soziale Dimension von Behinderung und gleichzeitig die individuelle Rehabilitation als Wiedereingliederungsmöglichkeit in das gesellschaftliche Leben betont. Die Bedeutung der ICF als standardisiertes und international geltendes Instrument wird durch die Bezugnahme auf die ISO manifestiert. Die WHO verankert die ICF also durch alle Referenzen – in stärkerem Ausmaß als zuvor die ICIDH – auf internationaler Ebene. Hierdurch wird die Behinderungskonstruktion der ICF nicht nur national durch die Implementation in den Mitgliedsstaaten, sondern auch in internationalen Organisationen verbreitet. Der biopsychosoziale Ansatz der ICF, Behinderung als Ergebnis des interaktiven Verhältnisses zu konstruieren, erhält somit internationalen Rang und Bedeutung.

5.2 Geistige Behinderung in der ICF

Kulturtechniken und damit verbunden Kognitionsfähigkeiten gelten als entscheidende Kompetenzen in der Leistungsgesellschaft. Aus diesem Grund wird eine *geistige Behinderung* als gravierende Beeinträchtigung der individuellen Fähigkeiten erachtet (vgl. Wendeler/Godde 1989: 310).[211] Rommelsbacher erklärt mit Verweis auf die gesellschaftlichen Wertmaßstäbe, dass »Geistigbehinderte in unserer Gesellschaft stärker diskriminiert [werden] als körperbehinderte, da Intellektualität sozial höher rangiert als körperliche Gewandtheit« (vgl. 1999: 10).

Konkretisiert man den Begriff *geistige Behinderung*, so ist von einer *beeinträchtigten kognitiven Entwicklung* auszugehen. Diese beeinträchtigte kognitive Entwicklung ist durch verschiedene Faktoren im Verhältnis zwischen Biologischem und Sozialem begründet: Sowohl eine schwere organische Schädigung als auch große soziale Isolation können die kognitive Beeinträchtigung verursachen oder auch intensivieren, ebenso wie andere biologische und soziale Faktoren (vgl. Lemke/Schuck 2003: 558f., Jantzen 1999: 49).[212] Wie können *geistige Behinderungen* mit den verschiedenen Komponenten abgebildet werden? Welche Kategorien sind relevant für die Beurteilung einer geistigen Behinderung? Zur Beantwortung werden die Kategorien der ICF durch die der ICD ergänzt. Zusätzlich zu diesen Fragen wird untersucht, welche Bedeutung den einzelnen Kategorien in der ICF zugemessen wird. Entscheidend ist auch das Verhältnis zwischen den am differenziertesten ausgearbeiteten Körperfunktionen und -strukturen und

---

211 Die WHO misst der Erforschung von *Geistigen Behinderungen* hohe Bedeutung zu und hat aus diesem Grund den »Atlas: Global Ressources for Persons with Intellectual Disabilities 2007« erstellen lassen (2007a). Der Schwerpunkt liegt auf der Untersuchung, welche Ressourcen – beispielsweise Menschenrechte, Gesundheitsversorgung oder Ausbildung – Menschen mit geistigen Behinderungen weltweit zur Verfügung stehen (vgl. zur rechtlichen Situation behinderter Menschen auch Quinn/Degener 2002).

212 Eine beeinträchtigte kognitive Entwicklung kann nur gegenüber einem Richtmaß festgestellt werden, das als normale kognitive Entwicklung angesehen wird. Dieses Richtmaß konstituiert sich wiederum nur über die Beeinträchtigung. Damit sind die beeinträchtigte und die normale kognitive Entwicklung zirkulär definiert. Für einen historischen Überblick der Begriffsverwendung vgl. Kobi 2000, zur historisch-kritischen Reflexion des Alltagsgebrauchs der jeweils geläufigen Terminologie vgl. Mürner 2000 und zur Bedeutung der sozialen Welt für die geistige Entwicklung vgl. Jantzen 2000, als Überblick vgl. exemplarisch die Sammelbände: *Soziale Probleme von Menschen mit geistiger Behinderung. Fremdbestimmung, Benachteiligung, Ausgrenzung und soziale Abwertung* von Wüllenweber (2004a), *Pädagogik bei geistigen Behinderungen. Ein Handbuch für Studium und Praxis* von Wüllenweber et al. (2006).

den übrigen Komponenten. Daher wird analysiert, in welcher Beziehung die jeweiligen Kategorien zueinander stehen. Von der Analyse wird abgeleitet, was die Kategorien über die Konstruktion geistiger Behinderung und generell von Behinderung der ICF aussagen.

5.2.1 Abbildung des Phänomens *geistige Behinderung*

Wie wird eine *geistige Behinderung* in der ICF konstruiert? Da der Begriff *geistige Behinderung* ein Oberbegriff für verschiedene Phänomene ist, beschränkt sich dieses Teilkapitel darauf zu überprüfen, welche ICF-Kategorien zur Beurteilung herangezogen werden können. Konkrete Aussagen zu diesem Phänomen lassen sich nur an wenigen Stellen finden, was eine Erläuterung im Kapitel *ICF and people with disabilities* klärt:

»[...] Individuals must not be reduced to, or characterised solely in terms of, their impairments, activity limitations, or participation restrictions. For example, instead of referring to a ›mentally handicapped person‹, the classification uses the phrase ›person with a problem in learning‹. ICF ensures this by avoiding any reference to a person by means of a health condition or disability term, and by using neutral, if not positive, and concrete language throughout.« (ICF 242)

In der ICF werden positive oder neutrale Termini verwandt, um Menschen nicht auf ihre Behinderung zu reduzieren. Jenseits der sprachlichen Bemühungen verdeutlicht das Zitat, dass Behinderungen nicht als einzelne Kategorien, sondern als Ergebnis des interaktiven Verhältnisses verschiedener Kategorien aller Komponenten angesehen werden (vgl. 4.2.5).

Das Fehlen von Aussagen zu *Geistigen Behinderungen* wäre dann plausibel, wenn sie als schwere Behinderungen verstanden würden, da dann noch passende Kategorien entwickelt werden müssten, wie Hollenweger zum Entwicklungsstand der ICF darlegt:

»Nicht alle Konstrukte sind bis ins Detail und über alle Ebenen konsolidiert und für die Verwendung mit jungen Kindern oder schwer behinderten Menschen fehlen zum Teil anwendbare Kodierungen. Doch ist eine erste Revision der ICF bereits absehbar und eine Kinderversion wird gegenwärtig erarbeitet.« (2003: 4)

Da *geistige Behinderungen* jedoch sowohl schwer beziehungsweise stark als auch geringfügig beeinträchtigend sein können und Hollenweger den Begriff *schwere Behinderung* nicht präzisiert, ist unklar, ob sich ihre Aussage auf schwere kognitive, physische oder psychische Beeinträchtigungen bezieht.

Auch wenn die allgemeine Version der ICF auf Erwachsene ausgerichtet ist, schildern fünf Fallbeispielen die Lebensituation von Kindern. Zwei der Beispiele beziehen sich auf ein Kind mit einer mentalen Schädigung (siehe unten), in den anderen wird die Lebenssituation von Kindern mit einem fehlenden Fingernagel als Strukturschädigung, mit Diabetes als Funktionsschädigung und mit zugrunde liegender Diagnose des Stotterns geschildert. Bei allen, jedoch speziell bei den beiden Fällen einer mentalen Schädigung, ist unklar, warum nicht die Lebenssituation von Erwachsenen dargelegt wird. Dieses Fehlen von Fallbeispielen geistig behinderter Erwachsener ist erstaunlich, da der positive beziehungsweise neutrale, um »political correctness« bemühte Sprachstil an der Formulierung der *geistigen Behinderung* eines Menschen (ohne Bezugnahme auf das Alter) dargelegt wird (vgl. ICF 242).

Die Bedeutung der mentalen Funktionen wird besonders an einer Textstelle der Kodierungsrichtlinien deutlich, in der sie explizit als Teil der Körperfunktionen definiert sind (vgl. 4.1.1, ICF 213):

»For those impairments that cannot always be observed directly (e.g. mental functions), the user can infer the impairment from observation of behaviour. For example, in clinical setting memory may be assessed through standardized tests, and although it is not possible to actually ›observe‹ brain function, depending on the results of these tests it may be reasonable to assume that the mental functions of memory are impaired.« (ICF 227)

Hinzukommend wird die Bedeutung der drei mentalen Funktionen: »Attention, memory and higher-level cognitive functions« in einem Verwendungsvorschlag von ICF-Kategorien für Datenerhebungen unter dem Begriff *Cognition* konkretisiert: (ICF 253). Präzisiert wird das Verständnis von mentalen Funktionen durch eine weitere Formulierung: In einem Fallbeispiel wird eine mentale Schädigung als Ursache möglicher Beeinträchtigungen der Leistungsfähigkeit geschildert, hingegen würden Umweltfaktoren die individuelle Ausführungsfähigkeit beeinflussen:

»A significant variation in intellectual development is a mental impairment. This may lead to some limitation in a variety of the person's capacities. Environmental factors, however, may effect the extent of the individual's performance in different life domains.« (ICF 239)

Ebenso wie die anderen beiden Textstellen verweist auch diese, in der eine Veränderung der intellektuellen Entwicklung[213] als mentale Schädigung be-

---

213 Im Gegensatz zum englischen Original ist die deutsche Übersetzung negativ interpretiert: »Deutlich unterdurchschnittliche Intelligenz ist eine mentale Schädigung [...]« (WHO

zeichnet wird, auf eine Schädigung der mentalen Funktionen und nicht auf Beeinträchtigungen anderer Komponenten (vgl. 4.2.5). Normalismustheoretisch analysiert greift diese Erklärung die protonormalistische Ausrichtung der Körperfunktionsdefinitionen auf, da eine erhebliche Veränderung der intellektuellen Entwicklung als Schädigung beurteilt wird und dadurch eine »Stigma-Grenze« zwischen angemessener und stark abweichender Intelligenz gezogen wird (Link 1999: 79). Auch wenn eine signifikante Veränderung sowohl geringere als auch höhere Intelligenz im Vergleich zur *normalen* Intelligenz einschließt, wird in diesem Fallbeispiel von geringerer Intelligenz ausgegangen:

»For example, a child with this mental impairment might experience little disadvantage in an environment where expectations are not high for the general population and where the child is given an array of simple, repetitive but necessary tasks to accomplish. In this environment the child will perform well in different life situations.« (ICF 239)

Es ist zu vermuten, dass eine das Normalmaß *übersteigende* Intelligenzentwicklung nicht als mentale Schädigung angesehen wird. Weder die übrigen Fallbeispiele noch die Klassifikationslisten berücksichtigen die Möglichkeit »höherer« Intelligenz. Im zitierten Fallbeispiel wird der Orientierungsmaßstab über den Vergleich mit der allgemeinen Bevölkerung fundiert, wodurch die signifikante Veränderung der Intelligenzentwicklung als Abweichung begründet wird. Allerdings flexibilisiert der Einfluss der Umweltfaktoren die Beurteilung der geistigen Schädigung, da die Umweltfaktoren an die individuelle Lebenssituation mit einer geistigen Schädigung angepasst und sowohl gesellschaftliche Teilhabe als auch individuelle Zufriedenheit mit der Lebenssituation verbessert werden.

Die zitierten drei Textstellen sind die einzigen außerhalb des Klassifikationsteils, in denen Kategorien explizit benannt sind, die auf eine *geistige Behinderung* bezogen werden können. Daher werden die in den Textstellen enthaltenen Kategorien der Mentalen Funktionen hinsichtlich ihrer Definitionen sowie ihrer Bedeutung für die Konstruktion *Geistiger Behinderungen* überprüft. Um zu klären, was die Formulierung: »significant variation in intellectual development« (s.o., ICF 239) bedeuten kann, wird die Kategorie *intellectual functions* hinzugezogen (vgl. ICF 49).[214] Im Gegensatz zu den Körperfunktionen werden Behinderungen der anderen Komponenten: also

---

1999, Internetversion 2006: 306).
214 Zur empirischen Erforschung der Kognitiven Funktionen in der neurologisch-neuropsychologischen Rehabilitation vgl. Geyh et al. 2002, zu Zusammenhängen von Aufmerk-

Schädigungen der Körperstrukturen, Aktivitätsbeeinträchtigungen, Partizipationseinschränkungen sowie Umweltfaktoren, die spezifisch auf eine *geistige Behinderung* hinweisen, in der ICF nicht aufgeführt. Wie sind die als Kognitionsfunktionen zusammengefassten Aufmerksamkeits-, Gedächtnis- und höheren kognitiven Funktionen sowie die Intelligenzfunktionen in der ICF konstruiert? In einer Kategorie sind jeweils ihre Unterkategorien sowie besondere Schädigungen eingeschlossen: So verdeutlicht die Aufnahme der Intelligenzfunktionen, dass geistige Schädigungen mit dieser Kategorie klassifiziert werden können (vgl. Tabelle 18). Im Gegensatz zu den spezifizierten Kognitionsfunktionen haben sie jedoch keine Unterkategorien.

Tabelle 18: Funktionen der Intelligenz

b 117 Intellectual functions
General mental functions, required to understand and constructively integrate the various mental functions, including all cognitive functions and their development over the life span. *Inclusions:* functions of intellectual growth; intellectual retardation, mental retardation, dementia *Exclusions:* memory functions (b 144); thought functions (b 160); higher-level cognitive functions (b 164)

Wie in dem oben untersuchten Fallbeispiel werden die Intelligenzfunktionen über eine stabile Normalitätsgrenze definiert, da zwischen normalen Intelligenzfunktionen und auffälligen Abweichungen unterschieden wird und letztere als »Minusvariante« beurteilt werden (Link 1999: 79). Die protonormalistische Prägung der Körperfunktionskonzeption (vgl. 4.1) kennzeichnet auch diese Kategorie der Körperfunktionen (sowie die der Gedächtnis- und Aufmerksamkeitsfunktionen, s.u.).

Vergleicht man die genannten Inklusionen der Intelligenzfunktionen der ICF mit den in der ICIDH ausgewiesenen Schädigungen, so sind sie in der ICF nicht explizit als Schädigungen bezeichnet und klassifiziert (vgl. Tabelle 18 und 19). Stattdessen sind sie unter den positiv bezeichneten Intelligenzfunktionen als Schädigungen subsumiert: »intellectual retardation, mental retardation, dementia« (ICF 49, vgl. Tabelle 18). In der ICIDH sind intellektuelle Schädigungen hingegen direkt als solche kodiert. Bei dieser Kate-

---

samkeits-, Gedächtnis- und Intelligenzfunktionen mit der Aktivitätsebene vgl. Gauggel et al. 2000.

gorie ist der Wandel des Sprachgebrauchs von der ICIDH zur ICF besonders bemerkbar.[215]

Tabelle 19: Klassifizierung der Schädigung in der ICIDH

Liste der zweistelligen Kategorien der Schädigung
1 Intellektuelle Schädigungen 　　*Schädigungen der Intelligenz (10–14)* 10 Hochgradige geistige Retardierung 11 Schwere geistige Retardierung 12 Mäßige geistige Retardierung 13 Andere geistige Retardierung 14 Andere Schädigung der Intelligenz

Unter dem Begriff der Exklusion werden ähnliche Kategorien gefasst, um falsche Zuweisungen zu vermeiden und auf Verwechslungsmöglichkeiten aufmerksam zu machen: »They [the definitions, MH] should have exclusions to alert users to possible confusion with related terms« (ICF 218). So weisen die Exklusionen der Intelligenzfunktionen eine enge Verbindung zu den Kognitionsfunktionen auf (vgl. Tabelle 18). Allerdings sind ähnliche Kategorien nicht durchgängig wechselseitig angezeigt, wie im Verhältnis der Intelligenzfunktionen und der verschiedenen Kognitionsfunktionen festzustellen ist: Während unter den Intelligenzfunktionen alle drei Kognitionsfunktionen ausgeschlossen werden, werden diese nur bei den Gedächtnisfunktionen als Exklusion formuliert (vgl. Tabelle 18 und 21). Ohne gegenseitige Exklusionen sind die betreffenden Kategorien nicht so präzise definiert, wie sie laut Definition der Kategorienbildung sein sollen: »They must uniquely identify the concept intended by the category. […] They should be precise, unambiguous, and cover the full meaning of the term« (ICF 217). Auch die Exklusionen der drei unter dem Begriff Kognition gefassten Funktionen sind uneinheitlich (vgl. Tabelle 20, 21 und 22).

---

215 Schädigungen des Erinnerungsvermögens sowie der Aufmerksamkeit wurden auch mit der ICIDH beurteilt (vgl. WHO 1995: 270, 277).

Tabelle 20: Definition der Aufmerksamkeitsfunktionen

b 140 Attention functions
Specific mental functions of focusing on an external stimulus or internal experience for the required period of time. *Inclusions:* functions of sustaining attention, shifting attention, dividing attention, sharing attention; concentration; *distractibility* *Exclusions:* consciousness functions (b110); energy and drive functions (b130), sleep functions (b134); memory functions (b144); psychomotor functions (b147); perceptual functions (b156)

Nicht nur die Definition der Intelligenzfunktionen, sondern auch die der Gedächtnisfunktionen weisen auf Schädigungen hin: »nominal, selective and dissociative amnesia« (ICF 53, vgl. Tabelle 18, Tabelle 21). Dagegen enthält die Definition der höheren kognitiven Funktionen keine Schädigungen (vgl. Tabelle 22). Diejenige der Aufmerksamkeitsfunktionen schließt *Ablenkbarkeit* als abweichendes Funktionsmerkmal ein: Auch wenn dieses Merkmal nur ein Symptom beziehungsweise beobachtbares Verhalten darstellt, bestätigt die medizinisch-psychologische Sekundärliteratur die Position der ICF, *distractibility* nicht als akzeptiertes Verhalten, sondern als Schädigung und als negatives, abweichendes Verhalten zu konstruieren (vgl. Tabelle 20).[216] Die in der ICF explizierten Schädigungen verdeutlichen, dass sich die Schädigungskomponente und die der Gesundheitsbedingungen beziehungsweise Krankheiten überschneiden können (vgl. 4.2.5). Insbesondere die dargelegten Kategorien, generell aber alle Kategorien der Körperfunktionen und -strukturen, weisen auf den engen Zusammenhang zwischen ICF und ICD hin.

---

216 *Ablenkbarkeit* ist im Handlexikon der Medizin als »psychischer Zustand, in dem äußere Sinneseindrücke die Aufmerksamkeitsrichtung regellos ändern und die Gedankeninhalte bestimmen; entweder durch Überwachheit des Bewusstseins (...) oder bei Konzentrationsschwäche« definiert und im Diagnostischen und statistischen Manual psychischer Störungen im Rahmen einer Aufmerksamkeitsdefizit-/Hyperaktivitätsstörung eingeordnet (Thiele 1980: 7, vgl. auch APA 1996: 115ff.). Die medizinisch-psychologische Sekundärliteratur zeigt, dass die Begriffswahl der Schädigungen beziehungsweise Störungen dem medizinischen und nicht dem sozialen Modell entspricht.

Tabelle 21: Definition der Gedächtnisfunktionen

b 144 Memory functions   Specific mental functions of registering and storing information and retrieving it as needed.   *Inclusions:*   functions of short-term and long-term memory, immediate, recent and remote memory; memory span; retrieval of memory; remembering; functions used in recalling and learning, such as in *nominal, selective and dissociative amnesia*   *Exclusions:*   consciousness functions (b 110); orientation functions (b 114); intellectual functions (b 117); attention functions (b 140); perceptual functions (b 156); thought functions (b 160); higher level cognitive functions (b 164); mental functions of language (b 167); calculation functions (b 172)

Tabelle 22: Definition der höheren kognitiven Funktionen

b 164 Higher-level cognitive functions   Specific mental functions especially dependent on the front lobes of the brain, including complex goal-directed behaviours such as decision-making, abstract thinking, planning and carrying out plans, mental flexibility, and deciding which behaviours are appropriate under what circumstances; often called executive functions.   *Inclusions:*   functions of abstraction and organization of ideas; time management, insight and judgement; concept formation, categorization and cognitive flexibility   *Exclusions:*   memory functions (b 144); thought functions (b 160); mental functions of language (b 167); calculation functions (b 172)

Um *geistige Behinderungen* mit der ICF zu klassifizieren, werden gemäß des interdimensionalen Ansatzes zusätzlich zu den Kategorien der Körperfunktionen auch die übrigen Komponenten einbezogen. Da Körperfunktionsschädigungen als einzige Behinderungskomponente in der ICF expliziert sind (vgl. 4.3), sind potenziell ausschlaggebende Kategorien anderer Komponenten positiv formuliert.

Bei einer geistigen Behinderung können mehrere Kategorien der Körperstrukturen involviert sein. Als Relation zu den Körperfunktionen lassen sich die Kategorien der Gehirnstrukturen oder auch die der Wirbelsäulenstruktur heranziehen (vgl.Tabelle 23, ICF 107).

Tabelle 23: Kognitionsbezogene Unterkategorien der Gehirnstruktur

s 110 Structure of brain
s 1100 structure of cortical lobes
s 11000 Frontal lobe
s 11001 Temporal lobe
s 11002 Parietal lobe
s 11003 Occipital lobe
s 11008 Structure of cortical lobes, other specified
s 11009 Structure of cortical lobes, unspecified
s 1101 Structure of midbrain
s 1102 Structure of diencephalon
s 1103 Basal ganglia and related structures
s 1104 Structure of cerebellum
s 1105 Structure of brain stem
s 11050 Medulla oblongata
s 11051 Pons
s 11058 Structure of brain stem, other specified
s 11059 Structure of brain stem, unspecified
s 1106 Structure of cranial nerves
s 1108 Structure of brain, other specified
s 1109 Structure of brain, unspecified

Da keine Verbindung zu den Körperfunktionen ausgewiesen ist, müssen sich GutachterInnen an der parallelen Kapitelstruktur von Körperfunktionen und -strukturen orientieren: Mentale Funktionen und Strukturen des Nervensystems (vgl. ICF 27).

Ebenso wie die ausgewählten Körperstrukturen können die kognitionsrelevanten Kategorien *Rehearsing (d 135)* des Bereichs *Basic learning* sowie *Focusing attention (d 160)* und *Solving problems (d 175)* des Bereichs *Applying knowledge (d 160–179)* in Beziehung zu den Kognitions- und Intelligenzfunktionen gesetzt werden (vgl. ICF 125ff., Tabelle 24, 25, 26 und 27).[217]

Im Gegensatz zu den Körperfunktionen, bei denen alle Kategorien durch In- und Exklusionen erläutert und größtenteils unterkategorisiert sind, sind nur zwei Kategorien des ersten Kapitels der Aktivitäts- und Partizipationsliste durch In- und Exklusionen sowie Unterkategorien präzisiert: *Acquiring skills*

---

217 Da die Bereiche *General tasks and demands* oder *Communication* gleichermaßen geistige Fähigkeiten erfordern und eine *geistige Behinderung* vielfältige Aktivitäts- und Partizipationsbereiche betreffen kann, können auch Relationen zwischen den ausgewählten Kategorien der körperlichen Dimension und diesen Bereichen bestehen (vgl. ICF 129ff., 133ff.).

(d 155) und *Solving problems (d 175).*[218] Allerdings sind keine Behinderungskategorien inkludiert, sondern nur Unterkategorien ein- und ähnliche Kategorien ausgeschlossen. Die positive beziehungsweise neutrale Formulierung der Kategorien gibt den generellen Sprachduktus der ICF wieder. Auch wenn die Kategorien *Thinking, Reading, Writing, Calculating* und *Making decisions (d 163–177)* jeweils eine oder zwei andere Kategorien dieses Kapitels ausschließen, enthält die Klassifikationsliste von Aktivität und Partizipation wesentlich weniger Informationen als die der Körperfunktionen (vgl. 4.3, Tabelle 24, ICF 126ff.).

Tabelle 24: Unterteilung des Kapitels Learning and Applying knowledge

Chapter 1 Learning and Applying knowledge	
This chapter is about learning, applying the knowledge that is learned, thinking, solving problems, and making decisions.	
Basic learning (d 130–d 159)	
d 130	Copying
d 135	Rehearsing
Applying knowledge (d 160–d 179)	
d 160	Focusing attention
d 163	Thinking
d 166	Reading
d 170	Writing
d 172	Calculating
d 175	Solving problems
d 177	Making decisions
d 179	Applying knowledge, other specified and unspecified
d 198	Learning and applying knowledge, other specified
d 199	Learning and applying knowledge, unspecified

Die ausgewählten Kategorien stehen in engem Zusammenhang zu den Kognitionsfunktionen und veranschaulichen dadurch das interaktive Verhältnis der ICF-Komponenten. So verweist die Kategorie *Focusing attention (d 160)* bereits sprachlich auf die Körperfunktionskategorie *Attention function* (vgl. Tabelle 20). Mit der Kategorie *Solving problems (d 175)* wird auf die Unterkategorie *problem solving (b 1646)* der Kategorie *Higher-level cognitive functions* Bezug genommen (vgl. Tabelle 22). Zwar ist die Kategorie *Rehearsing (d 135)* nicht mit identischen oder ähnlichen Termini beschrieben wie die Kategorie *Memory functions,* jedoch beziehen sie sich inhaltlich aufeinan-

---

[218] Von den Kategorien des ersten Kapitels der Körperfunktionen enthalten nur die *Intelligenz-* und die *Globalen Psychosozialen Funktionen (b117, b122)* keine Unterkategorien (vgl. ICF 49).

der (vgl. Tabelle 21). Trotz des inhaltlichen Zusammenhangs der Kategorien verweisen weder die Definitionen der Kognitionsfunktionen noch die der exemplarisch dargestellten Definitionen der Körperstrukturen beziehungsweise von Aktivität und Partizipation aufeinander (vgl. 5.1.1). Neben In- und Exklusionen fehlt demgemäß ein zusätzlicher Hinweis auf mögliche Relationen.

Tabelle 25: Definition der Kategorie Üben

d 135 Rehearsing
Repeating a sequence of events or symbols as a basic component of learning, such as counting by tens or practising the recitation of a poem.

Tabelle 26: Definition der Kategorie Aufmerksamkeit fokussieren

d 160 Focusing attention
Intentionally focusing on specific stimuli, such as by filtering out distracting noises.

Tabelle 27: Definition und Unterkategorien der Kategorie Probleme lösen

d 175 Solving problems
Finding solutions to questions or situations by identifying and analysing issues, developing options and solutions, evaluating potential effects of solutions, and executing a chosen solution, such as in resolving a dispute between two people. *Inclusions:* Solving simple and complex problems *Exclusions:* Thinking (d 163); making decisions (d 177)
d 1750 Solving simple problems Finding solutions to a simple problem involving a single issue or question, by identifying and analysing the issue, developing solutions, evaluating the potential effects of the solutions and executing a chosen solution.
d 1751 Solving complex problems Finding solutions to a complex problem involving multiple and interrelated issues, or several related problems, by identifying and analysing the issue, developing solutions, evaluating the potential effects of the solutions and executing a chosen solution.
d 1758 Solving problems, other specified
d 1759 Solving problems, unspecified

Es gibt keine Umweltfaktoren, deren Kategorien sich einschlägig auf *geistige Behinderungen* beziehen. Eine bedeutsame Funktion hat der Einsatz *Einfacher Sprache*, die das Lesen und Verstehen komplizierter Erklärungen für geistig behinderte Menschen erleichtert.[219] Da die gesellschaftliche Teilhabe geistig behinderter Menschen durch die Verwendung *Einfacher Sprache* erhöht wird, ist *Einfache Sprache* ein wichtiger Unterstützungsfaktor, auch wenn es in der Kategorienliste der Umweltfaktoren fehlt.

Normalismustheoretisch analysiert werden die Ergebnisse der Strukturanalyse durch die Untersuchung, wie *geistige Behinderung*en in der ICF kategorisiert werden, bestätigt. Die einzelnen Kategorien der Körperfunktionen verweisen auf die manifeste Gegenüberstellung von jeweils positiv beurteilten Körperfunktionen und negativ beurteilten Schädigungen. Diese starre Grenzvorstellung wird durch das Hinzukommen der anderen Komponenten aufgelöst, wie besonders das Fallbeispiel verdeutlicht. *Geistige Behinderungen* werden vor allem dadurch dynamisch aufgefasst, dass die Umweltfaktoren als Unterstützung einbezogen werden. Auch die nicht näher erklärten, variabel hinzuziehbaren Kategorien von Aktivität und Partizipation sowie der Umweltfaktoren unterstützen die flexibel-normalistische Ausrichtung des relationalen Ansatzes der ICF. Die exemplarische Analyse von *geistiger Behinderung* zeigt, dass dem individuellen Umfeld eines Menschen, der mit einer Behinderung lebt, eine hohe Bedeutung zugemessen wird. Entsprechend verfolgt die ICF bei Betrachtung der detaillierten Klassifikationsebenen sowohl proto- als auch flexibelnormalistische Strategien.

In der ICF sind ausschließlich Kategorien der Körperfunktionen, die Intelligenz- und die als Kognition zusammengefassten Aufmerksamkeits-, Gedächtnis- und höheren kognitiven Funktionen, im Zusammenhang mit *geistiger Behinderung* genannt. Diese können – je nach vorliegender Ausprägung – durch weitere Kategorien aller Komponenten ergänzt werden. Im Gegensatz zu den genannten Körperfunktionen sind die Kategorien der übrigen Komponenten nicht in den Erklärungstexten der Einleitung und des

---

219 Wie auf der homepage von *people first* erklärt, ist der Einsatz *Leichter Sprache* besonders hilfreich für Menschen mit Lernschwierigkeiten, jedoch auch für viele Menschen, wie beispielsweise Menschen mit Migrationshintergrund (vgl. http://www.people1.de/was_halt.html, 06.08.09). *People first* plädiert dafür, Menschen mit Lernschwierigkeiten nicht als geistig behinderte Menschen zu bezeichnen (http://www.people1.de/was_mensch.html, 06.08.09). Diese Aussage stimmt mit der im Kapitel *ICF and people with disabilities* dargelegten Intention der WHO überein, die Phrase »person with a problem in learning« zu verwenden (ICF 242). *Leichte Sprache* wird teils auch als *Einfache Sprache* bezeichnet, so bieten beispielsweise Rechtsanwaltskanzleien ihre Leistungen in dieser Sprache an und tragen hiermit zur Reduktion sprachlicher Barrieren bei (vgl. http://www.ra-tolmein.de, http://www.bg124.de/easy.html, 06.08.09). In der vorliegenden Arbeit wird der Begriff *Einfache Sprache* benutzt, um den Gegensatz des Adjektivs *schwer* sprachlich auszuschließen.

Anhangs erwähnt, sondern müssen von den AnwenderInnen der ICF auf die spezifische Lebenssituation eines behinderten Menschen bezogen werden. Kategorien verschiedener Komponenten können einander zugeordnet werden, mögliche Relationen sind jedoch nicht ausgewiesen. Der Klassifikationsteil der ICF spiegelt folglich nicht den genuin neuen Ansatz der ICF wider, die Komponenten in einem interaktiven Verhältnis zu beurteilen.

Die Untersuchung, wie *geistige Behinderungen* in der ICF konstruiert sind, weist nicht nur auf die umfangreichere Ausarbeitung der Körperfunktionen hin (vgl. 4.1). Sie verdeutlicht zudem die Diskrepanz zwischen der Intention, wie die ICF angewendet werden soll – dem biopsychosozialen, relationalen Ansatz – und der fehlenden Umsetzung interdimensionaler Bezüge im Klassifikationsteil.

5.2.2 Komplementäre Anwendung von ICF und ICD-10

In der ICF sind *geistige Behinderungen* eng mit der körperlichen Dimension verknüpft (vgl. 5.2.2, 4.2.5). Aufgrund dieser Orientierung wird exemplarisch untersucht, welche ICD-Diagnosen mit den Kognitions- und Intelligenzfunktionen in Beziehung stehen. Die mit der ICD-10 diagnostizierten Krankheiten werden im interdimensionalen Verhältnis der Komponenten – ebenso wie die Schädigungen – als Behinderung verursachend beurteilt (vgl. 4.2.5, ICF 18). Im Gegensatz zur Terminologie der ICF werden Krankheiten nicht über ihr Pendant als Abweichung von Gesundheit bezeichnet, sondern direkt als Krankheiten formuliert (vgl. WHO 1999: 403ff.).[220] Die positiven Bezeichnungen der ICF unterscheiden die ICF somit von der ICD-10 (und auch von der ICIDH) (vgl Tabelle 19 und 29).

Für *geistige Behinderungen* können verschiedene Krankheiten oder Störungen relevant sein wie »Psychische und Verhaltensstörungen«, »Krankheiten des Nervensystems« und »Angeborene Fehlbildungen, Deformitäten und Chromosomenanomalien« (WHO 1999: 339ff., 425ff., 867ff.).[221] Ausge-

---

220 Vgl. http://www.dimdi.de/static/de/klassi/diagnosen/icd10/htmlgm2008/fr-icd.htm, 06. 08.09

221 Um die ICF und ICD gemeinsam zu nutzen, könnte beispielsweise die ICD-Diagnose *Down Syndrom (Q 90)* mit daraus resultierenden oder gleichermaßen auftretenden weiteren Gesundheitsbedingungen, Schädigungen, Aktivitätsbeeinträchtigungen, Partizipationseinschränkungen und Umweltfaktoren in Beziehung gesetzt werden (vgl. WHO 1999: 923). Hierdurch würde sich die Kompatibilität beider Klassifikationen erweisen und die Lebenssituation des Menschen mit dieser Diagnose umfassend beschrieben.

hend von den Intelligenz- und Kognitionsfunktionen werden exemplarisch die Diagnosen der Intelligenzminderung sowie der Aktivitäts- und Aufmerksamkeitsstörungen ausgewählt, um das Verhältnis zu den ICF-Kategorien zu verdeutlichen (WHO 1999: 403ff., 414).

Während Ablenkbarkeit – und allgemein Aufmerksamkeitsstörungen – in der ICF als Schädigung der Aufmerksamkeitsfunktionen (und somit der Körperfunktionen) definiert sind, sind einfache Aktivitäts- und Aufmerksamkeitsstörungen in der ICD als Unterkategorie der Kategoriengruppe »Verhaltens- und emotionale Störungen mit Beginn in der Kindheit und Jugend, F 90–98« diagnostiziert (vgl. Tabelle 20, ICF 53, WHO 1999: 414). Ausgehend vom nahezu identischen Begriff ist unklar, wie sich Schädigungen der Aufmerksamkeitsfunktion und Aufmerksamkeitsstörungen unterscheiden. Letztere bilden die erste Unterkategorie der *Hyperkinetischen Störungen*, die als Verhaltensstörung und damit nicht als organisch bedingte Krankheit beschrieben sind:

»Diese Gruppe von Störungen ist charakterisiert durch einen frühen Beginn, meist in den ersten fünf Lebensjahren, einen Mangel an Ausdauer bei Beschäftigungen, die kognitiven Einsatz verlangen, und eine Tendenz, von einer Tätigkeit zu einer anderen zu wechseln, ohne etwas zu Ende zu bringen; hinzu kommt eine desorganisierte, mangelhaft regulierte und überschießende Aktivität. Verschiedene andere Auffälligkeiten können zusätzlich vorliegen. Hyperkinetische Kinder sind oft achtlos und impulsiv, neigen zu Unfällen und werden oft bestraft, weil sie eher aus Unachtsamkeit als vorsätzlich Regeln verletzen. Ihre Beziehung zu Erwachsenen ist oft von einer Distanzstörung und einem Mangel an normaler Vorsicht und Zurückhaltung geprägt. Bei anderen Kindern sind sie unbeliebt und können isoliert sein. Beeinträchtigung kognitiver Funktionen ist häufig, spezifische Verzögerungen der motorischen und sprachlichen Entwicklung kommen überproportional oft vor. Sekundäre Komplikationen sind dissoziales Verhalten und niedriges Selbstwertgefühl.« (WHO 1999: 414)

Gemäß dieser Definition ist eine Aufmerksamkeitsstörung durch auffälliges Verhalten charakterisiert (vgl. Tabelle 28). Zudem wird sie im Rahmen von hyperaktiven Verhaltensweisen betrachtet und somit im Zusammenhang mit einer die Erwartungen überschreitenden Aktivität beurteilt.

Tabelle 28: ICD-10 Diagnose zur Aufmerksamkeitsstörung

F 90.0   *Einfache Aktivitäts- und Aufmerksamkeitsstörung*   Aufmerksamkeitsdefizit bei: – Hyperaktivem Syndrom   – Hyperaktivitätsstörung   – Störung mit Hyperaktivität   *Exkl.*: Hyperkinetische Störung des Sozialverhaltens

Sind Aufmerksamkeitsfunktionen in der ICF konkret über den Gegenstand definiert, auf den die Konzentration gerichtet ist (vgl. Tabelle 20), ist dagegen der Oberbegriff *Hyperkinetische Störungen* (und somit auch Aufmerksamkeitsstörungen) in der ICD-10 durch Verhaltensweisen gekennzeichnet, die eine Person nicht durchgängig vollzieht, sondern unterbricht. Hiermit einhergehend werden das Sozialverhalten der Person (i.e. des Kindes) und die damit korrespondierende soziale Reaktion beschrieben, wodurch auf die gesellschaftliche Teilhabe rekurriert wird. Der Oberbegriff *Hyperkinetische Störungen* ist also durch die Beschreibung einer Situation charakterisiert, die den Komponenten Aktivität und Partizipation beziehungsweise deren Beeinträchtigungen entspricht.

Mit der ICF sind Aufmerksamkeitsstörungen als (Körper)-Funktionsschädigung und mit der ICD als Krankheit oder Störung definiert. Beide Klassifikationen überschneiden sich, indem sie auf die Lebenssituation des Menschen mit Aufmerksamkeitsstörungen Bezug nehmen. Es gibt jedoch keine konkreten Verweise, wann welche Klassifikation oder wie sie gemeinsam angewandt werden soll(en). Die Klassifikationen unterscheiden sich bereits durch ihren Ansatz: Während die ICD auf einem biomedizinischen Modell aufbaut, das auf das Individuum ausgerichtet ist, vertritt die ICF einen biopsychosozialen Ansatz. In der ICD-10 werden Aufmerksamkeitsstörungen als negatives Verhalten oder Symptomatik diagnostiziert, gleichzeitig wird auf die Lebenssituation der Person rekurriert.[222] In der ICD-10 auf einen Begriff Bezug genommen: Lebenssituation, der den Rahmen zur Beurteilung der Behinderungskomponenten in der ICF darstellt.

Während ICD und ICF eine *Aufmerksamkeitsstörung* inhaltlich ähnlich beurteilen, differieren sie in Terminologie und Einordnung des *Intelligenzbegriffs*. In der ICF sind die Intelligenzfunktionen als Mentale Funktionen den Körperfunktionen untergeordnet; mentale Schädigungen werden als signifikante Veränderung der intellektuellen Entwicklung bezeichnet (vgl.

---

[222] Die englische Originalausgabe der ICD-10 wurde 1992 und somit vor Veröffentlichung der ICF herausgegeben.

Tabelle 18, ICF 239). Dagegen sind in der ICD-10 verschiedene Formen einer »Intelligenzminderung« beziehungsweise Intelligenzverzögerung (im Original: mental retardation) diagnostiziert, wobei der Terminus *geistige Behinderung* in der deutschen ICD-10 als Synonym verwandt wird (WHO 1999: 404f., vgl. Tabelle 29). Die Begriffswahl der englischen ICD-10 *mental subnormality* konkretisiert die Orientierung an einem Normalmaß.[223] Definiert wird eine Intelligenzminderung mit der ICD-10 als

»Zustand von verzögerter oder unvollständiger Entwicklung der geistigen Fähigkeiten; besonders beeinträchtigt sind Fertigkeiten, die sich in der Entwicklungsperiode manifestieren und die zum Entwicklungsniveau beitragen, wie Kognition, Sprache, motorische und soziale Fähigkeiten« (WHO 1999: 403).

Im Gegensatz zur ICF-Definition wird mit der ICD-10 nicht die Intelligenz*entwicklung*, sondern der aktuelle *Zustand* einer verzögerten oder unvollständigen Entwicklung der geistigen Fähigkeiten festgestellt. Womit der Entwicklungsgrad als verzögert oder unvollständig verglichen und gemessen wird, ist nicht ausgeführt. Die unterschiedlichen Schwerpunktsetzungen lassen sich mit den verfolgten Ansätzen begründen, da der mit der ICD vertretene biomedizinische Ansatz im Vergleich zum biopsychosozialen Ansatz der ICF reduziert ist: Auch wenn mit beiden Klassifikationen jeweils der aktuelle Ist-Zustand beurteilt wird, wird die Intelligenzminderung – und damit auch eine *geistige Behinderung* – mit der ICD als Störung aufgefasst (vgl. Tabelle 29). Hingegen wird mit der ICF eine Schädigung der Intelligenzfunktionen im Zusammenhang mit den anderen individuellen und gesellschaftlichen Komponenten betrachtet. Wie jede Behinderung wird auch eine *geistige Behinderung* in der ICF nicht mit der Schädigung gleichgesetzt, sondern als Ergebnis des interdimensionalen Verhältnisses beziehungsweise der komplexen Beziehung zwischen Gesundheitsbedingungen und Kontextfaktoren verstanden (vgl. ICF 19). Die Behinderung ist demgemäß veränderbar, was ICF und ICD signifikant unterscheidet. Eine hinreichende Kategorisierung *geistiger Behinderungen* mit der ICD ist dagegen kaum möglich. Daher bietet die ICF mit dem interrelationalen Verhältnis der Komponenten eine ausgearbeitete Konzeption zur Beurteilung *geistiger Behinderungen*; sie geht somit weit über die ICD hinaus.

---

223 vgl. http://www.who.int/classifications/apps/icd/icd10online/?gf70.htm+f70, 06.08.09

Tabelle 29: ICD-10 Diagnosen zur Intelligenzminderung

Intelligenzminderung (F70 – F79)
F 70 Leichte Intelligenzminderung IQ-Bereich von 50–69 (bei Erwachsenen Intelligenzalter von 9 bis unter 12 Jahren). Lernschwierigkeiten in der Schule. Viele Erwachsene können arbeiten, gute soziale Beziehungen unterhalten und ihren Beitrag zur Gesellschaft leisten. *Inkl.:* Debilität, Leichte geistige Behinderung
F 71 Mittelgradige Intelligenzminderung IQ-Bereich von 35-49 (bei Erwachsenen Intelligenzalter von 6 bis unter 9 Jahren). Deutliche Entwicklungsverzögerung in der Kindheit. Die meisten können aber ein gewisses Maß an Unabhängigkeit erreichen und eine ausreichende Kommunikationsfähigkeit und Ausbildung erwerben. Erwachsene brauchen in unterschiedlichem Ausmaß Unterstützung im täglichen Leben und bei der Arbeit. *Inkl.:* Mittelgradige geistige Behinderung
F 72 Schwere Intelligenzminderung IQ-Bereich von 20–34 (bei Erwachsenen Intelligenzalter von 3 bis unter 6 Jahren). Andauernde Unterstützung ist notwendig. *Inkl.:* Schwere geistige Behinderung
F 73 Schwerste Intelligenzminderung IQ unter 20 (bei Erwachsenen Intelligenzalter unter 3 Jahren). Die eigene Versorgung, Kontinenz, Kommunikation und Beweglichkeit sind hochgradig beeinträchtigt. *Inkl.:* Schwerste geistige Behinderung
F 74 Dissoziierte Intelligenzminderung Es besteht eine deutliche Diskrepanz (mindestens 15 IQ-Punkte) z.B. zwischen Sprach-IQ und Handlungs-IQ.
F 78 Andere Intelligenzminderung Diese Kategorie soll nur verwendet werden, wenn die Beurteilung der Intelligenzminderung mit Hilfe der üblichen Verfahren wegen begleitender sensorischer oder körperlicher Beeinträchtigungen besonders schwierig oder unmöglich ist, wie bei Blinden, Taubstummen, schwer verhaltensgestörten oder körperlich behinderten Personen.
F 79 Nicht näher bezeichnete Intelligenzminderung Die Informationen sind nicht ausreichend, die Intelligenzminderung in eine der oben genannten Kategorien einzuordnen. *Inkl.:* Geistig: Behinderung o.n.A., Defizite o.n.A.

Mit der Beurteilung des Störungsausmaßes fällt die Kodierung von verschiedenen Störungsvarianten zusammen. Somit wird das Ausmaß einer Verhaltensstörung klassifiziert (vgl. Tabelle 30), auch wenn der Grad der Intelligenzminderung bereits durch die Kategorie (F70–F79) festgelegt ist (vgl. Tabelle 29). Während die Intelligenzminderungsdiagnosen über das Medium des Intelligenzquotienten differenziert werden, ist fraglich, was als Ausmaß einer Störung diagnostiziert wird. Stellt der Begriff *Verhaltensstörung* ein Synonym für die Intelligenzminderung dar? Warum sowohl Ausmaß als auch Störung der Intelligenzminderung beurteilt werden, bleibt unklar.

Tabelle 30: Beurteilungsfaktoren der ICD-Diagnose Intelligenzminderung

Beurteilungsfaktor	Ausmaß der Störung
.0	Keine oder geringfügige Verhaltensstörung
.1	Deutliche Verhaltensstörung, die Beobachtung oder Behandlung erfordert
.8	sonstige Verhaltensstörung
.9	Ohne Angabe einer Verhaltensstörung

Der Schweregrad der Intelligenzminderung wird »übereinstimmungsgemäß […] mittels standardisierter Intelligenztests[224] festgestellt« (WHO 1999: 403). Standardisierte Intelligenztests stellen zwar das entscheidende, jedoch nicht das ausschließliche Kriterium dar, da sie »durch Skalen zur Einschätzung der sozialen Anpassung in der jeweiligen Umgebung erweitert werden« können (WHO 1999: 403). Diese Beschreibung sowie die des englischen Originals: »These can be supplemented by scales assessing social adaptation in a given environment« (WHO 2007b) beziehen sich mit der Formulierung *in der jeweiligen Umgebung/in a given environment* auf die aktuelle Umwelt des Individuums. Auch die Ausführungsfähigkeit ist in der ICF über die gegenwärtige individuelle Umwelt definiert (vgl. ICF 15, 214, 239). Die Begriffswahl verdeutlicht, dass sich beide Klassifikationen auch hinsichtlich dieses Merkmals einer *geistigen Behinderung* aufeinander beziehen.

Die Bedeutung einer *geistigen Behinderung* wird – wie an der Intelligenzminderung konkretisiert – mit der ICD biomedizinisch beurteilt. Sie er-

---

[224] Die kritische Diskussion über die Funktion von Intelligenztests kann in der vorliegenden Untersuchung nicht angemessen dargestellt werden. Intelligenztests können nur vor ihrem zeitgeschichtlichen Hintergrund verstanden werden, ihre Ergebnisse entstehen unter Testbedingungen. Zudem geben sie nur über die Dinge Auskunft, die sie abfragen. Von den konkreten Ergebnissen lassen sich daher keine Aussagen über die generelle Intelligenz eines Menschen ableiten (vgl. ausführlich Schuck/Lemke 2005, Schuck 2004: 353ff., Siebert 2004).

schließt sich jedoch erst in Relation zu der gesellschaftlichen Lebenssituation, wie sich an der Bezugnahme auf das gegenwärtige, individuelle Lebensumfeld zeigt.[225] Dies ist durch das interaktive Verhältnis der Komponenten in der ICF verankert; in der ICD wird es in den Definitionen der Aufmerksamkeitsstörung und der Intelligenzminderung angedeutet.

Aus normalismustheoretischer Perspektive erweitert die Untersuchung der komplementären Anwendung von ICF und ICD die Ergebnisse, wie *geistige Behinderung* in der ICF konstruiert ist, und spitzt sie sogar noch zu. Die ICD-Diagnosen haben die Funktion eines Katalysators für die ICF. Während die ICD-Diagnosen einerseits ebenso wie die Kategorien der Körperfunktionen eine *geistige Behinderung im* Individuum verorten, weisen sie andererseits mit der Beachtung des sozialen Umfelds darauf hin, wie bedeutsam die übrigen Komponenten der ICF: Aktivität, Partizipation und Umweltfaktoren sind. Mit der ICD-Diagnose Intelligenzminderung wird eine protonormalistische Strategie verfolgt, weil sich die Diagnose auf genaue Zuweisungen von IQ-Werten gründet und dadurch eine »stabile Grenze, eine Stigma-Grenze« gezogen wird (Link 1999: 79). Zugleich sind die Vorstellungen von Aufmerksamkeitsstörungen in der ICD und sogar die der Intelligenzminderung variabel und dynamisch, da bei der ersten auf die sozialen Reaktionen und ebenso wie bei der zweiten auf die gegenwärtige, veränderbare Umwelt des Individuums Bezug genommen wird. Setzt man diese vorsichtigen Hinweise der ICD in Beziehung zu den untersuchten Kategorien der ICF und berücksichtigt deren interdimensionales Verhältnis der Komponenten, so liegen auch bei komplementärer Anwendung von ICF und ICD beide: proto- und flexibelnormalistische Strategien vor. Je nach dem, welche Gewichtung GutachterInnen vornehmen, ob sie sich eher an der ICD oder der ICF orientieren beziehungsweise die sekundären Hinweise auf das soziale Umfeld einbeziehen, werden *geistige Behinderungen* eher starr als Negativvariante (Störung beziehungsweise Intelligenzminderung) oder differenziert und variabel als Phänomen einer Bandbreite verschiedenster Aufmerksamkeits- und Kognitionsfunktionen beurteilt (vgl. Link 1999: 79). Die Gewichtung der GutachterInnen kann durch ihre individuellen Einstellungen, Glaubens- oder Wertvorstellungen begründet sein, die mit der ICF sogar als relevante Umweltfaktoren klassifiziert werden können.[226] Die

---

225 Die hohe Bedeutung der Umweltfaktoren (und besonders von Barrierefreiheit) lässt sich auch für Menschen mit neurogenen Kommunikationsstörungen wie beispielsweise Aphasie herausstellen (vgl. Threats 2007).
226 »*e 450 Individual attitudes of other health professionals: General or specific opinions and beliefs of health professionals about the person or about other matters (e.g. social, political and econo-*

ICF-Kategorisierung verdeutlicht, dass die GutachterIn die Beurteilung der *geistigen Behinderung* entscheidend beeinflussen kann. Dies zeigt sich bereits an der ausgewählten Klassifikation und auch an den zugewiesenen Kategorien. Die ICD-Diagnosen vertreten tendenziell eher eine reduzierte, protonormalistische Strategie, auch wenn sie die Bedeutung der sozialen Umwelt aufnehmen. Hingegen gründet sich die Beurteilung der Aufmerksamkeits- und Intelligenzfunktionen mit der ICF auf eine umfassendere und damit flexibelnormalistische Perspektive von Behinderung, sofern die untersuchten Funktionen interrelational beachtet werden.

Vergleicht man, wie *geistige Behinderungen* exemplarisch anhand der ausgewählten ICF-Kategorien und ICD-Diagnosen abgebildet sind, so sind sie in der ICF in mehrere Kategorien aufgeteilt, in der ICD wird der Begriff *geistige Behinderung* dagegen als Synonym für eine Intelligenzminderung verwendet. Was bedeutet die Aufgliederung des gesellschaftlich geläufigen Begriffs *geistige Behinderung* in mehrere Kategorien: zum einen für behinderte Menschen und zum anderen für GutachterInnen? Laut Hollenweger erlaubt es die ICF, »nicht nur, sich von den zu Etiketten verkürzten Beschreibungen zu lösen, sondern vermeidet somit auch ›á priori‹ definierte Behinderungen« (2003: 7). Grundlage hierfür ist die Differenzierung in einzelne Kategorien, die ein Umdenken für GutachterInnen erfordert, da diese es – besonders bei der Arbeit in der Klinik – gewohnt sind, ICD-Diagnosen zuzuweisen. Dem Individuum, dessen Behinderung in Kategorien beurteilt wird, entspricht eine differenzierte Beschreibung seiner Lebenssituation eher, da der Oberbegriff *geistige Behinderung* entweder als nicht aussagekräftig oder als stigmatisierend wahrgenommen wird (vgl. Julius 2000: 185ff., Wendeler/Godde 1999: 315).[227] Es lässt sich folgern, dass die umfangreiche Konstruktion des Gegenstandes durch die ICF eine Beeinträchtigung der kognitiven Entwicklung angemessener abbildet als die ICD. Hierbei muss eingeschränkt werden, dass sich dieses Ergebnis nur auf die untersuchten Kategorien und Diagnosen bezieht.

---

mic issues), that influence individual behaviour and actions.« (ICF 191).
227 Dem Selbstkonzept *geistig behinderter* Menschen entspricht es nicht, sich als *geistig behindert* wahrzunehmen. Stattdessen beschreiben sie die konkreten eigenen Schwierigkeiten, vornehmlich Schwierigkeiten mit den Kulturtechniken beziehungsweise den Kognitionsfähigkeiten (vgl. die Ergebnisse der qualitativen Studien von Wendeler/Godde 1999:309ff., Julius 2000:187ff.).

5.3 Fazit der Feinanalyse

Die Untersuchungsergebnisse der Feinanalyse schärfen diejenigen der Strukturanalyse. Mehrheitlich werden sie bestätigt, teils auch genauer gefasst. Die Untersuchung der sprachlichen Mittel macht deutlich, wie heterogen die Vorstellungen von Behinderung in der ICF sind. Die Analyse, wie *geistige Behinderung* in der ICF (und gleichermaßen in der ICD) konstruiert ist, zeigt, dass eine *geistige Behinderung* ausschließlich auf der körperlichen Dimension verankert ist. Hingegen sind für die übrigen Komponenten keine Kategorien einer beeinträchtigten kognitiven Entwicklung angegeben, genauso wenig ist im Klassifikationsteil auf die postulierte Interaktivität der Komponenten verwiesen.

Die Textoberfläche der ICF unterstützt ihre inhaltliche Struktur: Während die Einleitung Funktion, Bedeutung und Anwendung der ICF erklärt und der Anhang diese vertieft, konzentriert sich der Klassifikationsteil auf das »Skelett« der konkreten Kategorien (vgl. 5.1.1). Diskrepanzen bestehen zwischen inhaltlich dargelegter Intention in den Textpassagen von Einleitung und Anhang und der Ausführung der Kategorien im Klassifikationsteil. Auch wenn in Einleitung und Anhang das interaktive Verhältnis der Komponenten betont wird, ist dies im Klassifikationsteil nicht umgesetzt: So ist weder die Bedeutung der Körperstrukturen inhaltlich erklärt, noch ihre Kategorien, In- und Exklusionen definiert. Dies führt generell zu einer Verkürzung, wie diese Komponente zu verstehen ist. Angesichts der praktischen Bedeutung der ICF würden Ergänzungen ihre Verwendung (besonders für Fachleute nichtmedizinischer Disziplinen) vereinfachen. Des Weiteren würden sie die Bedeutung der Körperstrukturen – speziell die einzelnen Kategorien betreffend – für das Behinderungsverständnis der ICF präzisieren. Weiterhin wäre es für die Anwendung der ICF nützlich, Relationen zwischen Kategorien unterschiedlicher Komponenten aufzuzeigen, wie zwischen den Körperfunktionen: *Attention Functions, Memory functions, Higher cognitive functions* und den Kategorien der Aktivitäts- und Partizipationsliste *Focusing Attention, Rehearsing, Solving problems* veranschaulicht (vgl. 5.2.1). Durchgängige Relationen zwischen den Kategorien auszuweisen, entspräche zudem dem Anspruch des biopsychosozialen Ansatzes.

Die Sprache – die verwendeten oder auch fehlenden Stilmittel – stellt ein Bindeglied zwischen Form und Inhalt dar, wobei die Form den Inhalt unterstützt. Das Stilmittel der Wiederholung fungiert als Katalysator, da es die markanten Merkmale der ICF – die positive Terminologie, die

Gegensatzpaare, Hauptbegriffe, Kodierungsrichtlinien und Beurteilungsskala – verstärkt (vgl. 5.1.2). Diese belegen zudem die in der ICF vertretenen proto- und flexibelnormalistischen Strategien, wobei die Gegensatzpaare, die ausschließlich negative Klassifizierung mit der Beurteilungsskala die protonormalistische Polarität von Funktionsfähigkeit und Behinderung begründen (vgl. Tabelle 14). Neben dieser protonormalistischen Ausprägung weisen die wiederholten Definitionen der Oberbegriffe Funktionsfähigkeit und Behinderung auf die flexibelnormalistischen Züge der ICF hin, da diese Begriffe über das interaktive Verhältnis der Komponenten definiert sind. Auch das Kennzeichen der positiven Terminologie verstärkt die inhaltliche Reflexion über die Bezeichnung *Behinderung* in den ethischen Richtlinien und kennzeichnet als leitender Sprachduktus die differenzierte, flexibelnormalistische Strategie (vgl. 4.2.4).

Die WHO verankert die ICF als internationale Klassifikation von Behinderung nicht nur über die Bezugnahme auf die ISO 9999, sondern auch durch die generelle Referenz auf die Standard Rules on the Equalization for Persons with Disabilities und auch die internationale Organization for Standardization (ISO) auf globaler Ebene (vgl. 5.1.3). Die Verbindung zur ISO stellt den biopsychosozialen Ansatz der ICF auf standardisierte Füße. Für das Verständnis von Behinderung ist es entscheidend, dass die gesellschaftliche Perspektive von Behinderung über die Standard Rules als Menschenrechtsdokument und die Klassifikation technischer Hilfsmittel untermauert ist. Diese Gewichtung steht im Gegensatz zur Ausrichtung auf die körperliche Dimension. Sie stärkt das interdimensionale Verständnis von Behinderung.

Eine *geistige Behinderung* ist in der ICF nur geringfügig, in einem Fallbeispiel, interdimensional konstruiert (vgl. 5.2.1). Erst wenn die relevanten Kategorien aller Komponenten zur Abbildung einer *geistigen Behinderung* hinzugezogen werden, wird die individuelle Lebenssituation umfassend berücksichtigt. Die Kategorienstruktur ermöglicht zwar, Kategorien in Beziehung zueinander zu setzen; dies erfordert jedoch von GutachterInnen eine hohe Kenntnis der ICF, da Relationen zwischen den Kategorien verschiedener Komponenten nicht angegeben sind.

Was sagt es über das Behinderungsverständnis der ICF aus, wenn *geistige Behinderungen* nur durch die Kognitions- und Intelligenzfunktionen abgebildet sind? Entgegen dem in der Einleitung postulierten interaktiven Verständnis von Behinderung ist die körperliche Dimension übermäßig herausgestellt, auch wenn die Leistungs- und Ausführungsbeeinträchtigung sowie die Partizipationseinschränkung und Umweltfaktoren entscheidend für die individuelle Lebenssituation sind (vgl. auch das Fallbeispiel ICF 239). Überprüft man die Bedeutung dieser Komponente an ihrer Definition, so ist sie relevant für die Beeinträchtigung der kognitiven Entwicklung (vgl. 4.1.1, 5.2). Aus dieser engen Bindung von *Geistigen Behinderungen* an die Körperfunktionen folgt jedoch nicht, dass die Körperfunktionen weniger zu beachten sind, sondern dass Aktivität, Partizipation und Umweltfaktoren ausführlich erforscht und ihre kategoriale Ebene umfassend ausgearbeitet werden müssten. Mit dieser Schlussfolgerung wird das Ergebnis der Strukturanalyse bestätigt und verstärkt.

Der enge Zusammenhang zwischen ICF und ICD verdeutlicht sich besonders an der Komponente der Körperfunktionen (und -strukturen), wie an den ausgewählten Kategorien einer Beeinträchtigung der kognitiven Entwicklung aufgezeigt (vgl. 5.2.2). Während die ICD-Diagnosen nur auf Krankheiten, Verletzungen und Störungen bezogen sind und hierdurch die Betrachtung der Lebenssituation mit einer Behinderung verkürzt ist, ist die Beurteilung mit der ICF hingegen umfassend, wenn auch noch nicht detailliert genug. Die allein auf körperliche und psychische Störungen reduzierte Beurteilung der ICD resultiert aus der medizinischen Betrachtungsweise von Behinderung, die auf die lange Tradition der WHO zurückzuführen ist, Krankheiten zu klassifizieren. Daher ist abzuwägen, wie ein vorliegendes Phänomen *Geistiger Behinderungen* mit ICF und ICD komplementär beurteilt werden kann. Hierbei sollten die ICF-Kategorien stärker gewichtet werden, da mit ihnen die individuelle Lebenssituation umfassend klassifiziert werden kann.

Für die Beurteilung von Intelligenz und Aufmerksamkeit ist die gemeinsame Anwendung beider Klassifikationen nicht notwendig, sofern keine organische Krankheit oder Störung vorliegt: Es reicht, die ICF anzuwenden. Zur Einschätzung anderer Phänomene, die mit einer *geistigen Behinderung* assoziiert werden, ist der komplementäre Einsatz dann sinnvoll, wenn hirnphysiologische, organische oder psychische Veränderungen im Zusammenhang mit der *geistigen Behinderung* stehen. Da die Lebenssituation eines Menschen mit einer Behinderung, einer chronischen Krankheit oder länger andauernden Störung (wie beispielsweise Allergien) mit der ICF umfassend abgebildet werden kann, ist es sinnvoll, das Anwendungsspektrum der ICF zu erweitern und chronische Krankheiten oder Störungen nicht nur mit der ICD, sondern komplementär zu beurteilen. Bei jeder Klassifizierung ist jedoch zu beachten, dass die individuellen Einstellungen von GutachterInnen die Wahl der Kategorien beeinflussen können (vgl. 5.2.2).

Das Phänomen *geistige Behinderung* kann adäquat erfasst werden, wenn es interdisziplinär erforscht wird und je nach Behinderung relevante Disziplinen hinzugezogen werden. Hierzu können beispielsweise Behindertenpädagogik, Disability Studies, Soziologie, Sprachwissenschaften, Architektur, Städtebau und Maschinenbau gehören. Die Medizin ist dementsprechend als Disziplin gefordert, sich auf die körperliche Dimension einer Behinderung (auf Schädigungen und health condition/Gesundheitsbedingungen) zu konzentrieren. Entsprechend dem biopsychosozialen Ansatz der ICF müsste sie daher ihre dominante Stellung aufgeben, damit Aktivität, Partizipation und Umweltfaktoren (sowie Personbezogene Faktoren) – und interdimensional auch die Körperfunktionen und -strukturen – in Kooperation mit anderen wissenschaftlichen Perspektiven untersucht werden können.

Für die Konstruktion von Behinderung und Normalität in der ICF ergibt sich, dass auch der Einsatz sprachlicher Mittel und die Abbildung *geistiger Behinderung* das Verhältnis beider normalistischer Strategien bestätigen und schärfen: Die protonormalistische Dichotomie von Funktionsfähigkeit und Behinderung, positiven/negativen Termini sowie der ausschließlich negativen Klassifizierung mit den Beurteilungsskalen wird durch das interdimensionale Verständnis von Behinderung, im Speziellen *geistiger Behinderung*, flexibilisiert. Besonders der Sprachstil und die komplementäre Betrachtung mit der ICD verstärken die unterschiedlichen Perspektiven auf Behinderung, die im biopsychosozialen Ansatz inhärent enthalten sind.

6 Gesamtanalyse

In der Gesamtanalyse werden die bisherigen Ergebnisse aus Struktur- und Feinanalyse re-interpretiert, indem die ICF als Gesamtwerk abschließend untersucht wird (vgl. 3.3.2). In Struktur- und Feinanalyse sind Themen und Haupttermini, die die inhaltliche Struktur der ICF kennzeichnen, die sprachlichen Mittel sowie die Abbildung des Phänomens *geistige Behinderung* in der ICF untersucht worden. Darüber hinaus lassen sich in der ICF auch Inhalte und Deutungsmuster identifizieren, die sich durch die gesamte ICF ziehen. Daher wird in einem weiteren Schritt der Diskurs über Behinderung in der ICF analysiert und die in der ICF enthaltenen Diskursstränge herausgearbeitet (vgl. 3.2.1). Im Anschluss an die Diskursstranganalyse wird untersucht, ob die ICF ihren Anspruch erfüllt, einen biopsychosozialen Ansatz zu vertreten, der die konzeptionelle Grundlage der ICF bildet. Vor dem Hintergrund der Klassifikationsanalyse werden ihre Ergebnisse auf die Leitfrage zugespitzt, wie Behinderung und Normalität in der ICF konstruiert sind.

6.1 Diskursstranganalyse

Was für Deutungsmuster von Behinderung herrschen in der ICF vor? Mehrere Deutungsmuster ziehen sich durch die Klassifikation hindurch und lassen sich anhand spezifischer Aussagen und Formulierungen identifizieren. Drei Diskursstränge sind auf den ersten Blick erkennbar: ein medizinischer, ein gesellschaftlicher und ein rehabilitativer. Der medizinische Diskursstrang rekurriert jedoch nicht nur auf den medizinischen, sondern auch auf den humanbiologischen Fachdiskurs, der sich mit dem Menschen als Forschungsgegenstand befasst. Dagegen enthält der gesellschaftliche Diskursstrang Elemente von Fachdiskursen, die die gesellschaftliche Situation von behinderten Menschen strukturell betrachten. Während diese beiden Diskursstränge die ICF eindrücklich prägen, steht der rehabilitative eher im Hintergrund. Im Folgenden wird herausgearbeitet, ob die Diskursstränge widersprüchlich oder in eine ähnliche Richtung argumentieren. Worauf deuten die identifizierten Diskursstränge hin? Und: Sind in der ICF noch weitere Diskursstränge oder -fragmente enthalten?

Das Vorliegen unterschiedlicher Diskursstränge lässt sich exemplarisch an einer Textstelle des Anhangskapitels *ICF and people with disabilities* belegen. Auf Seite 242f. wird konstatiert, dass die Vermutung, Behinderung sei neben Gesundheitsbedingungen und Schädigungen auch durch Barrieren der Umwelt bedingt, in eine Forschungsagenda transformiert werden müsse. Bestätigte sich diese Vermutung, könne dies die soziale Situation grundlegend verändern:

»The political notion that disability is as much the result of environmental barriers as it is of health conditions or impairments must be transformed, first into a research agenda and then into valid and reliable evidence. This evidence can bring genuine social change for persons with disabilities around the world.« (ICF 243)

Diese Textstelle verweist zum einen auf die Beziehung zwischen einschränkenden Umweltfaktoren und Behinderung, was sich als gesellschaftliche Deutung von Behinderung charakterisieren lässt. Dies wird auch durch die häufige Erwähnung in der ICF unterstützt, dass negative Einstellungen gegenüber behinderten Menschen als Barrieren fungieren (vgl. 4.1.3, 4.2.5 und ICF 239f.). Zum anderen wird betont, dass die Bedeutung externer Barrieren belegt werden muss, bevor diese als Ursache von Behinderung akzeptiert werden können. Dieser Zweifel an der als politisch bezeichneten These charakterisiert den Duktus, in dem die ICF verfasst ist. Offensichtlich ist, dass die Verursachung von Behinderungen durch Schädigungen oder Gesundheitsbedingungen bereits als evident anerkannt ist – nicht verwunderlich für die ICF als eine in einer langen biomedizinischen Tradition stehende Klassifikation (vgl. 3.1.1).

Der medizinische Diskursstrang ist durch mehrere Elemente gekennzeichnet. Hierzu gehören die Hierarchisierung der Komponenten – die stärkere Ausarbeitung von Körperfunktionen und -strukturen gegenüber Aktivität, Partizipation und den Umweltfaktoren – sowie die grundlegende Bedeutung, die Gesundheitsbedingungen und Schädigungen als Basis von

Behinderungen zugemessen wird.[228] An diese Schwerpunktsetzung schließt der neue Leitbegriff der ICF an: Gesundheit. Mit diesem Leitbegriff wird die Orientierung an der Funktionsfähigkeit eines Menschen verstärkt und Behinderung gleichzeitig in einem größeren Rahmen betrachtet (vgl. 4.2.2). Ebenso wie im Krankheitsdiskurs wird die Förderung der Gesundheit als vorrangig erachtet; Maßnahmen zur Erleichterung von Behinderungen werden am Ziel der Gesundheitsförderung ausgerichtet (vlg. ICF 3, 5f., 247). Behinderung wird zum WHO-Rahmenkonzept in Beziehung gesetzt, wodurch das medizinisch orientierte Deutungsmuster unterstützt wird (vgl. 4.3). Die Bedeutung, die genetischen Faktoren in der ICF zugemessen wird, belegt ebenfalls den medizinischen Diskursstrang. Genetische Faktoren werden in der ICF als Bestandteil des Individuums betrachtet und verweisen auf die individuelle Verantwortung, allerdings auch die individuelle Situation, mit einer Behinderung zu leben (vgl. 4.2.1, ICF 240).

Wie stark der medizinische Diskursstrang das Verständnis von Behinderung in der ICF prägt, zeigt auch die Zuordnung von psychischen Kategorien beziehungsweise Lebenseinstellungen[229] zu den Körperfunktionen. Diese Kategorien sind explizit in der Definition der Körperfunktionen inbegriffen, ihre spezifische Bedeutung wird in den konkreten Ausführungen zu dieser Komponente jedoch nicht erklärt (vgl. 4.1.1, ICF 213, 12f.). Zudem ist nicht nachzuvollziehen, mit welcher Begründung beispielsweise die Kategorie Optimismus als Körperfunktion verstanden wird, da sie als psychische Funktion im Zusammenhang mit der individuellen Lebenssituation steht. Daher wäre es notwendig, auf die Relation zur Partizipation an Lebenssituationen oder auch auf die noch nicht entwickelten Personbezogenen Faktoren hinzuweisen, um diese Kategorie angemessen beurteilen zu können (vgl. 4.1.4, ICF 11, 17). Stattdessen sind diese psychischen Kategorien »stillschweigend« unter die Komponente der Körperfunktionen subsumiert worden. Dies ist als Reduktion ihrer umfassenden, eine Lebenseinstellung charakterisierenden Bedeutung zu bezeichnen. Da den psychischen Faktoren in der ICF nur eine geringe Bedeutung zugemessen wird, besteht kein eigenständiger psychischer Diskursstrang oder Diskursfragment. Dies ist jedoch dahingehend erstaunlich, da psychische Faktoren besonders die individuelle

---

228 Vgl. ausführlicher 4.1.1, 4.2.5, 4.3, 5.2 sowie unter anderem die Klassifikationslisten (vgl. ICF 45ff.) und die Schwerpunktsetzung der Körperfunktionen (vgl. ICF 221f.)
229 Diese Zuordnung verdeutlicht sich besonders an den Unterkategorien von *Temperament und Persönlichkeitsfunktionen (b 126)* wie zum Beispiel *Optimismus (b 1265)*.

Dimension charakterisieren und das Individuum eine zentrale Funktion hat: Seine Behinderung wird klassifiziert.

Der gesellschaftliche Diskursstrang wird durch die Charakteristika verdeutlicht, die sich an Teilhabe orientieren. Dazu gehören primär das Wechselverhältnis von Individuum und Gesellschaft, in welchem Behinderung beurteilt wird, sowie die Beachtung der räumlichen und sozialen Erfahrungen des Individuums (vgl. 4.2.5, ICF 18). Die individuellen und gesellschaftlichen Umweltfaktoren sind sogar konkret in Relation zu den übrigen Komponenten gesetzt (vgl. 4.1.3, ICF 16ff., 225ff., 229ff.). Auf dieser Grundlage wird das Vorliegen von Barrieren und der Bedarf an Unterstützungsfaktoren erhoben. Dass die Bedeutung genetischer Faktoren anhand ihrer Auswirkungen für die Teilhabe eines Menschen reflektiert wird und diese Faktoren dadurch interdimensional eingebunden sind, charakterisiert den gesellschaftlichen Diskursstrang.

Dieser Diskursstrang wird durch die Betonung eines relationalen Verhältnisses aller Komponenten geprägt. Hinzu kommt die Orientierung am Subjekt: seinem Wohlbefinden und seiner Lebensqualität, seiner Perspektive auf die Klassifizierung der eigenen Behinderung und auch die Aufnahme der (wenn auch noch auszuarbeitenden) Personbezogenen Faktoren in die ICF (vgl. 4.2.6, 4.2.7, 4.1.4, ICF 19, 211, 251). Darüber hinaus kennzeichnet die Bezugnahme auf die UN-Richtlinien, die *Standard Rules on the Equalization of Opportunities for Persons with Disabilities*, den gesellschaftlichen Diskursstrang, da diese Richtlinien mit ihrem Menschenrechtsansatz bedeutsam sind für das Leben behinderter Menschen (vgl. 5.1.3, ICF 5f.).

Ein bedeutsames Kennzeichen des gesellschaftlichen Diskursstranges in der ICF ist die neue Komponente der Umweltfaktoren. Sie sind jedoch in geringerem Maß als die Körperfunktionen ausgearbeitet, was auf die mangelnde Ausstattung der *Environmental Task Force* zurückzuführen ist. Dies erklärt die Vorsitzende Rachel Hurst vor dem politischen Hintergrund, wie behinderte Menschen in den Entwicklungsprozess der ICF eingebunden waren:

»Disabled people were involved in the official revision process when it started in the early 1990s, but their participation was rather ad hoc and they had none of the financial resources of the other experts and collaborating centres involved. […] The revision process did realize that the environmental dimension needed to be introduced in a significant way into the classification but there was tension on how that could be done. This obstacle was overcome by the Centre of Disease Control (CDC) in the USA, who in 1998 provided funding to set up an Environmental Task Force (ETF).« (Hurst 2003: 574)

Im Gegensatz zu den anderen Expertengruppen und Kooperationszentren wurde die Expertengruppe für die Entwicklung der Umweltfaktoren später eingesetzt und finanziell schlechter gestellt. Die späte Gründung der Expertengruppe für Umweltfaktoren ist verwunderlich, da dem nordamerikanischen Kooperationszentrum[230] bereits seit Beginn des Revisionsprozesses der ICIDH im Jahr 1993 die Aufgabe oblag, die Kontextfaktoren berücksichtigende Handicap-Komponente der ICIDH zu überarbeiten (vgl. ICF 247f.). In der Zusammenfassung des Revisionsprozesses wird kritisch angemerkt, dass die meisten Vorschläge für die Entwicklung der Umweltfaktoren als eigenständiger Komponente »at the stage of theoretical development and empirical testing« verblieben (ICF 247). Hier schließt sich der Kreis zur vergleichsweise schlechten Ausstattung der Environmental Task Force. Um die Umweltfaktoren im in der ICF proklamierten Sinn zu nutzen, wäre es sinnvoll, die Expertengruppe so auszustatten, dass sie diese Komponente fundiert ausarbeiten kann (vgl. 4.1.3).

Der gesellschaftliche Diskursstrang ist nicht nur durch die Charakteristika der Teilhabe oder die Verursachung von Behinderung durch Umweltbarrieren, sondern auch durch eine Stellungnahme zur politischen Verwendung der ICF gekennzeichnet:

»ICF is not directly a political tool. Its use may, however, contribute positive input to policy determination by providing information to help establish health policy, promote equal opportunities for all people, and support the fight against discrimination based on disability.« (ICF 250)

Diese Bezugnahme auf gesundheits-wie behinderungspolitische Sachverhalte verdeutlicht, dass die ICF heterogen interpretiert wird und in unterschiedlichen Aufgabenfeldern eingesetzt werden kann. Die WHO versteht die ICF nicht als genuin sozialpolitisches Instrument; sie betont, dass die ICF nur einen Beitrag für sozialpolitische Aufgaben leisten kann. Dementsprechend besteht in der ICF weder ein eigenständiger behinderungspolitischer Diskursstrang noch ein eigenständiges Diskursfragment.

---

230 Das nordamerikanische WHO-Kooperationszentrum hat seinen Sitz im National Center for Health Statistics (NCHS), dem von Hurst genannten Center for Disease Control and Prevention, und kooperiert eng mit dem Canadian Institute for Health Information (CIHI) (vgl. http://www.cdc.gov/nchs/about/otheract/icd9/nacc.htm, 06.08.09).

Als dritter Diskursstrang zieht sich der rehabilitative Diskursstrang durch die ICF. Er gründet sich auf das leitende Ziel der ICF, die Wiederherstellung. Die detaillierte Klassifizierung wird explizit durch die Erfassung des Rehabilitationsbedarfs begründet. Im Gegensatz dazu wird die Beurteilung der Oberkategorien zur Erstellung von Bevölkerungsbefragungen[231] als ausreichend angesehen: »The more detailed four-level version is used for specialist services (e.g. rehabilitation outcomes, geriatrics), whereas the two level-classification can be used for surveys and clinical outcome evaluation« (ICF 23). Beide in der ICF angeführten Verwendungsziele stehen in Verbindung miteinander, da die statistische Erhebung von Daten über Behinderung auch der Erfassung des Rehabilitationsbedarfs dient. Dieser Zusammenhang ist an der Resolution 58.23 *Disability, including prevention, management and rehabilitation* der World Health Assembly erkennbar:

»to support Member States in collecting more reliable data on all relevant aspects, including cost-effectiveness of interventions for disability prevention, rehabilitation and care, and in assessing potential use of available national and international resources for disability prevention, rehabilitation and care« (WHA 2005: 3).

Neben den auch in der ICF genannten Interventionen (vgl. ICF 247) verdeutlicht sich der rehabilitative Diskursstrang durch die Anwendungsbereiche der berufsbezogenen Beurteilung und Evaluation (vgl. ICF 5) sowie durch Kategorien der Umweltfaktoren im Bereich des Gesundheitswesens.[232]

Darüber hinaus begründen die Beurteilungsmerkmale Ausführungs- und speziell die Leistungsfähigkeit eines Menschen die Bedeutung des rehabilitativen Diskursstranges in der ICF. Bezieht man Ausführungs- und Leistungsfähigkeit auf eine möglichst weit reichende Wiedererlangung der Arbeitsfähigkeit, so weist der rehabilitative Diskursstrang ein ökonomisches Fragment auf. Die stärkere Gewichtung von Erwerbs- gegenüber Hausarbeit in der ICF unterstützt dieses ökonomische Diskursfragment (vgl. 4.1.2).[233]

---

231 Gemäß einer Empfehlung der UN sollen Fragen zu Behinderung in die für 2010 geplante, weltweite Volkszählung, »2010 census round«, integriert werden (Leonardi et al. 2006: 1219).

232 Unter der Oberkategorie *Health services, systems and policies (e580)* sind »rehabilitation and long-term care services« als Gesundheitsdienstleistungen zur Vorbeugung und Behandlung von Gesundheitsproblemen aufgeführt (ICF 203).

233 Diese Gewichtung ist nicht nachvollziehbar, da Hausarbeit eine entscheidende Voraussetzung für selbständige Lebensführung und somit für die Erwerbsfähigkeit ist (vgl. 4.1.2, ICF 154ff., 165ff.). Insofern ist es sogar unter ökonomischer Perspektive begründet, Erwerbs- und Hausarbeit gleichermaßen zu gewichten.

Für eine zu verbessernde Arbeitsfähigkeit sind gleichermaßen Individuum und Umwelt relevant: Sowohl die Veränderung der Umwelt und die Reduktion von Barrieren als auch die Wiederherstellung der Ausführungs- und Leistungsfähigkeit sind entscheidend, um die individuelle Leistung und damit die Arbeitskraft eines Menschen zu optimieren. So stellt die für *Classification, Assessment, Surveys and Terminology* zuständige Arbeitsgruppe der WHO heraus, dass Gesundheit ein wichtiger Faktor für die Arbeitsfähigkeit und somit für die Produktivität eines Menschen ist: »Health is a form of human capital: healthy people are more productive« (CAS 2002b: 4). Hier endet der Bogen, der sich zwischen den in der ICF enthaltenen Diskurssträngen spannen lässt: Die hohe Gewichtung von Funktionsfähigkeit – ihre Verstärkung durch den Gesundheitsbegriff – steht im Zusammenhang mit einer ökonomischen Beurteilung individueller Leistungsfähigkeit (vgl. 4.2.2, 4.2.3). An dieser lässt sich zudem die Beziehung zwischen der Erfassung des individuellen Rehabilitationsbedarfs und der Erstellung von Bevölkerungsstudien ablesen.

Resümiert man die Diskursstränge hinsichtlich der Ziele, die mit der ICF verfolgt werden, so sind die Ziele äußerst verschieden: individuelle Rehabilitation einerseits und die Verbesserung der Lebensbedingungen behinderter Menschen andererseits. Hierbei unterstützen der medizinische und der rehabilitative Diskursstrang primär die individuelle Wiederherstellung des Menschen, der gesellschaftliche und teilweise auch der rehabilitative Diskursstrang hingegen den Ausgleich bestehender Behinderungen und die Aufhebung oder zumindest die Minderung behindernder Umweltbedingungen. Das ökonomische Diskursfragment verstärkt die Bedeutung der Leistungs- und Arbeitsfähigkeit eines Menschen. Das Fehlen eines psychischen und eines behinderungspolitischen Diskursfragments reduziert jedoch die Vielfalt der Deutungsmuster um entscheidende Perspektiven von Behinderung, es verstärkt jedoch die Fokussierung auf die konträren Diskursstränge: den medizinischen und den gesellschaftlichen. Dieses Spannungsfeld prägt die ICF. Die Spannung wird dadurch verstärkt, dass die Diskursstränge nicht eindeutig getrennt nebeneinander stehen, sondern einander überlagern.

Diese Überlagerung wird besonders an dem ausgeweiteten Klassifizierungsspektrum der ICF offenbar. Zum Teil wird Behinderung weiterhin medizinisch gedeutet, wie an der Definition der Körperfunktionen und -strukturen zu erkennen ist und sogar die Zielgruppe der ICF erweitert: Sie ist nicht nur an behinderte Menschen, sondern an alle gerichtet (vgl. ICF 7, 4.2.3). Neben den Hinweisen auf das medizinische Deutungsmuster von

Behinderung weiten jedoch auch Kennzeichen des gesellschaftlichen Deutungsmusters das Klassifizierungsspektrum aus: Dazu gehört die systemische Beurteilung von Behinderung, die durch die Berücksichtigung des Lebensumfeldes, die erwogene positive Klassifizierung sowie die zukünftige Beachtung von Lebensqualität und subjektivem Wohlbefinden charakterisiert ist.

All diese Merkmale spiegeln die Überlagerung der Diskursstränge wider: Ist die Intention der positiven Klassifizierung von Eigenschaften und Fähigkeiten einerseits sinnvoll, um die individuelle Lebenssituation und die Verbesserung der Lebensbedingungen beurteilen zu können, und charakterisiert damit den gesellschaftlichen Diskursstrang, so wird diese Intention andererseits nicht umgesetzt. Die fehlende Ausführung der positiven Klassifizierung verstärkt das defizitäre Verständnis von Behinderung, da ausschließlich negativ klassifiziert wird. Gleiches lässt sich für die Vermeidung pejorativer Termini feststellen: Die Reflexion des stigmatisierenden Potenzials der Klassifikation kennzeichnet den gesellschaftlichen Diskursstrang (vgl. 4.2.4). Das Fehlen dieser ethischen Reflexion in der ICF-Kurzversion, die für die Klinik entwickelt wurde, unterstützt wiederum den medizinischen Diskursstrang. Auch die genetischen Faktoren verstärken beide Diskursstränge. Sie kennzeichnen nicht nur den medizinischen Diskursstrang, da Restriktionen bei Lebensversicherungen, die mit einer genetischen Disposition begründet werden, in der ICF als Partizipationseinschränkung erachtet werden (vgl. 4.2.1, ICF 240). Die gesellschaftliche Bedeutung der genetischen Diagnostik wird somit reflektiert, was den gesellschaftlichen Diskursstrang charakterisiert.

Die Überlagerung der Diskursstränge ist auch anhand des Vorliegens beider normalistischer Strategien zu erkennen (vgl. ausführlich 6.3). Die ICF basiert auf der protonormalistischen Opposition von Behinderung und Funktionsfähigkeit, die dann durch unterschiedliche Faktoren wie unter anderem die Beachtung der individuellen Lebenssituation und die Ausweitung des Klassifizierungsspektrums flexibilisiert wird (vgl. 4.3, 5.3).

6.2 Der biopsychosoziale Ansatz als konzeptioneller Hintergrund

Die Analyse der unterschiedlichen Diskursstränge macht deutlich, dass sowohl das medizinische als auch das soziale Modell von Behinderung in der ICF vertreten sind. Die Diskursstränge speisen sich aus verschiedenen

Fachdiskursen, die wiederum teilweise in die Modelle eingeflossen sind. Im Gegensatz zu den Modellen von Behinderung sind die disziplinären Diskursstränge jedoch inhaltlich wesentlich breiter.

Vertritt die ICF mit dem biopsychosozialen Ansatz eine Synthese des medizinischen und sozialen Modells? Und was bedeutet dieser Ansatz in der ICF? Der entscheidende Unterschied zwischen medizinischem und sozialen Modell ist die Perspektive auf Behinderung (vgl. ICF 20, 3.1.1, 3.1.2): Im medizinischen Modell liegt der Fokus auf dem individuellen Schicksal. Das Individuum hat eine Behinderung, die durch eine Krankheit, ein Trauma, eine andere Gesundheitsstörung oder eine Schädigung verursacht worden ist. Zur Verbesserung sind professionelle Behandlung beziehungsweise Rehabilitationsmaßnahmen erforderlich, wobei sich das Individuum anpassen und gegebenenfalls sein Verhalten ändern soll. Der Schwerpunkt im sozialen Modell ist ein anderer: Hier steht die gesellschaftliche Situation im Mittelpunkt, somit auch die gesellschaftliche Verantwortung für nicht-behindernde Lebensverhältnisse, die Menschen mit individuellen Schädigungen nicht benachteiligen. Verursacht wird die Behinderung durch die gesellschaftlichen Verhältnisse und die Umwelt. Zur Aufhebung von Behinderungen kann insofern nur rechtlich, technisch und sozial beigetragen werden – Ziel ist der Abbau diskriminierender Bedingungen.

Hält die ICF jedoch ihren Anspruch ein, einen biopsychosozialen Ansatz zu vertreten? Dieser Ansatz soll verschiedene Perspektiven von Funktionsfähigkeit integrieren. Die Integration des medizinischen und des sozialen Modells wird als Grundlage der ICF beschrieben:

»The ICF is based on an integration of these two opposing models. In order to capture the integration of the various perspectives of functioning, a ›biopsychosocial‹ approach‹ is used. Thus, ICF attempts to achieve a synthesis, in order to provide a coherent view of different perspectives of health from a biological, individual and social perspective.« (ICF 20)

Auch wenn der biopsychosoziale Ansatz den konzeptionellen Hintergrund der ICF darstellt, wird er ausschließlich durch die zitierte Textstelle ausgeführt. Hinzukommend wird nicht auf den biopsychosozialen Ansatz der psychosomatischen Medizin rekurriert (vgl. 3.1.1, Uexküll/Wesiack 1996: 13ff.).

Um die Bedeutung des Ansatzes zu klären, wird untersucht, wie Integration und Synthese in diesem Zusammenhang konstruiert sind. Was bedeutet der Begriff Integration?[234]: Werden zwei oder mehrere Größen zu gleichen Anteilen zusammengeführt oder wird eine Größe in eine andere eingegliedert? Je nach terminologischer Deutung ist der Ansatz der ICF unterschiedlich zu verstehen. Entweder werden das medizinische und das soziale Modell gleichgewichtig zusammengeschlossen oder das eine wird in das andere Denkmodell eingebaut.

Der Begriff *Synthese* lässt ebenfalls verschiedene Deutungen zu: Auch wenn er verallgemeinert als Zusammenfassung oder Verknüpfung verstanden wird, entsteht gemäß Hegels[235] dialektischer Begriffsbestimmung bei einer Synthese etwas Höherwertiges im Vergleich zu den vorherigen Elementen: »Entwicklung ist für ihn [Hegel, MH] nicht bloßes Größer- oder Kleinerwerden, sondern Übergang in höhere Qualitäten durch Akkumulation quantitativer Veränderungen« (Stiehler 1982: 347). In Auseinandersetzung mit einer vorliegenden These wird eine gegenläufige, so genannte Antithese, entwickelt, die wiederum negiert wird, und so die Synthese entsteht. Der Begriff der These »schlägt in sein Gegenteil um, aber die Gegensätze werden wieder in einer höheren Ebene […] aufgehoben« (Hirschberger 1980: 412f.). Nach Hegel stellt eine Synthese also keinen Kompromiss oder eine bloße Zusammenfassung dar, sondern der Begriff Synthese bedeutet »die höhere Einheit von These und Antithese, die Negation der Negation der These« (Buhr/Klaus 1972: 1059). Bezieht man die Hegelsche Begriffsbestimmung auf den biopsychosozialen Ansatz der ICF und die beiden Modelle, so lässt sich die Entwicklung des sozialen Modells als Abgrenzung vom und Weiterentwicklung des medizinischen Modells bezeichnen. Hinsichtlich des Begriffs Synthese ist jedoch zu prüfen, mit welcher Intention die WHO ihn in

---

234 Neben dem Integrationsbegriff wird in der Fachdebatte der Begriff Inklusion (als Gegenpart von Exklusion) verwendet. Im Gegensatz zum Integrationsbegriff bezeichnet Inklusion nicht das Integrieren einiger (behinderter Menschen) in eine Gesamtgruppe (nicht-behinderter Menschen), sondern den generellen Einschluss von Menschen (mit vielfältigen Merkmalen) (vgl. ausführlicher die UN-Behindertenrechtskonvention 2006 und zur Fachdebatte den Sammelband *Inklusion statt Integration? Heilpädagogik als Kulturtechnik, Dederich et al. 2006*).

235 Der Begriff Synthese ist philosophisch eng mit Hegels Dialektik verbunden, wobei Hegel frühere Begriffsbestimmungen aufgriff und – auf diesenseine erkenntnistheoretische Dialektik aufbaute: »Er faßte die Entwicklung als gesetzmäßigen Prozeß der Negation der Negation auf. Die Einsicht in die positive Rolle dialektischer Negation, die auf Ideen Kants und Schellings zurückging, bildete einen beachtlichen Erkenntnisgewinn. Auf sie gestützt, konnte H. die Entwicklung vom Niederen zum Höheren fassen und zeigen, daß sich in der gesellschaftlichen und natürlichen Entwicklung ein Reichtum an Formen, Differenzierungen, Beziehungen herausbildet, der jeweils zu dem durch die bisherige Entwicklung Hervorgebrachten qualitativ Neues hinzufügt.« (Stiehler 1982: 348).

der ICF eingesetzt hat: Wird der Begriff als Synonym für den Begriff Zusammenschluss oder gemäß seiner dialektischen Deutung verwendet? Sofern der Begriff Synthese ähnlich wie der Begriff Integration als Zusammenschluss verstanden wird, ist ebenso zu klären, ob es sich um einen Zusammenschluss handelt, der beide Modelle qualitativ und quantitativ gleichermaßen berücksichtigt. Hiermit ist auch verbunden, ob und wie der Begriff dialektisch gebraucht ist.

Was bedeutet es also, dass in der ICF ein biopsychosozialer Ansatz verfolgt wird, um die verschiedenen Perspektiven auf Funktionsfähigkeit zu integrieren? In der Schilderung der ICF wird das soziale Modell reduziert abgebildet – vergleicht man es mit den verschiedenen Schwerpunktsetzungen, speziell dem materialistischen Ansatz und dem Menschenrechtsansatz (vgl. 3.1.2). Auch das medizinische Modell wird in verkürzter Form erklärt, da die verschiedenen (gesundheits- und rehabilitationswissenschaftlichen sowie psychosomatischen) Entwicklungen nicht adäquat berücksichtigt werden (vgl. 3.1.1). Angesichts der Tatsache, dass die erste behinderungsspezifische Klassifikation (ICIDH) erst vor ca. 30 Jahren aus der Tradition der Krankheitsklassifikationen (ICD) entwickelt wurde, ist nachvollziehbar, dass das medizinische Modell bereits einen langen Wirkungszeitraum hat (vgl. Kapitel 2). Der Einfluss der Biomedizin hat zur Etablierung normativer Vorstellungen von körperlicher Gleichheit und Abweichung beigetragen (vgl. Price/ Shildrick 1998: 225). Ebenso wie das soziale Modell deutet das medizinische Modell Behinderung. Auch wenn dieses allmählich ins Wanken gerät, hat das biomedizinische Interpretationsschema jedoch immer noch ein Deutungsmonopol im Behinderungsdiskurs (vgl. Dederich 2007: 175).

Das soziale Modell entstand in Abgrenzung von der vorherrschenden medizinischen Perspektive auf Behinderung (vgl. 3.1.2). Insoweit entspricht die aufeinander folgende Entstehung der Modelle der dialektischen Entwicklung. Stellt der biopsychosoziale Ansatz der ICF jedoch etwas Neuartiges, Höherwertiges und somit eine Synthese gemäß der Hegelschen Begriffsbestimmung dar?

In der ICF wird erklärt, dass es das Ziel der Synthese beider Modelle sei, einen zusammenhängenden Überblick verschiedener Perspektiven von Gesundheit aus biologischer, psychologischer und sozialer Sicht zu bieten (vgl. ICF 20). In dem betreffenden Abschnitt wird nicht behauptet, dass die beiden Modelle gleichgewichtig integriert werden, sondern nur, dass die ICF auf der Integration dieser Modelle basiert. Für eine ungleichgewichtige Integration (oder eine Synthese im Sinne eines Zusammenschlusses) spricht allerdings folgende Beschreibung des Newsletters der WHO-Family of International Classifications:

»In contrast with the old medical model perspective, the social model of disability incorporated into the ICF arises from the interaction between an individual's functional status and the environment. After presenting a set of functional limitations, the ICF incorporates the social model by including information on how an individual's functional capabilities are effected by the environment.« (WHO-FIC 2008: 5)

Die Formulierung, dass das soziale Modell in die ICF inkorporiert sei, vermittelt den Eindruck, als hätte die ICF bereits vorher als medizinisches Modell bestanden. Diese Nachrangigkeit des sozialen Modells stellt eine gleiche Gewichtung der Modelle in Frage. Vorerst ist daher festzuhalten, dass das medizinische historisch zwar vor dem sozialen Modell bestand, die ICF jedoch Aspekte beider Modelle aufgreift.

Der in der ICF verwandte Begriff *biopsychosozialer Ansatz* suggeriert eine gleiche Gewichtung aller drei Perspektiven, da er gleichermaßen aus den drei Adjektiven: *bio*(-logisch), *psycho* (psychisch) und *sozial* zusammengesetzt ist.[236] Eine Bezugnahme auf die begriffsgeschichtliche Bedeutung des biopsychosozialen Krankheits-Modells in der Psychosomatik fehlt in der ICF ebenso wie in Schuntermanns *Einführung in die ICF* (vgl. Uexküll/Wesiack 1996: 13ff., Schuntermann 2005c). Auch auf die psychosoziale Beziehung zwischen Menschen und deren Bedeutung für Krankheiten beziehungsweise hier: Behinderungen wird nicht eingegangen (vgl. 3.1.1, zur Kritik auch Imrie 2004: 296ff.). Durch die Schilderung der Modelle in der ICF wird die mehrdimensionale, gleichwohl noch teilweise lineare Betrachtungsweise von Behinderung (ICIDH) aufgenommen, erweitert und verändert, rhetorisch sowie politisch vermittelt. Mit der Ausführung über die Integration der beiden Modelle in der ICF wurde die Kritik an der ICIDH aus Sicht der VertreterInnen des Sozialen Modells eingebunden. Zudem wurde der Organisa-

---

[236] Mit diesem Begriff werden die drei bereits aus der ICIDH bekannten Dimensionen aufgegriffen und als für die ICF charakteristischer Ansatz herausgestellt. Die seit den 1980er Jahren bekannten Dimensionen von Behinderung werden durch die Bezeichnung des *biopsychosozialen Ansatzes* aufgewertet und mit der ICF durch die Personbezogenen und die Umweltfaktoren ergänzt– die ersten verstärken tendenziell die individuelle, die zweiten die soziale Dimension. Der Begriff des biopsychosozialen Ansatzes folgt der Tradition, die sich von der, auch bereits Gedanken des medizinischen und sozialen Modells enthaltenden, ICIDH zur ICF zieht. Während die erste behinderungsspezifische Klassifikation das medizinische Modell stärker impliziert und den Einfluss des sozialen Modells nicht explizit hervorhebt, werden beide Modelle in der ICF nicht nur erwähnt, sondern auch kurz beschrieben.

tion behinderter Menschen *Disabled Peoples' International* (DPI) die Leitung der Arbeitsgruppe zu den Umweltfaktoren übergeben. Hiermit verfolgt die WHO auch die Absicht, mit der ICF und ihrem biopsychosozialen Ansatz unterschiedliche Positionen und Weltanschauungen, die sich hinter diesen gegensätzlichen Entwürfen verbergen, nicht als unvereinbare Oppositionen zu behandeln.

Resümiert man die Ergebnisse der bisherigen Klassifikationsanalyse, so werden die drei Perspektiven des biopsychosozialen Ansatzes in unterschiedlichem Maße vertreten (vgl. 6.1, Tabelle 31). Die biologische – im Sinne körperlicher oder organischer Kategorien – wird am stärksten vertreten; die psychische wird insoweit mitgedacht, als prinzipiell das Individuum im Mittelpunkt steht, das psychische Ausmaß einer Behinderung wird dagegen nur geringfügig und zudem nur als Körperfunktionen wahrgenommen. Die gesellschaftliche Perspektive wird zwar besonders durch die eigenständige Komponente der Umweltfaktoren bedacht, jedoch wird sie nicht als mögliche Ursache von Behinderung anerkannt. Diese Perspektive entspräche dem sozialen Modell, gemäß der ICF-eigenen Schilderung:

»The social model of disability [...] sees the issue mainly as a socially created problem, and basically as a matter of the full integration of individuals into society. Disability is not an attribute of an individual, but rather a complex collection of conditions, many of which are created by the social environment.« (ICF 20)

Hingegen wird Behinderung ebenso wie Funktionsfähigkeit in der ICF als Kennzeichen des Individuums – bestehend aus der Interaktion zwischen individuellen Gesundheitsbedingungen und Umweltfaktoren – konstruiert (vgl. ICF 19). Der geschilderte Schwerpunkt des sozialen Modells, eine Behinderung sei kein Attribut eines Individuums, ist in die ICF nicht aufgenommen. Hiermit entspricht ein wichtiges Unterscheidungsmerkmal der Modelle, die Verortung einer Behinderung, dem medizinischen und nicht dem sozialen Modell.

Auch die Ergebnisse der Klassifikationsanalyse weisen auf diese Betrachtungsweise hin, alle Komponenten auf den behinderten Menschen zu beziehen (vgl. Tabelle 31).[237]

---

237 Vgl. auch die Kritik an Instrumenten zur Partizipationserfassung, die sich auf das individuumszentrierte medizinische Modell stützen oder die Partizipation behinderter Menschen mit der nicht-behinderter Menschen vergleichen (Research and Training Center for Measurement and Interdependence in Community Living, 2008, http://www.rtcil.org/mcpi/Projects/R1/Mini%20literature%20review.html, 28.04.08).

Dies trifft sogar auf die Umweltfaktoren zu, die hinsichtlich ihrer Auswirkung als Barrieren oder Förderfaktoren für das Individuum beurteilt werden. Folglich ist die individuelle Perspektive in der ICF leitend und weist auf die höhere Gewichtung des medizinischen Modells hin, auch wenn die Umweltfaktoren sowie generell eine Orientierung an der – wiederum auch individuellen – Teilhabe die Bedeutung des sozialen Modells charakterisieren.[238] An der tabellarischen Übersicht lässt sich ablesen, dass die Merkmale der ICF mehrheitlich dem medizinischen und weniger dem sozialen Modell, am stärksten jedoch dem biopsychosozialen Ansatz zuzuordnen sind.

Tabelle 31: Charakteristika des integrativen Ansatzes

Charakteristika	Exemplarisch: Ergebnisse der Diskursanalyse
Körperfunktionen	Ausführlichste Ausarbeitung entscheidend für Schwerpunktsetzung von Schädigungen als Basis einer Behinderung, Klassifizierung psychischer Faktoren als Körperfunktion: unterstützt das *medizinische Modell*
Körperstrukturen	Ausführliche Ausarbeitung entscheidend für Schwerpunktsetzung von Schädigungen als Basis einer Behinderung, keine Kommentierung der Klassifikationsliste (wie bei der ICD): unterstützt das *medizinische Modell*
Aktivität	An nicht-behinderter Vergleichsgruppe ohne Gesundheitsbedingungen gemessen, mit Umweltfaktoren korreliert, trotz geringer Ausarbeitung und gemeinsamer Kategorienliste mit Partizipation: unterstützt den *biopsychosozialen Ansatz*
Ausführungs- und Leistungsfähigkeit	Wiederherstellung entscheidend für Rehabilitation, ökonomische Bedeutung, Beurteilung der Leistungsfähigkeit in Standardumgebung, der Ausführungsfähigkeit in gewohnter Umgebung: unterstützt den *biopsychosozialen Ansatz*

---

[238] Die Bedeutung der gesellschaftlichen Umwelt lässt sich exemplarisch an einem technischen Produkt aufzeigen: dem Rollstuhl. Dessen relevante Funktion ist bereits ausführlich erforscht, wie an seiner Entwicklungsgeschichte dargelegt ist (Woods/Watson 2004). Entscheidendes Movens der Entwicklung war zum einen das gesellschaftliche Erfordernis von Rollstühlen nach den beiden Weltkriegen für kriegsversehrte Veteranen, zum anderen die ökonomische Konkurrenz verschiedener produzierender Unternehmen, woraufhin Rollstühle standardisiert produziert wurden. Mit der Entwicklung von Rollstühlen ging auch ihre Spezialisierung einher, sie wurden an die Bedürfnisse verschiedener Benutzergruppen angepasst (vgl. Watson/Woods 2005). Obwohl für Rollstühle bereits frühzeitig erforscht, wurde ihre Spezialisierung in der ICF jedoch nicht differenziert (vgl. 4.1.3, 4.3 und Hirschberg 2007). Viele Rollstühle stellen in Deutschland sogar eine Behinderung für die den Rollstuhl benutzende Person dar (vgl. die Studie des interdisziplinären Forschungsprojekts der Fachhochschule Bielefeld, http://www.idw-online.de/pages/de/news251162, 05.08.09).

Partizipation	An nicht-behinderter Vergleichsgruppe gemessen, korreliert mit Umweltfaktoren, trotz gemeinsamer Kategorienliste mit Aktivität und individueller Ausrichtung: unterstützt das *soziale Modell*
Umweltfaktoren	Fokus auf gesellschaftlichen, technischen, natürlichen Bedingungen, fehlende Unterkategorisierung in Klassifikationsliste, trotz individueller Bezugnahme: unterstützen das *soziale Modell*
Barrieren und Unterstützungsfaktoren	Differenzierte Erfassung der Umwelt für befragte Person, Einstellungen gegenüber behinderten Menschen inbegriffen: unterstützen das *soziale Modell*
Personbezogenen Faktoren	Noch ausstehende Klassifizierung, umfassende Erfassung individueller Lebenssituation: unterstützen den *biopsychosozialen Ansatz*
Genetische Faktoren	Erfassen biologische Konstitution des Individuums und betonen individuelle Ursache einer Behinderung, bisher geringe Erwähnung und Nicht-Klassifizierung: unterstützen das *medizinische Modell*
Gesundheit	Rahmenkonzept der ICF, Orientierung an Funktionsfähigkeit, Gesundheitsförderung als Ziel, Behinderung als Störung dessen: unterstützt den *biopsychosozialen Ansatz* mit *medizinischem Schwerpunkt*
Positive Klassifizierung	Umfassende Beachtung der individuellen Funktionen, Fähigkeiten und Lebenssituation; nur konzeptionell, nicht ausgeführt: unterstützt den *biopsychosozialen Ansatz*
Ethische Leitlinien	Reflexion der Etikettierung und des daraus folgenden Stigmatisierungspotenzials einer Klassifikation: unterstützt das *soziale Modell*, ihr Fehlen in der klinischen Kurzversion jedoch das *medizinische Modell*
Interaktives Verhältnis der Komponenten	Konzeption: gleichgewichtige Stellung der Komponenten, auf kategorialer Ebene im Klassifikationsteil und in den Fallbeispielen ungleichgewichtig: unterstützt den *biopsychosozialen Ansatz* mit stärkerer Gewichtung des *medizinischen Modells*
Verursachung von Behinderung	In Fallbeispielen meist auf Schädigung zurückgeführt und Individuum mit *Gesundheitsbedingungen/health condition* als Ausgangspunkt: unterstützt das *medizinische Modell*
Subjektives Wohlbefinden und Lebensqualität	Orientierung am Individuum und seiner Lebenssituation, unterstützt den *biopsychosozialen Ansatz*
Perspektive der befragten Person	Beachtung der individuellen Perspektive auf die Klassifizierung der eigenen Behinderung: unterstützt eher das *soziale Modell*
Klassifizierungsgegenstand Behinderung	Jeweils an das Individuum gebunden, jedoch gleichzeitig Einbeziehung körperlicher, individueller und sozialer Dimensionen: unterstützt eingeschränkt den *biopsychosozialen Ansatz*
Textoberfläche	Unterschiedliche Ausarbeitung, Klassifikationsliste der Körperstrukturen unkommentiert wie in ICD

Sprachstil	Verstärkt Schwerpunktsetzungen der ICF: unterstützt damit *beide Modelle* und den *biopsychosozialen Ansatz*
Inhaltliche Referenzen	Bezugnahme auf Standard Rules als UN-Richtlinien und ISO 9999: unterstützt das *soziale Modell*
Abbildung *geistiger Behinderung* in der ICF	Konzentration auf Körperfunktionen und -strukturen, teilweise Aktivität und Partizipation, fehlende Beachtung der Umweltfaktoren: unterstützt den *biopsychosozialen Ansatz* mit Schwerpunkt des *medizinischen Modells*
Komplementäre Anwendung von ICD und ICF	Bisher proklamiert, jedoch Fehlen von Verweisen auf ICD-Kategorien in ICF, noch stärker auszuarbeiten: unterstützt den *biopsychosozialen Ansatz*
Schlussfolgerung: ungleiche Gewichtung der beiden Modelle, stärkere Gewichtung des *medizinischen Modells*	

Beide Modelle sind qualitativ gewürdigt und in die ICF aufgenommen, auch wenn sie quantitativ nicht gleich gewichtet sind beziehungsweise unterschiedlich berücksichtigt sind. Weder für einen Zusammenschluss oder eine Integration noch für eine Synthese ist eine äquivalente Gewichtung ein notwendiges Kriterium. Entscheidend ist, ob der biopsychosoziale Ansatz etwas Neues und Höherwertiges darstellt. Da die ICF konzeptionell nicht mehr monokausal von einer Schädigung als ausschlaggebender Ursache einer Behinderung ausgeht – auch wenn die meisten der aufgeführten Fallbeispiele eine Schädigung als Grund einer Behinderung bezeichnen (vgl. 4.2.5) – überschreitet die WHO als Autorin der ICF mit dem biopsychosozialen Ansatz das medizinische Modell von Behinderung. Somit stellt die ICF mit dem biopsychosozialen Ansatz eine Synthese beider Modelle dar.

Fachlich wird die ICF jedoch unterschiedlich interpretiert. So wird aus sozialmedizinischer Perspektive Behinderung mit Bezug zur ICF immer noch als Krankheitsfolge aufgefasst:

»So kann dem Gutachten [...] entnommen werden, welche Krankheitsfolgen (insbesondere Aktivitätsstörungen und Beeinträchtigungen) die Rehabilitationsmaßnahme begründen, welche Potenziale aus Sicht der Gutachter vorliegen und – speziell im Ablehnungsfall – wie die Krankheitsfolgen gutachtlich bewertet werden« (Seger et al. 2004: 394).

Die hier von Seger et al. genannte und bereits aus der ICIDH bekannte Dreidimensionalität ist in der Konzeption der ICF weiterhin enthalten und bildet den Kern der Komponenten. Allerdings begründen nicht die drei bekannten Komponenten, sondern das interaktive Verhältnis aller Komponenten und die neue, eigenständige Komponente der Umweltfaktoren die außerordentliche Bedeutung der ICF.

Wie stark Interpretationen von der jeweils eingenommenen Perspektive abhängen, verdeutlicht sich auch an der Positionierung von Disabled Peoples' International (DPI): »The final document is the International Classification of Functioning (ICF), which takes a very strong approach to the social model of disability as against the medical model previously used« (DPI 2005). Allerdings weicht die im Positionspapier angegebene, der ICF zugeschriebene, Definition von Behinderung von der Originaldefinition der ICF ab: »The International Classification of Functioning (ICF) defines disability as the outcome of the interaction between a person with an impairment and the environmental and attitudinal barriers he/she may face« (DPI 2005). DPI ersetzt den Bezug des Individuums zur mit der ICD diagnostizierten Gesundheitsbedingung/health condition durch den Schädigungsbegriff und reduziert die Kontextfaktoren, die mit dem Individuum interagieren, auf Barrieren. Umweltfaktoren und besonders Barrieren für Menschen mit Schädigungen werden stärker gewichtet. DPI bezieht sich wesentlich deutlicher als die ICF auf die Definitionen von UPIAS, die dem sozialen Modell zugrunde liegen (vgl. 3.1.2, ICF 213).

Auch wenn die sozialen Bedingungen nur geringfügig als Ursache einer Behinderung angesehen werden (vgl. die Untersuchung der Fallbeispiele, 4.2.5), hebt sich der biopsychosoziale Ansatz durch die Beachtung der Interaktivität aller Komponenten auch von dem in der ICF geschilderten sozialen Modell ab.[239]

Auf der Grundlage der Untersuchung des konzeptionellen Hintergrunds kann der Anspruch der ICF, mit dem biopsychosozialen Ansatz eine Synthese beider Modelle anzustreben, beurteilt werden. Die WHO hat aus dem

---

[239] Die Weiterentwicklungen des sozialen Modells, besonders Carol Thomas' soziologische Fundierung der Schädigung (impairment), sind in der ICF unberücksichtigt geblieben (vgl. 3.1.2, 2001: 54ff.). Die in der ICF enthaltene, starke Verortung einer Behinderung im Individuum beziehungsweise die Wahrnehmung einer Behinderung als individuelles Merkmal, entspricht nicht dem sozialen Modell – weder in der Darstellung der ICF, noch in den Interpretationen der UPIAS-Definition (vgl. Thomas 2001: 52). Nicht nur die soziologische Interpretation von Schädigungen, sondern auch die Erforschung der psychischen Bedeutung, mit einer Behinderung zu leben, bereichert die theoretische Erschließung des Phänomens Behinderung. Zudem differenziert Thomas (auch gegenüber anderen materialistischen Vertretern der Disability Studies wie Michael Oliver), dass auch Schädigungen direkte Auswirkungen auf die Handlungsmöglichkeiten haben können, die sie in Abgrenzung beziehungsweise Ergänzung zur UPIAS-Definition von disability als *impairment effects* bezeichnet (vgl. Thomas 2001: 49ff.). Diese Differenzierungen des sozialen Modells fehlen sowohl im Gesamtwerk der ICF als auch in der verkürzten ICF-eigenen Darstellung des sozialen Modells.

linearen, monokausalen medizinischen Modell und dem als Gegenmodell entwickelten sozialen Modell den biopsychosozialen Ansatz gebildet. Dieser Ansatz lässt sich insofern als neu und weitgehender bezeichnen, als mit ihm beabsichtigt wird, nicht nur verschiedene Komponenten, sondern auch unterschiedliche Perspektiven miteinander zu kombinieren und hierdurch Behinderung umfassend wahrzunehmen. Die WHO fügt also mit dem biopsychosozialen Ansatz der ICF nicht nur beide Modelle zusammen, sondern entwirft ein qualitativ höherwertiges Modell von Behinderung. Dieses lässt sich als Synthese im Hegelschen Sinn bezeichnen, da die beiden sich ausschließenden Modelle im Sinne von These und Antithese im biopsychosozialen Ansatz aufgehoben werden.

Die Formulierung *Versuch, eine Synthese zu erreichen:* »attempts to achieve a synthesis« (ICF 20) ist in der Hinsicht zutreffend, dass sich erst in der praktischen, politischen, rechtlichen und wissenschaftlichen Umsetzung der ICF zeigt, ob mit dem biopsychosozialen Ansatz eine höhere Qualität erreicht wird. Ebenfalls wird sich erst zukünftig erweisen, ob beide Modelle nicht nur qualitativ, sondern auch quantitativ gleichermaßen beachtet werden. Ausschlaggebend ist zudem, wie GutachterInnen die umfassende Konzeption dieses integrativen Ansatzes in die Praxis umsetzen und hierbei Elemente beider Modelle berücksichtigen.

6.3 Ergebnisse der Klassifikationsanalyse – Opposition oder Bandbreite von Behinderung und Normalität?

Vor dem Hintergrund der Klassifikationsanalyse werden die Ergebnisse auf das Verhältnis von Behinderung, Normalität und Subjekt bezogen. Deutlich ist, dass Behinderung in der ICF nicht einheitlich konstruiert ist. Vorherrschend ist Behinderung als Oberbegriff für Schädigungen, Aktivitätsbeeinträchtigungen und Partizipationseinschränkungen definiert, wodurch die drei Dimensionen (körperlich, psychisch/individuell und sozial) der ICIDH sowie die im Begriff des biopsychosozialen Ansatzes enthaltenen drei Perspektiven aufgegriffen werden. Der Oberbegriff Behinderung wird – ebenso wie sein positives Pendant: Funktionsfähigkeit – in das Setting der Interaktionen zwischen dem Individuum mit seinen Gesundheitsbedingungen und seinem Kontext (bestehend aus Personbezogenen und Umweltfaktoren) eingebunden. Diese beiden Eingrenzungen des Behinderungsbegriffs sind miteinander kombiniert, so dass der Oberbegriff die drei Teilkomponenten umfasst, die wiederum die Lebenssituation des Individuums beschreiben sollen. Hiermit ist der WHO ein Kunstgriff gelungen, der die bekannte Konzeption der ICIDH ins Zentrum des interaktiven Verhältnisses rückt und gleichzeitig mit den das Individuum betreffenden Umweltfaktoren korreliert. Aufgrund der fehlenden Kategorisierung der Personbezogenen Faktoren stellen die Umweltfaktoren die einzige neue Komponente der ICF dar. Alle anderen: die Gesundheitsbedingungen sowie die drei Teilkomponenten von Behinderung entstammen bereits der ICIDH; sie stehen – und das charakterisiert die Behinderungs-Konzeption der ICF entscheidend – in wechselseitiger Relation und bauen nicht mehr wie in der ICIDH kausal aufeinander auf. Die Konzeption von Behinderung changiert je nach dem, welche Schwerpunkte gesetzt werden.

Ebenso wie Behinderung ist auch Normalität in der ICF heterogen. Zur Klärung des Verhältnisses von Behinderung und Normalität werden die Klassifikationsergebnisse anhand der normalistischen Strategien resümiert. Behinderung wird an durchschnittlicher Funktionsfähigkeit gemessen, wobei der Maßstab sich bei den Komponenten unterscheidet. Schädigungen werden in der ICF als Verlust oder Abnormalität bezeichnet und als signifikante Abweichung von etablierten statistischen Normen definiert, erklärt als Abweichung vom Bevölkerungsdurchschnitt erhobener standardisierter Normen (vgl. 4.1.1, ICF 213). Ebenso wie den Schädigungen wird allen Komponenten ein Bevölkerungsstandard zugrunde gelegt, auch wenn Aktivitätsbeeinträchtigungen und Partizipationseinschränkungen gleichzeitig über den individuellen Vergleich mit Menschen ohne Behinderung definiert werden (vgl. 4.1.2, 4.1.3, 5.1.2). So wird die Aktivitätsbeeinträchtigung eines Menschen mit der Aktivität verglichen, die von Menschen ohne (negative) Gesundheitsbedingungen/health condition erwartet wird (vgl. ICF 213). Die Partizipationseinschränkung wird an der Partizipation gemessen, die von einem Menschen ohne Behinderung in der gleichen Kultur oder Gesellschaft erwartet wird. Umweltfaktoren werden in der individuellen Lebenssituation bestimmt (vgl. ICF 213f.).

Während sich Normalität grundsätzlich an einer Bevölkerungsmehrheit orientiert und somit statistisch vermittelt ist, orientieren sich einige Kategorien an einer Idealvorstellung. So wird die *Sehfunktion (b 210)* in der ICF zwar über den Bevölkerungsstandard definiert (ICF 62, 213), ist jedoch ebenfalls an das Ideal hundertprozentiger Sehleistung gekoppelt, da die empirische Mehrheit von 63,7 Prozent Sehhilfen tragenden Menschen in

Deutschland als Bevölkerungsnorm diesem Ideal widerspricht (vgl. Allensbach-Studie 2005).[240] Diese protonormalistische Orientierung an dem Ideal der Sehleistung steht also der Realität einer Mehrheit von zwei Dritteln der deutschen Bevölkerung gegenüber; das Ideal wird entsprechend nur von einer Minderheit erreicht. Dieses Beispiel verdeutlicht, dass der Orientierungsmaßstab bei dieser Kategorie nur durch das Ideal und nicht durch die Mehrheit begründet ist. Von diesem Beispiel lässt sich auf die Tendenz der ICF schließen, den Orientierungsmaßstab variabel zu gestalten: den gesellschaftlichen Erwartungen eines Ideals zu entsprechen, sich dementsprechend an vollständiger Funktionsfähigkeit und nicht an dem Bedarf von Unterstützungsfaktoren beziehungsweise hier: von Sehhilfen zu orientieren. Wie exemplarisch an der Sehfunktion gezeigt, wird Normalität in der ICF unterschiedlich bedeutet beziehungsweise hergestellt.

Gemeinsam ist allen Komponenten, dass sie an einer statistisch begründeten Normalität im Sinne eines gesellschaftlichen Durchschnitts gemessen werden – sowohl bei der Orientierung an einem Bevölkerungsstandard, an einer Vergleichsgruppe oder an der jeweils individuellen Umgebung. Während der Vergleich mit einem Bevölkerungsstandard *quantitativ* begründet ist, ist der Vergleich mit Menschen ohne Gesundheitsbedingungen oder derjenige mit einem Individuum ohne Behinderung *qualitativ* begründet. Die Beurteilungsmerkmale von Aktivität und Partizipation: Ausführungs- und Leistungsfähigkeit werden explizit über die *Erwartungen* definiert, die an einen Menschen ohne Gesundheitsbedingungen gestellt werden (vgl. 4.1.2, ICF 15). Da die Funktionsfähigkeitskomponenenten als nicht-problematisch bezeichnet sind und nicht klassifiziert werden und ausdrücklich das Fehlen einer Behinderung als normal beurteilt wird, wird Funktionsfähigkeit als normal konstruiert. Behinderung wird insofern nicht nur gegenüber Funktionsfähigkeit, sondern gleichzeitig gegenüber Normalität abgegrenzt. Das Normalitätsverständnis ist jedoch nicht einheitlich, sondern durch proto- wie flexibelnormalistische Merkmale gekennzeichnet (vgl. Tabelle 32 und 33). Diese Strategien unterscheiden sich, stehen jedoch in einem engen Verhältnis zueinander:»Zwischen beiden normalistischen Strategien besteht eine enge gegenseitige Abhängigkeit, die nicht vom ›dialektischen‹, sondern vom Typ einer aporetischen unlösbaren Interdependenz ist« (Link 1999: 82).

Alle Komponenten der ICF sind normalistisch begründet, ihre Kategorien dementsprechend entweder über eine manifeste oder durchlässige, dy-

---

240 http://www.zva.de/ZVA/brancheninfo/branchendaten/060516_allensbach.php, 06.08.09

namische Normalitätsgrenze definiert. Die ICF gründet sich auf ein protonormalistisches Rahmenkonzept von Funktionsfähigkeit und Behinderung, das flexibelnormalistisch differenziert ist (vgl. Tabelle 33). In der folgenden Tabelle sind die normalistischen Charakteristika der ICF den Ergebnissen der Klassifikationsanalyse zugeordnet.

Tabelle 32: Charakteristika des Normalitätsverständnisses der ICF

Charakteristika der ICF	Normalismustheoretische Ergebnisse der Klassifikationsanalyse
Bevölkerungsstandard als Orientierungsmaß der Schädigungen und als generelle Grundlage aller Komponenten	Bevölkerungsstandard als quantitative Bezugsgröße für Normalität, Fundament *aller* Komponenten in den Kodierungsrichtlinien
Individuum ohne Gesundheitsbedingungen bzw. Behinderung als Vergleichsmaßstab für Aktivitäts-/Partizipationseinschränkungen	Qualitativer Bezugsgruppenvergleich mit nicht-behinderten Menschen
Charakteristika der ICF	Normalismustheoretische Ergebnisse der Klassifikationsanalyse
Gegenüberstellung von Funktionsfähigkeit und Behinderung	Stabile Normalitätsgrenze zwischen Funktionsfähigkeit und Behinderung
Funktionsfähigkeit als Maßstab für Behinderung (ebenso ihre Komponenten)	Funktionsfähigkeit (= 0 % Behinderung) stellt Stigma-Grenze dar, an der Behinderung als Abweichung gemessen wird
Ausschließlich negative Klassifizierung von jeglichem Ausmaß und Art von Behinderung	Behinderung als Minusvariante durch ausschließlich negative Beurteilung und Ausschluss positiver Betrachtungsmöglichkeiten
Definition einer Schädigung als Abnormalität gegenüber Körperfunktionen und -strukturen	Manifeste Grenze zwischen Schädigung und Körperfunktionen und -strukturen
Höhere Gewichtung des medizinischen Diskurses (u.a. durch Gesundheitsbegriff)	Medizinischer Diskurs fungiert als Leitdiskurs, Gesundheit als legitimierendes Globalkonzept
Befragung eines Menschen mit Behinderung mit ICF und Checkliste	Durch Befragung mit ICF und Checkliste: Außen-Lenkung des Individuums
Charakteristika der ICF	Normalismustheoretische Ergebnisse der Klassifikationsanalyse
Zuständigkeitserklärung der ICF für alle Menschen	Erweiterung des Adressatenkreises, hoch aufgelöstes Normalitätsspektrum
ICF als Klassifikation von Gesundheitskomponenten	Potenzielle Ausweitung des Bezugssystems und Expansion der Normalitäts-Grenze

Interaktives Verhältnis der Komponenten	Verschiedene Kombinationsmöglichkeiten und Gewichtungen erhöhen Binnendifferenzierung
Individueller und dadurch verhandelbarer Orientierungsmaßstab bei Kategorien von Aktivität/Partizipation wie *häuslichem Leben* und *zwischenmenschlichen Interaktionen*	Lockere Markierung der Grenze, dynamischer Grenzwert
Subjektiver Maßstab von GutachterIn od. befragtem Menschen für Kategorien der Umweltfaktoren wie *Freundschaft*	Dynamischer Maßstab, flexible Grenze
Einbeziehung von minimalen Behinderungen (vgl. Fallbeispiele)	Erweiterung des Anwendungsbereichs der ICF durch breites, gleitend-kontinuierliches Spektrum von Behinderungen mit hoher Binnendifferenzierung
Anvisierte Ausdehnung des Klassifizierungsspektrums durch zukünftige Ausrichtung auf *at risk-Status* eines Menschen aufgrund genetischer Dispositionen, durch Einbeziehung von Familienmitgliedern, Verbindung zu Lebensqualitätskonzepten und Erfassung des subjektiven Wohlbefindens	Expansion der Normalitätsgrenzen
Prozentuale Abstufung der Beurteilungsskala	Kurvenartiges Profil zur Erfassung unterschiedlicher Ausmaße von Behinderung
Klassifizierung der individuellen Leistungsfähigkeit	Fein graduierte Differenzierung der individuellen Leistungsfähigkeit als Kennzeichen des ökonomischen Diskursfragments
Aufforderung an den behinderten Menschen, sich selbst mit einem Menschen ohne Behinderung zu vergleichen (vgl. Checkliste)	Aufforderung zur Selbst-Normalisierung und Selbst-Adjustierung des Subjekts

Um die heterogene Konstruktion von Normalitäten in der ICF zu verdeutlichen, werden die proto- und flexibelnormalistischen Charakteristika einander gegenübergestellt.

Tabelle 33: Gegenüberstellung unterschiedlicher Charakteristika

Proto-normalistische Charakteristika	Flexibel-normalistische Charakteristika
Gegenüberstellung Funktionsfähigkeit – Behinderung, Funktionsfähigkeit als Maßstab für Behinderung: Stabile Normalitätsgrenze	Zuständigkeit für alle Menschen (vgl. ICF 7), Bandbreite zwischen Funktionsfähigkeit und Behinderung: variable Normalitäts-Grenze
Gesundheit verstärkt Funktionsfähigkeits-Begriff, Manifestierung der Grenze	Gesundheit als Oberbegriff von Funktionsfähigkeit und Behinderung, beide als Gesundheitskomponenten klassifizierbar proklamiert: dynamische Normalitäts-Grenze
Keine Ausführung einer positiven Klassifizierungsskala: reine Exklusion trotz formulierter Option	Formulierung positiver Klassifizierungsoption, bisher jedoch ohne Ausarbeitung
Schwerpunkt auf Schädigung und Gesundheitsbedingungen/health condition als Ursache einer Behinderung, Tendenz zu linearer Schädigungsfolge	Binnendifferenzierung durch minimale Behinderungen in den Fallbeispielen, daraus resultierende Ausweitung des Anwendungsspektrums
Genetische Dispositionen als klassifikationsrelevant erachtet, Tendenz zur Bildung von Abstammungs-Identitäten	Gesellschaftliche Auswirkungen von genetischen Dispositionen als Risikomanagement reflektiert, wenn auch noch nicht klassifiziert
Exklusion von Behinderung durch alleinige (negative) Klassifizierung von Behinderung: Stigma-Grenze	Kurvenartiges Profil der Beurteilungsskala: Kodierungsfaktoren 0–4 (Prozentränge: 0–4 %, 5–24 %, 25–49 %, 50–95 %, 96–100 %)
Keine Kategorien der Umweltfaktoren zur Beurteilung von geistiger Behinderung ausgewiesen, Schwerpunkt auf Schädigung, (auch in komplementärer Anwendung mit ICD)	Geistige Behinderung in der ICF als differenzierte Bandbreite kategorisierbar und durch interaktives Verhältnis der Komponenten hoch differenzierbar (im Gegensatz zu Diagnosen der ICD)
Außenlenkung des Menschen durch Befragung mit Checkliste	Innenlenkung des Menschen durch Selbst-Normalisierung und Teilnahmemöglichkeit an Klassifizierung seiner Behinderung konkret in Beratung hinsichtlich angemessener Kategorienauswahl
Behinderung als individuelles Problem: Bio-Medizinischer Diskurs als Leitdiskurs	Ökonomisches Diskursfragment
Schlussfolgerung: Normalitätskonzeption der ICF ist durch proto- und flexibelnormalistische Merkmale charakterisiert: *protonormalistisch als Rahmenkonzept, flexibelnormalistisch als differenzierende Ausführungen*	

Die normalismustheoretisch basierte Analyse macht deutlich, dass die proto- und flexibelnormalistischen Charakteristika der ICF in einem Spannungsverhältnis stehen. Die Spannung zwischen Opposition und Kontinuum – ausgehend vom Verhältnis von Funktionsfähigkeit und Behinderung – wird nicht aufgelöst, sondern zieht sich mit unterschiedlichen Nuancen durch die ICF, sie lässt sich besonders hinsichtlich der Position des Subjekts erkennen. Das Klassifizierungsspektrum wird zunehmend erweitert, gleichzeitig wird jedoch die zugrunde liegende Opposition nicht aufgelöst. Die ICF behält weiterhin ihre Basis: Funktionsfähigkeit positiv zu bewerten und damit als Orientierungsmaßstab für Behinderung zu setzen, auch wenn Funktionsfähigkeit durch das Rahmenkonzept *Gesundheit* nicht nur verstärkt, sondern gleichzeitig als zu beurteilender Oberbegriff angedeutet wird (zur unklaren Funktion des Oberbegriffs Gesundheit vgl. 4.2.2). Die Ausweitung des Klassifizierungsspektrums wird auch durch den Einsatz der ICF für chronische Erkrankungen wie Migräne, Alzheimer, Parkinson oder Aids unterstützt, wie auf den Anwenderkonferenzen der WHO erörtert wurde (vgl. 2.7).

Insgesamt ist es die *Ausweitung des Klassifizierungsspektrums*, die die Neuerung der ICF ausmacht: begonnen bei den Umweltfaktoren über die bereits als Komponente konzipierten, jedoch noch nicht ausgearbeiteten Personbezogenen Faktoren zu einer potenziellen positiven Klassifizierung. Zu dieser Ausdehnung des Klassifizierungsspektrums gehören ebenfalls die zukünftigen Planungen für die ICF: Familienmitglieder zu befragen und das subjektive Wohlbefinden in die Klassifizierung einzubeziehen. Die Erweiterung der Adressaten der ICF auf alle Menschen wird dadurch ergänzt, dass Übergangsbereiche zwischen Funktionsfähigkeit und Behinderung in die Klassifizierung einbezogen werden: minimale körperliche und psychosoziale Auffälligkeiten sowie Benachteiligungen aufgrund genetischer Dispositionen. Hierdurch verschwimmen die Grenzen zwischen Funktionsfähigkeit und Behinderung, Gesundheit und Krankheit; die dichotome Betrachtung von Funktionsfähigkeit und Behinderung wird durch ein Kontinuum, eine Bandbreite, ergänzt. Ähnlich wie die Konstruktion von Krankheiten wird auch die von Behinderung durch die Bedeutung genetischen Wissens ausgedehnt (vgl. Kollek 1999:101, Kollek/Lemke 2008: 117ff.).[241] Behinderung wird nicht mehr als abweichender Gegenstand klassifiziert, der eindeutig von Funktionsfähigkeit getrennt ist. Stattdessen wird eine Grauzone von stark zu

---

241 Vgl. zur Veränderung der gesellschaftlichen Wahrnehmung von Behinderung auch den Artikel »Disability and genetics in the era of genomic medicine« von Jackie Leach Scully, in dem die kulturelle Bedeutung genetischen Wissens herausgestellt wird (2008).

schwach ausgeprägten Behinderungen hergestellt. Diese Grauzone ist fein abgestuft und somit hochgradig differenziert (vgl. Link 1999: 79). Mit dieser Ausdehnung wird auch die Trennung der Normalitätsgrenze zwischen behinderten und nicht behinderten Menschen aufgehoben und die Bandbreite einer noch gesunden, potenziell behinderten Adressatengruppe in den Blick genommen. Im Sinne des flexiblen Normalismus ist von einem Risikobereich beziehungsweise einem »Risiko von Denormalisierungen« beziehungsweise Normalisierungen zu sprechen (Link 1999: 343f.). Die Beachtung des Lebensumfeldes und die *anvisierte Ausweitung der Klassifizierungspraxis* flexibilisieren also die Opposition von Behinderung und Funktionsfähigkeit. Daher besteht das Verhältnis von Behinderung und Normalität in der ICF nicht nur darin, dass Funktionsfähigkeit und Behinderung einander eindeutig gegenübergestellt werden, sondern auch darin, dass Normalität ausgedehnt konstruiert wird. Diese Ausdehnung reicht jedoch nicht soweit, dass die Normalitätskonstruktion Behinderung einschlösse: Die Opposition von Behinderung und Normalität wird beibehalten.

Der nach seiner Behinderung befragte Mensch orientiert sich als Subjekt innerhalb des Spannungsverhältnisses von Behinderung und Funktionsfähigkeit. Die vorherrschende Bedeutung von Normalität in der ICF zeigt eine Fähigkeits-Ausrichtung, die Turner beschreibt als »*Able-ism that has exclusionary social functions*« (Turner 2001: 252f.). Das Subjekt begegnet dieser Ausrichtung und soll sie – von seinem behinderten Körper unterschieden – nachvollziehen. Ist er hinreichend funktionstüchtig und leistungsfähig oder muss er seine Funktionsfähigkeit verbessern?

Während GutachterInnen dem leistungsorientierten Charakter der ICF auch begegnen, hat der behinderte Mensch zusätzlich die Aufgabe, die dem Sprachstil der ICF immanente Unterscheidung zwischen Person und Behinderung zu reflektieren. Seine Behinderung (und somit sein behinderter Körper) ist der Gegenstand, der klassifiziert wird, während er selbst als Person nahezu unabhängig von der Behinderung angesprochen und zur Mitwirkung an der Klassifizierung (seiner Behinderung) beziehungsweise zur Überprüfung vorgeschlagener Kategorien aufgefordert wird. Die Leiblichkeit[242] des Menschen wird in dieser Perspektive der ICF vernachlässigt. Stattdessen werden Geist und Körper kartesianisch voneinander getrennt, wie Shildrick für das medizinische Modell pointiert formuliert: »The so-called medical model, which has dominated the traditional biosciences, speaks to

---

242 Vgl. zur Bedeutung des Leibes ausführlich Waldenfels' Vorlesungen zum leiblichen Selbst (2000).

a powerful split between mind and body whereby the knowing subject is disembodied, detached from corporeal raw material« (1997: 13f.). Diese Perspektive hat Implikationen für behinderte Menschen, da sie die beschriebene Unterscheidung von Körper und Geist in ihrem Leben nicht nachvollziehen. Die Trennung zwischen Behinderung und Person prägt die Konstruktion von Behinderung und ihren Komponenten in der ICF und ist daher ein entscheidendes Charakteristikum, welche Auffassung von Behinderung und somit auch von behinderten Menschen in der ICF vorherrscht.

Die Aufforderung an behinderte Menschen, die Angemessenheit vorgeschlagener Kategorien aus eigener Perspektive einzuschätzen und so die Auswahl der Klassifikationskategorien zu beeinflussen, ermöglicht, die Sichtweise der GutachterInnen zu ergänzen (vgl. 4.2.7, ICF 244). Dieses Angebot enthält jedoch auch das Dilemma, die von der GutachterIn vorgeschlagenen Kategorien und deren Perspektive zu internalisieren. Je nach ausgewählten Kategorien kann dies aus der Sicht des behinderten Menschen sinnvoll sein, um die eigene Wahrnehmung zu überprüfen und möglicherweise zu verändern. Es kann jedoch auch implizieren, die negative Klassifizierung seiner Behinderung mit der ICF in das eigene Selbstbild zu übernehmen. GutachterInnen haben daher eine hohe Verantwortung, da sie die Kategorienauswahl und die negative Beurteilung der Behinderung dem behinderten Menschen vermitteln.

Neben der potenziellen Internalisierung ist die Klassifizierung der Behinderung dahingehend bedeutsam, dass von dem Klassifikationsergebnis Unterstützungsleistungen abgeleitet werden und in Korrelation zu vorhandenen Barrieren der Bedarf an Unterstützungsfaktoren ermittelt wird. Dementsprechend ist der behinderte Mensch gefordert, sich selbst so zu verhalten, dass er zu einer – nach seinen eigenen Vorstellungen – angemessenen Kategorisierung seiner Behinderung beiträgt, die zu einer entsprechenden Leistungszuweisung führt. Das Subjekt ist also aufgerufen, im eigenen Interesse und gemäß der Devise *Gesundheit ist Kapital* zu handeln sowie für die Optimierung seiner Funktionsfähigkeit und seiner Lebenssituation verantwortlich zu sein (vgl. 6.1).

Die Ausweitung des Klassifizierungsspektrums macht das Subjekt zudem zu einem Träger von Risiken. Die zukünftige Beurteilung des Copings (als Teil der Personbezogenen Faktoren) und die Anforderung, potenzielle genetische Dispositionen aber auch generell die Komponenten seiner Behinderung zu kalkulieren, charakterisieren die Situation des Subjekts. Handlungs- und Verhaltensanforderungen an das Subjekt werden durch die Ausweitung des Klassifizierungsspektrums komplexer, da es sich nicht nur zu der Opposition von Funktionsfähigkeit und Behinderung, sondern auch zur hochgradigen Differenzierung von zu beachtenden (Risiko-)Faktoren verhalten muss. Innerhalb dieser Situation ist das Subjekt gefordert, nicht nur sich selbst, sondern potenziell auch die GutachterIn zu führen und die ICF zur Erweiterung seiner Partizipation und zur Erhöhung seiner Handlungsspielräume quasi unternehmerisch zu nutzen (vgl. Bröckling 2007).

Der befragte, behinderte Mensch muss auf die heterogene Konstruktion von Behinderung und Normalität – auf die protonormalistische Opposition von Behinderung und Funktionsfähigkeit sowie auf die flexibelnormalistische Bandbreite von Behinderungen – reagieren. Hierzu ist es erforderlich, die Anforderungen, die sich von der ICF als Klassifikation ableiten lassen, zu beachten und sich gemäß dieser selbst zu lenken.

Die in der ICF enthaltenen Vorstellungen von Behinderung lassen sich als medizinischer, sozialer und rehabilitativer Diskursstrang sowie als ökonomisches Diskursfragment bündeln; psychische und behinderungspolitische Aspekte sind in der ICF geringer gewichtet. Jedoch liegt der Schwerpunkt auf der medizinisch-biologischen Perspektive, wie auch die quantitativ ungleiche Synthese von medizinischem und sozialen Modell zeigt und sich an der konzeptionell stärksten Ausführung der Körperfunktionen und -strukturen exemplifiziert.

7 Quo vadis, ICF?
Ergebnisse und Ausblick

Ziel der Klassifikationsanalyse war es, zu einer Klärung und Präzisierung beizutragen, wie Behinderung in der ICF konstruiert ist. Ein Befund ist, dass sich die WHO mit der ICF zunehmend von der medizinischen Interpretation von Behinderung entfernt. Allerdings vollzieht sie keinen Bruch mit dem traditionellen, defizitorientierten, auf Anpassung und Fürsorge ausgerichteten medizinischen Paradigma, sondern entwickelt es durch Integration verschiedener Perspektiven und Ansätze weiter. Neben der verstärkten Beachtung der gesellschaftlichen Bedeutung von Behinderung wird das Spektrum der zu klassifizierenden Phänomene ausgeweitet.

7.1 Zusammenfassung der Ergebnisse

Das Erkenntnisinteresse der vorliegenden Untersuchung richtet sich auf die Frage, welche Vorstellung von Behinderung die WHO in der ICF als international geltender und somit einflussreicher Klassifikation vertritt. Da die Behinderungskategorie unabdingbar mit der Kategorie Normalität verbunden ist, wird gleichermaßen entscheidend, wie Normalität als Maßstab für Behinderung in der ICF konstruiert wird. Es konnte gezeigt werden, dass Normalität in der ICF eine diskurstragende Kategorie ist und dass Behinderung und Normalität in einem untrennbaren Verhältnis stehen. Normalität wird durch das Pendant von Behinderung konkretisiert: Funktionsfähigkeit. Als zentrales Ergebnis ist festzuhalten, dass eine Spannung im Verhältnis von Behinderung und Funktionsfähigkeit besteht: Einerseits schließen sich beide gegenseitig aus, andererseits liegt ein Kontinuum von schweren bis zu leichten Behinderungen vor, das Funktionsfähigkeit berührt und somit dem dichotomen Verhältnis widerspricht.

Wie die Ergebnisse der Klassifikationsanalyse verdeutlichen, werden in der ICF beide normalistischen Strategien angewandt. Die protonormalistische und die flexibelnormalistische Strategie haben unterschiedliche Funktionen (vgl. 3.2.3); während die protonormalistische Opposition von Behinderung und Funktionsfähigkeit die Basis der ICF bildet, wird auf dieser Grundlage eine flexibelnormalistische Bandbreite zwischen minimalen oder noch nicht entstandenen, aber genetisch potenziell bedingten und schweren Behinderungen verfolgt. Daher lässt sich als ein Ergebnis herausstellen, dass in der ICF – im Anschluss an die Ausweitung des Krankheitsbegriffs – auch der Behinderungsbegriff durch die Bedeutung genetischen Wissens ausgedehnt wird (vgl. 6.3).

Die Klassifikationsanalyse zeigt weiterhin, dass die WHO Behinderung und Krankheit in einen engen Zusammenhang setzt. Dies wird durch die WHO-Diskussion, wie und wofür ICF und ICD eingesetzt werden, unterstützt (vgl. 2.7.2). Darüber hinaus kann die ICF die ICD um individuelle und gesellschaftliche Dimensionen, besonders um die Bedeutung der Umweltfaktoren ergänzen und verbessern. Sowohl genetische Faktoren als auch Personbezogene- und Umweltfaktoren werden von der WHO als Risikofaktoren eingestuft, da sie eine Erkrankung hervorrufen oder beeinflussen können (vgl. 4.2.1). Diese Perspektive leitet die Entwicklung der elften Krankheitsklassifikation, ICD-11. Die Anwendungsfelder und auch die Fallbeispiele verdeutlichen den Fokus auf längerfristige oder chronische Erkrankungen, Erkrankungsrisiken und hiermit in Beziehung stehend auch Behinderungsrisiken (vgl. 4.2.5, 6.3). Behinderung wird nicht mehr ausschließlich zu Funktionsfähigkeit abgegrenzt, sondern auch ins Verhältnis zu Gesundheit gesetzt (vgl. 4.2.2, 4.2.3). Diese Betrachtungsweise lässt sich zum einen als ganzheitlich bezeichnen, zum anderen weist sie auf die fein graduierten Grenzen sowohl zwischen Behinderung und Funktionsfähigkeit als auch zwischen Behinderung und Krankheit hin. Das normalismustheoretische Ergebnis – die gleichzeitige Aufrechterhaltung einer stabilen Grenze zwischen Behinderung und Normalität sowie die Ausdehnung der Konstruktion von Behinderung – charakterisiert die Position der WHO. Die WHO berücksichtigt mit der ICF einerseits vielfältige Komponenten bei der Klassifizierung von Behinderung und beurteilt Behinderung andererseits weiterhin als Abweichung von Funktionsfähigkeit beziehungsweise Normalität. Zur Konkretisierung werden die Leitthemen der Untersuchung kurz und prononciert zusammengefasst (für eine ausführliche Darstellung des Verhältnisses von Behinderung und Normalität in der ICF vgl. 6.3).

Das *Behinderungsverständnis* der ICF ist uneinheitlich, je nach Kontext variiert es, wie besonders anhand der Fallbeispiele erkennbar. Zudem wird Behinderung in der ICF unterschiedlich definiert: zum einen als Oberbegriff von Schädigung, Aktivitätsbeeinträchtigung und Partizipationseinschränkung. Zum anderen wird der Begriff Behinderung dadurch bestimmt, dass er die negativen Aspekte der Interaktion zwischen einem Individuum mit Gesundheitsbedingungen (health condition) und seinen Kontextfaktoren bezeichnet. Die Komponenten stehen nicht mehr in einem linearen, sondern in einem interdimensionalen Verhältnis, Gesundheitsbedingungen oder Schädigungen werden jedoch eher als Ursache einer Behinderung angesehen als die anderen Komponenten (vgl. 4.2.5). Diese Betonung der körperlichen Dimension bildet ein Gegengewicht zur gesellschaftlichen Dimension von Behinderung, die durch die Umweltfaktoren verstärkt wird. Als grundlegendes Merkmal von Behinderung fungiert die Abgrenzung zu Funktionsfähigkeit, welche das positive Konzept der ICF darstellt und die positiv bezeichneten Teilkomponenten umfasst.

Während die Körperfunktionen und -strukturen protonormalistisch definiert sind, sind die Kategorien von Aktivität/Partizipation sowie die der Umweltfaktoren flexibelnormalistisch konzipiert, wie an den Kategorien der häuslichen Lebensgestaltung oder von Freundschaften nachgewiesen werden konnte (vgl. 4.1.2, 4.1.3). In den Definitionen stellen Aktivität und Partizipation nicht-behinderter Menschen den Orientierungsmaßstab dar, an dem Aktivitätsbeeinträchtigungen und Partizipationseinschränkungen ausgerichtet sind. Das Vorliegen beider normalistischer Strategien verdeutlicht sich vor allem an den Subjekttaktiken: Indem GutachterInnen die Behinderung eines Menschen mit der ICF (und der ICF-Checkliste) klassifizieren, wird der befragte Mensch von außen gelenkt. Parallel zu dieser Außenlenkung ist der behinderte Mensch in der Checkliste zum Selbstvergleich mit nicht-behinderten Menschen und hiermit zur Selbst-Normalisierung aufgefordert, so dass er sich als Subjekt in einer Situation von Fremd- und Selbstlenkung befindet. Im Subjekt überlagern sich die normalistischen und gouvernementalistischen Strategien, wobei letztere die Handlungsmöglichkeiten des Subjekts als Zusammenspiel von Selbst- und Fremdführungstaktiken charakterisieren.

Normalität wird in der ICF generell sowie in Bezug auf alle Komponenten statistisch begründet, einige Kategorien sind jedoch auch an idealen Normvorstellungen ausgerichtet, wie für die Sehfunktion exemplarisch ausgeführt wurde (vgl. 6.3). Der Begriff *Norm* wird ausschließlich in den

Definitionen von Körperfunktionen, -strukturen und Schädigungen gebraucht und bezeichnet eine stabile Normalitätsgrenze. Ansonsten werden das Adjektiv *normal* oder das Substantiv *Normalität* verwandt beziehungsweise deren Bedeutung durch Umschreibungen impliziert. Normalität ist nicht einheitlich, sondern heterogen konstruiert: Die normalistischen Strategien werden kombiniert eingesetzt. Der medizinische Leitdiskurs stellt ein protonormalistisches Merkmal der ICF dar; die Betonung der Leistungsfähigkeit unterstützt hingegen die ökonomische Ausrichtung der ICF. Zudem nimmt der Gesundheitsbegriff eine ambivalente Position ein, sowohl die protonormalistische Leitfunktion von Funktionsfähigkeit für die Beurteilung von Behinderung zu unterstützen, diese jedoch gleichzeitig durch die Möglichkeit positiver Klassifizierung und durch die Bandbreite vielfältiger Behinderungen zu flexibilisieren (vgl. 4.2.2, 4.2.3). Auch bei einem ausgeweiteten Gesundheitsverständnis bleibt Behinderung in der ICF negatives Pendant zu Funktionsfähigkeit und unerwünschter Teil einer flexibilisierten Normalität.

Die *Analyse des biopsychosozialen Ansatzes* der ICF unterstützt das Ergebnis, dass die Klassifizierungspraxis ausgeweitet, jedoch die Opposition von Behinderung und Funktionsfähigkeit gleichzeitig aufrecht erhalten wird (vgl. 6.2). Auch wenn dieser Ansatz eine Synthese von medizinischem und sozialem Modell in der ICF darstellt, sind beide Modelle bisher nur qualitativ und noch nicht quantitativ gleich gewichtet. Die quantitativ stärkere Beachtung des medizinischen Modells wird daran deutlich, dass Behinderung nur in geringem Maß als durch gesellschaftliche Benachteiligungen oder Hindernisse verursacht angesehen wird. Dieser Ansatz hat die Funktion, das soziale Modell in der ICF und somit indirekt in der WHO-Klassifikationsfamilie internationaler Klassifikationen zu berücksichtigen (vgl. 2.3.4). Hiermit – ebenso wie durch die Einbeziehung von Behindertenorganisationen in den Entwicklungsprozess der ICF – wird die Kritik der Behindertenbewegung an der ICIDH aufgenommen. Der biopsychosoziale Ansatz der ICF rekurriert zwar nicht auf die theoretische Begründung durch die Psychosomatik und deren Perspektive, den Menschen als biopsychosoziales Wesen zu verstehen und psychosoziale Aspekte in der Medizin stärker zu gewichten (vgl. 3.1.1). Dennoch erweitert er das medizinische Modell durch die Beachtung des sozialen Modells entscheidend. Wie mit der Analyse dieses Ansatzes aufgezeigt werden konnte, ist das Gesamtwerk der ICF dadurch gekennzeichnet, dass den Modellen jeweils verschiedene Charakteristika der ICF zugeordnet werden können (vgl. 6.2). Die ICF lässt sich daher nicht als Gesamtwerk, jedoch in unterschiedlichen Nuancierungen als biopsychosozial bezeichnen. Die Beachtung des sozialen Modells wird besonders an den Umweltfaktoren deutlich, die als eigenständige Komponente ein genuines Merkmal der ICF darstellen.

Resümiert man die Ergebnisse dieser Arbeit hinsichtlich der in der Einleitung aufgestellten *Hypothese*, dass die ICF dem medizinischen Modell noch nahe steht, so kann sie nicht einfach bestätigt oder widerlegt werden. Stattdessen muss sie differenziert beantwortet werden: Zwar steht die ICF dem medizinischen Modell nahe, jedoch ist sie auch durch das soziale Modell entscheidend geprägt (vgl. 6.2). Als ungewöhnliches und nicht absehbares Ergebnis der normalismustheoretischen Analyse unterstützt zudem die Kombination beider normalistischer Strategien die Prägung, welche die ICF durch das medizinische Modell erhält. Der biopsychosoziale Ansatz – und somit auch die Aufnahme des sozialen Modells in die ICF – verbreitern das Klassifizierungsspektrum und die Klassifizierungspraxis, die weiterhin auf der protonormalistischen Opposition von Behinderung und Funktionsfähigkeit basieren.

Die Normalismustheorie hat sich als sinnvoll erwiesen, die Vielschichtigkeit der ICF – die Konstruktion von Behinderung und Normalität sowie deren gegenseitige Abhängigkeit – zu erforschen. Durch die Opposition von Behinderung und Funktionsfähigkeit wird Behinderung zu Normalität abgegrenzt, gleichzeitig wird Behinderung sehr breit und flexibel konstruiert sowie das Klassifizierungsspektrum ausgedehnt. Mit der ICF stellt die WHO Gesundheit und Behinderung in ein enges Verhältnis, da das flexible, ausgeweitete Spektrum von Behinderungen sowohl minimale Veränderungen (Abweichungen), genetisch bedingte potenzielle Schädigungen als auch chronische Erkrankungen und schwere Behinderungen umfasst. Die Erfahrung einer Behinderung wird verbreitet und hierdurch einerseits verallgemeinert, jedoch generell als Abweichung von *normaler Funktionsfähigkeit* beurteilt.

Die Entwicklung des Ursachen-Folgen-Modells der ICIDH zum interdimensionalen, biopsychosozialen Ansatz der ICF schließt die flexibelnormalistische Ausweitung des Klassifizierungs*spektrums* und auch die der Klassifizierungs*praxis* ein. Die Ausweitung ist entscheidend mit dem dritten Oberbegriff, Gesundheit, verbunden – Behinderung wird über die Brücke ihres Opponenten, Funktionsfähigkeit, in den Zusammenhang zu Gesundheit gestellt. Die Behinderungskonstruktion wird erweitert um gesundheitliche Risiken geringen bis großen Ausmaßes. Behinderung ist somit eine

Erfahrung, die nicht nur eine Minderheit, sondern alle Menschen unterschiedlich intensiv zu verschiedenen Zeiten ihres Lebens haben können.

7.2 Auflösung oder Beibehaltung der Kategorie *Behinderung*?

Die Kategorie Behinderung ist in der ICF sowohl umfangreich als auch vielfältig. Dies wird zum einen durch die Ausweitung des Klassifizierungsspektrums deutlich, zum anderen bereits durch das Verhältnis der verschiedenen Komponenten. Anders ausgedrückt: Die Grenzen der Kategorie Behinderung »fransen« aus – sie werden unübersichtlich. Darüber hinaus bleibt Funktionsfähigkeit in der ICF Antipode von Behinderung. Gleichzeitig repräsentiert Funktionsfähigkeit eine Bandbreite zwischen einem hohen Ausmaß von Behinderung und einer überdurchschnittlichen Funktionsfähigkeit – beide im generellen Spektrum von Einschränkungen und herausragenden Fähigkeiten. 100 Prozent Funktionsfähigkeit wird so zum Durchgangswert, wie an der Feststellung von 120 Prozent Sehfunktion exemplifiziert werden konnte (vgl. Abb. 8a/b, 6.3).[243] Ist es daher erforderlich, die komplexe Klassifizierung von Behinderung zugunsten einer Beurteilung der subjektiven Lebenssituation unter Berücksichtigung je individuell bedeutsamer Faktoren aufzugeben?

Für die Aufgabe einer abstrakten Klassifikation spricht, dass die Klassifizierung von Behinderung bereits eine negative Bewertung enthält und Klassifizierungen daher Stigmatisierungen mit sich bringen können (vgl. 2.6). Abgesehen von diesem Argument wird die Forderung, die Behinderungskategorie aufzulösen, mit der Differenz von Körpern beziehungsweise Funktionsfähigkeiten erklärt: Es gibt keine eindeutige Trennung zwischen Behinderung und Normalität, da sich Behinderung sowohl in körperlich-individueller[244] als auch in gesellschaftlicher Dimension als instabile Katego-

---

[243] Zur Bestimmung des Sehvermögens wird der Visus gemessen, der als Kehrwert der angularen Sehschärfe definiert ist. Hierbei kann der erreichbare Visus den Normwert von 1,0 Visus überschreiten, auch wenn dies der üblichen Auffassung nicht entspricht (vgl. ausführlich Diepes 2004: 58ff.).

[244] Davis bezieht sich auf das binäre Modell der Disability Studies, in dem nur zwischen *impairment* und *disability* unterschieden wird. Im Vergleich mit dem dreidimensionalen Ansatz der WHO-Klassifikationen stellt die individuelle Dimension keine eigenständige

rie erweist: »We must also acknowledge that not only is disability an unstable category but so is its doppelgänger – impairment« (Davis 2002: 23). Diese These begründet Davis mit dem Verweis auf die Genanalyse (vgl. 2002: 21). Mit ihr kann aufgezeigt werden, dass heterozygote TrägerInnen einer genetischen Information für Krankheiten wie der Sichelzellenanämie oder zystischer Fibrose gleichzeitig mit diesen Merkmalen eine gewisse Resistenz gegenüber bestimmten pandemischen Krankheiten aufweisen. Beide Merkmale werden rezessiv vererbt, was auf eine große Trägerschaft für diese genetischen Informationen hindeutet. TrägerInnen des Merkmals für Sichelzellanämie sind eher resistent gegen Malaria, diejenigen des Merkmals für eine spezielle Form der zystischen Fibrose gegen Bronchial-Asthma und möglicherweise auch gegen Cholera (vgl. Schroeder et al. 1995, Pier et al. 1998, Cooke/Hill 2001, Nielsen et al. 2007).[245] Daher ist es – so Davis – schwierig, die Veranlagung für diese Krankheiten per se als negativ zu beurteilen. Wenn also Trägerschaften für Krankheiten nicht eindeutig einzuordnen und zu beurteilen sind, so gilt dies auch für Schädigungen und für Behinderungen.

Davis argumentiert weiterhin, dass die Instabilität der Kategorie Behinderung durch die demographische Entwicklung der Weltbevölkerung, eine exponentiell steigende Anzahl älterer Menschen sowie durch die verbreitete Substitution nachlassender Fähigkeiten mit technischen Hilfsmitteln wie Brillen, Hörgeräten, implantierbaren Verhütungsmitteln, Herzschrittmachern und Insulinpumpen etc. belegt werden kann (vgl. Davis 2002: 24f., 27). Hinzukommend lebe die Mehrheit behinderter Menschen in Armut. Armut kann Behinderungen sowohl verursachen oder verstärken als auch umgekehrt durch diese entstehen oder verschärft werden (vgl. auch Schildmann 2005). Ein Mensch ist gemäß den genannten Gründen zu verschiedenen Zeiten seines Lebens in unterschiedlichem Maß behindert. Diese Zwangsläufigkeit der Behinderungs-Erfahrung spiegelt sich in der Formulierung »temporarily (TAB)/momentarily able-bodied (MAB)« wider, mit der die individuelle Lebenssituation charakterisiert wird (Zola 1993: 171). Behinderung stellt also keine Ausnahme oder Abweichung von der Normalität dar, sondern wird in einer Bandbreite unterschiedlicher Ausprägungen zur Regel.

Trotz der Argumente für die Auflösung der Kategorie Behinderung gibt es auch Argumente dagegen. So ist sie gesellschaftlich bedeutsam, da sie unter

---

Komponente dar. Stattdessen ist der Begriff *impairment* als individuelle Beeinträchtigung (einer im Körper verorteten Schädigung) konstruiert.
245 Die Datenlage zur Resistenz gegen Cholera ist unklar, im Versuch mit Mäusen wurde eine gewisse Resistenz nachgewiesen, für Menschen noch nicht (vgl. ausführlich Pier et al. 1998).

anderem für die Begründung von Leistungsansprüchen notwendig ist. Aufgrund der mit einer negativen Klassifizierung einhergehenden, befürchteten Stigmatisierung und der unklaren Grenzen eines Behinderungsbegriffs ist zu prüfen, ob ein Rechtsanspruch auf Leistungszuweisungen oder die Entfernung von Barrieren auch ohne die Kategorie Behinderung möglich ist.

Die Interessen behinderter Menschen werden durch spezifisches Recht geregelt: Auf internationaler Ebene durch die *UN-Konvention für die Rechte von Menschen mit Behinderungen*, als spezifische Menschenrechtskonvention, auf nationaler Ebene durch das 2006 in Kraft getretene Allgemeine Gleichstellungsgesetz (AGG)[246] zum Schutz vor Diskriminierung, das für behinderte Menschen wie für andere Minderheiten gilt, und durch das Behindertengleichstellungsgesetz (BGG). Sofern behinderte Menschen beeinträchtigt sind und bei ihnen ein Leistungsbedarf vorliegt, greift das Wohlfahrtsrecht, spezifisch das Rehabilitationsrecht (SGB IX), zur Regelung ihrer individuellen Leistungsansprüche und der Zuweisung von Leistungen bei gerechtfertigten Ansprüchen gegenüber der Solidargemeinschaft (vgl. zum BGG und SGB IX 2.5.4).

Im Behindertenrecht werden unterschiedliche Prinzipien verfolgt: das formale und das strukturelle Gleichheitsprinzip (vgl. Degener 2003b: 459). Danach bedeutet das formale Gleichheitsprinzip, dass behinderte und nichtbehinderte Menschen formal als gleich angesehen werden. Dies drückt sich unter anderem in *separate but equal*-Leistungen aus, faktisch erhalten sie jedoch unterschiedliche Leistungen beziehungsweise treffen auf unterschiedliche Realitäten – wie beispielsweise an getrennten Bildungseinrichtungen oder an dem erschwerten Zugang der Fahrzeuge der Deutschen Bahn für behinderte Menschen ersichtlich wird (vgl. Henniger/ Steiner 2003). Anders als das BGG orientiert sich das Wohlfahrtsrecht mehrheitlich am medizinischen Modell. Im Gegensatz zum Prinzip formaler Gleichheit kann nach dem strukturellen Gleichheitsprinzip Behindertendiskriminierung erfasst werden, die auf strukturellen Benachteiligungen durch Barrieren beruht. Während das Behindertengleichstellungsgesetz als Gleichstellungsrecht auf dem strukturellen Gleichheitsprinzip fußt, definiert das SGB IX als Wohlfahrtsrecht nicht, »was unter Behindertenbenachteiligung zu verstehen ist, so dass es den Gerichten überlassen bleibt, die Vorschrift im Sinne eines formalen oder strukturellen Gleichheitsprinzips zu interpretieren« (Degener 2003b: 462).

---

246 Zum Allgemeinen Gleichbehandlungsgesetz vgl. http://www.bundesrecht.juris.de/agg/index.html, 06.08.09.

Über das Wohlfahrtsrecht werden staatliche Leistungen für Einzelne bewilligt und zugewiesen. Behinderung wird folglich als individuelles Problem des betroffenen Menschen betrachtet. Dagegen wird im Behindertengleichstellungsgesetz (BGG) oder auch im Allgemeinen Gleichbehandlungsgesetz (AGG) das Verständnis des Sozialen beziehungsweise des Menschenrechtsmodells zugrunde gelegt, demzufolge Behinderung gesellschaftlich verursacht ist und behinderten Menschen aufgrund gesellschaftlicher Diskriminierung ein geringer gesellschaftlicher Status zugemessen wird (vgl. Degener 2003b: 458).

Laut Degener ist die 1994 vorgenommene Ergänzung des Gleichheitssatzes im Grundgesetz um das Diskriminierungsverbot behinderter Menschen »Niemand darf wegen seiner Behinderung benachteiligt werden« von entscheidender Bedeutung (Artikel 3 Absatz 3 Satz 2 GG, vgl. Degener 2003b: 460).[247] Mit diesem Gleichheitssatz wird hervorgehoben, dass behinderte Menschen GrundrechtsträgerInnen sind. Alle weiteren Gesetze dürfen diesem Grundsatz nicht widersprechen. Sofern dieser Diskriminierungsschutz nicht erfüllt wird, besteht sowohl für Einzelpersonen als auch für Verbände die Möglichkeit zu klagen (vgl. BMGS 2005: 39f.). Dementsprechend ist es sowohl bei Zuwiderhandlungen gegen die rechtlichen Gebote von Gesetzen des Wohlfahrts- wie auch des Gleichstellungsrechts möglich und notwendig zu klagen. Im ersten Fall wird der individuelle Anspruch auf soziale Leistungen wie Rehabilitationsmaßnahmen, persönliche Assistenz oder technische Unterstützungssysteme eingeklagt, die jedoch an eine nachzuweisende Behinderung und damit an einen individuellen Hilfebedarf gebunden sind. Im zweitem Fall sind öffentliche und privatwirtschaftliche Träger (wenn auch gemäß unterschiedlicher Maßgabe) aufgefordert, die Vorschriften zur Gleichstellung behinderter Menschen zu erfüllen (vgl. BMGS 2005: 41ff.). Sofern die Vorschriften nicht ausreichend umgesetzt werden, können Verbände (auch im Auftrag von Einzelpersonen) auf Einhaltung des Benachteiligungsverbotes klagen (vgl. BMGS 2005 41ff.). Neben Verpflichtungen zur Barrierefreiheit für öffentliche Institutionen ist es auch für private Unternehmen oder Unternehmensverbände der verschiedenen Wirtschaftsbranchen erforderlich, Zielvereinbarungen mit vom Bundesministerium für Gesundheit und Soziale Sicherheit anerkannten Verbänden

---

247 Dieser Artikel wurde als Antwort auf die nationalsozialistischen Verbrechen explizit in das 1949 neu geschaffene Grundgesetz aufgenommen. Mit der Ergänzung um das Benachteiligungsverbot behinderter Menschen wurde (wenn auch verspätet) anerkannt, dass behinderte Menschen – ebenso wie andere Gruppen – der besonderen Diskriminierungs- und Verfolgungspolitik der Nationalsozialisten ausgesetzt waren (vgl. Degener 2003b: 461).

abzuschließen und Verhandlungen zum Abbau von Barrieren aufzunehmen (vgl. BMGS 2005: 23ff.). Zwar gibt es einen Anspruch von Einzelpersonen und Verbänden auf die Aufnahme von Verhandlungen, es bestehen jedoch verschiedene Ausnahmeregelungen (vgl. BMGS 2005: 25ff.). Zudem sind die Vorschriften für das Verkehrswesen relativ weit gefasst, wie an der Zielsetzung für die Eisenbahn, »eine möglichst weitreichende Barrierefreiheit für deren Nutzung zu erreichen«, deutlich wird (BMGS 2005: 47, zu den geringen Umsetzungsbemühungen von Barrierefreiheit der Deutschen Bahn AG vgl. Henniger/Steiner 2003).

Wie die Diskussion von Wohlfahrts- und Gleichstellungsrecht verdeutlicht, ist Behinderung eine kontextspezifische Kategorie. Im Wohlfahrtsrecht wird eine eng gefasste Behinderungsdefinition zur individuellen Bewilligung von Leistungen und zur Trennung von gerechtfertigten und ungerechtfertigten Ansprüchen gegenüber der Solidargemeinschaft benötigt. Behinderung wird hierbei als Beeinträchtigung und eingeschränkte Teilhabe am Leben in der Gesellschaft beziehungsweise als negative Abweichung von einem Normalzustand beurteilt, womit eine potenzielle Stigmatisierungsgefahr verbunden ist (vgl. Paragraph 2 Absatz 1 SGB IX). Das Gleichstellungsrecht fokussiert hingegen den Abbau von Barrieren, sowohl räumlicher oder Kommunikationsbarrieren als auch von gesellschaftlichen Vorurteilen und diskriminierenden Verhaltensweisen, die für behinderte Menschen benachteiligend sind. Auch wenn im Behindertengleichstellungsgesetz (BGG) der Behinderungsbegriff des SGB IX zugrunde gelegt wird, ist diese Bezugnahme auf das Individuum nicht notwendig, wie das Allgemeine Gleichbehandlungsgesetz (AGG) zeigt. Im AGG wird Behinderung ebenso wie andere Kategorien als Grund für Benachteiligungen verstanden:[248]

---

[248] Mit dem AGG werden die vier europäischen Antidiskriminierungsrichtlinien sowohl im Arbeits- als auch im Zivilrecht umgesetzt und Vielfalt (*Diversity*) als wichtiges Element für den wirtschaftlichen Erfolg anerkannt (vgl. Bundestags-Drucksache 16/2033). Es lehnt sich an internationale Konventionen an und enthält daher beide international gebräuchlichen Begriffe: Rasse und ethnische Herkunft (vgl. auch Bundestags-Drucksache 16/1780). Auch im Gendiagnostikgesetz wird die Benachteiligung eines Menschen verboten: »Niemand darf wegen seiner oder der genetischen Eigenschaften einer genetisch verwandten Person wegen der Vornahme oder Nichtvornahme einer genetischen Untersuchung oder Analyse bei sich oder einer genetisch verwandten Person oder wegen des Ergebnisses einer solchen Untersuchung oder Analyse benachteiligt werden.« (vgl. Paragraph 4 Absatz 1, http://dip21.bundestag.de/dip21/btd/16/105/1610532.pdf und http://dip21.bundestag.de/dip21/btd/16/105/1610582.pdf, 20.07.09, zur genetischen Diagnostik in der parlamentarischen Beratung vgl. auch Rothhaar/Frewer 2009).

»Ziel des Gesetzes ist, Benachteiligungen aus Gründen der Rasse oder wegen der ethnischen Herkunft, des Geschlechts, der Religion oder Weltanschauung, einer Behinderung, des Alters oder der sexuellen Identität zu verhindern oder zu beseitigen.« (Paragraph 1 AGG)

Ebenso wie die anderen Kategorien, die Grund einer Benachteiligung sein können, wird die Kategorie Behinderung im AGG nur benannt. Im Gegensatz zum Wohlfahrtsrecht erfordert das Gleichstellungsrecht keine negative Klassifizierung von Behinderung. Stattdessen wird Behinderung als neutrale Kategorie einer gesellschaftlichen Gruppe gefasst, die Diskriminierungen oder Benachteiligungen erfahren kann.[249] Je nach Kontext und Zielrichtung unterscheidet sich also, wie die Kategorie Behinderung konstruiert wird.[250]

Was bedeutet die Diskussion der Kategorie Behinderung nun für die ICF? Als Klassifikation von Behinderung gründet sich die ICF auf ihre Definition von Behinderung: Die Definition ist die Basis der Klassifizierung von Behinderung. Angesichts der Ausrichtung der ICF auf Individuum *und* Umwelt kann sie sowohl im Rahmen des Wohlfahrts- beziehungsweise Sozialleistungsrechts als auch des Gleichstellungsrechts angewandt werden.

Ebenso wie das SGB IX, jedoch auf anderer Ebene, steht die ICF im Spannungsverhältnis zwischen Stigmatisierung und der Begründung von Ansprüchen, da sie einerseits Stigmatisierungen ermöglicht und mit ihr andererseits die individuelle Behinderung und somit der Leistungsbedarf festgestellt wird.[251] Letzteres sogar umfangreicher als die bisherige Grundlage zur Beurteilung des Grades der Behinderung (GdB): die Versorgungsmedizin-Verordnung, die die Anhaltspunkte für die ärztliche Gut-

---

[249] Silvers schlägt vor, Behinderung ebenso wie Geschlecht als neutrale Kategorie zu konzipieren. Sie argumentiert, dass sich die gesellschaftliche Wahrnehmung von Frauen von einer negativen zu einer neutralen verändert hat, und verbindet dieses Argument mit der Frage, ob sich eine Gesellschaft als partizipatorisch oder separierend begreift (vgl. ausführlich Silvers 2003: 483ff.).

[250] Neben der negativen und neutralen Konzeption von Behinderung wird Behinderung individuell auch als Ursache für positive Entwicklungen oder Verhaltensweisen beurteilt. So erklärt beispielsweise Gregor Wolbring: »Im Allgemeinen denke ich, wäre ich als Nicht-Conterganer weniger geneigt gewesen, Ungewöhnliches zu machen und wäre weniger zielstrebig gewesen« (2007: 4).

[251] Welche Leistungen konkret bewilligt werden, hängt jedoch nicht nur von der Feststellung des Ausgleichs ab, sondern unterliegt auch anderen Bedingungen wie Leistungskürzungen, beispielsweise die für 2005 geplante Abschaffung des Blindengeldes in Niedersachsen (http://www.kobinet-nachrichten.org/cipp/kobinet/custom/pub/content,lang,1/oid,6514 /ticket,g_a_s_t, 06.08.09).

achtertätigkeit ersetzt hat (vgl. 2.5.2).[252] Die Stigmatisierungsgefahr kann jedoch durch eine stärkere Beachtung der gesellschaftlichen Bedeutung von Behinderung reduziert werden, indem das Prinzip struktureller Gleichheit im Behindertenrecht (zur Umsetzung von Barrierefreiheit) verfolgt wird (vgl. Degener 2003b: 459). Dieses Prinzip ist in Deutschland durch das Behindertengleichstellungsgesetz und das Allgemeine Gleichbehandlungsgesetz mit dem Ziel verankert, Behindertendiskriminierung in Form struktureller »Benachteiligungen durch Barrieren, die im Laufe der Geschichte in fast allen gesellschaftlichen Bereichen errichtet wurden«, zu verhindern beziehungsweise abzubauen (Degener 2003b: 459). Zur Durchsetzung der Gleichberechtigung behinderter Menschen kann es sinnvoll sein, ihre politischen Anliegen gemeinsam mit anderen Minderheiten zu koordinieren (vgl. Häußler 2008: 86).[253]

Bezogen auf die ICF wäre es hilfreich, Aktivität und Partizipation sowie die Umweltfaktoren ausführlicher zu konzipieren, um die Festlegung des GdB zu konkretisieren (vgl. auch 4.3). Parallel zum Vorschlag, den GdB über die ICF zu bestimmen, ist in den Niederlanden geplant, die Liste zur Erfassung der individuellen funktionalen Möglichkeiten,[254] »Functionele Mogelijkheden Lijst«, durch die ICF zu ersetzen:

»In our considered opinion, the use of the Functional Capability List (FCL) is insufficient to evaluate the personal capabilities of a victim prior to a harmful incident. The International Classification (ICF) is better suited to describe these individual normal capacities as such and is also better validated.« (Teulings/Herpers 2008: 2)

---

252 Die Versorgungsmedizin-Verordnung fokussiert ausschließlich die individuelle Schädigung oder Krankheit und beziehen gesellschaftliche Bedingungen nicht ein. Diese gravierende Diskrepanz zur Teilhabeausrichtung des SGB IX schränkt eine sinnvolle Anwendbarkeit der Anhaltspunkte ein (vgl. Schorn 2002: 130). Zudem sind sie nicht demokratisch legitimiert, ebenso wenig sind sie durch das SGB IX ermächtigt (vgl. 2.5.2).
253 Zur Notwendigkeit, Allianzen zwischen Organisationen behinderter Menschen und solchen anderer gesellschaftlicher Minderheiten zu entwickeln, vgl. auch Tregaskis 2002: 466 und Vernon 1999.
254 Diese Liste ist das niederländische Äquivalent zur Versorgungsmedizin-Verordnung. Ähnlich wie in den Niederlanden wird in einer Studie untersucht, wie die ICF bei einer Reform der Invaliditäts-Beurteilung im Wohlfahrtssystem zugrunde gelegt werden kann (vgl. Francescutti 2008). Auch in Belgien und Frankreich wird geplant, die ICF im Bereich der sozialmedizinischen Verordnung einzusetzen (vgl. Letrilliart et al. 2008). In einer Studie wird getestet, wie eine vereinfachte ICF-Checkliste, mit der Schädigungen, Partizipationseinschränkungen und Barrieren überprüft werden, von den Ärzten zur Krankschreibung genutzt werden kann.

Aufgrund der eigenständigen Kategorisierung der Umweltfaktoren lässt sich die ICF auch zur Beurteilung von gesellschaftlichen Benachteiligungen für behinderte Menschen einsetzen, indem Barrieren nicht nur bezogen auf den einzelnen Menschen, sondern auch als strukturelles Hindernis beurteilt werden (vgl. Stark et al. 2007). Dagegen könnte eingewendet werden, dass die Umweltfaktoren (wie alle Komponenten der ICF) so konzipiert sind, dass sie auf ein Individuum ausgerichtet sind und nicht zur Überprüfung gegebener Barrieren für größere Gruppen dienen. Wenn die Umweltfaktoren jedoch an Standards wie den Richtlinien des Universal Design[255] oder den Accessibility Guidelines des ADA[256] ausgerichtet würden, könnte überprüft werden, wie die Umwelt barrierefrei gestaltet werden kann. Da Universal Design zur Nutzung für alle Menschen konzipiert ist, lassen sich beispielsweise Gebäude beziehungsweise generell der öffentliche Raum unabhängig von einem Individuum mit einer besonderen Behinderung beurteilen. Zudem existieren bereits Instrumente zur Bewertung der Umwelt, wie beispielsweise ein Fragebogen zur Erfassung der physischen Umwelt für mobilitätsbeeinträchtigte Menschen, der mit dem Ziel der Verbesserung des Lebensumfeldes und des Wohlbefindens von Menschen mit Mobilitätsbeeinträchtigungen entwickelt wurde (vgl. Stark et al. 2007: 124).[257] Demgemäß können die Umweltfak-

---

[255] Das Konzept des *Design für alle* verfolgt das Ziel, Umwelt und Produkte so zu gestalten, dass sie von allen Menschen benutzt werden können, da spezielle, separierende Lösungen stigmatisierend sein können. Beispielsweise bietet eine automatische breite Tür einen gemeinsamen Eingang für alle, wohingegen Treppen oder Drehtüren Barrieren für gehbehinderte Menschen (oder Menschen mit Kinderwagen) darstellen. Das Konzept orientiert sich an den veränderten soziokulturellen und demographischen Bedingungen, die Konzeptentwicklung liegt in der systematischen Einbeziehung von Anwendern (vgl. http://www.edean.universelles-design.de/, http://www.ud-germany.de/, 06.08.09). *Design für alle* wird auch als *Inclusive Design* bezeichnet. Am Zentrum für Universal Design in New York wurden die Prinzipien des Universal Design von einer interdisziplinären Gruppe, federführend von Designern, Architekten und Ingenieuren, ausgearbeitet (vgl. http://www.design.ncsu.edu/cud/, http://www.hhc.rca.ac.uk/, 06.08.09).

[256] The *American's with Disability Act Accessibility Guidelines (ADAAG)* sind vom Department of Justice als »Standard for accessible design« 1994 herausgegeben worden, http://www.ada.gov/adastd94.pdf, 06.08.09

[257] Die »Community Health Environment Checklist (CHEC)« wurde entwickelt und von Menschen mit Mobilitätsbeeinträchtigungen validiert, um die Faktoren der physischen Umgebung objektiv zu messen, die für sie bedeutsam sind (Stark et al. 2007: 125). Der Fragebogen kann als Grundlage zur Entwicklung anderer Instrumente der partizipativen Erforschung von konkreten Umgebungen für andere Behinderungsgruppen dienen (vgl. Stark et al. 2007: 130, zur partizipativen Forschung hinsichtlich Barrierefreiheit vgl. auch Meyers/Andresen 2000).

toren auch unabhängig von einer Person zur Erfassung von Barrieren (im Rahmen des Gleichstellungsrechts) eingesetzt werden. Es bleibt festzuhalten, dass die Kategorie Behinderung für den Rechtsanspruch auf Leistungszuweisungen notwendig ist. Zur Aufhebung von Benachteiligungen wie räumlichen, technischen, sozialen oder Kommunikationsbarrieren reicht es jedoch, auf »den Kreis der von Behindertendiskriminierung Betroffenen [zu] rekurrieren« (Degener 2003b: 466). Dieser Kreis umfasst zwar eine größere Anzahl von Personen als die derjenigen, die durch den Behinderungsbegriff des SGB IX erfasst werden. Dies entspricht jedoch der gesellschaftlichen Wirklichkeit, wie auch der von dem Europäischen Gerichtshof beurteilte Fall Coleman belegt, in dem entschieden wurde, dass eine Frau aufgrund der Behinderung ihres Kindes benachteiligt wurde (vgl. Richtlinie 2000/78/EG, Welti 2007 und 2009). Eine Erweiterung des Kreises der benachteiligten Personen lässt sich beispielsweise anhand von Diskriminierungen aufgrund einer genetischen Disposition oder aufgrund der Partnerschaft mit einem behinderten Menschen belegen (vgl. auch die ICF-Fallbeispiele, 4.2.5). Dementsprechend kann Behinderung vor dem Hintergrund der hier diskutierten Gesetze nicht generell als negative Kategorie aufgefasst werden. Sie ist vielmehr als Kategorie zu begreifen, die erst im Konkreten, kontextspezifisch, gedeutet werden kann. Bei beiden Rechtsformen ist jedoch das Vorliegen eines – gemäß Kontext und Zielsetzung – spezifischen Behinderungsbegriffs notwendig.

7.3 Perspektiven für eine zukünftige Klassifikation von Behinderung

Als Ergebnis zeigt die Klassifikationsanalyse, dass Behinderung in der ICF als Phänomen verstanden wird, das die gesamte Lebenssituation eines Menschen betrifft. Die ICF hat hierbei konkret zwei Funktionen: Erstens stellt sie die Basis zur Beurteilung vorliegender Behinderungen dar und dient damit zur Leistungsbegründung. Daher ist sie äußerst bedeutsam, um auf dieser Grundlage Leistungsbedarfsfälle anzuerkennen und (zumeist) zu finanzieren. Zweitens werden mit der ICF Klassifizierungspraxis und Adressatenkreis ausgeweitet, wodurch das Subjekt umfassend in den Blick genommen wird

(vgl. 6.3, 7.1).[258] Diese Ausweitung des Klassifizierungsspektrums und der Orientierung an der individuellen Funktionsfähigkeit[259] kennzeichnet die flexibelnormalistische Ausrichtung der ICF. Wenn aus diesem ausgeweiteten Spektrum zukünftig eine unbeschränkte Bandbreite entstünde, die von herausragenden Fähigkeiten bis zu schweren Behinderungen reichte, dann würden sogar die flexiblen Normalitätsgrenzen aufgelöst.[260]
Hinsichtlich der Leistungszumessung sind die Ressourcen ausschlaggebend, über die der befragte Mensch verfügt (zur hohen Bedeutung ökonomischer Lebensumstände für behinderte Menschen vgl. auch Breckenridge/ Vogler 2001: 356). Zwar sind sozioökonomische Ressourcen bedeutsam für Lebenssituation und Teilhabemöglichkeiten eines Menschen; in der ICF wird jedoch explizit darauf hingewiesen, dass solche Faktoren nicht berücksichtigt werden, da es sich bei ihnen nicht um gesundheitsbezogene Faktoren handelt, auch wenn sie Ausführungsbeeinträchtigungen verursachen können:

»The classification remains in the broad context of health and does not cover circumstances that are not health-related, such as those brought about by socioeconomic factors. For example, because of their race, gender, religion or other socioeconomic characteristics people may be restricted in their execution of a task in their current environment, but these are not health-related restrictions of participation as classified in ICF.« (ICF 7)

---

[258] Dies wird unter anderem an den Anwendungsfeldern der ICF deutlich, da mit ihr auch chronische beziehungsweise längerfristige Erkrankungen wie Migräne, Alzheimer, Parkinson, Depressionen oder auch Aids klassifiziert werden (vgl. 2.7, 6.3).

[259] Hierzu gehören besonders die Personbezogenen und genetischen Faktoren, die zunehmende Einbeziehung der subjektiven Lebensführung und des subjektiven Wohlbefindens sowie die generelle Anforderung an das Subjekt, zu kooperieren und durch Coping zur Verringerung seiner Behinderung beizutragen (vgl. 4.1.4, 4.2.1, 4.2.4, 4.2.6, 4.2.7).

[260] Vgl. zur unklaren Beurteilung der Leistungsfähigkeit und hiermit verbunden einer nicht eindeutigen Zuordnung, was als leistungssteigernde Technik aufgefasst wird, auch den Fall des auf Prothesen laufenden Sprinters Oscar Pistorius. Dieser ist unter dem Vorwurf des »Techno-Dopings« von der International Association of Athletics Federations (IAAF) Ende 2007 für Wettkämpfe für prothesenlos laufende Sportler gesperrt worden, was von vielen behinderten Menschen als Ausgrenzung und Benachteiligung wahrgenommen wurde (vgl. Tolmein 2008). Unter Bezugnahme auf die UN-Menschenrechtskonvention für Menschen mit Behinderung hat das Internationale Sportschiedsgericht in Lausanne am 16. Mai 2008 entschieden, die Sperre aufzuheben, da »Pistorius unter Einbeziehung aller Faktoren keinen Vorteil gegenüber Sportlern hat, die auf Beinen aus Fleisch und Blut laufen« (Tolmein 2008: 81).

Beide Funktionen der ICF werden durch die vorhandenen ökonomischen, kulturellen und sozialen Ressourcen[261] eines Menschen beeinflusst (zu den Interferenzen zwischen Behinderung, Geschlecht und sozioökonomischer Gesellschaftsschicht vgl. Moser 2006). In Abhängigkeit vom jeweiligen Gesundheitssystem werden Kosten für die Behandlung leichter Behinderungen,[262] den Transfer von Körpersubstanzen,[263] die Untersuchung des Risikostatus und damit verbunden die Nutzung des Angebots präventiver genetischer Tests[264] oder leistungssteigernde Substanzen[265] finanziert.

Verfügt ein Mensch über hinreichende ökonomische Ressourcen, so kann er diese Leistungen selbst bezahlen, sofern sie nicht von der Krankenversicherung übernommen werden. Die eigene Finanzierung dieser Gesundheitsleistungen ist hingegen für jemanden ohne entsprechende ökonomische Ressourcen nicht möglich, auch wenn eine Abschätzung des eigenen (genetischen) Risikos gemäß der sich abzeichnenden zukünftigen Entwicklung von allen Menschen erwartet wird (vgl. Kollek/Lemke 2008). Die Behinderungsfeststellung und darauf folgende Leistungszumessung ist hingegen für einen Menschen mit geringen ökonomischen Ressourcen existentiell (vgl. Priestley 2004: 261).

---

261 Nach Bourdieu würden diese Ressourcen als Kapitalsorten bezeichnet: *ökonomisches, kulturelles und soziales Kapital* (vgl. Bourdieu 1983). Diese können gegeneinander getauscht werden, wobei dem ökonomischen Kapital eine primäre Funktion zugemessen wird. Die vorliegende Arbeit orientiert sich nicht an dem marxistischen Kapital-Begriff, sondern an dem Begriff *class*, wie er von den britischen Cultural Studies im Zusammenhang mit den Kategorien *race* und *gender* geprägt wurde (Birmingham School, vgl. During 1999, Hall 1999).

262 Vgl. die Strukturveränderung eines Fingernagels oder eine Gesichtshautveränderung (Vitiligo), die in den Fallbeispielen der ICF als Schädigungen ohne Beeinträchtigungen der Leistungs-, aber mit Problemen der Ausführungsfähigkeit dargelegt werden (vgl. 4.2.5, ICF 238).

263 Vgl. ausführlicher zur sozialen und rechtlichen Regulation und der gesellschaftspolitischen Begründung des Transfers von Körpersubstanzen wie Blut, Samen- oder Eizellen, Organen oder Gewebe, Schneider 2007 und 2008.

264 Vgl. ausführlich zu den gesellschaftlichen Implikationen prädiktiver genetischer Tests Kollek/Lemke 2008, zur Entwicklung von Angebot und Nachfrage prädiktiver genetischer Tests Kollek/Lemke 2007, Hirschberg et al. 2009 und zur Einführung prädiktiver Lifestyle-Medizin bei Lebensversicherungen vgl. Van Hoyweghen et al. 2006.

265 Vgl. zum psychopharmakologischen Enhancement als nicht-medizinisch indizierter Verabreichung von Medikamenten, die für PatientInnen mit Demenzerkrankungen, Depressionen, Aufmerksamkeitsstörungen oder Narkolepsie entwickelt wurden, Groß 2007: 228. Diese Medikamente werden zur Verbesserung der Gedächtnisleistung, der Steigerung der Aufmerksamkeit, der Aufhellung der Stimmung oder der Reduktion des Schlafbedürfnisses genutzt.

Es zeichnen sich dementsprechend neue beziehungsweise veränderte Zugangsmöglichkeiten zur Gesundheitsversorgung angesichts der Kategorie ökonomischer Ressourcen ab. Gesundheitsversorgung ist eine entscheidende Bedingung für gesellschaftliche Teilhabe. Die individuellen ökonomischen Ressourcen bestimmen die Situation behinderter Menschen entscheidend, da der Staat zwar Leistungen bewilligt, jedoch die Bedeutung individueller Ressourcen zunimmt. Dies wird besonders in Ländern wie den USA deutlich, in denen eine steigende Anzahl von Menschen keine Krankenversicherung hat und daher ausschließlich staatliche medizinische Grundversorgung erhält (vgl. zur Situation in den USA Iezzoni 2003: 225ff., 239ff. und Feuerstein 1998b: 195f.). Da die sozialen Unterschiede verschärft werden, haben Gleichstellungsgesetze eine große Bedeutung, unabhängig von sozioökonomischer Lage und ökonomischen Unterschieden die Gleichstellung aller Menschen rechtlich zu begründen.[266]

Vor dem Hintergrund eines ausgeweiteten Behinderungsspektrums besteht neben der Kategorie Behinderung gleichzeitig die Kategorie des Behinderungsrisikos. Diese Kategorie umschließt den zu Funktionsfähigkeit abgegrenzten Behinderungsbegriff der ICF; sie ist selbst wesentlich umfangreicher. Ebenso umfasst der Adressatenkreis des Behinderungsrisikos (als des »Noch nicht behindert-Seins«) den traditionell engeren Adressatenkreis behinderter Menschen, deren Behinderung mit der ICF negativ klassifiziert wird. Hierzu gehören auch Menschen mit längerfristigen beziehungsweise chronischen Krankheiten, für die der umfassende Ansatz der ICF zukünftig auch genutzt werden soll beziehungsweise bereits schon genutzt wird (vgl. auch 2.7.2, 6.3). Sie sind nicht behindert, sondern haben eine chronische Erkrankung und sind aufgrund dessen in ihren Aktivitäten und ihrer Partizipation am gesellschaftlichen Leben eingeschränkt. Die individuell vorhandenen ökonomischen Ressourcen sind für alle Adressaten bedeutsam. Während zum einen eine stabile, protonormalistische Grenze zwischen behinderten und nichtbehinderten Menschen aufrecht erhalten wird, ist bei dem Adressatenkreis zukünftig oder potenziell behinderter Menschen eine höchst flexible Grenze mit einem breiten Risikobereich zwischen normal und behindert zu verzeichnen (vgl. Link 1999: 343).

---

266 Zur Überschneidung und Verstärkung der Kategorien vgl. Mosers qualitative Studie »Interferences between Disability, Gender, and Class« (2006). Aufgrund der unterschiedlichen Finanzkraft höherer gegenüber niedriger sozialer Gesellschaftsschichten schlussfolgert die britische Wissenschaftlerin Ayesha Vernon: »class privilege is a powerful diluter of discrimination both economically and socially« (1999: 394).

Resümiert man die skizzierten Tendenzen, so sind folgende Forderungen an und Befürchtungen für die nächste behinderungsspezifische Klassifikation der WHO abzuleiten. Je nach Blickrichtung auf mögliche Konsequenzen zeigt die ICF janusköpfig ihr freundliches oder bedrohliches Gesicht. Die Forderungen zielen darauf ab, die Konzeption der ICF in Richtung auf Teilhabe und Selbstbestimmung behinderter Menschen zu verbessern. Die Befürchtungen beziehen sich hingegen auf ein verändertes Verständnis von Behinderung und Funktionsfähigkeit, in dem der Körper jedes Subjekts als optimierungswürdig beurteilt wird (vgl. Wolbring 2006). Hinsichtlich beider oben genannter Funktionen der ICF ist Foucaults Aussage zuzustimmen: »Eines ist jedenfalls sicher: Der menschliche Körper ist der Hauptakteur aller Utopien« (2005: 31).

Angesichts beider Funktionen der ICF stehen behinderte Menschen vor der paradoxen Situation, ihre Behinderung mit dem Ziel der Leistungsbewilligung einerseits negativ klassifizieren lassen zu müssen und hierbei selbst beratend und sich selbst einschätzend mitzuwirken. Andererseits sind sie aufgefordert, ihre Behinderung als Bestandteil ihrer selbst wahrzunehmen und sie durch besondere Leistungen und Anstrengungen zu kompensieren. Sie sind also aufgefordert, sich selbst gemäß diesen Anforderungen zu lenken und auf eine hohe Leistungsfähigkeit hin zu trimmen. Anders ausgedrückt: Die Herrschaft der negativen Klassifizierung von außen verschwindet im Postulat der Selbstbeherrschung, wie Bröckling als Kennzeichen des demokratischen Panopticons herausstellt (vgl. 2007: 247). Bröckling überträgt die räumliche Überwachungsanordnung des Panopticons auf das System allseitiger Beurteilungen, das besonders im Personalmanagement angewandt wird.[267] Das Subjekt überwacht sich selbst.

Die Janusköpfigkeit der ICF verdeutlicht sich besonders anhand der flexibelnormalistischen, dynamischen Charakteristika wie beispielsweise der Interaktivität aller Komponenten oder der hohen Beachtung der gesellschaftlichen Dimension durch Aktivität/Partizipation *und* Umweltfaktoren.

Für eine nächste behinderungsspezifische Klassifikation erscheint es daher wünschenswert, dass die soziale Bedeutung von Behinderung höher gewichtet wird: durch eigenständige Kategorienlisten für Aktivität und Partizipation, durch eine detailliertere Kategorisierung der Umweltfaktoren sowie durch die Entwicklung weiterer Beurteilungsmerkmale zur Erfassung ihrer messbaren Eigenschaften. Gleichzeitig würde mit einer umfassenden Beur-

---

267 Das Panopticon bezeichnet eine räumliche Anordnung, in der jeder jeden überwachen kann (vgl. Foucault 1977: 265).

teilung der Lebenssituation des Subjekts kein Lebensbereich mehr bestehen, der nicht klassifiziert würde. Dies ist vor allem bedenklich hinsichtlich der Selbststeuerung des Subjekts, besonders angesichts von Rationierungen im Gesundheitswesen und der Einbeziehung individueller ökonomischer Ressourcen (vgl. Feuerstein/Kuhlmann 1999).

Es ist zudem zu erwarten, dass das Subjekt stärker in die Klassifizierung seiner Behinderung einbezogen wird, was Vor- und Nachteile haben kann. Dies lässt sich aus dem in der ICF geschilderten Verhältnis von GutachterIn und befragter Person ableiten, die befragte Person an der Kategorienauswahl zu beteiligen (vgl. 4.2.7). Auch verstärken mehrere Faktoren den Zugriff auf die Lebenssituation des Subjekts: die geplante Entwicklung der Personbezogenen Faktoren, die größere Beachtung genetischer Faktoren, die Verbindung mit *Quality of life*-Konzepten sowie eine potenzielle Einbeziehung positiver Charakteristika beziehungsweise positiv klassifizierter Komponenten. Mit einer umfassenderen Klassifizierung der Lebensbereiche ist eine Ausweitung des Klassifizierungsspektrums zu befürchten, minimale Behinderungen bereits im Risikospektrum zu verorten und somit das Anormalitätsspektrum auszudehnen: »Making the normal deviant« (Van Hoyweghen 2006, vgl. Link 1999: 343ff.).

Gleichzeitig ist es erstrebenswert, das ausgedehnte Klassifizierungsspektrum der ICF zu nutzen, um chronische Krankheiten zu kategorisieren. Da die ICD die Lebenssituation mit einer chronischen Krankheit nicht erfassen kann, ist es nützlich, die verschiedenen Dimensionen einer chronischen Krankheit mit der ICF zu beurteilen (vgl. 4.2.5). Somit könnte die Bedeutung einer chronischen Krankheit, ihre Implikationen für Aktivität und Partizipation sowie der Einsatz von Unterstützungsfaktoren besser verstanden werden.

Für die nächste behinderungsspezifische WHO-Klassifikation ist daher zu wünschen, dass nicht die negative Beurteilung von Behinderungen – unabhängig ob geringen oder schweren Ausmaßes – fokussiert wird. Stattdessen sollte die ICF auch gerade aufgrund ihrer Klassifizierungsfunktion mit dem Ziel angewendet werden, die gesellschaftliche Teilhabe behinderter Menschen zu erhöhen. Hierzu dient ebenfalls eine detaillierte Entwicklung weiterer Klassifikationsebenen von Aktivität und Partizipation sowie der Umweltfaktoren, da erst die interdimensionale Betrachtung von Behinderung der Schlüssel zu einem umfassenden Verständnis behindernder Bedingungen ist (vgl. auch die Analyse der revolutionären Entwicklung des

Rollstuhls Woods/Watson 2003, zur Ausführung der Umweltfaktoren vgl. Hirschberg 2007).

Gegenüber der sich abzeichnenden stärkeren Einbeziehung des Subjekts in den Klassifizierungsvorgang wäre anzuregen, Organisationen behinderter Menschen im Sinne des *peer-counseling* heranzuziehen. Sie können den befragten Menschen hinsichtlich der Klassifizierung seiner Behinderung sowie der speziellen Berücksichtigung von Barrieren beraten, was eine potenzielle Internalisierung negativer Stigmatisierung reduzieren kann. Dies stellt eine konkrete Aufgabe für Organisationen zur Selbstvertretung behinderter Menschen dar. Eine weitere liegt auf einer anderen Ebene: Während Disabled Peoples' International (DPI) bereits an der Entwicklung der ICF – speziell der Umweltfaktoren – beteiligt war, könnten Selbstvertretungsorganisationen behinderter Menschen in allen Ländern in die grundlegende Entwicklung der nächsten Behinderungsklassifikation in umfangreichem Maß einbezogen werden. Durch die Mitarbeit dieser Organisationen im Sinne partizipativer Forschung würde die Teilhabeorientierung in der Klassifikation verstärkt. Zugleich würde die Bedeutung des sozialen Modells anerkannt und in der Konzeption der ICF konsequent umgesetzt, der biopsychosoziale Ansatz würde als Gesamtkonzept und als gleichgewichtige Synthese beider Modelle verwirklicht (vgl. 6.2). Die für den einzelnen wie für Gruppen behinderter Menschen vorliegenden Barrieren zu klassifizieren, ist eine entscheidende Forderung, mit der die Interessen behinderter Menschen und ihrer Organisationen berücksichtigt würden (vgl. Stark et al. 2007).

Entscheidend ist, mit welcher Intention die ICF zu welchem Zweck angewandt wird. Die Befürchtungen lassen sich darin zusammenfassen, dass sich die Verteilung von Leistungen im Gesundheitswesen ungerecht entwickeln kann. Die Forderungen gründen sich hingegen auf die Notwendigkeit, die sozialstaatliche Funktion der Leistungszuweisung zu erhalten, sowie gleichzeitig behinderte Menschen – und auch Menschen mit Risikopotenzial – vor Diskriminierungen zu schützen (vgl. auch das AGG 2006 und die UN-BRK 2006). Die gesellschaftliche Tendenz zum *enhancement*, den eigenen Körper mit dem Ziel höherer Leistungsfähigkeit zu optimieren, muss hierbei kritisch reflektiert werden.

7.4 Forschungsperspektiven

Auf der vorliegenden Studie können Forschungsprojekte unterschiedlicher Ausrichtungen aufbauen, sowohl zur Umsetzung auf der Makro- als auch auf der Mikroebene und zur Analyse ethnologischer oder geschlechtsspezifischer Perspektiven auf Behinderung. Die Vorschläge für Forschungsperspektiven beanspruchen keine Vollständigkeit, sondern sollen ein Spektrum von Möglichkeiten aufzeigen.

Aufgrund der Anerkennung der ICF durch die Vereinten Nationen als einziger internationaler Klassifikation von Behinderung lässt sich untersuchen, mit welchen Schwerpunkten sie auf internationaler Ebene eingebunden und verwendet wird. In diesem Kontext besteht eine hohe Erwartung an den zukünftigen *World Report on Disability and Rehabilitation*, der 2010 veröffentlicht werden soll (vgl. Officer 2007).[268] In welchem Verhältnis werden *impairment* und *disability* betrachtet, und wie werden gesellschaftlich benachteiligende Faktoren als Ursache von Behinderung einbezogen? In welcher Hinsicht wird Behinderung als Kontinuum von Risiken beziehungsweise als Einschränkung der Funktionsfähigkeit aufgefasst? Diese Forschungsfragen sind relevant, um vorhandene Rehabilitationsangebote sowie gesellschaftliche Lebensbedingungen zu erfassen, zu verbessern und somit das Ziel gleichberechtigter Teilhabe und Inklusion anzustreben.

In diesem Zusammenhang ist eine eingehende Untersuchung von Umweltbedingungen wünschenswert, so dass die Konzeption der ICF-Komponente umfassend ausgearbeitet würde. Diese konkrete Forschungsaufgabe trägt zur gleichen Gewichtung von medizinischem und sozialem Modell im biopsychosozialen Ansatz bei.

An eine Konkretisierung der Umweltfaktoren können Forschungsprojekte zur Veränderung des öffentlichen Raums anschließen: Wie wären öffentlicher Nah- und Fernverkehr, Städte, Regionen oder auch Landschaften zu gestalten, so dass sie für alle Menschen barrierefrei wären? Die Klassifikation der Umweltfaktoren und die Prinzipien des Universal Design wären hierbei miteinander zu vergleichen und gemäß ihrer jeweiligen Funktion zu ergänzen.

---

268 Vgl. die *World Health Assembly Resolution 58.23* vom Mai 2005, http://www.who.int/gb/ebwha/pdf_files/WHA58/WHA58_23-en.pdf, den neuen Bericht http://siteresources.worldbank.org/DISABILITY/Resources/News---Events/BBLs/20070411WHOissue1.pdf, 06.08.09, sowie den derzeit aktuellen WHO newsletter zu Behinderung und Rehabilitation, http://www.who.int/disabilities/publications/newsletter/dar_newsletter_issue_7.pdf, 06.08.2009

Als weitere Aufgabe lässt sich erforschen, wie die ICF in Sozialsystemen zur Vergabe von Leistungen beziehungsweise zur Beurteilung der Auswirkungen einer Behinderung auf die Lebensqualität implementiert werden kann. Diese Bedeutung der ICF für die Praxis lässt sich an zwei Einsatzfeldern untersuchen: Zum einen ist zu fragen, wie die Versorgungsmedizin-Verordnung als Nachfolgerin der Anhaltspunkte (AHP) durch die ICF fundiert oder ersetzt werden kann, um den Grad der Behinderung (GdB) gemäß des SGB IX und des deutschen Sozialrechts teilhabeorientiert zu bestimmen (vgl. 7.2). Die lange Tradition der Kriegsversehrtenversorgung, in der die Versorgungsmedizin-Verordnung steht, ist hierbei zu beachten. Sie verdeutlicht, dass die Versorgungsmedizin-Verordnung eher am medizinischen Modell orientiert ist als die ICF. Daher muss im Veränderungsprozess der sozialrechtlichen und -medizinischen Praxis auch die Perspektive auf Behinderung in die Untersuchung einbezogen werden.

Des Weiteren eröffnet sich die Möglichkeit, neben der nationalen Veränderung der Behinderungsbeurteilung das international geltende Konstrukt zur Messung der Lebensqualität mit Behinderung zu überprüfen. In diesem Kontext ist zu analysieren, welche Vor- und Nachteile es hätte, wenn das bestehende, von der Weltbank entwickelte Konstrukt, die *Disability Adjusted Life Years (DALYs)*,[269] durch die ICF ergänzt würde. Während Behinderung mit den DALYs als medizinische Bedingung im Individuum aufgefasst wird (vgl. Mont 2007: 1659), bezieht der biopsychosoziale Ansatz die gesellschaftliche Dimension von Behinderung ein. Dies wird in einer Stellungnahme der Weltbank mit Verweis auf die Komplexität von Behinderung als sinnvoll beurteilt (vgl. Mont 2007). Eine Fundierung oder Erweiterung der DALYs durch die ICF oder eine spezifische Kategorienauswahl ist besonders dahingehend zu erforschen, welche Ziele die eng mit der WHO kooperierende Weltbank verfolgt (zur Kooperation und zur gemeinsamen Veröffentlichung des World Reports vgl. Officer 2007).

Mit ethnographischen, kultur- und länderspezifischen (Vergleichs-)Studien kann untersucht werden, welche Bedeutung einzelne Komponenten wie beispielsweise Umweltfaktoren oder auch genetische Dispositionen vor unterschiedlichen Hintergründen haben. Ebenso kann erforscht werden,

---

269 Die DALYs sind ein Pendant zu den QALYs, *quality-adjusted life years*, einem Konstrukt, mit dem die Lebensqualität eines Menschen gemessen wird (zur Kritik vgl. 4.2.6 und Feuerstein 1998a). Gemäß den DALYs reduziert Behinderung die Lebensqualität (vgl. The World Bank 1993: 25ff.).

welche Coping-Strategien oder Selbstregierungstaktiken mit kulturellen, ethnischen oder geschlechtsspezifischen Kategorien verbunden sind. Aus Perspektive der Geschlechterforschung lässt sich zudem analysieren, wie die spezifische Situation behinderter Frauen oder Männer mit der ICF erfasst werden kann. Hierzu empfiehlt es sich, die ICF auf geschlechtsspezifische Aspekte hin textanalytisch zu untersuchen und dies mit einer *qualitativen Erforschung der Befragung von Frauen beziehungsweise Männern mit Behinderung* zur Klassifizierung ihrer Lebenssituation mit einer Behinderung zu verbinden.

Das Ergebnis der vorliegenden Studie eröffnet auch interdisziplinäre Forschungsfelder, die im Bereich der (Medizin-)Soziologie, Rehabilitations- und Pflegewissenschaft liegen. Daher ist es wünschenswert, die Perspektiven aller beteiligten Gruppen an der ICF zu erforschen: Besonders interessant wären qualitative individuelle Langzeitstudien, in der behinderte Menschen selbst zu Wort kommen. Dies begründet sich damit, dass die Betroffenenperspektive in der ICF nur in geringem Maß beachtet wird, jedoch stärkere Bedeutung erfahren sollte. Des Weiteren ist es sinnvoll, die Perspektive der involvierten gutachtenden Fachkräfte zu untersuchen. Dazu gehört die Erforschung der Sichtweisen von Sozial- und RehabilitationsmedizinerInnen, welche die ICF als Klassifizierungsinstrument anwenden: Wie beurteilen sie die ICF? Welche Vor- und Nachteile sehen sie? Worauf legen sie den Schwerpunkt in der Klassifizierung – auf die Korrelation der Komponenten oder auf einzelne Komponenten wie die Schädigung oder die Umweltfaktoren? Hinsichtlich beider Gruppen – der behinderten, befragten Menschen und der GutachterInnen – wäre zu untersuchen, wie sie die Empfehlung beurteilen, die befragte Person in den Klassifizierungsprozess einzubeziehen.

Ziel dieser Vorstellung möglicher Forschungsaufgaben ist es, die ICF konstruktiv zu nutzen. Dies, auch wenn ihr Behinderungsverständnis unscharf ist beziehungsweise zwischen Dichotomie und Bandbreite changiert. Die ICF könnte somit als Instrument verwendet werden, um gleichberechtigte Teilhabe für alle Menschen zu verwirklichen: für Menschen mit Behinderungen, Behinderungsrisiko oder (chronischen) Erkrankungen. Daher ist die ICF als Klassifikation mit der Vision weiterzuentwickeln, dass es gesellschaftlich anerkannt wird, Schädigungen, Behinderungsrisiken oder (chronische) Krankheiten zu haben beziehungsweise aktivitätsbeeinträchtigt zu sein, ohne behindert zu werden.

Abbildungen

Abb. 1: Symptomatische Krankheitseinteilung nach Boissier Sauvages, 1731 ... 31
Abb. 2: Familie der WHO-Klassifikationen ... 43
Abb. 3: Medizinisches Krankheitsmodell ... 45
Abb. 4: Konzeptualisierung von Behinderung in der ICIDH ... 48
Abb. 5: Gegenüberstellung von ICIDH und ICF ... 56
Abb. 6: Interaktionen zwischen den Komponenten der ICF ... 61
Abb. 7: Graphische Darstellung der Umweltfaktoren e 125 ... 79
Abb. 8a/b: Ambivalente Beurteilung von Funktionsfähigkeit ... 211
Abb. 9: Interaktive Erschließung von Behinderung ... 219
Abb. 10: Das Universum des Wohlbefindens (ICF 212) ... 226
Abb. 11: Ausarbeitung und Komplexität der Komponenten ... 236

Tabellen

Tabelle 1:	Grundelemente in der Humoralpathologie	27
Tabelle 2:	Übersicht über die ersten Klassifikationen von Krankheits- und Todesursachen	34
Tabelle 3:	Entwicklung der Krankheitsklassifikationen nach dem Zweiten Weltkrieg	36
Tabelle 4:	Übersicht über die Familie Internationaler Klassifikationen	42
Tabelle 5:	Systematik von Komponenten, Kategorien und Unterkategorien	58
Tabelle 6:	Erstes Beurteilungsmerkmal (Ausmaß oder Größe)	58
Tabelle 7:	Darstellung der Kategorie Temperament and personality functions	161
Tabelle 8:	Beurteilungsskalen für die Körperstrukturen	162
Tabelle 9:	Klassifizierung von Aktivität und Partizipation	166
Tabelle 10:	Differenzierte Kodierung von Aktivität und Partizipation	170
Tabelle 11:	Übersicht aller Fallbeispiele der ICF	220
Tabelle 12:	Vorschlag einer differenzierten Beurteilung von Barrieren	238
Tabelle 13:	Vorschlag einer differenzierten Beurteilung von Unterstützungsfaktoren	239
Tabelle 14:	Sprachliche Mittel der ICF	245
Tabelle 15:	Aufbau des Klassifikationskapitels der Körperfunktionen	247
Tabelle 16:	Aufbau des Klassifikationskapitels der Körperstrukturen	247
Tabelle 17:	Gegenübergestellte Termini in der ICF	250
Tabelle 18:	Funktionen der Intelligenz	262
Tabelle 19:	Klassifizierung der Schädigung in der ICIDH	263
Tabelle 20:	Definition der Aufmerksamkeitsfunktionen	264
Tabelle 21:	Definition der Gedächtnisfunktionen	265
Tabelle 22:	Definition der höheren kognitiven Funktionen	265

Tabelle 23:	Kognitionsbezogene Unterkategorien der Gehirnstruktur	266
Tabelle 24:	Unterteilung des Kapitels Learning and Applying knowledge	267
Tabelle 25:	Definition der Kategorie Üben	268
Tabelle 26:	Definition der Kategorie Aufmerksamkeit fokussieren	268
Tabelle 27:	Definition und Unterkategorien der Kategorie Probleme lösen	268
Tabelle 28:	ICD-10 Diagnose zur Aufmerksamkeitsstörung	272
Tabelle 29:	ICD-10 Diagnosen zur Intelligenzminderung	274
Tabelle 30:	Beurteilungsfaktoren der ICD-Diagnose Intelligenzminderung	275
Tabelle 31:	Charakteristika des integrativen Ansatzes	295
Tabelle 32:	Charakteristika des Normalitätsverständnisses der ICF	302
Tabelle 33:	Gegenüberstellung unterschiedlicher Charakteristika	304

Register

AAMR	American Association on Mental Retardation – S. 98
AGG	Allgemeines Gleichbehandlungsgesetz vom 14. August 2006 (BGBl. I S. 1897), zuletzt geändert durch Artikel 19 Absatz 10 des Gesetzes vom 12. Dezember 2007 (BGBl. I S. 2840) – S. 11, 316ff., 328
AIHW	Australian Institute of Health and Welfare – S. 84f.
APA	American Psychiatric Association – S. 39f., 264
BAR	Bundesarbeitsgemeinschaft für Rehabilitation – S. 89, 108
BAS	Bundesminister für Arbeit und Soziales – S. 69f.
BGG	Gesetz zur Gleichstellung behinderter Menschen (Behindertengleichstellungsgesetz) vom 27. April 2002 (BGBl. I S. 1467, 1468), zuletzt geändert durch Artikel 12 des Gesetzes vom 19. Dezember 2007 (BGBl. I S. 3024) – S. 11, 68ff., 316ff.
BMAS	Bundesministerium für Arbeit und Sozialordnung – S. 47, 66
BMGS	Bundesministerium für Gesundheit und Soziale Sicherheit – S. 66f., 317f.
CAS	Classification, Assessment, Surveys and Terminology (WHO-Abteilung) – S. 59, 80, 91, 197, 288
DIMDI	Deutsches Institut für Medizinische Dokumentation und Information – S. 39, 81
DPI	Disabled Peoples' International – S. 55, 115, 118, 213, 294, 298, 328
ICD-10	International Statistical Classification of Diseases and Related Health Problems, Tenth Edition – S. 20, 36ff., 42f., 45f., 60f., 68, 159, 196ff., 212, 225, 270f., 272ff.
ICIDH	International Classification of Impairments, Disabilities and Handicaps – S. 11ff., 16, 37, 40, 46ff., 61, 67, 75f., 81, 84, 89f., 95ff., 101, 105, 108, 110, 146, 151, 173, 176f., 186, 190, 195f., 198, 201, 208, 212f., 218, 222, 225, 229f., 251, 256, 259, 264, 272, 288, 294, 296ff., 302f., 313f.

SGB IX	Sozialgesetzbuch (SGB) Neuntes Buch (IX) – Rehabilitation und Teilhabe behinderter Menschen, vom 19. Juni 2001 (Artikel 1 des Gesetzes v. 19.6.2001, BGBl. I S. 1046), S. 9, 11, 39, 45, 57, 65, 67ff., 87, 95, 316, 318ff., 322, 330
UN-BRK	UN-Konvention über die Rechte von Menschen mit Behinderung (Behindertenrechtskonvention), 2006 (seit 26. März 2009 geltendes deutsches Recht) – S. 11, 77, 83, 239, 255, 329
VDR	Verband Deutscher Rentenversicherungsträger – S. 87, 108
WHA	World Health Assembly – S. 47, 54, 206, 289, 332
WHO-FIC	WHO-Family of International Classifications – S. 75, 77f., 87f., 296

Literatur

Abberley, Paul: »The Concept of Oppression and the Development of a Social Theory of Disability«, In: Disability, Handicap & Society, 1987, Bd. 2, Nr. 1, S. 5–19.
Ackerknecht, Erwin: *Geschichte der Medizin*, 7. überarbeitete und ergänzte Auflage von Axel Murken, Stuttgart 1992.
Adler, Rolf: »Rehabilitation aus biopsychosozialer Sicht«, In: Uexküll, Thure von/ Adler, Rolf/Herrmann, Jörg Michael/Köhle, Karl/Schonecke, Othmar/Wesiack, Wolfgang (Hg.): Psychosomatische Medizin, 5. neu bearbeitete und erweiterte Auflage, München 1996, S.483–489.
Albrecht, Gary: »American Pragmatism, Sociology and the Development of Disability Studies«, In: Barnes, Colin/Oliver, Michael/Barton, Len (Hg.): Disability Studies Today, Cambridge 2002, S. 18–37.
Albrecht, Gary/Sellman, Katherine/Bury, Michael (Hg.): *Handbook of Disability Studies*, Thousand Oaks 2001.
Albrecht, Gary/Devlieger, Patrick: »The disability paradox: high quality of life against all odds«, In: Social Science & Medicine 1999, Bd. 48, S. 977–988.
Allan, Julie: »Foucault and special educational needs: a box of tools for analyzing children's experiences of mainstreaming«, In: Disability & Society, 1996, Bd. 11, Nr. 2, S. 219–233.
Allensbach, Institut für Demoskopie: *Das Sehbewusstsein der Deutschen. Ergebnisse der Brillenstudie 2005*, http://www.zva.de/ZVA/brancheninfo/branchendaten/060516_allensbach.php, Zugriff am 19.05.08.
Alles, Torsten: *Anforderungsorientierte Rehabilitation zur Förderung der Teilhabe am Arbeitsleben durch Einsatz von Assessment – eine kontrollierte Interventionsstudie im Rahmen der stationären Rehabilitation von Rückenleiden*, Köln 2007, http://esport.dshs-koeln.de/56/, Zugriff am 21.07.09.
Altman, Barbara: »Disability Definitions, Models, Classification Schemes, and Applications«, In: Albrecht, Gary/Seelman, Katherine/Bury, Michael (Hg.): Handbook of Disability Studies, Thousand Oaks 2001, S. 97–122.
American Association on Mental Retardation (AAMR): *Definition, classification, and systems of supports*, Washington 1992.
American Psychiatric Association (APA): *Diagnostic and Statistical Manual of Mental Disorders*, Fourth Edition, Washington, D.C. 1994 (Diagnostisches und Statis-

tisches Manual Psychischer Störungen DSM-IV, deutsche Bearbeitung und Einleitung von Henning Saß, Hans-Ulrich Wittchen und Michael Zaudig), Göttingen 1996.

Anderson, Norman: »Foreword«, In: Self, Social Identity, and Physical Health. Interdisciplinary Explorations, New York 1999, v–xii.

Anderson, Robert/Miniño, Arialdi: *Using Cause-of-Death Text from the Death Certificate*, Triest 2007.

Antonovsky, Aaron: *Salutogenese – Zur Entmystifizierung der Gesundheit*, Tübingen 1997.

Australian Institute of Health and Welfare (AIHW): *Australian Collaborating Centre for the WHO Family of International Classifications*, Annual Report: October 2006–2007, Triest 2007, S. 1–13.

— *A Functioning and Related Health Outcomes Module. The development of a data capture tool for health and community services information systems*, Canberra 2006a.

— *Disability and disability services in Australia*, Canberra 2006b.

— *Children with disability in Australia*, AIHW Cat. No. DIS 38, Canberra 2004.

— *ICF Australian User Guide: Version 1.0*, AIHW Cat. no. DIS 33, (Disability Series), Canberra 2003.

Bach, Heinz: »Allgemeine Sonderpädagogik«, In: Bach, Heinz (Hg.): Sonderpädagogik im Grundriss, Berlin 1976, S. 5–78.

Barnes, Colin/Mercer, Geof/Shakespeare, Tom (Hg.): *Exploring Disability. A Sociological Introduction*, 3. Auflage, Cambridge 2002.

Barnes, Colin/Oliver, Michael/Barton, Len (Hg.): *Disability Studies Today*, Cambridge 2002.

Barnes, Colin/Mercer, Geof (Hg.): *Exploring the Divide. Illness and Disability*, Leeds 1996

Barral, Catherine: »International conference on disability and classification from concepts to action, 26–27 October 2006, La Marsa, Tunesia«, In: WHO Family of International Classifications (FIC) Newsletter, 2006, Bd. 4, Nr. 2, S. 5–7.

— *Annual Report of the French ICF Collaborating Centre*, Reykjavik 2004, S. 1–4.

Baudisch, Winfried: »Zur Entwicklung der Behindertenhilfe und von Konzepten der Rehabilitation«, In: Baudisch, Winfried/Schulze, Marion/Wüllenweber, Ernst (Hg.): Einführung in die Rehabilitationspädagogik, Stuttgart 2004, S. 9–43.

Bendel, Klaus: »Behinderung als zugeschriebenes Kompetenzdefizit von Akteuren. Zur sozialen Konstruktion einer Lebenslage«, Zeitschrift für Soziologie 2000, Bd. 28, Nr. 4, S. 301–310.

Bereiter-Hahn, Werner/Mehrtens, Gerhard: *Gesetzliche Unfallversicherung*, Siebtes Sozialgesetzbuch Handkommentar, Berlin 1991, Ergänzungslieferung April 2003.

Biesalski, Konrad: *Leitfaden der Krüppelfürsorge*, 3. Auflage, Leipzig 1926.

Biewer, Gottfried: »Ist die ICIDH-2 für die Heilpädagogik brauchbar?« In: Bundschuh, Konrad (Hg.): Sonder- und Heilpädagogik in der modernen Leistungsgesellschaft. Krise oder Chance? Bad Heilbrunn 2002, S. 293–301.

Bleidick, Ulrich: *Behinderung als pädagogische Aufgabe. Behinderungsbegriff und behindertenpädagogische Theorie*, Stuttgart 1999.

— *Historische Theorien:* »Heilpädagogik, Sonderpädagogik, Pädagogik der Behinderten«, In: Bleidick, Ulrich (Hg.): Theorie der Behindertenpädagogik. Handbuch der Sonderpädagogik, Berlin 1985, Band 1, S. 253–272.

Boatça, Manuela/Lamnek, Siegfried: »Genese und Internalisierung von Stigmatisierungsprozessen. Zum Zusammenspiel von gesellschaftlichen Strukturen und (Selbst-)Definition«, In: Forster, Rudolf (Hg.): Soziologie im Kontext von Behinderung. Theoriebildung, Theorieansätze und singuläre Phänomene, Bad Heilbrunn 2004, S. 158–174.

Bobbert, Monika: »Die Bedeutung von Krankheits- und Behinderungsbegriffen für die Formulierung von Rechten auf Sozialleistungen«, In: Graumann, Sigrid/Grüber, Katrin (Hg.): Anerkennung, Ethik und Behinderung. Beiträge aus dem Institut Mensch, Ethik und Wissenschaft, Münster 2005, S. 151–173.

Bock von Wülfingen, Bettina: *Genetisierung der Zeugung. Eine Diskurs- und Metaphernanalyse reproduktionsmedizinischer Zukünfte*, Bielefeld 2007.

Bollinger Herzka, Thomas: »Praxisrelevanz von anatomischen und funktionellen Bewegungsachsen«, In: Ergotherapie und Rehabilitation, 2005, Bd. 4, S. 21–26.

Bourdieu, Pierre: »Ökonomisches Kapital, kulturelles Kapital, soziales Kapital«, In: Kreckel, Reinhard (Hg.): Zur Theorie sozialer Ungleichheiten, Göttingen 1983, Sonderband 2, S. 183–198.

Bowker, Geoffrey/Leigh Star, Susan: Sorting Things Out. *Classification and its consequences*, Massachussetts 2000.

Brakel, Wim van/Anderson, Alison/Mutatkar, R./Bakirtzief, Zoica/Nicholls, Peter/Raju, M./Das-Pattanayak, Robert: »The Participation Scale: Measuring a key concept in public health«, In: Disability and Rehabilitation, 2006, Bd. 28, Nr. 4, S. 193–203.

Bränd Persson, Kristina/Virtanen, Martti: *Annual Report 2006 of the WHO Collaborating Centre for the Family of International Classifications in the Nordic Countries*, Triest 2007, S. 1–9.

Braun, Otto: »Entwicklungslinien und Zukunftsperspektiven im Fach Sprachheilpädagogik«, In: Sonderpädagogische Förderung 2005, Bd. 50, Nr. 1, S. 13–25.

Breckenridge, Carol/Vogler, Candace: »The Critical Limits of Embodiment: Disability's Criticism«, In: Public Culture, 2001, Bd. 13, Nr. 3, S. 349–357.

Bricknell, Samantha/Madden, Ros: *Exploring the measurement of participation, paper presented at the meeting of the heads of WHO Collaborating Centres for the classification of diseases*, 14–19th October, Brisbane 2002, S. 1–9.

Brockhaus, Friedrich: *Kompakt Wissen von A bis Z in 5 Bänden*, Wiesbaden 1983.

Bröckling, Ulrich: *Das unternehmerische Selbst. Soziologie einer Subjektivierungsform*, Frankfurt/Main 2007.

Bruyere, Susanne/Van Looy, Sara/Peterson, David: »The International Classification of Functioning, Disability and Health (ICF): Contemporary literature overview«, In: Employment and Disability Institute Collection, Educational Publishing Foundation of Cornell University, Originally published in: Rehabilitation Psychology, 2005, Bd. 50, Nr. 2, http://digitalcommons.ilr.cornell.edu/edicollect/117/, Zugriff am: 03.10.2008.

Bublitz, Hannelore/Bührmann, Andrea/Hanke, Christine/Seier, Andrea: »Diskursanalyse – (k)eine Methode? Eine Einleitung«, In: Bublitz, Hannelore/Bührmann, Andrea/Hanke, Christine/Seier, Andrea (Hg.): Das Wuchern der Diskurse. Perspektiven der Diskursanalyse Foucaults, Frankfurt/Main 1999, S. 10–21.

Bublitz, Hannelore: »Diskursanalyse als Gesellschafts-›Theorie‹. ›Diagnostik‹ historischer Praktiken am Beispiel der ›Kulturkrisen‹-Semantik und der Geschlechterordnung um die Jahrhundertwende«, In: Bublitz, Hannelore/Bührmann, Andrea/Hanke, Christine/Seier, Andrea (Hg.): Das Wuchern der Diskurse. Perspektiven der Diskursanalyse Foucaults, Frankfurt/Main 1999, S. 22–48.

Buchalla, Cassia/Sykes, Maria: *The elaboration of Curriculum Modules for ICF training courses*, Delhi 2008, S. 1–13.

Buchalla, Cassia/Cavalheiro, Telma: ICF *Core Sets for HIV/AIDS patients: a preliminar approach*, Triest 2007.

Bufka, Lynn/Reed, Geoffrey/Rehman, Omar: *Health Professions Manual for ICF: Electronic Review and Comment Process*, Triest 2007, S. 1–4.

Buhr, Georg/Klaus, Manfred (Hg.): *Marxistisch-Leninistisches Wörterbuch der Philosophie, Opposition-Zyklentheorie*, Reinbek 1972.

Bullinger, Monika: »Lebensqualität – Aktueller Stand und neuere Entwicklungen der internationalen Lebensqualitätsforschung«, In: Ravens-Sieberer, Ulrike/Cieza, Alarcos (Hg.): Lebensqualität und Gesundheitsökonomie. Konzepte Methoden Anwendung, Landsberg 2000 S. 13–24.

Bundesarbeitsgemeinschaft für Rehabilitation (BAR): *ICF-Praxisleitfaden 2*, Frankfurt/Main 2008.

— *ICF-Praxisleitfaden. Trägerübergreifender Leitfaden für die praktische Anwendung der ICF (Internationale Klassifikation der Funktionsfähigkeit, Behinderung und Gesundheit) beim Zugang zur Rehabilitation*, Frankfurt/Main 2006.

— »BAR-Positionspapier zur Weiterentwicklung der medizinischen, beruflichen und sozialen Rehabilitation in der 14. Legislaturperiode«, In: Rehabilitation 1999, Bd. 38, S. 38–43.

— (Hg.): *Rehabilitation Behinderter. Schädigung – Diagnostik – Therapie – Nachsorge. Wegweiser für Ärzte und weitere Fachkräfte der Rehabilitation*, 2. völlig neu bearbeitete Auflage, 1994.

Bundesminister für Arbeit und Soziales (BAS): Verordnung zur Durchführung des Paragraph 1 Absätze 1 und 3, des des Paragraph 30 Absatz 1 und des Paragraph 35 Absatz 1 des Bundesversorgungsgeseetzes (Versorgungsmedizin-Verordnung – VersMedV) vom 10. Dezember 2008, In Bundesgesetzblatt Jahrgang 2008 Teil I

Nr. 57, ausgegeben zu Bonn am 15. Dezember 2008 mit Anlage »Versorgungsmedizinische Grundsätze«.
— *Weltaktionsprogramm für Behinderte*, Bonn 1983.
Bundesministerium für Arbeit und Sozialordnung (BMAS), Referat Öffentlichkeitsarbeit: Das Gesetz zur Gleichstellung behinderter Menschen – als Beitrag zur Umsetzung des Benachteiligungsverbotes im Grundgesetz, Berlin 2002.
Bundesministerium für Gesundheit und Soziale Sicherheit (BMGS): *Anhaltspunkte für die ärztliche Gutachtertätigkeit im Sozialentschädigungsrecht und nach dem Schwerbehindertenrecht (Teil 2 SGB IX)*, Bonn 2004.
Bundestagsdrucksache 16/2033 (Deutscher Bundestag): »Entschließungsantrag der Abgeordneten Irmingard Schewe-Gerigk, Bdker Beck (Köln), Kai Boris Gehring, Minka Lazar, Jerzy Montag, Josef Philip Winkler und der Fraktion BÜNDNIS 90/DIE GRÜNEN zu der dritten Beratung des Gesetzentwurfs der Bundesregierung – Drucksachen 16/1780, 16/1852, 16/2022 – Entwurf eines Gesetzes zur Umsetzung europäischer Richtlinien zur Verwirklichung des Grundsatzes der Gleichbehandlung«, vom 28.06.2006.
Bundestagsdrucksache 16/1780 (Deutscher Bundestag): »Gesetzentwurf der Bundesregierung. Entwurf eines Gesetzes zur Umsetzung europäischer Richtlinien zur Verwirklichung des Grundsatzes der Gleichbehandlung«, vom 08.06.2006.
Bundeszentrale für gesundheitliche Aufklärung (Hg.): *Lehrbuch der Gesundheitsförderung*, 1. Auflage der deutschen Ausgabe, Köln 2003, Original: Naidoo, Jennie/Wills, Jane: Health Promotion – Foundations for Practice, 2. Auflage, London 2000.
Campbell, Jane/Oliver, Michael: *Disability PoliticS. Understanding Our Past, Changing Our Future*, London 1996.
Canguilhem, Georges: *Das Normale und das Pathologische*, München 1974.
Classification, Assessment, Surveys and Terminology Team (CAS) World Health Organization: *The ICF Checklist: Development and Application*, Brisbane 2002a, S. 1–4.
Classification, Assessment Surveys and Terminology Team World Health Organization: *Report of the Meeting: WHO Conference on Health and Disability 17–20 April 2002, Trieste, Italy*, Meeting of Heads of WHO Collaborating Centres for the Family of International Classifications, Brisbane, Queensland, Australia 14–19 October 2002b, S. 1–9.
Caulfeild, Diane/Kleijn-de Vrankrijker, Marijke de: *Roadmap for the implementation of the ICF: a proposal for an implementation vision and strategy*, Reykjavik 2004, S. 1–28.
Caulfeild, Diane/Reed, Geoff/Jelsma, Jennifer/Bufka, Lynn/Hough, John/Kostanjsek, Nenad: *Functioning and Disability Reference Group Principles of Use, Coding Rules and Guidelines*, Delhi 2008.
Chamie, Mary: »What does morbidity have to do with disability?« In: Disability and Rehabilitation, 1995, Bd. 17, Nr. 7, S. 323–337.

Cieza, Alarcos/Brockow, Thomas/Ewert, Thomas/Amman, Edda/Kollerits, Barbara/Chatterji, Somnath/Üstün, Bedirhan/Stucki, Gerold: »Linking Health-Status measurements to the International Classification of Functioning, Disability and Health (ICF)«, In: Journal of Rehabilitation Medicine, 2002, Bd. 34, S. 205–210.

Cieza, Alarcos/Ewert, Thomas/Üstün, Bedirhan/Chatterji, Somnath/Kostanjsek, Nenad/Stucki, Gerold: »Development of ICF Core Sets for patients with chronic conditions«, In: Journal of Rehabilitation Medicine, 2004, Suppl. 44, S. 9–11.

Cieza, Alarcos/Ewert, Thomas/Stucki, Gerold: Annex: »Activities of the ICF Research Branch in 2007 and 2008«, In: Schopen, Michael/Weber, Stefanie: Annual Report of the WHO Collaborating Centre for the Family of International Classifications for the German Language, Delhi 2008, S. 5–12.

Cloerkes, Günther: *Soziologie der Behinderten. Eine Einführung*, Unter Mitwirkung von Reinhard Markowetz, 1. Auflage 1987, 2. neu bearbeitete und erweiterte Auflage, Heidelberg 2001.

— *Behinderung in der Gesellschaft:* »Ökologische Aspekte und Integration«, In: Koch, Uwe/Lucius-Hoene, Gabriele/Stegie, Reiner (Hg.): Handbuch der Rehabilitationspsychologie, Berlin 1988, S. 86–100.

Coenen, Amy/Kim, Tae Youn/Napel, Huib ten/Hardiker, Nicholas: *Harmonizing Health Care Terminologies: Mapping the Internaitonal Classification of Functioning (ICF) to the International Classification of nursing Practice (ICNP)*, Delhi 2008, S. 1–4.

Cooke, Graham/Hill, Adrian: »Genetics of Susceptibility to human infectious disease«, In: Nature Reviews Genetics, Dec 2001, Bd. 2, S. 967–977.

Corker, Mairian/Shakespeare, Tom (Hg.): *disability/postmodernity. Embodying Disability Theory*, London 2002.

Corker, Mairian/French, Sally (Hg.): *Disability Discourse*, Buckingham 1999.

Daffara, Carlo/Francescutti, Carlo/Tonetti, F.: *Open Source platforms for ICF based Electronic Data Capture*, Delhi 2008.

Davis, Lennard: »Crips strike back. The Rise of Disability Studies«, In: Davis, Lennard: Bending over backwords. Disability, Dismodernism & Other Difficult Positions, New York 2002, S. 33–46.

— »The End of Identity Politics and the Beginning of Dismodernism. On Disability as an unstable Category«, In: Davis, Lennard (Hg.): Bending over Backwards. Disability, Dismodernism, and Other Difficult Positions, New York 2002.

— *Enforcing normalcy: disability, deafness, and the body*, New York 1995.

Davis, Lennard (Hg.): *The Disability Studies Reader*, London 1997.

Dawson, Deirdre/Schwartz, Michael/Winocur, Gordon/Stuss, Donald: »Return to productivity following traumatic brain injury: Cognitive, psychological, physical, spritual, and environmental correlates«, In: Disability and Rehabilitation, 2007, Bd. 29, Nr. 4, S. 301–313.

Dederich, Markus: *Körper, Kultur und Behinderung. Eine Einführung in die Disability Studies*, Bielefeld 2007.

— »Behinderung, Körper und die kulturelle Produktion von Wissen – Impulse der amerikanischen Disability Studies für die Soziologie der Behinderten«, In: Forster, Rudolf (Hg.): Soziologie im Kontext von Behinderung. Theoriebildung, Theorieansätze und singuläre Phänomene, Bad Heilbrunn 2004, S. 175–196.

Dederich, Markus/Greving, Heinrich/Mürner, Christian/Rödler, Peter (Hg.): *Inklusion statt Integration? Heilpädagogik als Kulturtechnik*, Gießen 2006.

Defert, Daniel/Ewald, François (Hg.): *Michel Foucault. Analytik der Macht*, Frankfurt/Main 2005.

Degener, Theresia: »The Definition of Disability in (German) and International Discrimination Law«, In: Disability Studies Quarterly, 2006, Bd. 26, Nr. 2, http://www.dsq-sds-archives.org/_articles_html/2006/spring/degener.asp, Zugriff am: 05.10.08.

— »›Behinderung neu denken‹, Disability Studies als wissenschaftliche Disziplin in Deutschland«, In: Hermes, Gisela/Köbsell, Swantje (Hg.): Disability Studies in Deutschland – Behinderung neu denken! Dokumentation der Sommeruni 2003, Kassel 2003a, S. 23–26.

— »Behinderung als rechtliche Konstruktion«, In: Lutz, Petra/Macho, Thomas/Staupe, Gisela/Zirden, Heike (Hg. für die Aktion Mensch und die Stiftung Deutsches Hygiene-Museum): Der [im-]perfekte Mensch. Metamorphosen von Normalität und Abweichung, Köln 2003b, S. 448–466.

DeLisa, Joel/Thomas, Peter: »Physicians with disabilities and the Physician Workforce: A Need to Reassess Our Policies«, In: American Journal of Physical Medicine and Rehabilitation, 2005, 84, Nr. 1, S. 5–11.

Diaz-Bone, Rainer/Schneider, Werner: »Qualitative Datensoftwareanalyse in der sozialwissenschaftlichen Diskursanalyse«, In: Keller, Rainer/Hirseland, Andreas/Schneider, Werner/Viehöver, Willy (Hg.): Handbuch Sozialwissenschaftliche Diskursanalyse. Band 2: Forschungspraxis, Opladen 2003, S. 457–494.

Didlaukat, Antje: »Ermittlung des Grades der Minderung der Erwerbsfähigkeit. Einordnungshilfe Knochentaxe«, In: Magazin der Unfallkasse Post und Telekom UKPT-Kontakt, 2005, Bd. 2, S. 14.

Diepes, Heinz: *Refraktionsbestimmung*, Heidelberg 2004.

Disabled Peoples' International (DPI): *DPI Position Paper on the Definition of Disability*, 19/05/08, http://v1.dpi.org/lang-en/resources/details.php?page=74, Zugriff am: 28.04.08.

Doose, Stefan: »Unterstützte Beschäftigung im Kontext von internationalen, europäischen und deutschen Entwicklungen in der Behindertenpolitik«, In: Impulse 2003, 27, S. 3–13.

Dreyfus, Hubert/Rabinow, Paul: *Michel Foucault – Jenseits von Strukturalismus und Hermeneutik*, 2. Auflage, Frankfurt am Main (1987) 1994.

Ducommun, Céline: »Förderung unterwegs in der ICF-Moderne. Entwicklung eines interdisziplinären Förderkonzepts für körperbehinderte Kinder und Jugendliche (Schulheim Solothurn)«, In: Richiger-Näf, Beat: (Hg.): Das Mögliche ermöglichen. Wege zu Aktivität und Partizipation, Bern 2008, S. 157–176.

During, Simon (Hg.): *The Cultural Studies Reader*, London 1999.

Duttweiler, Stefanie: »Body-Consciousness Fitness – Wellness – Körpertechnologien als Technologien des Selbst«, In: Widersprüche. Zeitschrift für sozialistische Politik im Bildungs-, Gesundheits- und Sozialbereich, 2003, Bd. 87, S. 31–43.

Eckart, Wolfgang: *Geschichte der Medizin*, 4. Auflage, Frankfurt/Main 2000.

Economic and Social Council of the United Nations: *Report of the Special Rapporteur on Disability of the Commission for Social Development in monitoring of the implementation of the Standard rules on the Equalization of Opportunities for Persons with Disabilities*, Genf 2006.

Engel, George: »Wie lange noch muß sich die Wissenschaft der Medizin auf eine Weltanschauung aus dem 17. Jahrhundert stützen?« In: Uexküll, Thure von/Adler, Rolf/Herrmann, Jörg Michael/Köhle, Karl/Schonecke, Othmar/Wesiack, Wolfgang (Hg.): Psychosomatische Medizin, 5. neu bearbeitete und erweiterte Auflage, München 1996, S. 3–11.

Europäischer Rat: »Richtlinie 2000/78/EG des Rates vom 27. November 2000 zur Festlegung eines allgemeinen Rahmens für die Verwirklichung der Gleichbehandlung in Beschäftigung und Beruf«, In: Amtsblatt der europäischen Gemeinschaften Nr. L 303 vom 02/12/2000, S. 16–22.

Ewert, Ralf/Ewert, Günter: *Systematiken in der Medizin unter besonderer Berücksichtigung ambulanter Klassifikationen*, Berlin 2000.

Ewert, Thomas/Stucki, Gerold: »Validity of the SS-QOL in Germany and in survivors of hemorrhagic or ischemic stroke«, In: Neurorehabil Neural Repair. Mar–Apr 2007, Bd. 21, Nr. 2, S. 161–8.

Ewert, Thomas/Cieza, Alarcos/Stucki, Gerold: »ICF Core-Set Entwicklung«, In: Verband Deutscher Rentenversicherungsträger (Hg.): Tagungsband, 12. Rehabilitationswissenschaftliches Kolloquium »Rehabilitation im Gesundheitswesen« vom 10.–12. März 2003 in Bad Kreuznach, DRV-Schriften, 2003, Bd. 40, S. 64–65.

Felkendorff, Kai: »Ausweitung der Behinderungszone: Neue Behinderungsbegriffe und ihre Folgen«, In: Cloerkes, Günther (Hg.): Wie man behindert wird. Texte zur Konstruktion einer sozialen Rolle und zur Lebenssituation betroffener Menschen, Heidelberg 2003, S. 25–52.

Feuerstein, Günter/Kollek, Regine/Uhlemann, Thomas: *Gentechnik und Krankenversicherung. Neue Leistungsangebote im Gesundheitssystem*, Baden-Baden 2002.

Feuerstein, Günter/Kollek, Regine: »Risikofaktor Prädiktion. Unsicherheitsdimensionen diagnostischer Humanexperimente am Beispiel prädiktiver Brustkrebstests«, In: Jahrbuch für Wissenschaft und Ethik, Berlin 2000, Band 5, S. 91–115.

Feuerstein, Günther/Kuhlmann, Ellen: »Neopaternalismus und Patientenautonomie. Das Verschwinden der ärztlichen Verantwortung?« In: Feuerstein, Günther/Kuhlmann, Ellen (Hg.): Neopaternalistische Medizin. Der Mythos der Selbstbestimmung im Arzt-Patient-Verhältnis, Bern 1999, S. 9–15.

Feuerstein, Günther: »Quality of life – ein Entscheidungskriterium über knappe medizinische Ressourcen«, In: Kaupen-Haas, Heidrun/Rothmaler, Christiane (Hg.): Strategien der Gesundheitsökonomie, Sozialhygiene und Public Heath, Frankfurt/Main 1998a, Band 4, S. 43–64.
— »Symbolische Gerechtigkeit. Zur verfahrenstechnischen Ausblendung von Wertkonflikten in der Mikroallokation medizinischer Behandlungsrisiken«, In: Feuerstein, Günther/Kuhlmann, Ellen (Hg.): Rationierung im Gesundheitswesen, Wiesbaden 1998b, S. 193–210.
Feuser, Georg: »›Geistige Behinderung‹ im Widerspruch«, In: Greving, Heinrich/Gröschke, Dieter (Hg.): Geistige Behinderung – Reflexionen zu einem Phantom. Ein interdisziplinärer Diskurs um einen Problembegriff, Bad Heilbrunn 2000, S. 141–165.
— »Geistigbehinderte gibt es nicht! Projektionen und Artefakte in der Geistigbehindertenpädagogik, In: Geistige Behinderung, 1996, Bd. 1, S. 18–25.
Finkelstein, Vic: *A personal Journey Into Disability Politics, First presented at Leeds University Centre for Disability Studies*, 2001, S. 1–15, http://www.independentliving.org /docs3/finkelstein01a.pdf, Zugriff am: 05.03.07.
— »Representing disability«, In: Swain, John/French, Sally/Barnes, Colin/Thomas, Carol (Hg.): Disabling Barriers – Enabling Environments, London 2004, S. 13–20.
— *Attitudes and Disabled People: Issues for Discussion*, New York (World Rehabilitation Fund) 1980.
Fischer, Erhard: »Förderschwerpunkt Geistige Entwicklung«, In: Zeitschrift für Heilpädagogik 2004, Bd. 3, S. 109–113.
— »Geistige Behinderung im Kontext der ICF – ein interdisziplinäres, mehrdimensionales Modell?« In: Fischer, Erhard (Hg.): Pädagogik für Menschen mit geistiger Behinderung. Sichtweisen – Theorien – aktuelle Herausforderungen. Oberhausen 2003, S. 296–324.
Fischer, Frank: *Reframing Public Policy. Discursive Politics and Deliberative Practices*, Oxford 2003.
Fornefeld, Barbara: *Einführung in die Geistigbehindertenpädagogik*, München 2002.
Foucault, Michel: »Der utopische Körper«, In: Foucault, Michel: Die Heterotopien. Les hétérotopies. Der utopische Körper. Le corps utopique. Zwei Radiovorträge, Mit einem Nachwort von Daniel Defert, Frankfurt/Main 2005, S. 23–36.
— *Der Mensch ist ein Erfahrungstier. Gespräch mit Ducio Trombadori. Mit einem Vorwort von Wilhelm Schmid*, Frankfurt/Main 1996.
— »Technologien des Selbst«, In: Martin, Luther/Gutman, Huck/Hutton, Patrick (Hg.): Technologien des Selbst, Frankfurt/Main 1993, S. 24–62.
— *Was ist Kritik?* Berlin 1992.
— *Die Ordnung des Diskurses*, München 1974, erweiterte Ausgabe 1991.
— »Nietzsche, die Genealogie, die Historie«, In: Seitter, Walter (Hg.): Die Subversion des Wissens, Frankfurt/Main 1987, S. 69–90.

— »Freiheit und Selbstsorge. Gespräch mit Michel Foucault am 20. Januar 1984«, In: Becker, Helmut/Wolfstetter, Lothar/Gomez-Muller, Alfred/Fornet-Betancourt, Raúl (Hg.): Michel Foucault. Freiheit und Selbstsorge, Frankfurt/Main 1985, S. 9–28.
— *Der Wille zum Wissen. Sexualität und Wahrheit*, Frankfurt/Main 1983.
— »Subjekt und Macht. Was soll eine Erforschung der Macht? Die Frage nach dem Subjekt«, In: Defert, Daniel/Ewald, François (Hg.): Michel Foucault. Analytik der Macht, Frankfurt/Main 1982/2005, S. 240–263.
— »Die Machtverhältnisse durchziehen das Körperinnere. Ein Gespräch mit Lucette Finas«, In: Foucault, Michel: Dispositive der Macht. Über Sexualität, Wissen und Wahrheit, Berlin 1978, S. 104–117.
— *Überwachen und Strafen. Die Geburt des Gefängnisses*, Frankfurt/Main 1977.
— *Die Geburt der Klinik. Eine Archäologie des ärztlichen Blicks*, München 1973a.
— *Die Archäologie des Wissens*, Frankfurt/Main 1973b.
— *Wahnsinn und Gesellschaft. Eine Geschichte des Wahns im Zeitalter der Vernunft*, Frankfurt/Main 1969.

Fougeyrollas, Patrick/Beauregard, Line: »Disability: An Interactive Person-Environment Social Creation«, In: Albrecht, Gary/Seelman, Katherine/Bury, Michael: Handbook of Disability Studies, Thousand Oaks 2001, S. 171–194.

Fougeyrollas, Patrick: »Documenting environmental factors for preventing the handicap creation process: Quebec contributions relating to ICIDH and social participation of people with functional differences«, In: Disability and Rehabilitation, 1995, Bd. 17, Nr. 3/4, S. 145–153.

Fougeyrollas, Patrick/St-Michel, Ginette/Blouin, Maurice: Consultation: *Proposal for revision of the third level of the ICIDH: the handicap*, In: International ICIDH Network, 1989, Bd. 2, S. 8–32.

Francescutti, Carlo/Troiano, Raffaella/Frattura, Lucilla/Martinuzzi, Andrea/Leonardi, Matilde: *Towards a disability certification reform in Italy. ICF as conceptual reference framework for disability evaluation*, Delhi 2008.

Fransen, Jack/Uebelhart, Daniel/Stucki, Gerold/Langenegger, T./Seitz, M./Michel, B.A.: »The ICIDH–2 as a framework for the assessment of functioning and disability in rheumatoid arthritis«, In: Annals of the Rheumatic Diseases, 2002, Bd. 61, S. 225–231.

Franz, Daniel/Beck, Iris: *Umfeld- und Sozialraumorientierung in der Behindertenhilfe. Empfehlungen und Handlungsansätze für Hilfeplanung und Gemeindeintegration*, Deutsche Heilpädagogische Gesellschaft (Hg.), Jülich 2007.

French, Sally/Swain, John: »Whose tragedy? Towards a personal non-tragedy view of disability«, In: Swain, John/French, Sally/Barnes, Colin/Thomas, Carol (Hg.): Disabling Barriers – Enabling Environments, London 2004, S. 34–40.

Frieboes, Ralf-Michael: »Fünf Thesen zu Psychiatrie und Psychosomatik, Rehabilitation und Abgrenzungsfragen«, In: Frieboes, Ralf-Michael/Zaudig, Michael/Nosper, Manfred (Hg.): Rehabilitation bei psychischen Störungen, München 2005, S. 371–376.

Fuchs, Petra: »*Körperbehinderte*« *zwischen Selbstaufgabe und Emanzipation. Selbsthilfe – Integration – Aussonderung*, Neuwied 2001.

Funke-Johannsen, Silke: »*Blicke auf Behinderung aus medizinischer und sozialer Perspektive*«, In: Hermes, Gisela/Köbsell, Swantje (Hg.): Disability Studies in Deutschland – Behinderung neu denken! Dokumentation der Sommeruni, Kassel 2003, S. 76–77.

Füssel, Hans-Peter/Kretschmann, Rudolf: *Gemeinsamer Unterricht für behinderte und nichtbehinderte Kinder*, Witterschlick 1993.

Garcia, Carolina/Soto, Hernan/Vasquez, Armando: *IVADEC ICF. Performance assessment tool in community based on ICF*, Delhi 2008.

Gauggel, Siegfried/Peleska, Barbara/Bode, Rita: »Relationship between Cognitive Impairments and Rated Activity Restrictions in Stroke Patients«, In: Journal of Head Trauma Rehabilitation, 1999, 15, S. 710–723.

Gemeinsamer Bundesausschuss: *Richtlinie des Gemeinsamen Bundesausschusses über Leistungen zur medizinischen Rehabilitation (Rehabilitations-Richtlinie)* vom 16. März 2004, zuletzt geändert am 20. Dezember 2007, in Kraft getreten am 20. März 2008. Unter: http://www.g-ba.de/downloads/62-492–249/RL-Reha-2007-12-20.pdf, 14.04.09.

Gerdes, Nikolaus/Weis, Joachim: »Zur Theorie der Rehabilitation«, In: Bengel, Jürgen/Koch, Uwe (Hg.): Grundlagen der Rehabilitationswissenschaften. Themen, Strategien und Methoden der Rehabilitationsforschung, Berlin 2000, S. 41–68.

Gerhard, Ute/Link, Jürgen/Schulte-Holtey, Ernst: »Infografiken, Medien, Normalisierung – Einleitung«, In: Gerhard, Ute/Link, Jürgen/Schulte-Holtey, Ernst: Infografiken, Medien, Normalisierung. Zur Kartografie politisch-sozialer Landschaften, Heidelberg 2001, S. 7–22.

Geuskens, Goedele/Burdorf, Alex/Hazes, Johanna: »Consequences of Rheumatoid Arthritis for Performance of Social Roles – A literature Review«, In: The Journal fo Rheumatology 2007, Bd. 34, Nr. 6, S. 1248–1260.

Geyh, Szilvia/Müller, Rahel/Peter, Claudio/Bickenbach, Jerome/Stucki, Gerold/Cieza, Alarcos: *Understanding ICF Personal Factors – A side-by-side comparison of 5 categorizations*, Delhi 2008.

Geyh, Szilvia/Cieza, Alarcos/Kostanjsek, Nenad/Üstün, Bedirhan/Bickenbach, Jerome/Stucki, Gerold: *Developing the ICF Classification of Personal Factors*, Triest 2007.

Geyh, Szilvia/Kurt, Thomas/Brockow, Thomas/Cieza, Alarcos/Ewert, Thomas/Omar, Zaliha/Resch, Karl-Ludwig: »Identifying the concepts contained in outcomes measures of clinical trials on stroke using the International Classification of Functioning, Disability and Health as a reference«, In: Journal of Rehabilitation Medicine 2004, Suppl. 44, S. 56–62.

Geyh, Szilvia/Wendel, Claudia/Heel, Sabine/Fries, Wolfgang: »Kognitive Funktionen und Selbsteinschätzung der Alltagskompetenz in der ambulanten neurologisch-neuropsychologischen Rehabilitation«, In: Zeitschrift für Neuropsychologie, 2002, Bd. 13, Nr. 4, S. 281–289.

Giersdorf, Nadja/Loh, Andreas/Härter, Martin: »Messung der partizipativen Entscheidungsfindung«, In: Zeitschrift für ärztliche Fortbildung und Qualität im Gesundheitswesen, 2004, Bd. 98, S. 135–141.

Gimbel, Hans-Dieter: »Sozialistengesetz und ›große Depression‹: Die deutsche Gewerkschaftsbewegung von der Wirtschaftskrise 1873 bis zum Kölner Parteitag der deutschen Sozialdemokratie 1893«, In: Deppe, Frank/Fülberth, Georg/Harrer, Jürgen (Hg.): Geschichte der deutschen Gewerkschaftsbewegung, 4. Aktualisierte und wesentlich erweiterte Auflage, Köln 1989, S. 56–76.

Goffman, Erving: Stigma. *Über Techniken der Bewältigung beschädigter Identität*, Englewood Cliffs, Frankfurt/Main 1994, englische Originalausgabe 1963, erste deutsche Ausgabe 1967.

Göpfert, Hartmut: *Minderung der Erwerbsfähigkeit (MdE) – Begutachtung in Deutschland seit 1871 – und zukünftig?* Frankfurt/Main 2000.

Goyal, H.C.: *Promotion of ICF use through its incorporation in medical, nursing and paramedical education in India*, Delhi 2008.

Gray, David/Hollingsworth, Holly/Stark, Susan/Morgan, Kerri: Participation Survey/Mobility: »Psychometric Properties of a Measure of Participation for People With Mobility Impairments and Limitations«, In: Archives of Physical Medicine and Rehabilitation, Feb. 2006, Bd. 87, S. 189–197.

Graumann, Sigrid: *Assistierte Freiheit. Von einer Behindertenpolitik der Wohltätigkeit zu einer Politik der Menschenrechte*, Utrecht 2009.

Gregory, Robert: »Definitions as power«, In: Disability and Rehabilitation, 1997, Bd. 19, Nr. 11, S. 487–489.

Greve, Jörn/Kaiser, Harald/Schian, Hans-Martin/Neuhäuser, Gerhard: »Zum Wandel technischer Hilfen (AT) – Eine Technikfolgenabschätzung aus rehabilitativanthropologischer Sicht«, In: Rehabilitation, 2000, Bd. 39, S. 249–254.

Greving, Heinrich/Gröschke, Dieter (Hg.): *Geistige Behinderung – Reflexionen zu einem Phantom. Ein interdisziplinärer Diskurs um einen Problembegriff*, Weinheim 2000.

Grimby, Gunnar/Smedby, Björn: »ICF Approved as the successor of ICIDH«, In: Scandinavian Journal of Rehabilitation medicine, 2001, Bd. 33, S. 193–194.

Groß, Dominik: »Neurobionisches und psychopharmakologisches Enhancement. Teil 1: Definitionen, Einsatzbereiche und gesellschaftliche (Vor-)Urteile«, In: Dominik Groß und Sabine Müller (Hg.), Sind die Gedanken frei? Die Neurowissenschaften in Geschichte und Gegenwart, Berlin 2007, S. 226–241.

Gross, Rudolf/Löffler, Markus: *Prinzipien der Medizin. Eine Übersicht über ihre Grundlagen und Methoden*, Berlin 1997.

Grundmann, Jörg/Keller, Klaus/Bräuning-Edelmann, Michael: »Praxisorientierte Anwendung der Internationalen Klassifikation der Funktionsfähigkeit, Behinderung und Gesundheit (ICF) in der medizinischen Rehabilitation von psychisch erkrankten und behinderten Menschen«, In: Rehabilitation 2005, Bd. 44, S. 335–343.

Grundmann, Jörg: *Entwicklung eines core-set auf Basis der Internationalen Klassifikation der Funktionsfähigkeit, Behinderung und Gesundheit (ICF) der Weltgesundheitsorganisation für den Bereich der medizinisch-beruflichen Rehabilitation (RPK) von psychisch erkrankten und behinderten Menschen*, BAG-RPK Jahresschriftenreihe, 2005.

Gutenbrunner, Christoph/Linden, Michael/Gerdes, Nikolaus/Ehlebracht-König, Inge/Grosch, Eberhard: *Die Bedeutung des chronischen Erschöpfungssyndroms in der Rehabilitationsmedizin – Stand und Perspektiven* 2005, Bd. 44, S. 176–185.

Hacking, Ian: »The Taming of Chance«, In: Ideas in Context, Cambridge 1990.

Hahn, Harlan: »Advertising the Acceptably Employable Image: Disability and Capitalism«, In: Davis, Lennard (Hg.): The Disability Studies Reader, London 1997, S. 172–186.

Halbertsma, Johanna/Heerkens, Yvonne/Hirs, Willem/Kleijn-de Vrankrijker, Marijke de/Ravensberg, Dorine van/Napel, Huib ten: »Towards a new ICIDH«, In: Disability and Rehabilitation, 2000, Bd. 22, Nr. 3, S. 144–156.

Halbertsma, Johanna: »The ICIDH: health problems in a medical and social perspective«, In: Disability and Rehabilitation, 1995, Bd. 17, Nr. 3/4, S. 128–134.

Hall, Stuart: »Cultural Studies and its Theoretical Legacies«, In: During, Simon (Hg.): The Cultural Studies Reader, London 1999, S. 97–109.

Hanmer, LA/Groenwald, P./Jelsma, J./Bradshaw, D.: *South African experiences. ICD 10 and ICF implementation*, Delhi 2008.

Hare, Richard M.: »The Abnormal Child: Moral Dilemmas of Doctors and Parents«, In: Kuhse, Helga/Singer, Peter (Hg.): Bioethics. An Anthology, Oxford 1999, S. 269–272.

Häußler, Martin: »Die Rolle der ICF-CY für die Interdisziplinäre Frühförderung«, In: Frühförderung interdisziplinär, 2007, Bd. 4, S. 173–180.

Häußler, Silke: »›Ich habe Einfluss‹ Peter Radtke ist jetzt Rentner – aber nicht im Ruhestand«, In: Menschen. Das Magazin, 2008, Bd. 3, S. 84–87.

Heerkens, Yvonne/Engels, Josephine/Kuiper, Chris/Gulden, Joost van der/Oostendorp, Rob: »The use of the ICF to describe work related factors influencing the health of employees«, In: Disability and Rehabilitation, 2004, Bd. 26, Nr. 17, S. 1060–1066.

Heerkens, Yvonne/Hirs, Willem/Kleijn-de Vrankrijker, Marijke de/Ravensburg, Dorine van/Napel, Huib ten: »ICF«, In: Newsletter of the WHO Collaborating Centre for the ICIDH 10, 2001, Bd. 4, Nr. 2, S. 1.

Hehlmann, Wilhelm: *Wörterbuch der Pädagogik*, 6. Auflage, Stuttgart 1960.

Henn, Wolfram/Meese, Eckart: *Humangenetik. Was Stimmt? Die wichtigsten Antworten*, Freiburg 2007.

Henn, Wolfram: *Warum Frauen nicht schwach, Schwarze nicht dumm und Behinderte nicht arm dran sind. Der Mythos von den guten Genen*, Freiburg 2004.

Henn, Wolfram: »Predictive diagnosis and genetic screening: Manipulation of fate?« In: Perspectives in Biology and Medicine, 1998, 41, 2, S. 282–289.

Henninger, Antje/Steiner, Gusti (Hg. von MOBILE – Selbstbestimmtes Leben Behinderter e.V.): *Schwarzbuch »Deutsche Bahn AG«. Handbuch der Ignoranz*, Dortmund 2003.

Hermes, Gisela/Rohrmann, Eckhard (Hg.): *Nichts über uns – ohne uns! Disability Studies als neuer Ansatz emanzipatorischer und interdisziplinärer Forschung über Behinderung*, Neu-Ulm 2006.

Hermes, Gisela/Köbsell, Swantje (Hg.): *Disability Studies in Deutschland – Behinderung neu denken!* Dokumentation der Sommeruni 2003, Kassel 2003.

Hess, Bdker: *Von der semiotischen zur diagnostischen Medizin. Die Entstehung der klinische Methode zwischen 1750 und 1850, Abhandlungen zur Geschichte der Medizin und der Naturwissenschaften*, Husum 1993.

Hirs, Willem/Kleijn-de Vrankrijker, Marijke de: »From ICF to FIC«, In: Newsletter on the WHO-FIC 2002, Bd. 1, Nr. 1, S. 1.

Hirschberg, Irene/Grießler, Erich/Littig, Beate/Frewer, Andreas (Hg.): *Ethische Fragen genetischer Beratung. Klinischen Erfahrungen, Forschungsstudien und soziale Perspektiven*, Frankfurt/Main 2009.

Hirschberg, Marianne: »Gesellschaftliche Partizipation behinderter Menschen – ihr Stellenwert in der WHO-Klassifikation.« In: Rehberg, Karl-Siegbert (Hg. im Auftrag der Deutschen Gesellschaft für Soziologie): Die Natur der Gesellschaft. Verhandlungen des 33. Kongresses der Deutschen Gesellschaft für Soziologie in Kassel 2006, CD-Rom, Frankfurt/Main/New York 2007.

— »*Au ja, wir machen Europa!« Möglichkeiten Begründeten Lernens am Beispiel der Unterrichtseinheit ›Europäische Länder, Hauptstädte und Flaggen‹ mit SchülerInnen der Klasse 4/5 einer Förderschule*, zweite Staatsexamensarbeit, Hamburg 2004.

— *Die Klassifikationen von Behinderung der WHO*, IMEW-Expertise 1, Berlin 2003a.

— »Ambivalenzen in der Klassifizierung von Behinderung. Anmerkungen zur Internationalen Klassifikation der Funktionsfähigkeit, Behinderung und Gesundheit der Weltgesundheitsorganisation«, In: Ethik in der Medizin, 2003b, Band 15, Heft 3, S. 171–179.

Hirschberger, Johannes: *Geschichte der Philosophie. Band II Neuzeit und Gegenwart*, 11. Auflage, Freiburg im Breisgau 1980.

Hoedemakers, Rogeer/Ten Have, Henk: »The Concept of Abnormality in Medical Genetics«, In: Theoretical Medicine and Bioethics, 1999, Bd. 20, S. 537–561.

Hohmeier, Jürgen: »Stigmatisierung als sozialer Definitionsprozess«, In: Brusten, Manfred/Hohmeier, Jürgen (Hg.): Stigmatisierung 1. Zur Produktion gesellschaftlicher Randgruppen, Neuwied 1975, S. 5–24.

Höhne, Thomas: »Pädagogisierung sozialer Machtverhältnisse«, In: Dörfler, Thomas/Globisch, Claudia (Hg.): Postmodern Practises. Beiträge zu einer vergehenden Epoche, Reihe: Diskursive Produktionen – Text, Kultur, Gesellschaft, Münster 2002, S. 115–130.

Hollenweger, Judith: »Die WHO veröffentlicht eine ICF-Version für Kinder und Jugendlichen (ICF-CY)«, In: Schweizerische Zeitschrift für Heilpädagogik 2008, Bd. 1, S. 11–16.
— »Frühförderung und ICF. Überlegungen zur Anwendung in der frühen Kindheit«, In: Frühförderung interdisziplinär, 2007, Bd. 4, S. 149–157.
— »ICF – ein bald auch im Schulwesen geläufiges Kürzel? Neue Zugänge zur Diagnose und Förderung von Kindern mit Behinderungen, Lernschwierigkeiten und Benachteiligungen«, In: vpod bildungspolitik, 2006a, Bd. 147, S. 14–19.
— »ICF Die Geschichte und Philosophie der Internationalen Klassifikation der Funktionsfähigkeit, Behinderung und Gesundheit«, In: SozialAktuell, AvenirSocial, April 2006b, Nr. 4, S. 2–7.
— »Die Relevanz der ICF für die Sonderpädagogik«, In: Sonderpädagogische Förderung. Integration und pädagogische Rehabilitation, 2005a, Bd. 2, S. 150–168.
— *Menschen mit Behinderungen an Schweizer Hochschulen. Befunde und Empfehlungen*, Zürich 2005b.
— »Die internationale Klassifikation der Funktionsfähigkeit, Behinderung und Gesundheit (ICF): En neues Modell von Behinderungen (Teil I)«, In: Schweizerische Zeitschrift für Heilpädagogik, 2003, Heft 10, S. 4–8.
Hollenweger Haskell, Judith: »Die Internationale Klassifikation der Funktionsfähigkeit, Behinderung und Gesundheit (ICIDH-2) in der Schule. Auf der Suche nach einer gemeinsamen Sprache«, In: Aregger, Kurt/Hofer, René/Schley, Wilfried (Hg.): Forschung Heilpädagogik. Ausbildungsinstitute im Dialog, Aarau 2001, S. 199–223.
Hollenweger, Judith/Lienhard, Peter: *Schulisches Standortgespräch: Ein Verfahren zur Förderplanung und Zuweisung von Sonderpädagogischen Maßnahmen*, Zürich 2007.
Holzkamp, Klaus: *Lernen. Subjektwissenschaftliche Grundlegung*, Frankfurt/Main 1995.
Hough, John/Caulfeild, Diane: Report in the 14th Annual North *American Collaborating Center Conference on the ICF*, »Evaluationg Social Participation: Applications of ICF & ICF-CY«, Delhi 2008, S. 1–10.
— *Report on the 13th Annual North American Collaborating Center Conference on the ICF*, »Sharing Knowledge Through The ICF«, Triest 2007, S. 1–15.
Hough, John/Greenberg, Marjorie: *Linked Libraries of ICF PowerPoint Presentations*, Tunis 2006, S. 1–31.
Hughes, Bill/Paterson, Kevin: »The Social Model of Disability and the Disappearing Body: towards a sociology of impairment«, In: Disability & Society, 1997, Bd. 12, Nr. 3, S. 325–340.
Hunt, Paul (Hg.): *Stigma. The Experience of Disability*, London 1966.
Hurrelmann, Klaus/Laaser, Ulrich: »Perspektiven für die Gesundheitswissenschaften in Deutschland«, In: Forum Gesundheitswissenschaften, 1992, Bd. 2, S. 10–12.
Hurst, Rachel: »The International Disability Rights Movement and the ICF«, In: Disability and Rehabilitation, 2003, Bd. 25, Nr. 11–12, S. 572–576.

Hurst, Rachel: »To Revise or Not to Revise?« In: Disability & Society, 2000, Bd. 15, Nr. 7, S. 1083–1087.

Hyman, Steven: »Foreword«, In: Üstün, Bedirhan/Chatterji, Somnath/Bickenbach, Jerome/Trotter II, Robert/Room, Robin/Rehm, Jürgen/Saxena, Shekhar (Hg.): Disability and Culture. Universalism and Diversity, Bern 2001, S. ix–x.

Iezzoni, Lisa: *When Walking Fails. Mobility Problems of Adults with Chronic Conditions*, Berkeley 2003.

Imrie, Rob: »Demystifying disability: a review of the International Classification of Functioning, Disability and Health«, In: Sociology of Heath & Illness, 2004, Bd. 26, Nr. 3, S. 287–305.

IVAR (Internationale Vereinigung zum Assessment in der Rehabilitation) (Hg.): *FIM Funktionale Selbständigkeitsmessung*, deutsche Version (FIM-Arbeitskreis Deutschland, Österreich, Schweiz, 4. Juli 1997), München 1997.

Jäger, Siegfried: »Diskurs und Wissen. Theoretische und methodische Aspekte einer kritischen Diskurs- und Dispositivanalyse«, In: Keller, Rainer/Hirseland, Andreas/Schneider, Werner/Viehöver, Willy (Hg.): Handbuch Sozialwissenschaftliche Diskursanalyse. Band 1 Theorie und Methoden, Opladen 2001a, S. 81–112.

— *Kritische Diskursanalyse. Eine Einführung*, 3. erweiterte Auflage, Duisburg 2001b.

Jantzen, Wolfgang: »Krankheit als pädagogische Dimension«, In: Zeitschrift für Heilpädagogik 2002, Bd. 10, S. 412–418.

— »Geistige Behinderung ist kein Phantom – Über die soziale Wirklichkeit einer naturalisierten Tatsache«, In: Greving, Heinrich/Gröschke, Dieter (Hg.): Geistige Behinderung – Reflexionen zu einem Phantom. Ein interdisziplinärer Diskurs um einen Problembegriff, Bad Heilbrunn 2000, S. 166–178.

— »Aspekte struktureller Gewalt im Leben geistig behinderter Menschen. Versuch, dem Schweigen eine Stimme zu geben«: In: Seidel, Michael/Hennicke, Klaus (Hg.): Gewalt im Leben von Menschen mit geistiger Behinderung. Berliner Beiträge zur Pädagogik und Andragogik von Menschen mit geistiger Behinderung, Reutlingen 1999, Band 8, S. 45–65.

— *Allgemeine Behindertenpädagogik: Band 1 Sozialwissenschaftliche und psychologische Grundlagen. Ein Lehrbuch*, Weinheim 1. Auflage 1987, 2. Auflage 1992.

— Sozialisation *und Behinderung. Studien zu sozialwissenschaftlichen Grundfragen der Behindertenpädagogik*, Gießen 1974.

— *Theorien zur Heilpädagogik. Das Argument (Schule und Erziehung V)*, 1973, Band 80, S. 152–169.

Jessop, Bob: *Macht und Strategie bei Poulantzas und Foucault*, Supplement der Zeitschrift Sozialismus 2005, Bd. 11.

Johnston, M./Pollard, B.: »Consequences of disease: testing the WHO International Classification of Impairments, Disabilities and Handicaps (ICIDH) model«, In: Social Science and Medicine 2001, Bd. 53, S. 1261–1273.

Julius, Monika: »Identität und Selbstkonzept von Menschen mit geistiger Behinderung«, In: Behindertenpädagogik, 2000, 39. Jg., Heft 2, S. 175–194.

Kaffka-Backmann, Marijke/Simon, Liane/Grundwaldt, Annette: »Praktische Erfahrungen mit der Verwendung einer ICF-Checkliste für die interdisziplinäre Frühförderung«, In: Frühförderung interdisziplinär, 2007, Bd. 4, S. 167–172.

Katz, Sydney/Downs, Thomas/Cash, Helen/Grotz, Robert: *Progress in development of Index of ADL*, Gerontologist 1970, Bd. 10, S. 20–30.

Kaufmann, Franz-Xaver: *Herausforderungen des Sozialstaats*, Frankfurt/Main 1997.

Keller, Reiner: *Wissenssoziologische Diskursanalyse. Grundlegung eines Forschungsprogramms*, Wiesbaden 2005.

Keller, Rainer: *Diskursforschung. Eine Einführung für SozialwissenschaftlerInnen*, Opladen 2004.

Keller, Rainer/Hirseland, Andreas/Schneider, Werner/Viehöver, Willy: »Zur Aktualität sozialwissenschaftlicher Diskursanalyse – Eine Einführung«, In: Keller, Rainer/Hirseland, Andreas/Schneider, Werner/Viehöver, Willy (Hg.): Handbuch Sozialwissenschaftliche Diskursanalyse. Band 1 Theorie und Methoden, Opladen 2001, S. 7–27.

Keller, Rainer: »Diskursanalyse«, In: Hitzler, Ronald/Honer, Anne (Hg.): Sozialwissenschaftliche Hermeneutik. Eine Einführung, Opladen 1997, S. 309–333.

Kensaku, Ohashi: *Care Management Utilizing ICF and Social Work Practice*, Tokyo 2005, S. 1–4.

Keupp, Heiner: »Gesundheitsförderung als Identitätsarbeit«, In: Zeitschrift für qualitative Bildungs-, Beratungs- und Sozialforschung, 2006, 7. Jg, Heft 2, S. 217–238.

Kirby, Lee: »Where does Assistive Technology fit in ICIDH-2«? In: American Journal of physical medicine and rehabilitation, 2002, S. 636.

Kirschneck, Michaela/Ewert, Thomas: »Die Entwicklung von ICF Core Sets«, In: Rentsch, Hans Peter/Bucher, Peter (Hg.): ICF in der Rehabilitation. Die praktische Anwendung der internationalen Klassifikation der Funktionsfähigkeit, Behinderung und Gesundheit im Rehabilitationsalltag, Idstein 2005, S. 289–299.

Kleijn-de Vrankrijker, Marijke de: *Annual Report WHO-FIC Implementation Committee concerning ICF*, Tokyo 2005, S. 1–35.

— *Classification of technical aids for persons with disabilities: neighbour or member of the family*, Brisbane 2002, S. 1–3.

Kleijn-de Vrankrijker, Marijke de/Napel, Huib ten: *Annual Report 2006–2007 of the WHO-FIC Collaborating Centre in The Netherlands (DCC)*, Triest 2007, S. 1–6.

Kleijn-de Vrankrijker, Marijke de/Shuto, Kenji: *WHO-FIC Implementation Committee (IC) report 2007–2008*, Delhi 2008.

Kleijn-de Vrankrijker, Marijke de/Valk, Stephanie: *ISO 9999 submission to WHO-FIC*, Köln 2003, S. 1–7.

Kleinman, Arthur: *The Illness Narratives. Suffering, Healing and the Human Condition*, New York 1998.

— *Patients and Healers in the Context of Culture*, Berkley/Los Angeles/London, University of California Press 1980.

Kobi, Emil: »Zur terminologischen Konstruktion und Destruktion Geistiger Behinderung«, In: Greving, Heinrich/Gröschke, Dieter (Hg.): Geistige Behinderung – Reflexionen zu einem Phantom. Ein interdisziplinärer Diskurs um einen Problembegriff, Bad Heilbrunn 2000, S. 63–78.

Köbsell, Swantje: »The Disability Rights Movement in Germany: History, development, present state«, In: Disability Studies Quarterly, 2006, Bd. 26, Nr. 2.

— *Eingriffe. Zwangssterilisation geistig behinderter Frauen*, München 1987.

Köbsell, Swantje/Strahl, Monika: »Befreiung aus der »Leidenfalle«. – Impulse für die Disability Studies in Deutschland«, In: Hermes, Gisela/Köbsell, Swantje (Hg.): Disability Studies in Deutschland – Behinderung neu denken! Dokumentation der Sommeruni 2003, Kassel 2003, S. 124–127.

Kollek, Regine/Lemke, Thomas: »Der medizinische Blick in die Zukunft. Gesellschaftliche Implikationen prädiktiver Gentests«, Frankfurt/Main 2008.

— »Entwicklung von Angebot und Nachfrage prädiktiver genetischer Tests. Szenarien und Determinanten«, In: *Gesundheit und Gesellschaft Wissenschaft*, 2007, 7. Jg., Nr. 4, S. 7–13.

Kollek, Regine: »Was heißt schon gesund? Zur Transformation des Krankheitsbegriffes durch genetische Diagnostik«, In: Braun, Thorsten/Elstner, Marcus (Hg.): Gene und Gesundheit, Heidelberg 1999, S. 95–108.

Körner, Michael: »ICF und sozialmedizinische Beurteilung der Leistungsfähigkeit im Erwerbsleben: Alles klar? Ein Diskussionsbeitrag«, In: Die Rehabilitation 2005, Bd. 44, S. 229–236.

Kossens, Michel: »Kommentar der Paragraphen 68–79«, In: Kossens, Michel/von der Heide, Dirk/Maaß, Michael (Hg.): Praxiskommentar zum Behindertenrecht (SGB IX) Rehabilitation und Teilhabe behinderter Menschen, München 2002.

Kostanjsek, Nenad/Üstün, Bedirhan: *Questions for Disability Statistics. Overview and preliminary results from WHO/UNESCAP field tests*, Tokyo 2005a.

Kostanjsek, Nenad/Üstün, Bedirhan: *Cross-walking assessment tools to ICF. Update on the work in progress*, Tokyo 2005b.

Kraus de Camargo, Olaf: »Die ICF-CY als Checkliste und Dokumentationsraster in der Praxis der Frühförderung«, In: Frühförderung interdisziplinär, 2007, Bd. 4, S. 158–166.

Kretschmer, Ingo/Kleinehanding, Nele: »Persönliches Empowerment mit ICF standardisieren?« In: Schweizerische Zeitschrift für Heilpädagogik, 2007, Bd. 11/12, S. 12–17.

Kuhse, Helga/Singer, Peter: *Should the Baby Live? The Problem of Handicapped Infants (Studies in Bioethics)*, Oxford 1985.

Kuhse, Helga: A Modern Myth: »That Letting Die is not the Intentional Causation of Death«, In: Kuhse, Helga/Singer, Peter (Hg.): Bioethics. An Anthology, Oxford 1999, S. 255–268.

Kuijer, Wietske/Brouwer, Sandra/Schiphorst-Preuper, Henrica/Groothoff, Johan/Geertzen, Jan/Dijkstra, Pieter: »Work status and chronic low back pain: exploring the International Classification of Functioning, Disability and Health«, In: Disability and Rehabilitation, 2005, Bd. 28, Nr. 6, S. 379–388.

Kunz, André/Felkendorff, Kai: »Implementierung der ICF in Bildungssystemen. Empfehlungen aus dem Projekt MHADIE«, In: Schweizerische Zeitschrift für Heilpädagogik 2008, Bd. 1, S. 6–10.

Lakoff, George/Johnson, Mark: *Metaphors we live by*, Chicago 1980.

Landwehr, Achim: *Geschichte des Sagbaren. Einführung in die Historische Diskursanalyse*, Tübingen 2001.

Langenscheidt, Gustav/Willmann, Helmut/Messinger, Heinz und die Langenscheidt-Redaktion (Hg.): *Langenscheidts Großwörterbuch Englisch »Der Kleine Muret-Sanders« Teil I Englisch-Deutsch*, Berlin 1996.

Langner, Anke: »Was hat der Diskurs der Reproduktion mit der Behindertenpädagogik zu tun?« In: Heilpädagogik online 04/05, S. 76–96.

Laurenti, Ruy/Buchalla, Cassia: *Annual Report of the WHO Collaborating Center for the Family of International Classification in Portugese (Brazilian Center)*, Reykjavik 2004, S. 1–8.

Lehmann-Rommel, Roswitha: »Partizipation, Selbstreflexion und Rückmeldung: gouvernmentale Regierungspraktiken im Feld Schulentwicklung«, In: Ricken, Norbert/Rieger-Ladich, Markus (Hg.): Michel Foucault: Pädagogische Lektüren, Wiesbaden 2004, S. 261–283.

Leistner, Klaus/Beyer, Hans-Martin (Hg.): *Rehabilitation in der Gesetzlichen Krankenversicherung (GKV). Antragsverfahren unter besonderer Berücksichtigung der ICF*, Landsberg 2005.

Leistner, Klaus/Matthesius, Rolf-Gerd: »Von der Internationalen Klassifikation der Schädigungen, Funktionsstörungen und Beeinträchtigungen (ICIDH) zur Internationalen Klassifikation der Funktionsfähigkeit, Behinderung und Gesundheit (ICF) – Entwicklung und Zweckbestimmung dieser Klassifikationen«, In: Leistner, Klaus/Beyer, Hans-Martin (Hg.): Rehabilitation in der Gesetzlichen Krankenversicherung. Antragsverfahren unter besonderer Berücksichtigung der ICF, Landsberg 2005, S. 129–179.

Lelgemann, Reinhard: »Förderschwerpunkt körperliche und motorische Entwicklung«, In: Zeitschrift für Heilpädagogik 2004, Bd. 3, S. 89–94.

Lemke, Thomas: *Die Polizei der Gene: Formen und Felder genetischer Diskriminierung*, Frankfurt/Main 2006.

— »Nachwort. Geschichte und Erfahrung. Michel Foucault und die Spuren der Macht«, In: Defert, Daniel/Ewald, François (Hg.): Michel Foucault. Analytik der Macht, Frankfurt/Main 2005, S. 317–347.

— »Räume der Regierung: Kunst und Kritik der Menschenführung«, In: Gente, Peter (Hg.): Foucault und die Künste, Frankfurt/Main 2004a, S. 162–180.

— *Veranlagung und Verantwortung. Genetische Diagnostik zwischen Selbstbestimmung und Schicksal*, Bielefeld 2004b.

— »Test«, In: Bröckling, Ulrich/Krasmann, Susanne/Lemke, Thomas (Hg.): Glossar der Gegenwart, Frankfurt/Main 2004c, S. 263–270.

— »Neoliberalismus, Staat und Selbsttechnologien. Ein kritischer Überblick über die gouvernmentality studies«, In: Politische Vierteljahresschrift 2000, Bd. 41, S. 31–47.

— *Eine Kritik der politischen Vernunft. Foucaults Analyse der modernen Gouvernementalität*, Hamburg 1997.

Lemke, Thomas/Krasmann, Susanne/Bröckling, Ulrich: »Gouvernementalität, Neoliberalismus und Selbsttechnologien. Eine Einleitung«, In: Bröckling, Ulrich/ Krasmann, Susanne/Lemke, Thomas (Hg.): Gouvernementalität der Gegenwart. Studien zur Ökonomisierung des Sozialen, Frankfurt/Main 2000, S. 7–40.

Lemke, Wolfgang/Schuck, Karl: »Symptomatik, Ätiologie und Diagnostik bei Beeinträchtigungen der kognitiven Entwicklung«, In: Leonhardt, Annette/ Wember, Franz (Hg.): Grundfragen der Sonderpädagogik. Bildung – Erziehung – Behinderung, Weinheim 2003, S. 545–576.

Leonardi, Matilde/Raggi, Alberto/Pisoni, Camilla: *Health and disability policy: results from EU MHADIE project*, Delhi 2008.

Leonardi, Matilde/Raggi, Alberto/Frare, Mara/Martinuzzi, Andrea: *ICF-DIN Training for EU MHADIE project. European experience on ICF training*, Tokyo 2005a, S. 1.

Leonardi, Matilde/Steiner, Timothy/Scher, Ann/Lipton, Richard: »The global burden of migraine: measuring disability in headache disorders with WHO's Classification of Functioning, Disability and Health (ICF)«, In: The Journal of Headache and Pain, 2005b, Bd. 6, Nr. 6, S. 429–440.

Leonardi, Matilde/Bickenbach, Jerome/Raggi, Alberto/Sala, Marina/Fusaro, Guido/ Rosso, Emanuela/Nocentini, Ugo/Martinuzzi, Andrea: »ICF in Italy and the ICF training developed by the Disability Italian Network«, Reykjavik 2004, S. 1–6.

Letrilliart, Laurent/Verbeke, Mark/Meyer, Aurelia/Roland, Micel/Cuenot, Marie/ Barral, Catherine: *Descriptive Study of functional and Contextual Criteria for Sick Leave Prescriptions in General Practice in France and Belgium, using the ICF*, Delhi 2008.

Liesen, Christian/Hoyningen-Süess, Ursula/Bernath, Kathrin: »Einleitung«, In: Liesen, Christian/Hoyningen-Süess, Ursula/Bernath, Kathrin (Hg.): Inclusive Education: Modell für die Schweiz? Internationale und nationale Perspektiven im Gespräch, Bern 2007, S. 1–6.

Linden, Michael/Baron, Stefanie: »Das ›Mini-ICF-Rating‹ für Psychische Störungen (Mini-ICF-P)‹. Ein Kurzinstrument zur Beurteilung von Fähigkeitsstörungen bei psychischen Erkrankungen«, In: Rehabilitation 2005, Bd. 22, S. 144–151.

Lindmeier, Christian: »Geistigbehindertenpädagogik zwischen Selbstauflösung und Neukonstitution«, In: Sonderpädagogische Förderung 2005, Bd. 1, Nr. 50, S. 50–61.

— »Status, Funktion und Leistungsfähigkeit einer allgemeinen Theorie der Heilpädagogik in Studium und Wissenschaft – eine Profilierung aus aktuellem Anlass«, In: Zeitschrift für Heilpädagogik 2004, Bd. 12, S. 510–524.

— »Rehabilitation und Bildung – Möglichkeiten und Grenzen der neuen WHO-Klassifikation der Internationale Klassifikation der Funktionsfähigkeit, Behinderung und Gesundheit (ICF) (Teil II)«, In: Die neue Sonderschule, 2002a, Bd. 2, S.3–23.
— »Rehabilitation und Bildung – Möglichkeiten und Grenzen der neuen WHO-Klassifikation der Internationale Klassifikation der Funktionsfähigkeit, Behinderung und Gesundheit (ICF) (Teil II)«, In: Die neue Sonderschule, 2002b, Bd. 2, S. 3–23.
— *Behinderung – Phänomen oder Faktum?* Bad Heilbrunn 1993.

Lingenauber, Sabine: *Integration, Normalität und Behinderung. Eine normalismustheoretische Analyse der Werke (1970–2000) von Hans Eberwein und Georg Feuser*, Opladen 2003.

Link, Jürgen: »›Irgendwo stößt die flexibelste Integration schließlich an eine Grenze‹ – Behinderung zwischen Normativität und Normalität«, In: Graumann, Sigrid/Grüber, Katrin/Nicklas-Faust, Jeanne/Schmidt, Susanna/Wagner-Kern, Michael (Hg.): Ethik und Behinderung. Ein Perspektivenwechsel, Frankfurt/Main 2004a, S. 130–139.

— »Die Entdeckung des ›normal sex‹ durch Raymond Pearl im Jahr 1925. Zu einem Kapitel aus der Inkubationszeit des flexiblen Kapitalismus in den USA«, In: Bröckling, Ulrich/Bühler, Benjamin/Hahn, Marcus/Schöning, Matthias/Weinberg, Manfred (Hg.): Disziplinen des Lebens. Zwischen Anthropologie, Literatur und Politik, Tübingen 2004b, S. 223–234.
— *Versuch über den Normalismus. Wie Normalität produziert wird*, 2. aktualisierte und erweiterte Auflage, Opladen 1999.
— »Von der ›Macht der Norm‹ zum ›flexiblen Normalismus‹: Überlegungen nach Foucault«, In: Jurt, Joseph (Hg.): Zeitgenössische französische Denker: eine Bilanz, Freiburg/Breisgau 1998, S. 251–268.
— »Diskurstheorie«, In: Haug, Wolfgang Fritz (Hg.): Historisch-kritisches Wörterbuch des Marxismus, Hamburg 1995, Band 2, S. 743–747.
— »Kleines Begriffslexikon«, In: kultuRRevolution, 1986, Band 2, S. 70–71.

Loh, Andreas/Simon, Daniela/Kriston, Levente/Härter, Martin: »Shared Decision-Making in Medicine«, In: Deutsches Ärzteblatt, 2007, 104 (21), S. 1483–89.

Lorey, Isabell: »Macht und Diskurs bei Foucault«, In: Bublitz, Hannelore/Bührmann, Andrea/Hanke, Christine/Seier, Andrea (Hg.): Das Wuchern der Diskurse. Perspektiven der Diskursanalyse Foucaults, Frankfurt/Main 1999, S. 87–96.

Lozano, Rafael/Soliz, Patricia: *Measurement of disability in Mexiko. A different approach*, Tokyo 2005.

Luckasson, Ruth/Borthwick-Duffy, Sharon/Buntinx, Wil/Coulter, David/Craig, Ellis/Reeve, Alya (Hg.): *Mental retardation: Definition, classification, and systems of supports*, 9th edition, Washington 1992.

Lüdtke, Ulrike/Bahr, Reiner: Förderschwerpunkt Sprache: »Kriterien und Standards zur Entwicklung schulischer Prozessqualität«, In: Zeitschrift für Heilpädagogik 2002, Bd. 6, S. 236–243.

Lux, Richard: *Medizinische Klassifikationssysteme. Geschichte, Interaktion und Perspektiven sowie ihre Verwendung in der Orthopädie und Traumatologie*, Diss. med. (Hochschulschrift), Hannover 2006.

Madden, Richard/Madden, Ros/Choi, Ching/Tallis, Ken/Xingyan, Wen: *Use of ICF in health information systems and surveys*, Tokyo 2005, S. 1–19.

Madden, Ros/Sykes, Catherine: *Assembling the evidence on Activities and Participation*, Delhi 2008.

Madden, Ros/Stucki, Gerold: *Annual Report of the Functioning and Disability REfrence Group*, Triest 2007, S. 1–11.

Mahoney, Florence/Barthel, Dorothea: *Functional evaluation. The Barthel Index*, Maryland State Medical Journal, 1965, Bd. 14, Nr. 2, S. 61–65.

Manser, Roman: »ICF und ihre Anwendung in der Heilpädagogik. Ein kritischer Diskurs«, In: Dohrenbusch, Hannes/Godenzi, Luca/Boveland, Brigitte (Hg.): Differentielle Heilpädagogik, S. 25–54.

Maschke, Michael/Powell, Justin: »Behinderungsbegriffe und ihre Folgen in Schule und Beruf«, In: Hermes, Gisela/Köbsell, Swantje (Hg.): Disability Studies in Deutschland – Behinderung neu denken! Dokumentation der Sommeruni 2003, Kassel 2003, S. 80–86.

Mattern, Rupert: »Chronisch krank – chronisch vergessen? – Kommunikation/Mobilität/Alltag«, In: Gesundheitswesen 2007, Bd. 69, S. 195–205.

McAnaney, Donal: »Is the Current Ethical Framework for the ICF sufficient?« In: WHO-Family of International Classifications (FIC) newsletter, 2005, Bd. 3, Nr. 2, S. 13–14.

McPherson, Kath: »What are the boundaries of health and functioning – and who should say what they are?« In: Disability and Rehabilitation, 2006, Bd. 28, Nr. 23, S. 1473–1474.

Mehrhoff, Friedrich/Muhr, Gert: *Unfallbegutachtung*, 10. vollständig überarbeitete und ergänzte Auflage unter besonderer Berücksichtigung des Unfallversicherungs-Einordnungsgesetzes, Berlin 1999.

Meyer, Almut-Hildegard: *Kodieren mit der ICF: Klassifizieren oder Abklassifizieren? Potenzen und Probleme der »Internationalen Klassifikation der Funktionsfähigkeit, Behinderung und Gesundheit«. Ein Überblick*, Heidelberg 2004.

Meyer, Hermann: »Geistige Behinderung – Terminologie und Begriffsverständnis«, In: Irblich, Dieter/Stahl, Burkhard (Hg.): Menschen mit geistiger Behinderung. Psychologische Grundlagen, Konzepte und Tätigkeitsfelder, Göttingen 2003, S. 4–30.

Meyers, Allan/Andresen, Elena: »Enabling Our Instruments: Accommodation, Universal Design and Access to Participation in Research«, In: Arch Physical Medicine and Rehabilitation, December 2000, Bd. 81, Suppl. 2, S. S5–S9.

Miles-Paul, Ottmar: »*Wir sind nicht mehr aufzuhalten«. Behinderte auf dem Weg zur Selbstbestimmung, Beratung von Behinderten durch Behinderte; Peer Support: Vergleich zwischen den USA und der BRD*, Materialien der AG SPAK, München 1992.

Misins, Janis: *International Classifications in Latvia*, Reykjavik 2004.
Mitchell, David/Snyder, Sharon (Hg.): *The Body and Physical Difference. Discourses of Disability*, Ann Arbor 1997.
Mont, Daniel: »Measuring health and disability«, In: Lancet 2007, Bd. 369, S. 1658–1663.
Morris, Jenny: *Pride against Prejudice: Transforming Attitudes to Disability*, London 1991.
Moser, Ingunn: »Sociotechnical Practices and Difference. On the Interferences between Disability, Gender, and Class«, In: Science, Technology & Human Values, 2006, Bd. 31, Nr. 5, S. 537–564.
Muò, Rossella, Schindler, Antonio/Vernero, Irene/Schindler, Oskar/Ferrario, Ermannio/Frisoni, Giovanni: »Alzheimer's disease-associated disability: An ICF approach«, In: Disability and Rehabilitation, 2005, Bd. 27, Nr. 23, S. 1405–1413.
Mürner, Christian: »Erscheinungsbild und Dominanz – Historisch-kritische Betrachtungen zum Ansehen geistig behinderter Menschen«, In: Greving, Heinrich/Gröschke, Dieter (Hg.): Geistige Behinderung – Reflexionen zu einem Phantom. Ein interdisziplinärer Diskurs um einen Problembegriff, Bad Heilbrunn 2000, S. 79–103.
— *Normalität und Behinderung*, Weinheim 1982.
Napel, Huib ten/Zanstra, Pieter/Haring, Egbert van der: »Dutch pilot study on A & P distinction, a Dutch example of a proposed concrete project«, in: Kleijn-de Vrankrijker, Marijke de: Annual Report WHO-FIC Implementation Committee concerning ICF, Tokyo 2005, S. 19–20.
Nater, Paul: »Blinden- und Heilpädagogik«, In: Sonderpädagogische Förderung, 2005, Bd. 1, Nr. 50, S. 60–69.
Naue, Ursula: »Governing Disability in Austria: Reflections on a Changing Political field«, In: Disability Studies Quarterly, 2006, Bd. 26, Nr. 2.
— »Biopolitik der Behinderung: die Macht der Norm und des ›Normalen‹«, In: Schwerpunkt BiopolitiX, 2005, Bd. 19, S. 7–12.
Neckel, Sighard: »Kampf um Zugehörigkeit. Die Macht der Klassifikation«, In: Leviathan 2003, Bd. 31, Nr. 2, S. 159–167.
Neubert, Dieter/Cloerkes, Günther: *Behinderung und Behinderte in verschiedenen Kulturen – eine vergleichende Analyse ethnologischer Studien*, 3. Auflage, Heidelberg 2001.
Niehaus, Mathilde: »Gesundheitswissenschaften und Behindertenpädagogik: Ansätze zur Kooperation«, In: Beck, Iris/Düe, Willi/Wieland, Heinz (Hg.): Normalisierung. Behindertenpädagogische und sozialpolitische Perspektiven eines Reformkonzeptes, Heidelberg 1996, S. 244–256.
Nielsen, Rasmus/Hellmann, Ines/Hubisz, Melissa/Bustamente, Carlos/Clark, Andrew: »Recent and ongoing selection in the human genome« In: Nature Reviews Genetics, 2007, Bd. 8, Nov. S. 857–868.
Nordenfelt, Lennart: »Action theory, disability and ICF«, In: Disability and Rehabilitation, 2003, Bd. 25, Nr. 18, S. 1075–1079.

Noreau, Luc/Desroisiers/Robichaud, Line/Fougeyrollas, Patrick/Rochette, Annie/ Viscogliosi, Chantal: »Measuring social participation: reliability of the LIFE-H in older adults with disabilities«, In: Disability and Rehabilitation, 2004, Bd. 26, Nr. 6, S. 346–352.

Novas, Carlos/Rose, Nikolas: »Genetic risk and the birth of the somatic individual«, In: Economy and Society, 2000, Bd. 29, Nr. 4, S. 485–513.

Nüchtern, Elisabeth: »Die Anwendung der ICIDH in der sozialmedizinischen Begutachtung«, In: Gesundheitswesen, 2001, Bd. 63, S. 542–547.

Nutton, Vivian: Humoralism, In: Bynum, William/Porter, Roy (Hg.): *Companion Encyclopaedia of the History of Medicine*, Routledge 1993, S. 281–291.

O'Donovan, Mary-Ann/Doyle, Anne: *A Measure of Activity and Participation (MAP): Its role in service planning*, Triest 2007.

Officer, Alana: *WHO World Report on Disability and Rehabilitation. working towards inclusion*, UPDATE Nr. 1, April 2007, http://siteresources.worldbank.org/ DISABILITY/Resources/News---Events/BBLs/20070411WHOissue1.pdf, Zugriff am: 12.07.08.

Ojala, Matti/Bränd Persson, Kristina/Virtanen, Martti: *Implementation of a questionaire to collect information on the use of qualifiers, rating scales and assessment protocols with ICF*, Tokyo 2005, S. 1–10.

Okawa, Yayoi/Ueda, Satoshi/ Yamauchi, Kazushi/Oikawa, Emiko: *ICF-related Questions in National Examinations of Health and Related Professionals in Japan*, Delhi 2008.

Okawa, Yayoi/Ueda, Satoshi/Kurachi, Madoka: *Introduction of ICF to the Health Policy at the Time of Disasters: »Limited Independence« as an important Risk Factor for Decline of Functioning after a Heavy Snow*, Triest 2007.

Okawa, Yayoi/Ueda, Satoshi/Shuto, Kenji: *The Utilization of ICF in National Legislation and Policies in Japan*, Tokyo 2005, S. 1–5.

Oliver, Michael: »If I had a hammer: the social model in action«, In: Swain, John/ French, Sally/Barnes, Colin/Thomas, Carol (Hg.): Disabling Barriers – Enabling Environments, London 2004, S. 7–12.

— »Theories of disability in health practice and research«, In: British Medical Journal, 1998, Bd. 317, S. 1446–1449.

— *Understanding Disability. From Theory to Practice*, Hampshire 1996.

— *The Politics of Disablement*, London 1990.

Oortland, Barbara: »Implikationen einer systemisch-konstruktivistischen Sichtweise für die Arbeit mit Menschen, die wir körperbehindert nennen«, In: Zeitschrift für Heilpädagogik 2005, Bd. 1, S. 14–20.

Ostir, Glenn/ Granger, Carl/Black, Terri/Roberts, Pamela/Burgos, Laura/Martinkewiz, Paula/Ottenbacher, Kenneth: »Preliminary Results for the PAR-PRO: A Measure of Home and Community Participation«, In: Archives of Physical Medicine and Rehabilitation, 2006, Bd. 87, S. 1043–1051.

Pavillon, Gérard/Maudinet, Marc: *Activity report of the WHO-FIC Collaboration Centre in French*, Delhi 2008.

Perenboom, Rom: »Development of ›IMPACT‹, an ICF-based instrument to measure activity limitations and participation restrictions«, In: WHO-Family of International Classifications (FIC) newsletter, 2006, Bd. 4, Nr. 2, S. 8.

Perenboom, Rom/Chorus, Astrid: »Measuring participation according to the International Classification of Functioning, Disability and Health (ICF)«, In: Disability and Rehabilitation, 2003, Bd. 25, Nr. 11–12, S. 577–587.

Peters, Helge: »Da werden wir empfindlich. Zur Soziologie der Gewalt«, In: Lamnek, Siegfried (Hg.): Jugend und Gewalt. Devianz und Kriminalität in Ost und West, Opladen 1995, S. 277–290.

Pier, Gerald/GRout, Martha/Zaidi, Tanweer/Meluleni/Mueschenborn, Simone/ Banting, George/Ratcliff, Rosemary/Evans, Martin/Colledge, William: »Salmonella typhi uses CFTR to enter intestinal epithelial cells«, In: Nature, May 1998, Bd. 393, Nr. 7, S. 79–82.

Pisoni, Camilla/Raggi, Alberto/Cattoni, Giovanni/Ajovalasit, Daniela/Marinoni, Laura/Roncato, Alice/Leonardi, Matilde: *ICF in neurology: the role of environment in Parkinson Disease*, Triest 2007.

Pixa-Kettner, Ursula/Bargfrede, Stefanie/Blanken, Ingrid (Hg.): *Elternschaft von Menschen mit geistiger Behinderung. Dokumentation einer Fachtagung am 9. und 10. März 1995 an der Universität Bremen*, Bremen 1995.

Placek, Paul: *Mapping the Clinical World to the ICF. Documentary of the report of the ICF Tutorial (June 20, 2005) and the 11th Annual NACC Conference*, Rochester (Minnesota) (June 21–24, 2005), Tokyo 2005, S. 1–15.

Post, Maaike/Krol, Boudien/Groothoff, Johan: »Self-rated health as a predictor of return to work among employees on long-term sickness absence«, In: Disability and Rehabilitation, 2006, Bd. 28, Nr. 5, S. 289–297.

Price, Janet/Shildrick, Margrit: »Uncertain Thoughts on the Dis/abled Body«, In: Shildrick, Margrit/Price, Janet (Hg.): Vital Signs. Feminist Reconstructions of the Bio/logical Body, Edinburgh 1998, S. 224–249.

Priestley, Mark: »Tragedy strikes again! Why Community Care Still Poses a Problem for Integrated Living«, In: Swain, John/French, Sally/Barnes, Colin/Thomas, Carol (Hg.): Disabling Barriers – Enabling Environments, London 2004, S. 258–263.

Pschyrembel, Willibald: *Klinisches Wörterbuch*, 257. neu bearbeitete Auflage, Berlin 1994.

Quinn, Gerard/Degener, Theresia: *Human Rights and Disability. The current use and future potential of United Nations human rights instruments in the context of disability*, United Nations, New York and Geneva 2002.

Raab, Heike: »Queering (Dis)abled Theories and Politics. Lesben und Behinderung«, In: Hermes, Gisela/Köbsell, Swantje (Hg.): Disability Studies in Deutschland – Behinderung neu denken! Dokumentation der Sommeruni 2003, Kassel 2003, S. 137–141.

Ratzka, Adolf: »Leben mit Assistenz in Schweden«, In: impulse 2003, 27, S. 14–16.

Reinhardt, Jan/Miller, John: *Operationalizing Environmental Factors: A systematization of different approaches*, Triest 2007.

Renggli, Cornelia: »Disability Studies – ein historischer Überblick«, In: Weisser, Jan/ Renggli, Cornelia (Hg.): Disability Studies. Ein Lesebuch, Biel 2004, S. 15–26.

Rentsch, Hans Peter/Bucher, Peter (Hg.): *ICF in der Rehabilitation. Die praktische Anwendung der internationalen Klassifikation der Funktionsfähigkeit, Behinderung und Gesundheit im Rehabilitationsalltag*, Idstein 2005.

Rentsch, Hans Peter/Dommen-Nyffeler, Ida/Wolf, C./Hefti, H./Fluri, E./Bucher Koller, M. L./Deerpaul Krumenacher, A./Lenherr, M./Zumsteg, I./Fischer, M.: »Umsetzung der »International Classification of Functioning, Disability and Health« Internationale Klassifikation der Funktionsfähigkeit, Behinderung und Gesundheit (ICF) in die Alltagspraxis der Neurorehabilitation«, In: Neurologie und Rehabilitation 2001, Bd. 7, Nr. 4, S. 171–178.

Rentsch, Hans Peter: »Umsetzung der International Classification of Functioning, Disability and Health (ICF) in die Alltagspraxis der Neurorehabilitation. Ein interdisziplinäres Projekt am Kantonsspital Luzern«, In: Neurologie und Rehabilitation, 2001, Bd. 7, S. 171–178.

Richiger-Näf, Beat: »Wege zu Aktivität und Partizipation. Impulse für die Förderdiagnostik und die Förderplanung durch die ICF«, In: Richiger-Näf, Beat: (Hg.): Das Mögliche ermöglichen. Wege zu Aktivität und Partizipation, Bern 2008a, S. 47–82.

Richiger-Näf, Beat (Hg.): *Das Mögliche ermöglichen. Wege zu Aktivität und Partizipation*, Bern 2008b.

Rommelsbacher, Birgit: »Behindernde und Behinderte – Politische, kulturelle und psychologische Aspekte der Behindertenfeindlichkeit«, In: Rommelsbacher, Birgit (Hg.): Behindertenfeindlichkeit. Ausgrenzungen und Vereinnahmungen, Göttingen 1999, S. 7–35.

Rose, Nicolas: *Inventing Our Selves. Psychology, Power, and Personhood*, Cambridge 1996.

Rothhaar, Markus/Frewer, Andreas: »Genetische Diagnostik in der parlamentarischen Beratung. Probleme und perspektiven rechtlicher Regelung in Deutschland«, In: Hirschberg, Irene/Grießler, Erich/Littig, Beate/Frewer, Andreas (Hg.) Ethische Fragen genetischer Beratung. Klinische Erfahrungen, Forschungsstudien und soziale Perspektiven, Frankfurt/Main 2009, S. 317–330.

Rothschuh, Karl Eduard: *Prinzipien der Medizin. Ein Wegweiser durch die Medizin*, München/Berlin 1965.

Saar, Martin: »Genealogie und Subjektivität«, In: Honneth, Axel/Saar, Martin (Hg.): Michel Foucault. Zwischenbilanz einer Rezeption. Frankfurter Foucault-Konferenz 2001, Frankfurt/Main 2003, S. 157–177.

Sabariego, Carla/Neubert, Silvia/Stier-Jarmer, Marita/Stucki, Gerold/Cieza, Alarcos: *Development and evaluation of an ICF-based patient education program for stroke patients*, Delhi 2008

Sack, Fritz/Lindenberg, Michael: »Abweichung und Kriminalität«, In: Joas, Hans (Hg.): Lehrbuch der Soziologie, Frankfurt/Main 2001, S. 169–197.
Sander, Alfred: »Behinderungsbegriffe und ihre Integrationsrelevanz«, In: Eberwein, Hans/Knauer, Sabine (Hg.): Integrationspädagogik. Kinder mit und ohne Beeinträchtigung lernen gemeinsam. Ein Handbuch, 6. Auflage, Weinheim 2002, S. 99–108.
— »Zum Problem der Klassifikationen in der Sonderpädagogik: Ein ökologischer Ansatz«, In: Vierteljahresschrift für Heilpädagogik und ihre Nachbargebiete, 1985, Bd. 54, S. 15–31.
— »Neue Ansätze für die Klassifikation Behinderter. Bericht über ein Expertentreffen im Centre for educational research and Innovation der OECD«, In: Zeitschrift für Heilpädagogik 1978, Bd. 29, Nr. 12, S. 766–768.
Saß, Henning/Zaudig, Michael/Houben, Isabel/Wittchen, Hans-Ulrich: »Einführung zur deutschen Ausgabe: Zur Situation der operationalisierten Diagnostik in der deutschsprachigen Psychiatrie«, In: American Psychiatric Association: Diagnostisches und statistisches Manual psychischer Störungen DSM-IV, übersetzt nach der vierten Auflage des Diagnostic and Statistical Manual of Mental Disorders, deutsche Bearbeitung und Einführung von Henning Saß, Göttingen 1996, S. IX–XXIV.
Sato, Daisuke/Kaneko, Fumiko/Okamura, Hitoshi: »Reliability and validity of the Japanese-language version of the Physical Performance Test (PPT) Battery on chronic pain patients«, In: Disability and Rehabilitation, 2006, Bd. 28, Nr. 6, S. 397–405.
Satz, Ani/Silvers, Anita: »Disability and Biotechnology«, In: Murray, Thomas (Hg.): Encyclopaedia of ethical, legal, and policy issues in biotechnology, New York 2000, S. 173–187.
Sauvages, François Boissier de: *Nosologia Methodica Sistens Morborum Classes: Juxta Sydenhami mentem & Botanicorum ordinem*, Edition ultima, Amstelodami Sumptibus Fratrum de Tournes 1768.
Schäfers, Markus: »Behinderungsbegriffe im Spiegel der ICF. Anmerkungen zum Artikel ›Geistige Behinderung und Lernbehinderung. Zwei inzwischen umstrittene Begriffe in der Diskussion‹ der Fachzeitschrift ›Geistige Behinderung‹«, In: Teilhabe. Die Fachzeitschrift der Lebenshilfe, 1/2009, S. 25–27.
Scheibler, Fülöp/Janssen, Christian/Pfaff, Holger: »Shared decision making: ein Überblicksartikel über die internationale Forschungsliteratur«, In: Sozial- und Präventivmedizin, 2003, Bd. 48, S. 11–24.
Schildmann, Ulrike: »Verhältnisse zwischen Behinderung und Geschlecht in der Lebensspanne. Eine statistische Analyse«, In: Vierteljahresschrift für Heilpädagogik, 2006, 75. Jg., S. 13–24.
— »Die politische Berichterstattung über Behinderung: 2. Armuts- und Reichtumsbericht und Bericht über die Lage behinderter Menschen – kritisch reflektiert unter besonderer Berücksichtigung des ›Gender Mainstreaming‹«, In: Behindertenpädagogik, 2005, 44. Jg., Heft 2, S.115–148.

— *Normalismusforschung über Behinderung und Geschlecht. Eine empirische Untersuchung der Werke von Barbara Rohr und Annedore Prengel*, Opladen 2004a.

— »Geschlecht und (geistige) Behinderung«, In: Wüllenweber, Ernst (Hg.): Soziale Probleme von Menschen mit geistiger Behinderung. Fremdbestimmung, Benachteiligung, Ausgrenzung und soziale Abwertung, Stuttgart 2004b, S. 36–45.

— »Leistung als Basis-Normalfeld der (post-)modernen Gesellschaft – kritisch reflektiert aus behindertenpädagogischer und feministischer Sicht«, In: Bundschuh, Konrad (Hg.): Sonder- und Heilpädagogik in der modernen Leistungsgesellschaft. Krise oder Chance? Bad Heilbrunn 2002, S. 125–131.

— *Normalität, Behinderung und Geschlecht. Ansätze und Perspektiven der Forschung*, Opladen 2001.

— »Forschungsfeld Normalität. Reflexionen vor dem Hintergrund von Geschlecht und Behinderung«, In: Zeitschrift für Heilpädagogik 2000a, Bd. 3, S. 90–94.

— »100 Jahre allgemeine Behindertenstatistik. Darstellung und Diskussion unter besonderer Berücksichtigung der Geschlechterdimension«, In: Zeitschrift für Heilpädagogik 2000b, Bd. 9, S. 354–360.

— *Lebensbedingungen behinderter Frauen. Aspekte gesellschaftlicher Unterdrückung*, Giessen 1983.

Schillings, Martin/Wendler, Ulrich: »Schwerbehindertenrecht. Anhaltspunkte für die ärztliche Gutachtertätigkeit (›AHP 2004‹) – Kommentar«, In: VdK-Deutschland (Hg.): Sozialrecht. Begutachtungsrelevanter Teil, 3. Auflage, CD-Rom, Mönchengladbach 2005, S. 1–13.

Schindele, Eva: *Gläserne Gebär-Mütter. Vorgeburtliche Diagnostik – Fluch oder Segen*, Frankfurt/Main 1990.

Schmetz, Ditmar: »Förderschwerpunkt Lernen«, In: Zeitschrift für Heilpädagogik 2004, Bd. 3, S. 113–128.

Schmidtke, Jörg: »Humangenetik: Sind Gesundheit und Krankheit angeboren?« In: Schwartz, Friedrich Wilhelm/Badura, Bernhard/Leidl, Reiner/Raspe, Heiner/Siegrist, Johannes (Hg.): Das Public Health Buch. Gesundheit und Gesundheitswesen, München 1998, S. 32–50.

Schneck, Peter: *Geschichte der Medizin systematisch*, 1. Auflage, Bremen 1997.

Schneider, Cornelia: »Neue Gesetzgebung in Frankreich für Menschen mit Behinderung«, In: Behinderte in Familie, Schule und Gesellschaft, 2005, Bd. 1, S. 6–7.

Schneider, Ingrid: »Die soziale und rechtliche Regulation des Transfers von Körpersubstanzen: Kategorien, Klassifikationen und Normbildungsprozesse«, In: Steineck, Christian/Döring, Ole (Hg.): Kultur und Bioethik. Eigentum am Körper, Baden-Baden 2008, S. 26–50.

— »Die Nicht-Kommerzialisierung des Organtransfers als Gebot einer Global Public Policy: Normative Prinzipien und gesellschaftspolitische Begründungen«, In: Taupitz, Jochen (Hg.): Kommerzialisierung des menschlichen Körpers, Berlin 2007, S. 109–126.

Schneidert, Marguerite/Hurst, Rachel/Miller, Janice/Üstün, Bedirhan: »The role of Environment in the International Classification of Functioning, Disability and

Health (ICF)«, In: Disability and Rehabilitation, 2003, Bd. 25, Nr. 11–12, S. 588–595.

Schönberger, Alfred/Mehrtens, Gerhard/Valentin, Helmut: *Arbeitsunfall- und Berufskrankheit: rechtliche und medizinische Grundlagen für Gutachter, Sozialverwaltung, Berater und Gerichte*, 7. vollständig neu bearbeitete und erweiterte Auflage, Berlin 2003.

Schönwiese, Bdker: »Disability Studies und die Frage nach der Produktion von Behinderung«, In: Jahrestagung der IntegrationsforscherInnen in Deutschsprachigen Ländern (Hg.): Integrationspädagogik im Diskurs: auf dem Weg zu einer inklusiven Pädagogik? Bad Heilbrunn 2005, S. 53–69.

Schopen, Michael: *Annual Report 2005 of the WHO Collaborating Centre for the Family of International Classifications for the German Language*, Tokyo 2005, S. 1–5.

— »Krankenhäuser: Klassifikationen sind eine Daueraufgabe«, In: Deutsches Ärzteblatt, 25.07.2003, Jg. 100, Heft 30, S. A2001–A2002.

Schopen, Michael/Weber, Stefanie: *Annual Report of the WHO Collaborating Centre for the Family of International Classifications for the German Language*, Triest 2007, S. 1–10.

Schopen, Michael/Weber, Stefanie/Bröenhorst, Susanne/Üstün, Bedirhan/Celik, Can: *Maintenance and Publication Tool for WHO-FIC Classifications*, Reykjavik 2004, S. 1–7.

Schorn, Ulrich: »Anhaltende Versäumnisse des Gesetzgebers. Der Grad der Behinderung im SGB IX«, In: Soziale Sicherheit 2002, Bd. 4, S. 127–134.

Schroeder, Scott/Gaughn, Denise/Swift, Michael: »Protection against bronchial asthma by CFTR ΔF508 mutation: A heterozygote advantage in cystic fibrosis«, In: Nature Medicine, 1995, Bd. 1, Nr. 7, S. 703–705.

Schuck, Karl Dieter/Lemke, Wolfgang: »Grundlagen psychologischer Diagnostik«, In: Stahl, Burkhard/Irblich, Dieter (Hg.): Diagnostik bei Menschen mit geistiger Behinderung. Ein interdisziplinäres Handbuch, Göttingen 2005, S. 4–29.

Schuck, Karl Dieter: »Zur Bedeutung der Diagnostik bei der Begleitung von Lern- und Entwicklungsprozessen«, In: Zeitschrift für Heilpädagogik, 2004, Bd. 8, S. 350–365.

Schulze, Gisela: »Barrieren als Risiko und Chance in der sonderpädagogischen Arbeit am Beispiel von Kindern und Jugendlichen mit Beeinträchtigungen des Lernens«, In: Schnoor, Heike/Rohrmann, Eckhard (Hg.): Sonderpädagogik: Rückblicke Bestandsaufnahmen Perspektiven, Bad Heilbrunn 2004, S. 253–260.

Schuntermann, Michael: »The implementation of the International Classification of Functioning, Disability and Health (ICF) in Germany: experiences and problems«, In: International Journal of Rehabilitation Research, 2005a, Bd. 28, Nr. 2, S. 93–102.

— »Das Klassifikationssystem ICF und der Begriff ›Empowerment‹«, In: Frieboes, Ralf-Michael/Zaudig, Michael/Nosper, Manfred (Hg.): Rehabilitation bei psychischen Störungen, München 2005b, S. 15–27.

— *Einführung in die ICF. Grundkurs Übungen offene Fragen*, Landsberg/Lech 2005c.
— »Die internationale Klassifikation der Impairments, Disabilities und Handicaps ICIDH – Ergebnisse und Probleme«, In: Rehabilitation, 1996, Bd. 35, S. 6–13.
— »Zur Begründung der interdisziplinären Rehabilitationswissenschaften«, In: Zeitschrift für Gesundheitswissenschaften. Journal of Public Health, 1993, Bd. 1, S. 161–171.

Schuppener, Saskia: »Inklusive Voraussetzungen für eine Förderung lebenspraktischer Kompetenzen von Menschen mit einer geistigen Behinderung«, In: Geistige Behinderung 2005, Bd. 4, 44. Jg., S. 275–285.

Scully, Jackie Leach: »Disability and genetics in the era of genomic medicine«, In: Science and Society, 2008, Bd. 9, S. 797–802.

— »Disabled Knowledge. Die Bedeutung von Krankheit und Körperlichkeit für das Selbstbild«, In: Ehm, Simone/Schicktanz, Silke (Hg.): Körper als Maß? Biomedizinische Eingriffe und ihre Auswirkungen auf Körper- und Identitätsverständnisse, Stuttgart 2006, S. 187–206.

Seger, Wolfgang/Schian, Hans-Martin/Steinke, Bernd/Heipertz, Wolfgang/Schuntermann, Michael: »Gesundheits-, sozial-, gesellschafts- und organisationspolitische Auswirkungen der Anwendung der ICF auf eine integrierte Rehabilitation – Vision der Umsetzung und ihrer Folgen«, In: Gesundheitswesen 2004, 66, S. 393–399.

Seidel, Michael: »Die Internationale Klassifikation der Funktionsfähigkeit, Behinderung und Gesundheit. Ein neues Mitglied der Familie WHO-Klassifikationen«, In: Der Nervenarzt, 2005, Bd. 76, S. 79–92.

Sennelart, Michel: »Situierung der Vorlesungen«, In: Sennelart, Michel (Hg.): Michel Foucault. Geschichte der Gouvernementalität I Sicherheit, Territorium, Bevölkerung. Vorlesung am Collège de France 1977–1978, Frankfurt/Main 2004, S. 527–571.

Shakespeare, Tom/Watson, Nicholas: »Defending the Social Model«, In: Disability & Society, 1997, Bd. 12, Nr. 2, S. 293–300.

Shakespeare, Tom: *Disability Rights and Wrongs*, London 2006.

— »Betrachtungen zu den britischen Disability Studies«, In: Lutz, Petra/Macho, Thomas/Staupe, Gisela/Zirden, Heike (für die Aktion Mensch und die Stiftung Deutsches Hygiene-Museum): Der [im-]perfekte Mensch. Metamorphosen von Normalität und Abweichung, Köln 2003, S. 426–433.

— »Disabled People's Self-Organization: a new social movement?« In: Disability, Handicap and Society, 1993, Bd. 8, Nr. 3, S. 249–264.

Shakespeare, Tom (Hg.): *The Disability Reader. Social Science Perspectives*, London 1998.

Shildrick, Margrit: *Leaky Bodies and Boundaries. Feminism, Postmodernism and (Bio)ethics*, London 1997.

Siebert, Birger: »Vygotskijs kulturhistorische Defektologie und die Kritik biologischer Konzepte von Behinderung«, In: Heilpädagogik online, 2004, Nr. 3, S. 30–45.
Silvers, Anita: »On the possibility and desirability of constructing a neutral conception of disability«, In: Theoretical Medicine 2003, 24, S. 471–487.
— »Formal Justice«, In: Silvers, Anita/Wasserman, David/Mahowald, Mary: Disability, Difference, Discrimination. Perspectives on Justice in Bioethics and Public Policy, with an afterword by Lawrence C. Becker, Lanham 1998, S. 13–145.
Silvers, Anita/Wasserman, David/Mahowald, Mary: *Disability, Difference, Discrimination. Perspectives on Justice in Bioethics and Public Policy, with an afterword by Lawrence C. Becker*, Lanham 1998.
Simeonsson, Rune: *Deriving the ICF-CY: lessons learned for classification revisions*, Triest 2007, S. 1–3.
Simeonsson, Rune/Leonardi, Matilde/Bjorck-Akesson, Eva/Hollenweger, Judith/Lollar, Don/Martinuzzi, Andrea/ Napel, Huib ten: *The ICF-CY: a derived classification for children and youth*, Tokyo 2005, S. 1–3.
Simons, Peter: »Philosophische Aspekte der Klassifikation«, In: Goebl, Hans/Schrader, Martin (Hg.): Datenanalyse, Klassifikation und Informationsverarbeitung. Methoden und Anwendungen in verschiedenen Fachbereichen, Heidelberg 1992, S. 21–28.
Snyder, Sharon/Mitchell, David: *Cultural Locations of Disability*, Chicago 2006.
Snyder, Sharon/Brueggemann, Brenda, Jo/Garland-Thomson, Rosemarie (Hg.): *Disability Studies. Enabling the Humanities*, New York 2002.
Sohn, Werner/Mehrtens, Herbert (Hg.): *Normalität und Abweichung. Studien zur Theorie und Geschichte der Normalisierungsgesellschaft*, Opladen 1999.
Soliz, Patricia/Torres, Luis: *ICF implementation in Latin America*, Delhi 2008.
Stark, Susan/Hollingsworth, Holly/Morgan, Kerri/Gray, David: »Development of a measure of receptivity of the physical environment«, In: Disability and Rehabilitation, 2007, Bd. 29, Nr. 2, S. 123–137.
Steinke, Bernd: »Geleitwort zur Herausgabe einer Neuauflage zur deutschsprachigen Version der ›International Classification of Impairments, Disabilities and Handicaps (ICIDH)‹ der World Health Organization«, In: World Health Organization (Hg.): Internationale Klassifikation der Schädigungen, Fähigkeitsstörungen und Beeinträchtigungen, Ein Handbuch zur Klassifikation der Folgeerscheinungen der Erkrankung, Einheitssachtitel: International Classification of Impairments, Disabilities, and Handicaps (ICIDH) (engl. 1980), Berlin 1995, S. 1–3.
Stephens, Dafydd: »World Health Organization's International Classification of Functioning, Disability and Health – ICF«, In: Journal of Audiological Medicine, Bd. 10. Nr. 3, vii–x.
Stiehler, Gottfried: »Hegel«, In: Lange, Erhard/Alexander, Dietrich (Hg.): Philosophenlexikon, (Ost-)Berlin 1982, S. 344–353.
Stone, Deborah: *The Disabled State*, Houndmills 1985.

Stöpel, Frank: »Bedingungen des Arbeitsmarktes für die berufliche Teilhabe«, In: Sonderpädagogik. Vierteljahresschrift über aktuelle Probleme der Behidnerten in Schule und Gesellschaft, 2005, Bd. 1, S. 18–32.

Straßmeier, Walter: »Geistige Behinderung aus pädagogischer Sicht«, In: Greving, Heinrich/Gröschke, Dieter (Hg.): Geistige Behinderung – Reflexionen zu einem Phantom. Ein interdisziplinärer Diskurs um einen Problembegriff, Weinheim 2000, S. 53–61.

Stucki, Gerold/Grimby, Gunnar: »Foreword. Applying the ICF in Medicine«, In: Journal of Rehabilitation Medicine, 2004, Suppl. 44, S. 5–6.

Stucki, Gerold/Ewert, Thomas/Cieza, Alarcos: »Value and application of the ICF in rehabilitation medicine«, In: Disability and Rehabilitation 2003, Bd. 25, S. 628–634.

Stutte, Herrmann: »Kinder- und Jugendpsychiatrie«, In: Gruhle, Hans W./Bally, Gustav/Jung, Richard (Hg.): Psychiatrie der Gegenwart. Forschung und Praxis, Band II: Klinische Psychiatrie, Berlin 1960, S. 952–1087.

Swain, John/French, Sally/Barnes, Colin/Thomas, Carol (Hg.): *Disabling Barriers – Enabling Environments*, London 2004.

Sykes, Catherine: *Metadata standards for functioning and disability in Australia*, Tokyo 2005, S. 1.

— *ICF Education at the World Confederation for Physical Therapy Congress 2007*, Triest 2007, S. 1–8.

Sykes, Catherine/Buchalla, Cássia Maria: *ICF education: development of a core curriculum*, Triest 2007.

Sykes, Catherine/Madden, Richard: *Using the ICF to improve the ICD: a focus on risk factors*, Triest 2007.

Sykes, Catherine/Madden, Ros/Williams, K.: *A functioning and related health outcomes module: the tool and testing*, Tokyo 2005, S. 1–13.

Takahashi, Tai/Okochi, Jiro/Kostanjsek, Nenad: *Development of ICF Illustration library*, Tokyo 2005.

Talo, Seija/Ojala, Matti: »To collect international information of the use of ICF qualifiers in order to develop standard functional assessment in ICF terms«, presentation paper at the 4th Nordic-Baltic Conference on ICF – »ICF Applied« – Tallinn, 19–20/05/2005, S. 1–19.

Talo, Seija/Ojala, Matti/Virtanen, Martti: *The use of ICF qualifiers – a plan for international collection of exchange of experiences*, Reykjavik 2004, S. 1–5.

Tervooren, Anja: »Der verletzliche Körper. Überlegungen zu einer Systematik der Disability Studies«, In: Waldschmidt, Anne (Hg.): Kulturwissenschaftliche Perspektiven der Disability Studies. Tagungsdokumentation, Schriftenreihe zum selbstbestimmten Leben Behinderter, Kassel 2003, S. 37–49.

— »Disability Studies, Körper und das komplexe Feld der Identitäten. Ein Interview mit Sharon S. Snyder und David T. Mitchell«, In: Die Philosophin, 2002, 13. Jg, Heft 25, S. 115–124.

Teulings, R. I./Herpers, Marcel: »Functional Capability List (FCL) insufficient for evaluating posttraumatic impairment, a plea for implementation of ICF«, In: WHO-Family of International Classifications (FIC) Newsletter, 2008, Bd. 6, Nr. 1, S. 1–2.

The World Bank/The International Bank for Reconstruction and Development: *World Development Report 1993 Investing in Health*, New York 1993.

Theunissen, Georg: »Betrifft: Behinderungsbegriffe im Spiegel der ICF«, In: Teilhabe. Die Fachzeitschrift der Lebenshilfe, 1/2009, S. 28.

Thiele, Günther (Hg.): *Handlexikon der Medizin, A-K,* München 1980.

Thomas, Carol: »How is disability understood? An examination of sociological approaches«, In: Disability & Society, 2004a, Bd. 19, Nr. 6, S. 569–583.

— »Disability and impairment«, In: Swain, John/French, Sally/Barnes, Colin/Thomas, Carol (Hg.): Disabling Barriers – Enabling Environments, London 2004b, S. 21–27.

— »Disability Theory: Key Ideas, Issues, and Thinkers«, In: Barnes, Colin/Oliver, Marc/Barton, Len: Disability Studies Today, Cambridge 2002a, S. 38–57.

— »The ›Disabled‹ Body«, In: Evans, Mary/Lee, Ellie (Hg.): Real Bodies, Basingstoke 2002b, S.64–78.

— »The Body and Society: Some Reflections on the Concepts ›disability‹ and ›Impairment‹«, In: Watson, Nick/Cunningham-Burley, Sarah: Reframing the Body, Basingstoke 2001, S. 47–62.

— *Female Forms. Experiencing and understanding disability*, Buckingham 1999.

Thomas, Carol/Corker, Mairian: »A Journey around the Social Model«, In: Corker, Mairian/Shakespeare, Tom (Hg.): disability/postmodernity. Embodying Disability Theory, London 2002, S. 18–31

Thomson, Rosemarie Garland: *Extraordinary Bodies: figuring physical disability in American culture and literature*, New York 1997.

Threats, Travis: »Access for persons with neurogenic communication disorders: Influences of Personal and Environmental Factors of the ICF«, In: Aphasiology, 2007, Bd. 21, Nr. 1, S. 67–80.

Tolmein, Oliver: »Hindernislauf für den Sprinter. Der auf Prothesen laufende Sprinter Oscar Pistorius darf in Wettkämpfen gegen nichtbehinderte Läufer antreten, so will es das Internationale Sportschiedsgericht. Ein Gutachten, das zur Sperre Pistorius' geführt hatte, wurde verworfen«, In: Menschen. Das Magazin, 2008, Bd. 3, S. 80–81.

— »Preis-Fragen. Behandlungsstandards sollen die Qualität der medizinischen Versorgung sichern. Sie könnten für manche Menschen fatale Folgen haben«, In: Aktion Mensch: Menschen. Das Magazin, 2004, Bd. 3, S. 39–41.

Tregaskis, Claire: »Social Model theory: the story so far…«, In: Disability& Society, 2002, Bd. 17, Nr. 4, S. 457–470.

Tremain, Shelley (Hg.): *Foucault and the Government of Disability*, Ann Arbor 2005.

Turner, Bryan: »Disability and the Sociology of the Body«, In: Albrecht, Gary/Seelman, Katherine/Bury, Michael: Handbook of Disability Studies, Thousand Oaks 2001, S. 252–266.

Ueda, Satoshi/Oakwa, Yayoi/Shuto, Kenji: *ICF Personal Factors: Conceptual Issues, Tentative Definition and Classification*, Delhi 2008.

Ueda, Satoshi/Okawa, Yayoi/Shuto, Kenji/Mizoguchi, Tatsuhiro: *Adoption by Governmental Committee of Provisional Criteria for the Qualifiers of Activity and Participation based on Population Surveys: Part 1: The adoption of Provisional Criteria, Part 2: The accumulated data of population surveys as the supporting evidence*, Triest 2007, S. 1–6.

Uexküll, Thure von/Wesiack, Wolfgang: »Wissenschaftstheorie: ein bio-psycho-soziales Modell«, In: Uexküll, Thure von/Adler, Rolf/Herrmann, Jörg Michael/Köhle, Karl/Schonecke, Othmar/Wesiack, Wolfgang (Hg.): Psychosomatische Medizin, 5. neu bearbeitete und erweiterte Auflage, München 1996, S. 13–52.

Uexküll, Thure von: »Einleitung«, In: Uexküll, Thure von/Adler, Rolf/Herrmann, Jörg Michael/Köhle, Karl/Schonecke, Othmar/Wesiack, Wolfgang (Hg.): Psychosomatische Medizin, 5. neu bearbeitete und erweiterte Auflage, München 1996, S. 1–2.

UN Special Rapporteur on Disabilities: *Global Survey on Government Action on the Implementation of the Standard Rules on the Equalization of Opportunities for Persons with Disabilities*, Amman 2006.

United Nations: *Standard Rules on the Equalization of Opportunities for Persons with Disabilities*, Resolution 48/96, Genf 1994.

UPIAS (Union of the Physically Impaired Against Segregation): *Fundamental principles of Disability*, London 1976.

Üstün, Bedirhan/Chatterji, Somnath/Bickenbach, Jerome/Trotter II, Robert/Saxena, Shekhar: »Disability and Cultural Variation: The ICIDH–2 Cross-Cultural Applicability Research Study«, In: Üstün, Bedirhan/Chatterji, Somnath/Bickenbach, Jerome/Trotter II, Robert/Room, Robin/Rehm, Jürgen/Saxena, Shekhar (Hg.): Disability and Culture. Universalism and Diversity, Bern 2001, S. 3–19.

Üstün, Bedirhan/Chatterji, Somnath/Kostanjsek, Nenad: »Comments from WHO for the Journal of Rehabilitation Medicine Special Supplement on ICF Core Sets«, In: Journal of *Rehabilitation Medicine* 2004, Suppl. 44, S. 7–8.

Üstün, Bedirhan/Chatterji, Somnath: »Editorial: measuring functioning and disability – a common framework«, In: International Journal of Methods in Psychiatric Research, 1998, Bd. 17, Nr. 2, S. 79–83.

Van Hoyweghen, Ine/Horstman, Klasien/Schepers, Rita: »Making the normal deviant: The introduction of predictive medicine in life insurance«, In: Social Science & Medicine, 2006, Bd. 63, S. 1225–1235.

VDR (Verband Deutscher Rentenversicherungsträger) (Hg.): *Bericht der Reha-Kommission des Verbandes Deutscher Rentenversicherungsträger. Empfehlungen zur Weiterentwicklung der medizinischen Rehabilitation in der gesetzlichen Rentenversicherung*, Frankfurt/Main 1992.

— *Sozialmedizinische Begutachtung für die gesetzliche Rentenversicherung*, 6. völlig neu bearbeitete Auflage, Berlin 2003.

Vernon, Ayesha: »The Dialectics of Multiple Identities and the Disabled People's Movement«, In: Disability & Society, 1999, Bd. 14, Nr. 3, S. 385–398.

Viol, Manfred: »Arbeitshilfen des MDK zur Anwendung der ICF im Rahmen der sozialmedizinischen Begutachtung«, In: Leistner, Klaus/Beyer, Hans-Martin (Hg.): Rehabilitation in der Gesetzlichen Krankenversicherung. Antragsverfahren unter besonderer Berücksichtigung der ICF, Landsberg 2005, S. 228–239.

Virtanen, Martti/Bränd Persson, Kristina: *Annual Report from the WHO Collaborating Centre for the Family of International Classifications in the Nordic Countries*, 2004, Reykjavik 2004, S. 1–6.

Von Ferber, Christian: »Die Behinderten in der Sozialpolitik. Grenzen und Möglichkeiten sozialpolitischer Hilfen«, In: Zeitschrift für Heilpädagogik 1977, Bd. 28, S. 616–627.

Wacker, Elisabeth: »Von der Versorgung zur selbst bestimmten Teilhabe – Leistungen nach dem »Persönlichen Budget«, ausgewählt, kombiniert und bewertet auf Basis der ICF«, In: Schian, Hans-Martin/Wegschneider, Karl/Schönle, Paul (Hg.): Teilhabe behinderter Menschen gezielt fördern! – Die ICF als globaler Maßstab – Workshop zu Anwendungsmöglichkeiten der von der Weltgesundheitsorganisation geschaffenen Internationalen Klassifikation der Funktionsfähigkeit, Behinderung und Gesundheit (ICF) in der Prävention Rehabilitation und Pflege für Menschen, die von einer Behinderung bedroht oder betroffen sind, Bericht im Rahmen der RehaCare International am 13. Oktober 2005 in Düsseldorf, Heidelberg 2006, S. 55–67.

Wacker, Elisabeth/Wansing, Gudrun/Schäfers, Markus: *Personenbezogene Unterstützung und Lebensqualität. Teilhabe mit einem persönlichen Budget*, Wiesbaden 2005.

Wågø Aas, Randi/Thorsen, Glen: »ICF Introduction. Conceptual Framework, Classification Structure, Areas of Application, User Documentation and Rules, Development«, presentation paper at the 4th Nordic-Baltic Conference on ICF – »ICF Applied«, Tallinn, 19–20/05/2005, S. 1–56.

Waldenfels, Bernhard: *Das leibliche Selbst. Vorlesungen zur Phänomenologie des Leibes*, Frankfurt/Main 2000.

— *Grenzen der Normalisierung. Studien zur Phänomenologie des Fremden*, Frankfurt/Main 1998.

— *Topographie des Fremden. Studien zur Phänomenologie des Fremden*, Frankfurt/Main 1997.

Waldschmidt, Anne/Schneider, Werner (Hg.): *Disability Studies, Kultursoziologie und Soziologie der Behinderung. Erkundungen in einem neuen Feld*, Bielefeld 2007.

Waldschmidt, Anne: »Brauchen die Disability Studies ein »kulturelles Modell« von Behinderung?« In: Hermes, Gisela/Rohrmann, Eckhard (Hg.): Nichts über uns

— ohne uns! Disability Studies als neuer Ansatz emanzipatorischer und interdisziplinärer Forschung über Behinderung, Neu-Ulm 2006, S. 83–96.

— »Disability Studies: Individuelles, soziales und/oder kulturelles Modell von Behinderung?« In: Psychologie & Gesellschaftskritik, Themenschwerpunkt: »Disability Studies«, 2005, 29. Jg. 1, S. 9–31.

— Das Subjekt in der Humangenetik. Expertendiskurse zu Programmatik und Konzeption der genetischen Beratung 1945–1990, Münster 1996.

Waldschmidt, Anne (Hg.): Kulturwissenschaftliche Perspektiven der Disability Studies. Tagungsdokumentation, Schriftenreihe zum selbstbestimmten Leben Behinderter, Kassel 2003.

Wansing, Gudrun: Teilhabe an der Gesellschaft. Menschen mit Behinderung zwischen Inklusion und Exklusion, Wiesbaden 2005a.

— »Die Gleichzeitigkeit des gesellschaftlichen »Drinnen und Draußen« von Menschen mit Behinderung«, In: Wacker, Elisabeth/Bosse, Ingo/Dittrich, Torsten/Niehoff, Ulrich/Schäfers, Markus/Wansing, Gudrun/Zalfen, Birgit (Hg.): Teilhabe. Wir wollen mehr als nur dabei sein, Marburg 2005b, S. 21–33.

Watson, Nick/Woods, Brian: »The Origins and Early Developments of Special/Adaptive Wheelchair Seating«, In: Social history of Medicine, 2005, Bd. 18, Nr. 3, S. 459–474.

Weber, Stefanie/Poethko-Müller, Christina/Sen, Gargi/Kühn, Simone/Schlaud, Martin: Unexplained Sudden Death, including Sudden Infant Death Syndrome (SIDS), in mortality statistics: Problems in certifying, coding and analysis of data, Triest 2007, S. 1–7.

Wehrli, Peter: »ICF: Brauchen wir Betroffenen das?« In: Sozial Aktuell, Avenir Social, Nr. 4, April 2006, S. 8–11.

Weigl, Martin/Andersen, Christina/Kollerits, Barbara/Amman, Edda/Stucki, Gerold: »Identification of relevant ICF categories in patients with chronic health conditions: a Delphi exercise«, In: Journal of Rehabilitation Medicine, 2004, Suppl. 44, S. 12–21.

Weinmann, Ute: Normalität und Behindertenpädagogik. Historisch und Normalismustheoretisch rekonstruiert am Beispiel repräsentativer Werke von Jan Daniel Georgens, Heinrich Marianus Deinhardt, Heinrich Hanselmann, Linus Bopp und Karl Heinrichs, Opladen 2003.

— »Normalität im wissenschaftlichen Diskurs verschiedener Fachdisziplinen«, In: Schildmann, Ulrike (Hg.): Normalität, Behinderung und Geschlecht. Ansätze und Perspektiven der Forschung, Opladen 2001, S. 17–41.

Weisser, Jan: Behinderung, Ungleichheit und Behinderung. Eine Theorie der Behinderung, Bielefeld 2005a.

Weisser, Jan: »Der Strukturwandel der Hilfsschule und das Problem einer Geschichte der Behinderung«, In: Heilpädagogische Forschung, 2005b, Band XXXI, Heft 4, S. 204–213.

— »Was leistet die Diskursanalyse in der Sonderpädagogik«, In: Heilpädagogik online 04/04, S. 23–45.

Welti, Felix: »Gleichbehandlung behinderter Menschen im Arbeitsleben« (EuGH vom 11.7.2006, Az. C-13/05 – Chacón Navas), In: Zeitschrift für europäisches Sozial- und Arbeitsrecht, Jg. 2007, S. 47–48.
— »Gleichbehandlung in Beschäftigung und Beruf/Unmittelbare Diskriminierung wegen einer Behinderung« (EuGH vom 17.7.2008, Az. C-303/06 – Coleman), In: Zeitschrift für europäisches Sozial- und Arbeitsrecht 2009, S. 148–152.
— *Behinderung und Rehabilitation im sozialen Rechtsstaat – Freiheit, Gleichheit und Teilhabe behinderter Menschen*, Tübingen 2005.
— »Regelungen für behinderte und von Behinderung bedrohte Menschen. Allgemeine Regelungen«, In: Lachwitz, Klaus/Schellhorn, Walter/Welti, Felix (Hg.): Handkommentar zum Sozialgesetzbuch IX. Rehabilitation und Teilhabe behinderter Menschen, Neuwied 2002, S. 39–134.
Wember, Franz: »Bildung und Erziehung bei Behinderungen – Grundfragen einer wissenschaftlichen Disziplin im Wandel«, In: Leonhardt, Annette/Wember, Franz (Hg.): Grundfragen der Sonderpädagogik. Bildung – Erziehung – Behinderung, Weinheim 2003, S. 12–57.
Wendeler, Jürgen/Godde, Heidi: »Geistige Behinderung: Ein Begriff und seine Bedeutung für die Betroffenen«, In: Geistige Behinderung 1989, Bd. 4, S. 306–317.
Werner, Bernd: *Das Verschlüsseln der Diagnosen nach der Internationalen Klassifikation der Krankheiten, Verletzungen und Todesursachen (ICD) – Eine Einführung für die Anwender*, Sankt Augustin 1994.
Williams, Gareth: »Theorizing Disability«, In: Albrecht, Gary/Sellman, Katherine/Bury, Michael (Hg.): Handbook of Disability Studies, Thousand Oaks 2001, S. 123–144.
Willmann, Helmut/Messinger, Heinz (mit der Langenscheidt-Redaktion): *Langenscheidts Großwörterbuch Englisch »Der kleine Muret-Sanders«, Teil I Englisch – Deutsch*, 7. Auflage, Berlin 1996.
Wocken, Hans: »Leistung, Intelligenz und Soziallage von Schülern mit Lernbehinderungen. Vergleichende Untersuchung an Förderschulen in Hamburg«, In: Zeitschrift für Heilpädagogik, 2000, Bd. 51, S. 492–503.
Wörpel, Frauke: *Die »International Classification of Impairments, Disabilities and Handicaps« (ICIDH) – Spiegel von Problemstellungen der beruflichen Rehabilitation körperbehinderter Jugendlicher und integrierter Bestandteil der beruflichen Integrationshilfe »ERTOMIS Fähigkeits- und Anforderungsprofile« Eine Studie anhand von 53 Auszubildenden des Berufsbildungswerks der Orthopädischen Anstalten Bdmarstein*, Köln 1988.
Wolbring, Gregor: »Wäre ich als Nicht-Conterganer weniger geneigt gewesen, Ungewöhnliches zu machen und wäre weniger zielstrebig gewesen«. Ein Gespräch mit Gregor Wolbring, In: newsletter Behindertenpolitik 30/BIOSKOP, 2007, S. 4–5.
— »Ableism and NBICS (nano-bio-info-cogno-synbio-technologies)«, In: Innovation Watch newsletter, Column: The Choice is yours 2006, http://www.inno-

vationwatch.com/choiceisyours/choiceisyours.2006.08.15.htm, Zugriff am: 07. 07.08.

Wolff, Gerhard: »›Behinderung‹ – Die medizinische Sicht«, In: Graumann, Sigrid/ Grüber, Katrin/Nicklas-Faust, Jeanne/Schmidt, Susanna/Wagner-Kern, Michael (Hg.): Ethik und Behinderung. Ein Perspektivenwechsel, Frankfurt/Main 2004, S. 25–35.

Woods, Brian/Watson, Nick: »In Pursuit of Standardization. The British Ministry of Health's Model 8F Wheelchair, 1948–1962«, In: Technology and Culture, 2004, Bd. 45, Nr. 3, S. 540–568.

— »A Short History of Powered Wheelchairs«, In: Assistive *Technology,* 2003, Bd. 15, S. 164–180.

Wooster, Richard/Weber, Barbara: »Breast and Ovarian Cancer«, In: New England Journal of Medicine, June 2003, Bd. 5, Nr. 348, S. 2339–2347.

World Health Assembly (WHA): *International classification of functioning, disability and health. Resolution WHA54.21,* 22 May 2001.

World Health Organization (WHO): *Atlas. Global Ressources for Persons with Intellectual Disabilities 2007,* Genf 2007a.

— *Internationale Klassifikation der Funktionsfähigkeit, Behinderung und Gesundheit,* Neu-Isenburg 2005.

— *Family of International Classifications.* Current, June 2004, S. 1–24, http://www. who.int/classifications/en/WHOFICFami ly.pdf, Zugriff am: 10. 08.05.

— *ICF Checklist. Version 2.1a, Clinician Form for International Classification of Functioning, Disability and Health (ICIDH-2),* Genf 2003.

— *International Classification of Functioning, Disability and Health,* Genf 2001.

— *ICIDH-2 Checklist. Version 2.1a, Clinician Form for International Classification of Functioning, Disability and Health (ICIDH-2,* Prefinal Draft, December 2000), Genf 2001a.

— *ICF Checklist. Version 2.1a, Clinician Form for International Classification of Functioning, Disability and Health (ICIDH-2),* Genf 2001b.

— *International Classification of Functioning, Disability and Health,* Short version, Genf 2001c.

— *Internationale statistische Klassifikation der Krankheiten und verwandter Gesundheitsprobleme (ICD),* 10. Revision, Band 1 – Systematisches Verzeichnis Version 1.3, Gesamtausgabe Österreich Schweiz Deutschland, Bern 1999, dt. Internetversion 2006, engl. Internetversion 2007.

— *Programme on Mental Health. WHOQOL User Manual, Division of Mental Health and Prevention of Substance abuse,* Genf 1998, http://www.who.int/mental_ health/ evidence/who_qol_user_manual_98.pdf, Zugriff am: 14.09.08.

— *Internationale Klassifikation der Schädigungen, Fähigkeitsstörungen und Beeinträchtigungen, Ein Handbuch zur Klassifikation der Folgeerscheinungen der Erkrankung,* Einheitssachtitel: International Classification of Impairments, Disabilities, and Handicaps (ICIDH) (engl. 1980), Berlin 1995.

— *Ottawa-Charta zur Gesundheitsförderung*, Ottawa 1986 (WHO-autorisierte Übersetzung: Hildebrandt/Kickbusch auf der Basis von Entwürfen aus der DDR und von Badura sowie Milz), http://www.euro.who.int/AboutWHO/Policy/20010827_2?PrinterFriendly=1&language=german, *Zugriff am:* 12.09.08.
— »Constitution of the WHO«, Reprinted in: Basic documents, 37th ed. Performance, Genf 1946, S. 100.
World Health Organization Family of International Classifications (WHO-FIC): *Strategy and Work Plan*, October 2006–October 2007, http://www.who.int/classifications/network/BP8.pdf, Zugriff am: 04.09.08.
WHO-FIC (Family of International Classifications) newsletter: *The International Classification of Functioning, Disability and Health (ICF): Quantitative Measurement of Capacity and Performance*, 2008, Bd. 6, Nr. 1, S. 5–7.
— *newsletter*: Editorial, Bd. 5, Nr. 1, 2007, S. 2–3.
— *newsletter*, Bdume 3, Number 1, 2005.
Wüllenweber, Ernst/Theunissen, Georg/Mühl, Heinz (Hg.): *Pädagogik bei geistigen Behinderungen. Ein Handbuch für Studium und Praxis*, Stuttgart 2006.
Wüllenweber, Ernst (Hg.): *Soziale Probleme von Menschen mit geistiger Behinderung. Fremdbestimmung, Benachteiligung, Ausgrenzung und soziale Abwertung*, Stuttgart 2004a.
— »Menschen mit geistiger Behinderung und der Wandel der Auffassungen«, In: Baudisch, Winfried/Schulze, Marion/Wüllenweber, Ernst (Hg.): Einführung in die Rehabilitationspädagogik, Stuttgart 2004b, S. 48–75.
Zaiß, Albrecht/Graubner, Bernd/Ingenerf, Josef/Leiner, Florian/Lochmann, Ulrich/Schopen, Michael/Schrader, Ulrich/Schulz, Stefan: »Medizinische Dokumentation, Terminologie und Linguistik«, In: Leymann, Thomas/Meyer zu Bexten, Erdmuthe: Handbuch der Medizinischen Informatik, München 2002, S. 45–102.
Zaudig, Michael/Schuntermann, Michael/Frieboes, Ralf-Michael: »Rehabilitative Ansätze in der Behandlung unterschiedlicher Diagnose- und Patientengruppen. Einführung in die Anwendung der Internationalen Klassifikation der Funktionsfähigkeit, Behinderung und Gesundheit (ICF)«, In: Frieboes, Ralf-Michael/Zaudig, Michael/Nosper, Manfred (Hg.): Rehabilitation bei psychischen Störungen, München 2005, S. 135–147.
Zaudig, Michael: »Synthese und Diskussion. ›Rehabilitative Anteile‹ in der psychosomatischen Akutbehandlung, In: Frieboes, Ralf-Michael/Zaudig, Michael/Nosper, Manfred (Hg.): Rehabilitation bei psychischen Störungen, München 2005, S. 365–370.
Ziegenspeck, Jörg: *Zeitschrift für Heilpädagogik. Annotierte Bibliographie 1949/50–1959*, Hannover 1979.
— *Zeitschrift für Heilpädagogik. Annotierte Bibliographie 1960–1969*, Hannover 1978.
Zieger, Andreas: »Zum Problem der Rehistorisierung am Beispiel von Einrichtungen für so genannte Schwersthirngeschädigte in Phase F aus beziehungsmedizinischer

Sicht«, In: Rödler, Peter/Berger, Ernst/Jantzen, Wolfgang (Hg.): Es gibt keinen Rest! – Basale Pädagogik für Menschen mit schwersten Beeinträchtigungen, München 2001, S. 139–162.

Zola, Irving Kenneth: »Self, Identity and the Naming Question: Reflections on the Language of Disability«, In: Social Science and Medicine, 1993, Bd. 36, S. 167–173.

Zola, Irving Kenneth: *Missing Pieces: A Chronicle of Living with a Disability*, Philadelphia 1982.